BIBLIOTHÈQUE
D'HISTOIRE CONTEMPORAINE

NAPOLÉON

ET

LA SOCIÉTÉ DE SON TEMPS

(1793-1821)

PAR

P. BONDOIS

Professeur d'histoire au lycée Buffon et au lycée Molière.

PARIS
ANCIENNE LIBRAIRIE GERMER BAILLIÈRE ET Cⁱᵉ
FÉLIX ALCAN, ÉDITEUR
108, BOULEVARD SAINT-GERMAIN, 108

1893

NAPOLÉON

ET

LA SOCIÉTÉ DE SON TEMPS

(1793-1821)

A LA MÊME LIBRAIRIE

AUTRES OUVRAGES DU MÊME AUTEUR

Histoire de France, depuis les origines jusqu'à la mort de Louis XI. 1 vol. in-12 avec 33 gravures et 3 cartes. Deuxième édition. (*En collaboration avec M. G. Monod.*) . . . . 1 fr. 50

Histoire de l'Europe et de la France, de 1270 à 1610. 1 vol. in-12 avec gravures et cartes. (*En collaboration avec M. Dufayard; sous presse.*)

Mœurs et institutions de la France. 2 vol. in-18 de la *Bibliothèque utile*, deuxième édition. Broché 60 cent.; cartonné à l'anglaise. 1 fr.

Histoire de la Prusse, depuis la mort de Frédéric II jusqu'à la bataille de Sadowa, par Eug. VÉRON. Sixième édition revue et augmentée d'un chapitre nouveau contenant le résumé des événements jusqu'à nos jours, par P. BONDOIS. 1 vol. in-8 de la *Bibliothèque d'histoire contemporaine*. . . . . 3 fr. 50

Histoire de l'Allemagne, depuis la bataille de Sadowa jusqu'à nos jours. Troisième édition revue et mise au courant des événements, par P. BONDOIS. 1 vol. in-12 de la *Bibliothèque d'histoire contemporaine*. 3 fr. 50

L'Europe contemporaine. 1 vol. in-12 de la *Bibliothèque utile*, deuxième édition. Broché, 60 cent.; cartonné à l'anglaise. . . 1 fr.

NAPOLÉON

ET

LA SOCIÉTÉ DE SON TEMPS

(1793-1821)

PAR

P. BONDOIS

Professeur d'histoire au lycée Buffon et au lycée Molière.

PARIS

ANCIENNE LIBRAIRIE GERMER BAILLIÈRE ET Cⁱᵉ

FÉLIX ALCAN, ÉDITEUR

108, BOULEVARD SAINT-GERMAIN, 108

—

1895

Tous droits réservés.

AVERTISSEMENT

Ce travail, auquel j'ai consacré plusieurs années, n'a aucune tendance politique. C'est une étude d'histoire morale. J'ai cherché à expliquer l'influence de Napoléon sur les Français de la dernière période révolutionnaire, et celle des contemporains de l'empereur sur son caractère et sur sa personnalité.

J'ai évité, autant que possible, et j'espère qu'on le verra clairement, les accusations de parti et les affirmations contestées. J'ai voulu fonder mon livre sur des paroles et des faits, admis aussi bien par les admirateurs que par les détracteurs de Napoléon Ier.

P. BONDOIS.

Le Vésinet, 29 septembre 1894.

LA SOCIÉTÉ FRANÇAISE, L'EUROPE ET NAPOLÉON Ier

INTRODUCTION

L'ENFANCE ET LA JEUNESSE DE NAPOLÉON [1]

L'origine de Napoléon. — Charles de Bonaparte. — Les Français en Corse. — Les premières années de Napoléon. — Son séjour à Autun, à Brienne et à l'école de Paris. — Bonaparte en Corse. — Bonaparte au camp de Nice.

La Corse est hérissée de hautes montagnes, creusée par des vallées étroites. La vieille nation corse vivait au centre de l'île, au milieu des forêts de pins, et dans les maquis de genévriers, de lentisques et de fougères. La

---

[1]. BIBLIOGRAPHIE. — Ouvrages généraux : **Thiers**, Histoire du Consulat et de l'Empire. — **Mignet**, Histoire de la Révolution française. — **Norvins**, Histoire de Napoléon. — **Walter Scott**, Histoire de Napoléon Bonaparte. — **Lanfrey**, Histoire de Napoléon. — **Taine**, Les origines de la France contemporaine, Le régime moderne, t. I. — **Du Casse**, Les rois, frères de Napoléon. — **Barni**, Napoléon Ier et son historien, M. Thiers. — **F. Rocquain**, Napoléon et le roi Louis. — **Helfert**, La reine Caroline (allemand). — **Kleinschmidt**, Les parents et les frères de Napoléon (all.). — **Le baron Larrey**, Madame Mère. — **Bœthlingk**, Napoléon Ier (all.). — **Ropes**, Napoléon Ier (anglais). — **Bingham**, Les mariages des Bonapartes, (Academy angl.). — **Michelet**, Histoire du XIXe s. — **Jér. Napoléon**, Napoléon et ses détracteurs. — **Nisard**, Considérations sur la Révolution française et Napoléon Ier. — **Roger Peyre**, Napoléon et son temps. — **Ant. Guillois**,

côte orientale est malsaine, et les habitants y ont toujours été rares. Au contraire, un ciel pur, une température égale, les bois d'orangers, de citronniers et d'oliviers font de la campagne d'Ajaccio un véritable jardin. Les vieux Corses ont dû l'abandonner dès le moyen âge aux envahisseurs italiens.

D'abord les Pisans possédèrent la Corse; puis les Génois s'emparèrent de l'île, et l'ont conservée jusqu'à la fin du xviii° siècle. Napoléon est d'origine génoise. Il y avait eu des Bonaparte dans les États de terre ferme des Vénitiens, à Florence, et à Sarzane, petite ville qui dépendait de la république de Gênes.

Les Bonaparte de Sarzane sont les ancêtres des Bonaparte d'Ajaccio. Ils étaient de haute bourgeoisie, syndics, notaires, magistrats. Au xvi° siècle ils vinrent habiter l'île, et leur noblesse, qu'ils tenaient du gouvernement génois, remontait au xvii° siècle.

Le père de Napoléon, Charles-Marie de Buonaparte ou Bonaparte, était né en 1746. Orphelin à dix-sept ans, et pauvre comme on l'était généralement en Corse, il étudia le droit à Pise, et se prépara à demander de quoi vivre à la profession d'avocat. Il vivait mal d'ailleurs, et encore grâce aux secours de son oncle Lucien Bonaparte, archi-

Napoléon, l'homme, le politique, l'orateur d'après sa correspondance. — **Léon Meynier**, Napoléon Ier, sa vie, son œuvre. — **A. Fournier**, Napoléon Ier. (All.) — **A. Levy**, Napoléon intime. — **Blanc**, Napoléon Ier, ses institutions civiles et administratives. — **Masson**, Napoléon Ier et les femmes, Napoléon chez lui.

Documents et mémoires. — La correspondance impériale (publication officielle). — Le Mémorial de Sainte-Hélène — **Jung**, Les mémoires de Lucien Bonaparte. — **Du Casse** et **Strossberger**, Correspondance des frères de Napoléon Bonaparte. — Mémoires de Metternich, Talleyrand, de Beugnot, de Miot de Melito, de Ségur, de Broglie, de la générale Durand, de Marbot, de Madame de Rémusat, de Thiébault. — Lettres et correspondance de Davout, de Madame de Rémusat.

La jeunesse de Napoléon. — **Michelet**, Histoire du xix° siècle, t. I. — **Jung**, Bonaparte et son temps, t. I et II. — **Bœthlingk**, Napoléon Ier jusqu'au 13 vendémiaire, t. 1.

prêtre d'Ajaccio, assez bien prébendé. Les Bonapartes avaient cependant au pied de la montagne d'assez beaux champs d'oliviers; mais ils furent, de père en fils, piqués de la tarentule politique, et, pour soutenir leur influence à Ajaccio, ils grevèrent les oliviers d'hypothèques accumulées, qui en supprimaient le revenu. Charles Bonaparte avait encore une espérance de fortune qu'il poursuivit toute sa vie, sans l'atteindre : un héritage contesté. Il s'agissait des biens du frère de sa mère, Virginie Odone, sur lesquels les pères jésuites d'Ajaccio avaient mis la main, et qu'ils réussirent à conserver. Le père de Napoléon n'était donc qu'un pauvre parti, lorsqu'il épousa, le 27 juin 1764, l'une des plus belles personnes de la Corse, Lœtitia Ramolino. Elle avait une grande fermeté d'esprit et beaucoup de décision. Son fils a dit qu'il tenait d'elle ses idées et ses passions. Elle vécut jusqu'à la campagne d'Italie dans un état de gêne presque continuel. Aussi plus tard, lorsqu'elle devint Madame-Mère, et qu'elle eut un budget considérable, elle économisait. « Mon fils, lui a-t-on fait dire, a une bonne place, mais ça peut ne pas durer. »

En 1765, Charles-Bonaparte eut un fils, qui ne vécut pas; en 1767, une première fille du nom de Marie-Anne qui mourut aussi. C'est alors qu'il joua un rôle dans les événements qui donnèrent la Corse à la France.

Les Génois avaient accablé ce pays, déjà si pauvre, d'exactions inouïes. Ce ne fut cependant qu'au xviiie siècle que les Corses essayèrent de recouvrer leur indépendance. Un aventurier allemand, le comte de Neuhoff, se fit appeler le roi Théodore Ier, provoqua un soulèvement d'abord heureux; mais il devint suspect à ses sujets, et jugea prudent de se soustraire par la fuite à leurs défiances.

Une nouvelle révolte, en 1735, eut pour chef le patriote Hyacinthe Paoli; vaincu, il passa en Italie, lorsque Gênes eut sollicité auprès du cardinal Fleury l'intervention militaire de la France. Les troupes françaises rétablirent l'autorité génoise; et les mauvais traitements exercés sur les prisonniers corses par quelques officiers français firent dans l'île une mauvaise réputation au gouvernement de Louis XV. Fleury acheta cependant l'appui des grandes familles, les Buttafuoco, les Arrighi, les Salicetti, les Colonna, les d'Ornano, en leur distribuant les grades du régiment le Royal-Corse, fondu un instant dans le Royal-Italien.

En 1752, le fils d'Hyacinthe, Pascal Paoli, revint d'exil. Il avait été élevé à Naples dans les idées philosophiques du XVIII° siècle. Il était né à Corte au centre de l'île, dans la partie du pays qui conservait avec le plus d'enthousiasme le sentiment de l'indépendance. En 1754, il fut proclamé d'une voix unanime chef d'un gouvernement insurrectionnel. Il publia une constitution dont Bonaparte, dans une *Dissertation sur le bonheur*, a loué le mérite et l'opportunité. Pour se maintenir contre Gênes, le chef corse était prêt à demander le protectorat de la France, mais un protectorat compatible avec la liberté de sa patrie. Choiseul préféra obtenir des Génois, incapables de garder l'île, la cession pure et simple de la Corse. Après avoir envoyé à Calvi un compatriote de Paoli, M. de Buttafuoco, dévoué à la France, pour miner l'autorité du dictateur, il signa avec Gênes une première convention pour l'occupation de quatre places fortes de l'île, et le 15 mai 1768, un traité de cession. La France achetait la troisième île de la Méditerranée en payant deux millions de livres et en prenant sur elle la dette du pays. Paoli protesta contre ce marché « où les Corses étaient vendus comme des moutons ». Il mit hors la loi les partisans de la France, que Napoléon, plus tard, a flétris au début de sa carrière, dans un pamphlet contre M. de Buttafuoco. Il se prépara à résister aux deux généraux français, le comte de Marbeuf et le marquis de Chauvelin, qui commandait en chef. Il réussit à retarder leur marche; mais le maréchal de Vaux, qui connaissait déjà la Corse, battit Paoli au passage du petit fleuve Golo, à Ponte-Nuovo (mai 1769), et le força à s'embarquer sur un vaisseau anglais, pour se réfugier à Londres. Quelques jours après le vainqueur recevait à Corte les députés des villes Corses, qui venaient faire leur soumission. Parmi ceux d'Ajaccio, on remarquait MM. Cervoni, Paravicini, Arrighi et Charles Bonaparte (23 mai 1769).

Charles Bonaparte avait d'abord pris une part active à la prise d'armes de Paoli; il avait été membre du conseil civil du chef de l'indépendance. Dans les derniers temps de la lutte il résidait à Corte; il y eut un fils, né le 9 janvier 1768, qui reçut les noms de Joseph-Nabulione ou Napoléon. Paoli chassé, il accepta aussitôt la domination française; moins de deux mois plus tard (15 août 1769), il lui naissait dans sa maison patrimoniale d'Ajaccio, Napoleone Bonaparte.

On a élevé depuis quelque temps des doutes sur l'année de la naissance de Napoléon et de son frère Joseph. La date de son acte de mariage fait naître le général en chef de l'armée d'Italie en 1768; il serait donc non seulement moralement, mais réellement l'aîné. Il y aurait eu une substitution d'état-civil. Au moment où Charles Bonaparte présenta Napoléon à l'école de Brienne, Napoléon aurait alors dépassé la limite d'âge, et l'on aurait échangé son acte de naissance contre celui de Joseph. C'est là d'ailleurs une simple curiosité historique qu'il importe peu d'élucider. Avant la Révolution et même encore après, on n'attachait pas à la régularité des actes publics la même importance qu'aujourd'hui. Napoléon, eût-il été le dernier des huit enfants de Charles Bonaparte, resterait, dans l'histoire, l'aîné de la famille.

Il naissait juste à temps pour être Français. Son père avait agi prudemment en hâtant sa soumission. Les partisans de Paoli furent durement traités par Choiseul. Ceux qui échappèrent aux prisons de Toulon se réfugièrent dans les maquis, et parmi eux le célèbre bandit Trenta-Coste, voleur à la tire dans l'intérieur des villes, patriote dans la montagne.

Au contraire les partisans anciens ou nouveaux de la domination française y trouvèrent à la fois honneur et profit. Le gouverneur militaire, qui commandait en l'absence du gouverneur général, était le comte de Marbeuf; il était conciliant et, quoique Breton, le moins entêté des hommes. Il aimait la Corse et chercha à faire la fortune des familles soumises. Nulle part il ne reçut tant d'accueil que dans la maison de Bonaparte. Le chef de famille avait résolu d'obtenir, par ordonnance du roi de France, la restitution des propriétés de Milleli et de Badine qui composaient l'héritage de sa mère, et dont les jésuites étaient toujours en possession. La chose aurait été opportune, car sa famille s'arrondissait régulièrement. En 1771, il lui naissait une nouvelle fille qu'il ne conserva pas; le 21 mars 1775, ce fut le tour de Lucien; le 3 janvier 1777, il eut une autre fille, Marie-Anne, qui s'appela plus tard Élisa. Louis naquit le 2 septembre 1778; Paulette (Pauline Borghèse) le 28 octobre 1780; Maria Nunziata, (Caroline Murat) le 25 mars 1782; Jérôme le 15 novembre 1784. Charles Bonaparte mourut l'année suivante (1785); il avait trente-neuf ans. En vingt ans de mariage, Lœtitia Ramolino lui avait donné treize enfants.

Pour soutenir sa famille, Charles Bonaparte se fit solliciteur toute sa vie. Il obtint le titre d'assesseur au tribunal d'Ajaccio. Le fisc ayant dépossédé les jésuites de la succession Odone, il s'adressa à Necker, alors directeur général des finances (1776) pour être mis en possession, l'économe Souiris, séquestre pour le compte de l'État, refusant de céder la place.

Sur le conseil de M. de Marbeuf, il joignit à ses réclamations trois suppliques, dans lesquelles il demandait l'entrée gratuite de Joseph et de Napoléon dans les écoles militaires destinées aux jeunes nobles, et une bourse de séminaire pour son jeune beau-frère Joseph Fesch, né d'un second mariage de la mère de Lœtitia. Ces placets seraient restés, selon la coutume, enfermés dans les tiroirs du ministère, si Charles Bonaparte n'eût été nommé député de la noblesse pour aller soutenir à Versailles les intérêts de la Corse, de concert avec un membre du clergé et un membre du tiers état. Au moment de partir, d'ailleurs, les sollicitations du père de Napoléon se trouvaient réduites à la seule solution de la succession Odone, car M. de Marbeuf venait de rapporter en Corse les trois bourses demandées.

Le 15 décembre 1778, Charles Bonaparte partit pour la France avec Joseph et Napoléon, âgé alors de neuf ans et demi. Ils étaient tous deux destinés au collège d'Autun, où ils devaient apprendre le français. Le plus jeune des deux frères passerait ensuite au collège militaire de Brienne. Fesch était aussi du voyage jusqu'au grand séminaire d'Aix. Napoléon allait tomber au milieu d'un monde inconnu, et contrastant d'une manière absolue avec celui dans lequel il avait vécu jusqu'alors. C'était un enfant échappé, sauvage, sans autre frein que la sévérité de sa mère, que rendaient d'ailleurs inutile la faiblesse et l'indulgence de son père. A Sainte-Hélène, il disait des premières années de sa vie : « *Rien ne m'imposait, je ne craignais personne; je battais l'un, j'égratignais l'autre, je me rendais redoutable à tous, mon frère Joseph était battu, mordu, et j'avais porté plainte contre lui, quand il commençait à peine à se reconnaître. Bien m'en prenait d'être alerte : maman Lætitia eût réprimé mon humeur belliqueuse; elle n'eût pas souffert mes algarades; sa tendresse était sévère; mon père, homme éclairé mais trop ami du plaisir pour s'occuper de notre enfance, cherchait quelquefois à excuser nos fautes.* »

Cependant, au milieu de cette vie de petit vagabond, Napoléon était moins en retard qu'on ne l'a dit. Son oncle Fesch, plus âgé de six ans, lui avait appris à lire. Il parlait le patois corse; mais il avait pris quelques leçons d'italien dans une école de filles. Le grand-oncle Lucien s'était chargé du catéchisme, et des déclinaisons latines, auxquelles l'enfant s'était montré rebelle. Il préférait, ce qui était d'ailleurs assez naturel, courir la montagne avec les bergers, au grand détriment de ses habits, quoique sa mère eût grand'peine à entretenir la garde-robe de tout son monde. Sa santé était déjà délicate et ce brusque changement d'existence n'était pas fait pour les raffermir.

Après un court séjour à Marseille, Charles Bonaparte mena Fesch à Aix, puis conduisit ses deux fils au collège d'Autun et les y laissa sous la protection de l'évêque, Mgr de Marbeuf, frère aîné du gouverneur d'Ajaccio. Napoléon était peu communicatif, mais doué d'une intelligence très prompte; en trois mois, il apprit assez le français pour le parler et commencer à l'écrire. Joseph, plus liant, plaisait davantage à ses maîtres.

Rien ne vint modifier la mélancolie qui contrastait chez Bonaparte enfant avec l'ardeur de son imagination.

Il était le souffre-douleur de ses camarades d'Autun. Il était pauvre, mal vêtu, il écorchait la langue qu'on parlait autour de lui; il se disait Corse et non Français; avec l'imprudence généreuse de son âge, il n'ouvrait la bouche que pour défendre Paoli. Il a prétendu plus tard qu'il avait toujours su mentir. Par cette pitoyable vanité, Napoléon a calomnié ses premières années. Ni à Autun, ni à Brienne, il ne sut dissimuler ses peines et ses répugnances; et ses trois premiers mois de séjour en France lui ont longtemps laissé d'amers souvenirs.

Cependant Charles de Bonaparte était arrivé à Versailles, abandonnant prestement les affaires de la Corse, pour faire les siennes. Il obtint d'abord une assez belle indemnité de voyage, se fondant sur ce qu'il était, comme ses collègues, les deux autres députés, « dans la détresse. » Il remit aussi au ministre un mémoire au sujet de l'éternelle succession Odone, sollicita la concession d'une pépinière de mûriers à établir à Ajaccio, et reçut enfin, le 28 mars 1779, la nomination de Napoléon à l'école militaire de Brienne. Le nouvel élève devait produire un trousseau, un certificat de bonne santé et savoir suffisamment lire et écrire.

Le trousseau fut réduit naturellement au strict nécessaire. L'enfant fut jugé, paraît-il, assez bien portant; et cependant il était maigre, noir, petit, soumis à des crises de nerfs et à de longs accès de fièvre, mais il était brûlé du désir de savoir et de lire, et son attitude était déjà celle de l'ambition.

L'école de Brienne était dirigée par des religieux, les minimes. Les élèves y recevaient une instruction générale qui devait leur permettre de choisir entre la carrière des armes, le clergé et la magistrature. Il y avait 60 boursiers et 60 élèves payants. Le personnel de l'école se composait de cinq professeurs et d'un répétiteur, qui était Pichegru. Bonaparte connaissait la gêne de la maison paternelle : tout enfant qu'il était, il paraît avoir compris l'importance de son maintien à Brienne; il se montra docile et laborieux; tout au plus se permettait-il dans ses plus violents transports de patriotisme, de montrer le poing au portrait de Choiseul, qu'il considérait comme le mauvais génie de la Corse. Il avait la plus grande terreur des punitions et le premier châtiment qui lui fut infligé lui donna une attaque de nerfs. D'ailleurs on s'aperçut, pour nous servir de l'expression cruelle de Michelet, « qu'il était inutile de le châtier, il l'était par ses camarades, qui n'aimaient pas cette figure noire, muette. »

Ses professeurs au moins finirent par apprécier ce que cet enfant précoce avait de résolution et d'intelligence. L'un deux, le père Dupuy, avait une petite bibliothèque étrangement composée d'ailleurs pour un religieux. Il l'ouvrit à Bonaparte. Le petit Corse, qui émaillait encore notre langue de tous ces italianismes dont il ne se défit jamais, dévora Plutarque et César, qui lui donnèrent le goût de l'histoire, mais il lut aussi les considérations philosophiques et sentimentales de Mably et de Raynal, surtout Jean-Jacques Rousseau. Rousseau, qui trouve le monde si mal fait, fut l'auteur de prédilection de l'enfant, qui commençait si durement la vie. Au latin, il mordit peu, et il aurait aimé les mathématiques, si son professeur, le père Patrault, avait pu le mener loin de ce côté.

Sa vie d'écolier restait aussi triste qu'à Autun; livré aux railleries des cadets des puissantes familles, les Dampierre, les Castries, les Comminges, il trouvait à peine grâce devant ses condisciples d'origine plus modeste : Gudin, Bourrienne, Phelypeaux. Cette situation déplaisante lui inspira la lettre navrante que nous empruntons au livre du colonel Jung (*Bonaparte et son temps*, t. I, p. 84).

« 5 avril 1780. »

« *Mon père, si vous ou mes protecteurs ne me donnent pas les moyens de me soutenir plus honorablement dans la maison où je suis, rappelez-moi près de vous et sur le champ. Je suis las d'afficher l'indigence et d'y voir sourire d'insolents écoliers, qui n'ont que leur fortune au-dessus de moi, car il n'en est pas un, qui ne soit à 100 piques au-dessous des nobles sentiments qui m'animent. Et quoi! monsieur, votre fils serait continuellement le plastron de ces jeunes gens, qui, fiers des douceurs qu'ils se donnent, insultent en souriant aux privations que j'éprouve. Si la fortune se refuse absolument à l'amélioration de mon sort, arrachez-moi de Brienne, donnez-moi, s'il le faut, un état mécanique. A ces offres, jugez de mon désespoir. Cette lettre, veuillez le croire, n'est point dictée par le vain désir de me livrer à des amusements dispendieux. Je n'en suis pas du tout épris; j'éprouve seulement le besoin de montrer que j'ai les moyens de me les procurer, comme mes compagnons d'étude.*

« *Votre respectueux et affectionné fils,*

« Buonaparte. »

Lorsque Napoléon écrivit cette lettre, il n'avait pas encore onze ans. C'est le premier témoignage personnel que nous ayons de ses idées et de ses sentiments. Il y a de tout dans cette plainte, singulièrement précoce pour un enfant de cet âge. L'habitude d'entendre faire appel dans la maison paternelle à l'appui de protecteurs puissants, lui a dicté sa première phrase; on peut sonder la profondeur du ressentiment causé par sa pauvreté, et l'insolence de ses nobles compagnons; le lecteur de Rousseau se trahit dans le passage où il se déclare prêt à apprendre un métier mécanique; enfin l'ardeur de l'ambition et l'aspiration vers de hautes destinées s'y font jour sous l'apparence des nobles sentiments qui l'animent. Certes cette lettre est bien d'un enfant ulcéré par l'air minable de ses vêtements, les vides de sa bourse et la brimade; mais elle décèle aussi une intensité de passion, à laquelle l'expression ne fait pas défaut. Une âme mieux équilibrée aurait eu plus de résignation; elle se serait moins imprégnée, dans cette première jeunesse, de haine et de mépris pour son entourage; mais éloigné des siens, isolé, froissé chaque jour, Bonaparte n'avait autour de lui personne pour discipliner cette sensibilité si vive et si prompte.

Lorsque Charles Bonaparte reçut la lettre de son fils, il était gravement atteint d'un cancer à l'estomac; il fit promettre au petit écolier qu'il modérerait la violence de son ressentiment. Pressé par la vie qui le quittait, il redoublait d'efforts pour laisser sa famille dans une situation moins précaire. En 1782, il obtint pour sa fille aînée Marie-Anne, plus tard Élisa, une place gratuite dans la maison royale de Saint-Cyr. Elle devait y rester de sept à vingt ans, et en sortir avec une dot de 3000 livres. Son troisième fils, Lucien, allait partir pour le collège d'Autun; on lui assurait la succession de Napoléon à Brienne. Joseph achevait rapidement ses études pour devenir séminariste à Aix; l'État devait verser 1700 francs à titre d'avance, pour la plantation de mûriers qui avait été concédée à Charles Bonaparte; enfin il y avait toujours la succession Odone : à force de démarches, il allait rentrer dans son bien, au moins à titre de fermier emphytéotique; mais de nouvelles difficultés surgirent, et il devait mourir sans être mis en possession de l'héritage qui avait été l'espoir de toute sa vie.

Pendant que son père, malgré la maladie, se débattait encore contre les difficultés de la vie, Napoléon devint l'un des bons élèves de Brienne. Il continuait cependant à ne pas entendre raillerie sur sa nationalité et sur la pauvreté de ses parents. Il avait quatorze ans en 1783, lorsqu'il fut puni sévèrement pour une affaire qu'il avait eue à ce sujet avec un de ses camarades. Il écrivit alors à son protecteur, M. de Marbeuf, une lettre désespérée. « *Monsieur le comte, si je suis coupable, si ma liberté m'est ravie à juste titre, veuillez ajouter aux bontés dont vous m'avez honoré la grâce de me retirer de Brienne et de me priver de votre protection... Non, monsieur, jamais je n'en serai plus digne, je ne me corrigerai pas d'une impétuosité d'autant plus dangereuse, que j'en crois le motif sacré. Quel que fût l'intérêt qui me le commandât, je n'aurais pas la force de voir traîner dans la boue mon père, mon respectable père!... Sous ce rapport je sentirai toujours trop vivement pour me borner à en porter plainte à mes chefs, je serai toujours persuadé qu'un bon fils ne doit pas commettre un autre à venger un pareil outrage....* »

Le ton déclamatoire est du temps, et il n'est pas rare de rencontrer chez les jeunes gens de cet âge cette conviction de leur importance, qui fait sourire; mais ce qui reste de cette lettre, c'est un sentiment louable exprimé avec fermeté et dans un style déjà mûr. Les hommes de la Révolution n'étaient pas si jeunes que leur jeunesse; ils apportaient avec eux l'expérience précoce des régimes vieillis. M. de Marbeuf obtint qu'on levât la punition. Ses notes d'examen de sortie étaient d'ailleurs excellentes : « M. de Buonaparte, taille de quatre pieds dix pouces dix

« lignes, a fait sa quatrième; de bonne constitution, santé
« excellente, caractère soumis, honnête et reconnaissant,
« conduite très régulière, s'est toujours distingué par son
« application aux mathématiques; il sait très passablement
« son histoire et sa géographie; il est assez faible dans les
« exercices d'agrément et pour le latin, où il n'a fait que
« sa quatrième; ce sera un excellent marin; mérite de
« passer à l'école de Paris. » Un inspecteur plus pénétrant
devait ajouter quelque temps après à ces notes si bienveillantes, la restriction suivante que le temps s'est chargé
de justifier : « caractère dominant, impérieux, entêté ».
C'étaient encore presque des qualités; le désir d'arriver, la
persévérance, l'ambition fondée sur l'étude et le travail,
ne vont pas chez les jeunes gens sans le besoin de primer,
de commander, de faire prévaloir leurs idées. L'entourage, les débuts, ou les hasards de la vie se chargent de
diriger ou de dépraver cet instinct dominateur des esprits
supérieurs.

On espérait donc à Ajaccio que le départ prochain de
Bonaparte pour Paris laisserait à Brienne la place vacante
pour Lucien. Le moment était venu de conduire Marie-Anne à Saint-Cyr. Le père de Napoléon partit de nouveau
pour la France, il arriva à Brienne avec sa fille aînée et
son troisième fils, le 21 juin 1784. Le futur marin, isolé
et séparé des siens depuis plus de cinq ans fut tout ému
de la visite de son père et tout fier d'être le protecteur et
le mentor de Lucien. La vue de Charles Bonaparte, miné
par la maladie, sa confiance en lui-même et les sentiments
généreux de la jeunesse lui suggérèrent de se préparer au
rôle de chef de famille. Joseph ne paraissait pas destiné
à exercer son droit d'aînesse; il était peu persévérant et
venait justement de renoncer à l'état ecclésiastique et
d'afficher des goûts militaires qu'on ne lui soupçonnait

pas. Napoléon, dans sa jeune sagesse, désapprouvait cette versatilité. Il priait son oncle Fesch, alors âgé de vingt et un ans, et vicaire à Montpellier, de conseiller à son frère de persévérer dans ses premières études, par une curieuse lettre où il ne ménageait pas son frère aîné. On y trouve un sens pratique, une logique triomphante, étonnante dans un cerveau de quatorze ans. La préoccupation du gros bénéfice que perdra Joseph en quittant l'état ecclésiastique, et la précaution qu'il prend de prier son oncle de déchirer sa lettre, ne sont pas non plus sans avoir quelque chose d'un peu inquiétant.

Sur ces entrefaites, l'inspecteur, M. de Keralio, mourut, et cet événement arrêta l'effet des promesses faites à Napoléon. Il dut abandonner ses projets de marine et rester, plus qu'il n'y comptait, à Brienne. Cependant, lorsqu'il se fut décidé pour l'artillerie, corps distingué, mais peu recherché parce qu'il y fallait trop travailler, il fut résolu en principe qu'il passerait à l'école militaire de Paris, après une nouvelle inspection. Il attendit donc à Brienne, et apprenant que Joseph persistait à entrer dans la carrière des armes, il s'adressa spontanément au directeur de Brienne, pour le prier d'appeler son frère aîné à l'école. Ce sentiment des devoirs d'un futur chef de famille se retrouve dans une lettre très touchante qu'il écrivit alors à son père.

Le nouvel examen fut favorable, bien que l'inspecteur, Regnault de Mons, eût donné sur le caractère du candidat une note plus sévère, dont j'ai parlé plus haut. Bonaparte fut nommé élève de l'école militaire de Paris. Il y entra le 23 octobre 1784.

L'école militaire de Paris avait été organisée d'une manière fastueuse qui contrastait absolument avec la modeste installation de Brienne. Pour les cent vingt cadets de famille noble, qui y achevaient leur éducation militaire, on comptait plus de cent personnes destinées au service de l'école. Dans ce nombre, il est vrai, il n'y avait que vingt professeurs, parmi lesquels le célèbre mathématicien Monge; il s'y trouvait aussi deux professeurs de danse, qui ne durent pas être très satisfaits de Bonaparte; car il ne sut jamais saluer, même lorsque, devenu empereur, il prit des leçons de maintien, pour paraître à son avantage dans les cérémonies publiques.

L'uniforme somptueux de l'école était écarlate et argent; la table des cadets était très recherchée. Ce bien-être ne fut pas alors très sensible à Napoléon, qui retrouvait à Paris les mêmes humiliations qu'à Brienne. Il se lia cependant avec son camarade de chambre, son binôme, comme on disait alors en terme d'écolier, Des Mazis, qui, grâce à une heureuse facilité de caractère, se pliait aux exigences de son impérieux voisin. Mais ses autres camarades, les Castries, les Comminges, qui l'avaient suivi à l'école de Paris, avaient apporté avec eux la plaisanterie de la *Paille au nez*, surnom bizarre dû à la prononciation corse du mot Napoleone. On avait recommencé à s'amuser de sa figure bizarre, de son accent étrange, de son orthographe, qui fut toujours rebelle à la règle des participes, sans oublier sa nationalité à laquelle il tenait tellement qu'un de ses professeurs lui donnait la note suivante : « *Corse de nation et de caractère; il ira loin si les circonstances le favorisent* ».

Il allait voir souvent à Saint-Cyr sa jeune sœur Marie-Anne, qui malgré beaucoup d'intelligence éprouvait le même dédain pour l'orthographe française, et qui, habituée au grand air et à la liberté dans la campagne d'Ajaccio, s'ennuyait royalement dans la noble maison fondée par Mme de Maintenon. En dehors de ces promenades fraternelles, la grande distraction de Bonaparte était encore la lecture de Rousseau. Il lui passa un beau jour par la tête d'appliquer *le Contrat social* à l'usage des écoles militaires, et il rédigea pour les directeurs de l'école un mémoire où il demandait pour lui et ses camarades la plus sévère discipline. Cette austérité avait le malheur de rappeler de trop près deux fables de La Fontaine où Maître Renard joue un rôle assez semblable.

Le mémoire parvint-il à son adresse? on peut en douter, puisque peu après il se proposait de faire arriver ses idées jusqu'au ministre de la guerre, sous le voile de l'allégorie; mais il eut la prudence de demander conseil à son ancien principal de Brienne, qui lui persuada de garder pour son usage particulier ses opinions catoniennes.

Dans l'intervalle, son dernier frère, Jérôme, était né le 15 novembre 1784; Charles Bonaparte s'était résolu (il était alors tout à fait affaibli par la maladie) à passer en France pour une suprême démarche au sujet de la succession Odone; mais sitôt qu'il eut débarqué, l'aggravation subite de son mal le força à demander l'hospitalité, à Montpellier, à une amie d'origine corse, Mme Pernon. Il y mourut le 24 février 1785. Napoléon a jugé parfois sévèrement la conduite de son père. Pour nous, il nous semble qu'il y a quelque chose de touchant dans cette lutte de tous les jours du malheureux Charles Bonaparte contre le fâcheux état de sa fortune. Il laissait à sa veuve quatre enfants en bas âge, Louis, Pauline, Caroline et Jérôme; si Lucien était à Brienne, si Napoléon avait un avenir médiocre, mais assuré, l'aîné, Joseph, n'était pas casé et c'était une cinquième bouche inutile. Nous serons donc plus indulgent, nous déplorerons seulement la triste vie de solliciteur dans laquelle fut entraîné le père du futur empereur, par une ambition mal comprise, et la disproportion de ses besoins et de ses ressources.

Malgré les expressions de blâme et de dédain dont il se servit plus tard en parlant de son père, Bonaparte fut affecté douloureusement de sa mort. Il avait été gâté et traité par lui comme un personnage, dès son entrée à Brienne; dans ses lettres à son oncle Lucien et à sa mère (27-28 mars) il se montre touché d'un chagrin sincère, quoiqu'il prenne déjà le ton d'autorité morale qu'il s'adjugea désormais sur sa famille.

Il allait avoir seize ans. Il était prêt à concourir pour une place de lieutenant en deuxième dans un régiment d'artillerie. Préparé sérieusement en mathématiques, histoire et géographie, Bonaparte était inférieur en belles lettres, dessin, langues, escrime et équitation. Sa moyenne ne lui permit donc que d'atteindre le rang de 42º sur 58 et il fut nommé lieutenant en deuxième à la compagnie des bombardiers du régiment de la Fère qu'il suivit dans ses garnisons de Valence, de Lyon et de Douai (1785-87), puis à Auxonne (1788). Ce fut à Valence qu'il fut le mieux accueilli. Il emportait avec lui cette note de sortie :

Réservé et studieux, il préfère l'étude à toute espèce d'amusement, se plaît à la lecture de tous auteurs, très appliqué aux sciences abstraites, peu curieux des autres, connaissant à fond les mathématiques et la géographie, silencieux, aimant la solitude, capricieux, hautain, extrêmement porté à l'égoïsme, parlant peu, énergique dans ses réponses, prompt et sévère dans ses réparties, ayant beaucoup d'amour-propre, ambitieux et aspirant à tout.

A quoi pouvait-il donc aspirer? Seul de toute la famille qui eût une position, il allait gagner 800 livres. A Ajaccio la gêne eût été horrible, si l'oncle Lucien, tuteur des enfants, n'eût fait quelque chose pour Mme Bonaparte.

En admettant qu'il séparât sa destinée de celle de ses frères et de ses sœurs, que pouvait-il espérer lui-même? atteindre le grade de capitaine, ou, si la chance lui souriait sans cesse, celui de lieutenant-colonel d'artillerie. Et cependant la note ne se trompait pas; tout dans son attitude générale, jusqu'à sa réserve et son silence, indiquait le feu d'ardente ambition qui le dévorait : c'était, selon l'expression de Michelet, un de ces désespérés dont le monde a tout à attendre. Nous le verrons d'abord chercher en Corse ce rôle éclatant qu'il rêvait en sortant de l'école militaire de Paris, aux dépens mêmes des liens qui l'attachaient à la France. Puis, lorsque la Révolution aura ouvert aux hommes nouveaux les carrières les plus inattendues, il s'y jettera avec cette fougue irrésistible des hommes qui, las de présenter le dos à la mauvaise fortune, se décident à jouer leur vie pour tout gagner. Il ne resta que deux ans au régiment, et demanda un congé, suivi bientôt d'un second, pour aller régler en Corse ses affaires de famille; il profita de ce voyage pour se lancer dans la politique, en écrivant une lettre de blâme à l'un des représentants de la Corse, M. de Buttafuoco, qu'il accusait de trahir sa patrie. Il s'oublia si bien dans ces occupations nouvelles, qu'il dépassa de beaucoup les limites de son congé (1789-1791).

Bonaparte allait avoir vingt-deux ans lorsqu'il rejoignit son corps à Auxonne. Il amenait avec lui son jeune frère Louis pour diminuer les charges de sa mère. Il présenta à son colonel, le chevalier Lance, des attestations qui attribuaient son retard de trois mois au mauvais état de la mer. Le chevalier, qui avait alors dans son régiment peu d'officiers aussi capables que Bonaparte, feignit de croire à cette inclémence persistante et extraordinaire de la Méditerranée; on fit plus, on lui accorda le rappel des trois mois et demi de solde qu'il aurait dû au moins perdre par son absence.

Malgré cette issue inespérée de son escapade, Bonaparte avait le mal du pays. Au lieu de faire la pluie et le beau temps au club d'Ajaccio, il lui fallait accomplir avec soumission les devoirs monotones et journaliers de sa profession; toujours à court d'argent, il se remit à vivre de cette vie gênée et besogneuse qu'il connaissait déjà depuis longtemps et qui ne lui fut jamais plus pénible. Logé au pavillon des officiers, il n'avait pour son frère et pour lui qu'une chambre avec un petit cabinet sans feu, pour meubles un lit, deux chaises, une table, et un matelas pour Louis. De toutes ses étapes de misère, c'est celle qui lui a laissé les plus tristes souvenirs; dix-neuf ans plus tard il écrivait encore en se rappelant cette époque : « *Savez-vous comment je vivais : c'était en ne mettant jamais les pieds ni au café, ni dans le monde; c'était en mangeant du pain sec, en brossant mes habits moi-même, afin qu'ils durassent plus longtemps propres...* » Sa seule consolation était la littérature. Il avait commencé une histoire de Corse, concouru vainement pour un prix, auprès de l'Académie de Lyon; il avait trouvé un éditeur pour la lettre à Buttafuoco; et il se replongeait dans les méditations philosophiques : elles n'étaient pas d'une nature gaie; car dans un *Dialogue sur l'amour*, il disait : « *L'amour, je fais plus que nier son existence, je le crois nuisible à la société, au bonheur individuel des hommes, enfin je crois qu'il fait plus de mal que de bien et que ce serait un bienfait d'une divinité protectrice que de nous en défaire et d'en délivrer les hommes.* »

Dans un autre opuscule : *Réflexions sur l'état de nature*, Bonaparte regrettait le temps où la terre était partagée entre des peuplades peu nombreuses, lorsque la nourriture était abondante et que l'humanité habit[ait] les cavernes; ce n'est qu'avec regret qu'il compare c[es h]eureux temps aux époques plus civilisées qui ont vu naître « *le penchant impétueux, l'orgueil, les ambitieux au teint pâle qui se sont emparés des affaires.* » Ce mépris de l'ambition était tout littéraire chez Bonaparte, et à ce titre ses travaux philosophiques auraient peu d'importance; mais cet examen solitaire, auquel il soumettait sans relâche son intelligence, devait contribuer à augmenter le sentiment déjà si vif de sa personnalité, et à donner à sa volonté une force et une intensité dont il allait bientôt tirer parti.

Pendant qu'il paraissait ainsi tout occupé de théories et de thèses sociales, les événements se précipitaient. Les réformes s'introduisaient dans le système militaire de la France. L'artillerie fut réorganisée; et Bonaparte fut nommé lieutenant en premier au 4ᵉ régiment d'artillerie, et revint en garnison à Valence (16 juin 1791).

Il y fréquenta peu ses anciens amis; la plupart d'entre eux étaient favorables au parti de l'émigration. La fuite et l'arrestation du roi à Varennes avaient créé une distinction tranchée entre les royalistes et les constitutionnels. Or Bonaparte se posa tout d'abord comme l'un des chefs du parti de l'Assemblée nationale. Il se trouvait ainsi en opposition avec son capitaine, M. de Romain. L'officier constitutionnel s'attira plus d'une affaire désagréable : dans un repas de corps, l'un de ses camarades, ardent royaliste, ordonna tout haut à la servante de ne pas mettre son couvert à côté de celui de M. de Bonaparte. Bonaparte ne voulut pas entendre. Très courageux, mais toujours de sang-froid, il ne s'exposa jamais inutilement : il ne se souciait pas de risquer ses plans d'avenir, pour répondre à la bravade d'un jeune fou.

D'ailleurs il avait sa vengeance toute prête, chaque jour

il lisait aux soldats de sa compagnie les articles du *Moniteur*, propres à leur inspirer l'amour du nouvel ordre de choses. Sans doute c'était d'un bon révolutionnaire, mais les autres officiers trouvaient cet exemple dangereux pour la discipline et pour leur autorité; M. de Romain laisse entendre qu'il n'avait plus sur ses soldats l'influence nécessaire pour les commander. Bonaparte ne faisait pas seulement la propagande révolutionnaire parmi ses hommes, il était aussi secrétaire du Club de Valence. A propos de la déchéance de Louis XVI, il prononça un discours si véhément, qu'il crut devoir s'excuser à l'un de ses amis « *sur ce que le sang méridional coulait dans ses veines* »; lorsque tous les fonctionnaires prêtèrent le serment civique, il écrivit le sien pour lui donner plus d'importance. « *Je jure d'employer les armes mises en mes mains à la défense de la patrie et de maintenir contre tous les ennemis du dedans et du dehors la Constitution décrétée par l'Assemblée nationale! de mourir plutôt que de souffrir l'invasion du territoire français par des troupes étrangères, de n'obéir qu'aux ordres qui seront donnés en conséquence des décrets de l'Assemblée nationale.* »

Ce n'était pas d'ailleurs sans un certain calcul et sans réflexion que Bonaparte avait cédé à l'entraînement révolutionnaire. Ami de l'ordre, ennemi des mouvements populaires, il avait pesé toutes les chances de réussite ou d'insuccès; dès cette époque le résultat de ses réflexions était que le mouvement de 1789 était irrésistible, qu'il fallait le suivre sans se compromettre, pour profiter du moment de lassitude qui est la conséquence inévitable de toute révolution. Lorsqu'au 13 vendémiaire il se décida pour le parti de la Convention on l'entendit prononcer ces paroles : « *La Révolution ne peut finir aujourd'hui; elle ne m'a pas encore donné ce que j'ai le droit d'en attendre. »*

Son rôle de jacobin, qui commençait alors, lui paraissait devoir préparer les voies à la fortune. Il le poussa si loin que son colonel se plaignit de lui au ministère comme d'un officier indiscipliné et dangereux; il lui refusa même un nouveau congé qu'il demandait après deux mois d'activité de service, pour aller en Corse, où s'organisait enfin la garde nationale soldée. Bonaparte s'adressa plus haut et obtint de l'inspecteur général ce que son supérieur hiérarchique lui avait refusé.

A son retour en Corse, l'oncle Lucien étant mort, il se trouvait définitivement le seul grand personnage de la famille. Pour suppléer à l'aspect imposant qui lui manquait il prit alors avec les siens ce ton sec, absolu, tranchant, qu'il quittera rarement pendant toute sa carrière. Résolu à élever sa famille avec lui, il ne souffrit plus qu'on le questionnât sur ses projets, qu'on se permît de contredire ses assertions. Joseph cédait volontiers, il aimait la paix; sa mère et ses sœurs admiraient de tout leur cœur le futur grand homme. Mais Lucien, d'une intelligence vive et d'un caractère prompt, protestait contre le despotisme de son frère. Il aspirait à jouer un rôle politique à part, et se préparait à ce personnage d'insurgé, qu'il a joué obstinément jusqu'en 1814.

Bonaparte arrivait en Corse au milieu des élections pour l'Assemblée législative; les députés d'Ajaccio furent Pozzo di Borgo et Barthelemy Arena; il leur dénonça le club feuillant qui existait dans la ville et proposait sa dispersion *manu militari*. « *Ce moyen, disait-il, est violent, illégal peut-être, mais indispensable; souvenez-vous de cette maxime de Montesquieu : les lois sont comme la statue de certaines divinités que l'on voile en certaines occasions* ». C'est la théorie du coup d'État.

La guerre allait être déclarée à l'Autriche, une circulaire ministérielle rappelait à leur corps tous les officiers absents. Bonaparte était parti pour faire avec l'écrivain Volney un voyage archéologique à travers la Corse : il répondait au commissaire des guerres que des intérêts plus sacrés le retenaient dans sa patrie, et qu'il ne transigerait pas avec sa conscience. En réalité les élections aux grades d'officiers des bataillons de volontaires corses allaient avoir lieu. Napoléon, comme lieutenant dans l'armée, avait le droit d'être élu adjudant-major, mais il voulait être chef de bataillon, quoiqu'il fallût, pour obtenir ce grade, être capitaine dans les troupes régulières.

Les élections devaient avoir lieu le 1er avril 1792 sous la surveillance de trois commissaires, envoyés par le directoire du département : Murati, agent de Paoli, rentré en 1783, après avoir accepté la domination française; Grimaldi, ami de la famille Bonaparte, et Quenza, l'un de ces hommes indécis qui votent toujours avec les plus forts. Les trois candidats les plus sérieux au grade de chef de bataillon étaient Pozzo di Borgo, frère du député; Perretti, protégé de Paoli, et Marius Peraldi, chez qui Murati était descendu. Sûr de l'appui de Grimaldi et de Quenza, Bonaparte était non moins assuré du mauvais vouloir de Murati, qui lui présageait un échec. A défaut d'autres moyens, il se rendit chez Peraldi avec des gardes nationaux dévoués, fit enlever Murati, qu'il transporta chez lui et qu'il salua de cette parole stupéfiante : « *J'ai voulu que vous fussiez libre! entièrement libre! vous ne l'étiez pas chez Peraldi.* » Notez que l'abbé Nasica qui raconte le fait l'admire extrêmement, et ajoute en manière de conclusion : « *Les sentiments d'honneur, de vertu, de liberté, étaient profondément gravés dans son cœur.* On ne sera pas étonné d'apprendre que Napoléon fut élu. Il s'empressa aussitôt de pousser aux mesures extrêmes, demanda l'application immédiate de la constitution civile du clergé, proposition qui causa des troubles dans les rues d'Ajaccio; le nouveau chef de bataillon en profita pour faire occuper toutes les avenues de la citadelle; mais l'intervention de Paoli fit manquer cette tentative; et l'un des candidats malheureux envoya à Paris une protestation contre l'élection du chef de bataillon du régiment d'Ajaccio. Le ministre de la guerre répondit en menaçant Bonaparte de la cour martiale, et en lui annonçant sa radiation des contrôles de l'armée, comme officier d'artillerie.

Bonaparte courut se disculper à Paris et demander sa réintégration : toutes les autorités de Corse lui avaient donné des certificats de complaisance, espérant qu'on ne le reverrait plus dans le pays. Il ne reçut donc pas l'accueil sévère auquel il devait s'attendre; la guerre était déclarée, on avait besoin d'officiers, et la discipline était si généralement relâchée, qu'on aurait fermé les yeux, si un rapport supplémentaire n'avait dénoncé la tentative assez équivoque qu'il avait faite sur la citadelle d'Ajaccio.

Il resta donc à Paris sans emploi et fut témoin de l'émeute du 20 juin 1792, qui lui fit faire de sérieuses réflexions sur les mouvements révolutionnaires. Il vivait alors chez son ancien camarade d'école, Fauvelet de Bourrienne, dont la famille avait été ruinée par des spéculations malheureuses. Les deux condisciples eurent un moment l'idée de faire fortune en sous-louant des garnis; mais Napoléon espérait bien rentrer dans l'armée. Il avait mis une sourdine à ses grands sentiments, écrivait à Joseph des lettres, qu'il faisait colporter à Ajaccio, et dans lesquelles il vantait la paix des champs; il défendait au contraire impérieusement à Fesch de montrer celles où il exhalait ses sentiments républicains.

Après le 10 août et l'emprisonnement de la famille royale, Bonaparte obtint du ministre girondin Servan sa réintégration avec la commission de capitaine, antidatée, afin qu'il pût réclamer un arriéré de traitement; puis, emmenant sa sœur, Marie-Anne, la ci-devant maison de Saint-Cyr ayant été licenciée, il revint à Ajaccio le 17 septembre 1792.

L'anarchie avait augmenté en Corse pendant son absence. Le parti français s'était divisé en royalistes et républicains; enfin l'attitude de Paoli se modifiait peu à peu, et menaçait l'occupation française d'une nouvelle insurrection.

Bonaparte remit à des temps meilleurs sa rentrée au 4° régiment d'artillerie alors en garnison à Grenoble. Après l'ouverture de la Convention il se plaça à la tête du parti montagnard en Corse; il se donna la mission d'inspecter les fortifications de l'Ile, reprit le commandement de son bataillon de volontaires, et écrivit au Directoire du département : « *Dorénavant je serai là et tout marchera comme il faut* ». Paoli qui, en sa qualité de lieutenant-général, commandait aussi toute la force armée dans l'Ile, s'impatienta contre ce singulier officier qui reprenait et quittait tour à tour sans mandat comme sans autorisation son grade dans l'armée active et dans les bataillons de volontaires; il le manda à Corte et le tança d'importance; Bonaparte oublia le respect qu'il avait affecté pour Paoli, le Lycurgue de la Corse, répondit violemment et fut congédié par le vieux général. Il quitta Corte aussitôt, avec la résolution de se venger; dès ce jour on peut dire qu'il abandonna pour sa patrie toute idée d'indépendance, et qu'il se livra d'autant plus au parti français, qu'il soupçonnait avec raison Paoli de préparer une levée de boucliers.

L'occasion ne se fit pas attendre : une expédition sur la Sardaigne se préparait dans le Var, les volontaires Corses devaient y prendre part, et la flotte de l'amiral Truguet se trouvait dans le port d'Ajaccio pour les embarquer. « Les bons patriotes Corses », comme on les appelait, commencèrent les opérations par des rixes journalières avec les marins français. Paoli profita de l'occasion pour conseiller au ministre de la guerre Pache de ne pas employer les volontaires; mais il était trop tard; il obtint au moins que le commandement supérieur appartiendrait au colonel Colonna Cececaldi et non à Bonaparte, qui garda précieusement dans son souvenir ce nouveau grief. Pendant que le gros de la flotte attaquait vainement Cagliari, Colonna et Bonaparte faisaient une tentative au nord de la Sardaigne, sur l'île de la Madeleine mais les matelots et les soldats étaient mécontents : les vivres avaient déjà manqué plusieurs fois (mars 1793), une révolte força les deux chefs à se rembarquer, et l'expédition revint piteusement à Ajaccio.

La mort de Louis XVI avait été le signal de la coalition qui réunissait contre la France la Prusse, l'Autriche, l'Angleterre et l'Espagne, l'Allemagne et le Piémont. Les Anglais, maîtres de la Corse, auraient été les maîtres de la Méditerranée. Paoli avait saisi avec empressement le prétexte des violences de la Convention, pour montrer un mauvais vouloir persistant au nouveau pouvoir qui gouvernait la France. Le Comité de salut public, incapable d'accommoder sa volonté à la situation particulière de la Corse, déclara Paoli suspect, le cita à la barre de la Convention et envoya des commissaires extraordinaires pour dissoudre les volontaires.

Le conventionnel Salicetti, qui connaissait ses compatriotes, prévit que cette mesure jetterait la Corse dans l'insurrection. Or, à son avis, le salut de sa patrie était dans son union avec la France, il s'interposa donc comme conciliateur et écrivit à Bonaparte pour le prier d'entrer dans ses vues. Salicetti se fit même nommer commissaire en Corse; mais ses paroles de conciliation furent mises à néant par la dénonciation du conventionnel Aréna contre Paoli. Le 2 avril 1793, le comité de salut public ordonna l'arrestation du général. A cette nouvelle tout le nord de la Corse se souleva. Salicetti fit cependant encore un dernier effort en faveur de la paix. Bonaparte, qui subissait alors son influence, rédigea une justification de Paoli; mais il n'était pas convaincu, et ses phrases déclamatoires et vides ne durent pas produire grand effet sur les conventionnels.

D'ailleurs Paoli se défiait de Salicetti et de Bonaparte dont il connaissait les griefs. Lorsque le jeune officier d'artillerie eut essayé une dernière fois de s'emparer de la citadelle d'Ajaccio, occupée cependant par ses compatriotes, le général s'applaudit de n'avoir pas accepté les propositions de la Convention. Il hâta l'insurrection de la Corse. Les Ajacciens ne pardonnèrent pas à Bonaparte d'être passé au parti français et d'avoir menacé sa patrie : les haines qu'il avait suscitées depuis longtemps se réveillèrent; il dut s'enfuir, déguisé en matelot, et Ajaccio passa au parti paoliste.

Arrivé à Bastia, il parut avoir dépouillé toutes ses idées particularistes et conseilla aux représentants Salicetti et Lacombe-Saint-Michel d'agir vigoureusement contre la Corse. Il fit décider aussitôt une expédition maritime sur Ajaccio, qui échoua, et qui précipita au contraire la prise d'armes officielle de Paoli. Les paysans des montagnes occupèrent Ajaccio. Mme Lœtitia, peu rassurée, s'enfuit avec Louis, Elisa, Pauline et Fesch, laissant Jérôme et Caroline à leur grand'mère. Il était temps : la maison Bonaparte fut incendiée le lendemain. Le même jour la consulte de Corte bannissait de l'île à perpétuité quatre des conventionnels corses, et parmi eux Salicetti ; elle leur adjoignait Bonaparte déclaré infâme à son tour.

Dans sa colère, Napoléon, oubliant le panégyrique de Paoli qu'il avait envoyé deux mois auparavant à la Convention, fit parvenir au Comité de salut public un réquisitoire contre le chef de l'insurrection corse. Il y disait : « *Ce Paoli n'est plus l'ami de la liberté mais il a eu l'air d'en être le martyr.... Je n'ai pas tardé,* ajoute-t-il, *à m'apercevoir de l'ambition démesurée du vieux chef! Tant de perfidie entre-t-il dans le cœur humain!* »

Paoli n'en avait pas moins proclamé l'indépendance de la Corse et noué des relations avec Drake, l'agent anglais de Gênes. Bonaparte, sans ressources à Bastia avec sa famille, n'avait pas oublié qu'il était officier au 4ᵉ régiment d'artillerie : le 13 juin 1793 il vint installer sa mère et ses sœurs près de Toulon, au village de la Valette et, le 25, il rejoignait sa compagnie à Nice, à l'armée des Alpes.

Tout était à recommencer. Le séjour de sa patrie ne lui avait pas été favorable. Ballotté entre son mandat d'officier et son ambition politique, il avait été sur le point d'être compromis dans les pires aventures. Il a jeté un voile sur cette période de sa jeunesse. S'il l'avait racontée lui-même, il aurait pu donner pour excuse la maladie révolutionnaire du temps, et citer nombre d'exemples d'une indiscipline aussi prononcée. Toutefois rien n'était perdu. Hoche, naguère encore chef de bataillon, commandait à l'armée du Rhin et il était à peine plus âgé que lui.

CHAPITRE PREMIER

NAPOLÉON ET LA FRANCE CONVENTIONNELLE [1]

Les Girondins et les montagnards en 1793. — Bonaparte et les constitutionnels. — Le souper de Beaucaire. — Le siège de Toulon. — Bonaparte général de brigade. — Sa destitution. — La société thermidorienne. — Bonaparte à Paris. — Le 13 vendémiaire. — Le mariage de Napoléon.

Les Girondins venaient de succomber aux journées du 31 mars et du 2 juin. La Montagne était jetée dans les mesures extrêmes par la Commune de Paris; elle était aveuglée par la crainte de l'invasion étrangère, et dirigée par ces esprits inflexibles qui ne semblaient capables de concevoir qu'une idée : le triomphe de la Révolution. Pour eux l'histoire et la tradition n'existaient pas : le respect de la vie humaine n'était qu'un mot; l'hésitation politique était un crime. Leur monde géographique était encore plus restreint : d'un côté la patrie, c'est-à-dire eux et leurs amis, la Sainte Montagne; de l'autre, non seulement le Prussien, l'Autrichien, l'Espagnol, l'Anglais, Pitt; mais l'émigré, le ci-devant, le constitutionnel, le Girondin. Les moyens de gouvernement étaient simples, selon l'expres-

---

1. BIBLIOGRAPHIE. — Correspondance de Napoléon Ier. — **Du Casse**, Les frères de Napoléon (*Rev. historique.*) Lettres de Napoléon. — **Michelet**, Histoire du xixe s., t. I et II. — **Jung**, Bonaparte et son temps, t. II et III. — **Bœthlingk**, t. I. — **Bourrienne**, Mémoires. — **Vauchelet**, Le général Dugommier (*Rev. historique*).

sion de Robespierre, on pouvait les résumer dans une formule à la fois concise et claire : la guillotine.

Certes devant ce parti, résolu à briser tous les obstacles, les Girondins, de convictions incertaines, peu disposés à admettre le triomphe du peuple des faubourgs, enfin n'ayant pour eux que leur courage et leur magnifique éloquence, devaient succomber et emporter avec eux la dernière barrière qui retenait la Terreur.

Ce fut malheureusement derrière eux que s'organisa la guerre civile qui suivit leur chute; c'était en leur nom que fut créé à Marseille un pouvoir sectionnaire qui envoyait chaque jour à l'échafaud cinq ou six des partisans de la Montagne; c'était comme leur allié, que le royaliste Précy avait soulevé Lyon et répondu à la cruauté, dont on a exagéré la violence, de l'agent montagnard Chalier, par des exécutions répétées. De même, en s'appuyant sur leur autorité, l'amiral Trogoff se préparait à livrer la flotte française de Toulon à l'amiral anglais; le royaliste Charlier soulevait la Lozère, et tout cela au moment où les Austro-Prussiens avaient envahi le territoire national et pris Valenciennes, où les Espagnols avaient pénétré dans le Roussillon.

C'était faire la partie belle aux montagnards et au Comité de salut public. Les terroristes répétèrent partout et finirent par se persuader qu'ils étaient les seuls défenseurs de la patrie : ils trouvaient dans l'attitude des Girondins une circonstance atténuante à leur terrible domination, ils poussèrent le patriotisme à un point qui ne fut jamais atteint que dans les républiques antiques. Rien n'arrêta les conventionnels en mission. Magistrats, avocats, médecins, négociants, transportés sur les champs de bataille, ils ne connurent ni la crainte ni l'hésitation; en fait de stratégie, ils n'eurent qu'une idée : ne jamais reculer; en fait de discipline, ils ne connurent que l'obéissance aveugles aux ordres du Comité de salut public. Cette énergie indomptable sauva la France de l'invasion; il faut leur donner acte de ce dévouement, car si notre pitié est toute acquise à leurs victimes, nous n'avons pas le droit de passer sous silence les services et les vertus civiques qu'ils peuvent présenter à la postérité plus calme qui pèsera leur lourde responsabilité.

Pour comprimer l'insurrection du Midi, la Convention envoya deux représentants d'ailleurs sujets à caution : Barras, transfuge de l'ancien régime et de mœurs douteuses; Fréron, plus convaincu, sans avoir peut-être la conscience beaucoup plus délicate. Avec des détachements de l'armée d'Italie, ils formèrent rapidement un corps sur la Durance pour empêcher les Marseillais d'occuper la ligne du Rhône et de communiquer avec Lyon. Un général improvisé, le sculpteur Carteaux, fut mis à la tête de cette colonne. A quelques lieues d'Avignon, le 15 juillet 1793, il fut rejoint par le capitaine Bonaparte venu de Nice et chargé par son supérieur, le général Duteil, d'aller chercher dans cette ville les pièces d'artillerie que sa compagnie y avait laissées.

Une simple démonstration suffit pour livrer aux républicains Avignon, Tarascon et Beaucaire; mais les Marseillais ayant trouvé un chef militaire expérimenté, M. de Villeneuve, se préparaient à défendre les approches de leur ville. Bonaparte qui, depuis son retour en France, avait senti renaître dans son cœur les sentiments de fidélité du soldat pour le drapeau, comprit quel rôle dangereux pour la patrie jouaient les fédéralistes. Ce fut pour réagir contre ces idées fausses et antipatriotiques, qu'il écrivit, pendant que l'armée préparait son mouvement sur Marseille, *le Souper de Beaucaire*, le dernier et le plus pur de ses ouvrages de jeunesse. Il le rédigea sous forme de dialogue entre un officier et trois négociants de Marseille, de Montpellier et de Nice. Il y entreprenait de démontrer aux populations du Midi qu'elles s'égaraient. Il ne discutait pas l'horreur que pouvaient leur inspirer les Montagnards; il leur demandait seulement de considérer quel était le parti qui défendait la France contre l'invasion; quel était celui qui appelait les Espagnols à Marseille, qui traitait avec les Anglais à Toulon. Après avoir épuisé les arguments patriotiques, il discutait avec sa connaissance des choses de la guerre les chances que pouvait présenter la révolte du Midi; il prouvait la folie de cette résistance contre une armée régulière, dont les bataillons avaient déjà triomphé de la Prusse et de l'Autriche. Enfin il terminait cet appel à la discipline et au patriotisme par les paroles suivantes : « *Croyez-moi, Marseillais, secouez le joug du petit nombre de scélérats qui vous conduisent à la contre-révolution; rétablissez vos autorités constituées; acceptez la Constitution; rendez la liberté aux représentants; qu'ils aillent à Paris intercéder pour vous; alors la Convention vous enverra quelque homme loyal et habile; on sera d'accord; et l'armée, sans s'arrêter un seul moment, ira sous les murs de Perpignan faire danser la Carmagnole aux Espagnols.* »

L'opuscule de Bonaparte fut présenté aux conventionnels en mission dans le Midi, alors réunis à Aix. C'était Salicetti, son ami d'autrefois, Gasparin, Ricord et Robespierre le jeune. Ils accueillirent fort bien l'auteur du *Souper de Beaucaire* et décidèrent de faire imprimer sa brochure aux frais du Trésor. Le jeune capitaine d'artillerie prit part à la fin de la campagne contre les Marseillais, qui furent battus à Septêmes. Les plus compromis s'enfuirent vers Toulon dans une cohue indescriptible; le corps du général Carteaux entra à Marseille le 25 août 1793. Bonaparte y défila à la tête de l'artillerie, et avec son frère Joseph, qui était venu lui apprendre que la famille avait dû se transporter à Brignoles, fut logé chez un négociant de médiocre importance, Clary, dont les deux filles, Julie et Désirée, devaient devenir l'une reine de Naples et d'Espagne, l'autre reine de Suède.

Trois jours après, le 28 août, l'amiral Trogoff, les capitaines de vaisseau d'Imbert, de Cazotte et de Goy livraient Toulon et la flotte française à l'amiral anglais Hood. Les Toulonnais envoyèrent au nom de Louis XVII, alors en prison à Paris, et du régent, le comte de Provence, la proclamation suivante au général Carteaux : « *Si des exécutions souillent la ville de Marseille, deux députés que nous tenons en ôtage, et les parents de deux autres subiront le même sort; 30 000 Anglais et Espagnols seconderont notre vengeance, elle sera terrible : Marseille et Toulon sont sous leur protection.* »

Barras et Fréron répondirent à cette sommation en redoublant d'activité; le commandement de l'armée de Toulon fut donné à Carteaux. A la première affaire le chef de son artillerie, le capitaine Donmartin fut grièvement blessé. Bonaparte était là avec Salicetti et Gasparin sur le point de retourner à Nice; il fut présenté pour succéder à Donmartin. Il montra aussitôt une activité, une connaissance de son arme, un coup d'œil militaire qui contrastaient vivement avec l'incapacité et la mollesse du général Carteaux.

Dans ses allées et venues de Marseille à Toulon pour les besoins du service, il n'oubliait pas sa famille; il obtint des conventionnels des frais de déplacement pour établir à Marseille sa mère et ses sœurs; Fesch, qui avait déposé la robe ecclésiastique, fut garde-magasin à Nice. Lucien eut le même emploi à Saint-Maximin, dans le Var. Il y fit l'admiration des habitants par son éloquence et ses opinions rigides, qui le firent surnommer le petit Robespierre. Il s'humanisa cependant pour la fille de son aubergiste, la citoyenne Boyer, qu'il épousa. Joseph était lui-même bien décidé à s'engager dans les nœuds du mariage. Il faisait alors avec succès le siège du cœur et de la dot de Mlle Julie Clary, dont la sœur Désirée admirait beaucoup alors Napoléon. Pour décider le mariage, M. Clary le père exigeait que Joseph eût une position. Bonaparte obtint pour lui le grade de commissaire des guerres de première classe. Il fallait selon la loi que Joseph eût été lieutenant-colonel pour obtenir cette nomination. Les représentants contresignèrent sans sourciller la nomination du citoyen Joseph-Bonaparte actuellement lieutenant-colonel, quoiqu'ils fussent persuadés que le colonel improvisé n'avait jamais tenu une épée ni peut-être même un fusil.

Cependant Bonaparte, commandant l'aile droite de l'artillerie à Toulon, s'épuisait vainement à faire comprendre au général Carteaux la portée d'une pièce d'artillerie. Carteaux fut remplacé par Doppet, qui s'effaça modestement pour laisser la place à un brave et habile militaire, Dugommier. Dugommier organisa rapidement les travaux du siège et donna à chacun des trois corps une brigade d'artillerie, sous le commandement supérieur du général Duteil. Bonaparte commanda l'artillerie du corps de droite qui attaquait Toulon à l'ouest; depuis le 19 octobre 1793, il était chef de bataillon.

Il assista en cette qualité à tous les conseils de guerre qui devaient décider la marche des opérations; il prit souvent la parole, y développa le plan qu'il avait écrit pour le Comité de salut public. Sans admettre avec les panégyristes que Bonaparte fut seul à bien voir, au milieu de militaires aussi expérimentés que Dugommier, Laborde, Lapoype, il est évident que son opinion pesa beaucoup dans la décision des généraux : il fut résolu qu'on s'emparerait des forts, et qu'on prendrait Toulon en rendant la rade inhabitable. Si Bonaparte n'a pas, comme il l'a prétendu, commandé le siège en second, il reçut, tout au moins tacitement, la direction de l'artillerie.

Il n'entre pas dans notre sujet de traiter les campagnes de Bonaparte; il faut, pour suivre les opérations de Napoléon, une compétence particulière, comme celles du général Jomini, ou une intelligence extraordinaire des choses de la guerre, comme celle de Thiers. Nous nous contenterons de noter au siège de Toulon les progrès de sa carrière, et de pénétrer le procédé qui lui servit désormais à dominer les hommes qui l'entouraient. Bonaparte a connu à cette époque Marmont, Victor, Sébastiani, Junot, Muiron qui s'attachèrent tous à sa fortune. Muiron se fit blesser pour lui en montant à l'assaut du fort de l'Aiguillette; Junot, simple sergent, s'improvisa son secrétaire, fit sous ses yeux ses preuves d'intrépidité, et se voua désormais à son service : il sera son premier aide de camp; Marmont et Sébastiani furent tellement subjugués qu'ils ne le quittèrent plus. Enfin le soldat subit à son tour cet ascendant irrésistible. Bonaparte savait déjà le prendre par les sentiments de gloire, de courage et d'orgueil. Un poste est-il dangereux ? il y met l'écriteau si célèbre : Poste des hommes sans peur. Un instant auparavant personne ne se présentait : l'écriteau mis, tous prétendirent y trouver une place. D'ailleurs il donnait lui-même l'exemple de l'intrépidité, défendait ses batteries avec un sang-froid imperturbable, et ne se laissait détourner de son but par aucune considération étrangère; le 13 décembre 1793 la prise de la position du Petit-Gibraltar livrait Toulon à l'armée républicaine.

Les éditeurs de la correspondance impériale ont commencé leur travail à cette époque. Napoléon, qui aurait voulu interdire à la postérité la connaissance de ses débuts, faisait lui-même dater son histoire de cette période de sa vie : et en effet la légende y trouve son compte. La prise de Toulon fut accueillie en France avec enthousiasme. Quoique Napoléon n'ait pas avoué que le principal mérite en fut attribué avec raison au général Dugommier, il est certain que son nom sortit pour la première fois victorieusement de cette obscurité qu'il avait eu tant de peine à percer.

Barras et Fouché furent chargés à Toulon des vengeances de la Convention; ils s'y montrèrent les dignes collègues de Carrier à Nantes, de Lebon à Arras, de Collot d'Herbois à Lyon. Bonaparte, qui était cependant et qui resta longtemps encore jacobin, eut horreur de cette férocité. Il se montra prodigue du sang des soldats sur le champ de bataille; il déporta sans pitié ses ennemis, ne supporta jamais la présence d'un adversaire politique; mais, sauf dans une occasion trop mémorable, il se refusa toujours à verser le sang pour des causes politiques. Dès la prise de Toulon, il sauva nombre de ci-devants, la famille de Chabrillant, par exemple. Si plus tard l'indulgence qu'il montra aux émigrés, les faveurs qu'il répandit sur la vieille noblesse, furent pour lui des moyens de gouvernement, il était alors poussé par une profonde répulsion pour la guillotine, sentiment qui le sépare avantageusement sur ce point des hommes de la Terreur.

Lorsqu'il quitta Toulon, Robespierre et Salicetti avaient

obtenu pour lui (le 22 décembre 1793) le grade de général de brigade. Bonaparte s'est défendu plus tard de cette protection compromettante, mais les archives de la guerre en ont conservé les preuves irrécusables. C'est sur la proposition de Robespierre le jeune qu'il dut produire ses états de service pour le grade de général : il s'y qualifiait de non noble, malgré l'armorial de d'Hozier de Serigny; il est vrai que l'exécution récente de Custine et de Biron, dont la noblesse avait été le grand crime, donnait à réfléchir, et justifiait ce léger accroc fait à la vérité. Bonaparte, général de brigade, reçut la mission de mettre en état de défense les côtes de la Méditerranée de Marseille à Nice; il emmenait avec le titre d'adjudant-major son jeune frère Louis, âgé de quinze ans.

Le début ne fut pas heureux (janv. 1794). Il avait eu l'ingénieuse idée d'armer le fort Saint-Jean à Marseille, non pas contre l'Anglais, mais de manière à menacer la ville au cas où une nouvelle insurrection éclaterait. Les habitants poussèrent les hauts cris. Le représentant Maignet réclama à la Convention au nom des Marseillais. Bonaparte fut cité à la barre avec son général de division Lapoype, responsable des actes de son subordonné. Lapoype alla à Paris, se disculpa facilement; quant au malencontreux général de brigade, il s'excusa comme il put et se contenta désormais d'accomplir avec rapidité sa mission sur les côtes de Provence.

Il vint enfin à Nice, où il devait commander l'artillerie du général Dumerbion, chef de l'armée d'Italie. Là il retrouva Robespierre, le conventionnel Ricard et Salicetti, qui ne fit plus à son compatriote un accueil aussi empressé qu'autrefois. Il paraîtrait que l'assiduité du jeune général dans sa maison déplaisait au représentant de la Corse, en raison directe de l'accueil bienveillant que

que lui faisait Mme Salicetti. C'est la première fois qu'on prend Bonaparte en flagrant délit sur de pareilles questions. Rappelons que quelques biographes récents lui feraient presque un mérite de son inconscience en ces matières. Mais il était l'ami, le confident de Robespierre le jeune, alors tout-puissant : peu lui importait la mauvaise humeur de Salicetti. Il réorganisa avec son ardeur accoutumée l'artillerie de l'armée d'Italie. Dumerbion avait pour principal divisionnaire un admirable général de montagne, Masséna, qui en un mois (avril-mai 1794) occupa les crêtes des Alpes-Maritimes. Bonaparte eut alors l'occasion d'étudier avec soin la topographie de la Ligurie, et de planter les jalons de sa grande campagne de 1796. Toutefois tous les généraux étaient déjà d'accord sur la nécessité de tourner les Alpes pour se jeter en Piémont. Le jeune général Bonaparte dut à son habitude de la plume de rédiger pour le Comité de salut public le plan de l'opération. Il n'y prit que peu de part; car après avoir assuré son service spécial, il retourna à Nice, laissant à Masséna la gloire de cette merveilleuse expédition.

Pour lui, il revint vivre en famille. Il avait installé près de lui sa mère et ses sœurs. Élisa et Paulette étaient alors de fort belles personnes. On vivait surtout dans l'intimité de Robespierre, et de sa sœur Marguerite-Charlotte de Robespierre, qui remarquait qu'à cette époque Bonaparte était républicain montagnard, et, comme elle dit dans ses mémoires, *partisan d'une large égalité.*

L'élite de la société jacobine menait à Nice une vie élégante; Bonaparte en était un des héros; les conventionnels ne faisaient pas trop mauvaise figure avec leurs chapeaux à larges bords et leur habit bleu à écharpe tricolore. Le costume des femmes était moins théâtral; mais sans parler des sœurs de Bonaparte, la citoyenne

Masséna, la citoyenne Ricord, la jeune citoyenne Permon, qui devait plus tard épouser Junot et devenir duchesse d'Abrantès, donnaient à la plage de Nice un aspect tout à fait à la mode. Quel contraste avec Paris où le pain manquait, où une course en fiacre valait 600 francs en assignats, où la sœur de Beaumarchais payait une livre de sucre 1 800 francs de la même monnaie, où l'on était exposé à rencontrer sur ses pas les fournées qui se dirigeaient vers les deux guillotines de la place de la Constitution et de la place de la Révolution! Ajoutons qu'à Nice la vie des généraux était loin d'être exemplaire, et qu'ils prenaient déjà ces habitudes de jouisseurs que Masséna par exemple garda pendant toute sa carrière. Bonaparte affichait un certain dédain pour la toilette. Il était, s'il faut en croire madame Junot, mal vêtu, mal peigné, et portait des bottes à peine cirées. Mais il avait une voiture et des chevaux, et, avec ses appointements de 15 000 livres, il commençait aussi, comme les autres, à prendre des allures de seigneur. Cette transformation, alors à peine sensible, des chefs militaires de la Révolution, n'a donc pas été sans influence sur son esprit, révolté d'ailleurs depuis l'enfance, contre la gêne. Il soignait aussi fort habilement ses affaires. Il avait refusé prudemment de suivre à Paris Robespierre, qui lui proposait le commandement de la garde nationale; il étudiait sans relâche le Piémont et le bassin du Tanaro et rédigeait pour le Comité de salut public plusieurs plans d'opérations générales en Italie. Or, pour les exécuter, il fallait violer la neutralité de la république de Gênes, qui, d'ailleurs, malgré le chargé d'affaires de France, Tilly, se montrait partiale en faveur des Anglais. Bonaparte fut investi par les conventionnels Ricord et Robespierre d'une mission secrète, qui, s'il faut en croire Marmont, avait pour but d'observer la topographie des Alpes liguriennes, et en même temps de faire naître un conflit, qui permît de violer la neutralité génoise. Bonaparte accomplit heureusement sa mission, et il revenait à Nice, avec l'espérance d'être le chef de l'opération, lorsqu'il apprit les affaires du 9 Thermidor : la chute et la mort des deux Robespierres. Le 5 août 1794, il était à Nice, inquiet de la situation que les événements pouvaient lui créer.

Des trois frères aînés, Joseph seul avait tiré son épingle du jeu. En apprenant le 9 Thermidor, il s'était hâté d'épouser (le 1er août) Julie Clary. Leur mariage avait été retardé par la mort subite du père. Il présentait au nouvel ordre de choses la garantie d'un homme paisible et marié. Quant à Lucien-Brutus Bonaparte (il s'était rebaptisé à la mode du temps), il regrettait amèrement ses triomphes oratoires, d'autant que la famille lui venait, et qu'il lui fallut abandonner ses fonctions modestes de garde-magasin, qui le faisaient vivre.

Bonaparte comprit qu'il était compromis à l'attitude joyeuse de Salicetti, qui tenait à se croire contre lui un de ces griefs domestiques que les hommes les plus patients sont rarement disposés à pardonner. En effet, dès le 6 août, Salicetti et Albitte dénonçaient le général d'artillerie de l'armée d'Italie comme un des suppôts des Robespierres. « *Bonaparte*, était-il dit dans ce rapport, *était leur homme, leur faiseur de plans, c'est à lui qu'il nous fallait obéir* ». Malgré l'absurdité évidente de l'accusation, les représentants affirmaient que sa mission secrète à Gênes avait eu pour but de vendre les plans de l'armée d'Italie à l'Autriche.

Les conventionnels n'étaient pas fâchés non plus de faire preuve de leurs sentiments anti-robespierristes sur le dos d'autrui. Bonaparte fut donc mis en état d'arrestation provisoire, et enfermé au fort Carré près d'Antibes ; ses papiers avaient été saisis. Salicetti et Lacombe Saint-Michel, le dernier Français qui eût défendu Bastia, remettaient sur le tapis sa conduite en Corse, en 1792. Au fond il n'avait pas grand'chose à craindre ; les affaires de Corse étaient de l'histoire ancienne : ses services à Toulon et à l'armée d'Italie les avaient largement compensées. La trahison qu'on lui reprochait était surtout une mauvaise plaisanterie, que Salicetti lui-même ne put prendre au sérieux pendant longtemps. Bonaparte n'hésita pas à protester résolument contre son incarcération. Le ton comminatoire de sa lettre de protestation s'explique par la nouvelle qu'il avait reçue que bien des gens s'agitaient à Paris pour son élargissement : Barras, lui-même, le chef du parti thermidorien. Aussi se refusait-il au plan héroïque de Junot qui, avec Sebastiani, proposait tout simplement d'enlever le prisonnier. Napoléon comptait avec raison davantage sur ses amis de là-bas, et sur la sincérité de sa conversion. On trouva en effet dans ses papiers la copie d'une lettre, dont l'original paraît n'avoir pas été envoyé. Bonaparte y exécutait avec prestesse son amitié pour Robespierre. « *Tu auras appris, disait-il à ce correspondant peut-être imaginaire, la conspiration de Robespierre, Couthon, Saint-Just... J'ai été un peu affecté de la catastrophe de Robespierre le jeune, que j'aimais et que je croyais pur ; mais fût-il mon père, je l'eusse poignardé moi-même s'il aspirait à la tyrannie.* »

On ne pouvait tenir rigueur à un converti si fervent, il fut élargi en août 1794 ; mais il ne fut pas réintégré ; Salicetti, afin de l'éloigner, le fit attacher à une expédition qui se préparait pour la Corse. La flotte anglaise fit manquer cette tentative. Le général Schérer, qui remplaçait alors Dumerbion à l'armée d'Italie, employa d'une manière officieuse l'expérience de Bonaparte dans une nouvelle campagne en Ligurie. Masséna exécuta le plan formé par le général sans emploi et remporta la victoire de Cairo ; mais Schérer craignit les exigences du faiseur de plans et obtint (le 27 mars 1795) qu'il serait appelé à commander l'artillerie de l'armée de l'Ouest contre les Vendéens sous les ordres de Hoche. Il le faisait précéder par cette note : « *Cet officier est général de l'arme de l'artillerie, dans laquelle arme il a des connaissances réelles, mais ayant un peu trop d'ambition et d'intrigue pour son avancement.* »

Bonaparte se voyait encore une fois éloigné de cette campagne d'Italie, qu'il méditait depuis son retour en France. Lorsqu'il partit pour Paris le 2 mai 1795, il espérait obtenir de Carnot un changement de destination ; car la guerre de Vendée lui souriait peu ; elle était fort impopulaire et Hoche seul, avec son abnégation accoutumée, avait bien voulu s'en charger. Quand Bonaparte arriva à Paris, Carnot avait quitté le Comité. Le nouveau ministre de la guerre, Aubry, était un des girondins revenus après Thermidor ; il était presque royaliste. Capitaine d'artillerie, il avait toujours été dans les bureaux et voyait non sans jalousie un général d'artillerie ayant 26 ans et appuyant son grade de services militaires incontestables ; aussi malgré les prières de Barras et de Fréron, non seulement il maintint Bonaparte à l'armée de l'Ouest, mais il lui retira le commandement de l'artillerie, pour lui donner une brigade d'infanterie. Bonaparte eut beau faire valoir ses connaissances spéciales, Aubry fut inflexible ; et, non sans avoir l'arrière-pensée de se dérober à une guerre désagréable, Napoléon préféra donner sa démission. C'était une résolution extrême ; car pour vivre, il lui fallut vendre ses livres et ses cartes ; il n'en prit pas moins sa part de l'immense soulagement que Thermidor avait apporté à la France, en arrêtant la Terreur au moment où elle redoublait de fureur et d'exécutions.

Cette phrase que Michelet emprunte à un contemporain explique cette détente que l'époque thermidorienne procura à la société française, bien qu'elle ait été moins douce qu'il ne semble au premier abord. « *Les jacobins, disait-il, avaient tant parlé et reparlé de la mort qu'à leur clôture, il sembla que la mort était supprimée, que jamais on ne mourrait plus.* » Cette joie ne fut d'abord pas très bruyante, on était tout étonné de vivre; on se retournait encore dans la rue tous les cent pas, dans la crainte d'apercevoir un de ces convois journaliers dont on eût voulu éviter la vue, dont on craignait de fuir le spectacle de peur de devenir suspect. Peu à peu on s'enhardit; les hôtels du faubourg Saint-Germain se trouvèrent un beau jour remplis, ne sais comment; enfin le besoin de s'amuser, si puissant en France, éclata : on se mit à danser, et, sans penser à la profanation, on dansa lorsque l'on guillotinait encore. Michelet a insisté sur ces bals des victimes, où l'on n'était admis que si la guillotine avait fonctionné dans la famille; et tout d'abord ce plaisir ressemblait à une expiation, on dansait en silence, sans lever les yeux, en songeant aux épreuves récentes, dont le cœur saignait toujours. Le littérateur Mercier dans son *Paris nouveau* nous a raconté en détail l'existence de la grande ville après Thermidor. Ce qui l'étonna le plus ce furent les innombrables mariages qui se conclurent alors, mariages bénis et féconds, selon la remarque unanime des contemporains.

Bonaparte, malgré les inquiétudes de son avenir et les difficultés de sa position, se laissa prendre à ce renouveau. Il alla dans le monde, dans tous les mondes : chez les grands financiers du temps, les Ouvrard, les Collot, les Haller, dont il se servit plus tard pour assurer les subsistances de sa campagne d'Italie, car il y renonçait moins que jamais. Mais il allait surtout chez l'ange de Thermidor, chez la belle Thérèse Cabarrus, autrefois Mme de Fontenay, et qui, prisonnière à Bordeaux, s'était prise de pitié pour ses compagnons d'infortune. Elle s'était alors fait aimer du conventionnel Tallien, qui l'avait épousée. Tallien avait joué l'éternel rôle du Lion amoureux. Depuis Thermidor, il tournait et retournait dans le salon de sa femme, étonné surtout de s'y voir. Son étonnement n'était pas sans cause. Il y coudoyait l'incroyable, coiffé à l'imbécile jusque sur les yeux, avec son habit bleu, son gilet à grandes fleurs, son pantalon jaune, ses deux montres et sa canne torse ; avec ses jolies façons de parler, sa répugnance à prononcer les *r*, et toujours prêt à donner sa parole, ou comme il disait, sa paole, sa paole d'honneu, sa petite paole d'honneu panachée. C'était la pure fleur de Thermidor, la jeunesse dorée, les muscadins, qui se glorifiaient surtout de fustiger publiquement les vieux *tape-dur* de Robespierre. Tallien se trouvait face à face avec un hôte encore plus désagréable, c'était l'émigré sorti tout à coup de dessous terre avec sa cravate verte, son habit vert, sa perruque à frimas, et qui tout couvert encore de la poussière du Camp de Condé, ne cachait ni ses espérances ni ses rancunes et disait déjà : *Quand le roi reviendra!* C'étaient enfin les hommes d'État du nouveau régime, Barras, toujours partisan de la Révolution, mais qui donnait carrière, auprès des thermidoriennes, à sa galanterie d'avant 1789. En réalité la souveraineté appartenait alors aux femmes; la Terreur n'avait connu que les tricoteuses et les héroïnes. Lorsque la pitié redevint permise, les thermidoriennes en furent les interprètes naturelles; ce furent elles qui administrèrent chez Mme Tallien ce ministère de la Clémence, dont l'idée première appartient à Camille Desmoulins; elles sollicitèrent, supplièrent et pleurèrent en faveur des émigrés, des exilés, des constitutionnels. Bonaparte constata avec étonnement cette influence universelle des femmes; il écrivait à Joseph toute sa surprise dans une des premières lettres, publiées par la commission de la correspondance.

Comment allait-il être reçu, lui si gauche, si bizarre, dans ces salons où l'esprit était si aiguisé, où la mode imposait ses exigences tyranniques? Ce petit homme sombre, sec, brusque, fut choyé dans ce monde joyeux, élégant, affecté. Il n'était pas beau; mais quand il le voulait, ses traits énigmatiques s'illuminaient d'un sourire très séduisant. Sa prononciation italienne attirait l'attention sur ses moindres paroles; enfin il sut bientôt se mettre à son aise : il habitua les gens à attendre qu'il rompît son silence ordinaire par une remarque courte et paradoxale; il fit même des plaisanteries, douteuses, quelquefois. Il avait un goût particulier pour les contes de revenant, et il affectait volontiers de jouer au sorcier. Un jour Hoche, selon une anecdote, fourvoyé dans ce nid d'aristocrates, se trouva en face de Bonaparte, qui disait la bonne aventure. Notre devin prit la main du pacificateur de la Vendée et lui dit tranquillement : « *Vous, général, vous mourrez dans votre lit* ». Deux ans plus tard, la prédiction se réalisait. Hoche, au milieu de ses triomphes, était emporté par la phtisie sur un lit de camp, et sa mort enlevait à Bonaparte le seul adversaire qui eût pu le forcer à respecter la République.

Une fois bien vu des thermidoriens, Bonaparte reprit le cours de ses sollicitations; perfectionnant sans cesse son plan pour la campagne d'Italie, demandant un consulat pour Joseph, faisant élargir Lucien qui refusait de sacrifier à Thermidor, il se glissait enfin auprès de Carnot qu'il émerveillait en lui dévoilant ses projets militaires; et il se reprit à croire, selon son expression, que *l'espérance n'était pas encore perdue pour l'homme de bien.* Aubry en effet s'était rendu impossible; il fut remplacé par un girondin, officier de mérite, Doucet de Pontecoulant; Carnot lui présenta Bonaparte, qui fut attaché au bureau topographique du ministère. En cette qualité, il rédigea une instruction pour Kellermann, qui commandait l'armée d'Italie, et qui répondit sans phrases que *l'auteur du plan envoyé était à mettre aux petites maisons.* Scherer, qui succéda à Kellermann (septembre 1795), répondit plus poliment : *Que celui qui a conçu les plans vienne les réaliser.* Entre temps Bonaparte proposait au comité de la guerre d'aller réorganiser l'armée turque; c'est la première idée de l'expédition d'Égypte; enfin il cherchait à se marier et ne paraissait pas éloigné de penser à Désirée Clary, belle sœur de Joseph.

Au fond il visait uniquement à l'expédition d'Italie; il comptait sur l'agitation que soulevait la fin prochaine de la Convention pour lui ouvrir enfin un théâtre digne de lui. Le successeur de Pontecoulant, le capitaine de génie Letourneur, fut choqué de son attitude et lui retira ses fonctions au bureau topographique. Bonaparte se préoccupa peu de cette nouvelle disgrâce. Il avait vu, en étudiant le salon de Mme Tallien, le parti des émigrés se préparer pour une lutte décisive : les agents royalistes travaillaient les 48 sections de Paris. Des littérateurs dont les succès dataient de l'ancien régime, Dupont de Nemours, Suard, Morellet, le vieux La Harpe, d'autant plus dévot et réactionnaire qu'il avait été plus irréligieux et plus terroriste; des jeunes gens avides de jouer un rôle comme

Lacretelle et Delalot; des émigrés comme Lafond, Colbert de Maulevrier, Vaublanc, le journaliste Richer de Sérizy, avaient profité de la liberté illimitée de la presse pour précipiter la décomposition de la Convention, qui depuis Thermidor tombait en lambeaux. Le vote de la Constitution leur donna un prétexte pour agir. La Convention, craignant le sort de la Constituante, décida que les 2/3 des représentants des nouvelles assemblées seraient pris parmi ses membres. 43 sections de Paris, où l'agence royaliste de Clichy entretenait de nombreux orateurs, protestèrent, et, malgré la loi, se réunirent le 11 vendémiaire, au Théâtre français (l'Odéon) pour préparer les élections sans tenir compte de la clause additionnelle des 2/3. La manifestation ne réussit pas; mais les sections Lepelletier et de la Butte des Moulins donnèrent rendez-vous à la garde nationale pour le lendemain au couvent des filles Saint-Thomas (la Bourse). La Convention de son côté eut un moment d'énergie, et nomma un comité exécutif de cinq membres, dont le personnage important fut Barras. Le lendemain 12, le général de l'Intérieur, Menou, secrètement dévoué aux sectionnaires, ne sut pas faire évacuer le couvent des filles Saint-Thomas. Les 40 000 hommes des sections se rapprochèrent des Tuileries, où siégeait la Convention, et interceptèrent toutes les issues.

Barras fut alors nommé général en chef; et il lui fallut chercher un second, pour l'exécution. On écartait tous les personnages proposés les uns après les autres, parce qu'ils étaient compromis avec les terroristes ou avec les sectionnaires, lorsque quelqu'un prononça tout haut le nom de Bonaparte. Barras accepta aussitôt; mais où était le général? On cria alors aux tribunes si quelqu'un connaissait l'adresse du général Bonaparte. Il n'y eut pas de réponse; mais le général lui-même était dans la salle, derrière un pilier, et venait de s'accorder à lui-même un peu de réflexion. La veille, au sortir du théâtre Feydeau, il avait été examiner la position des insurgés, et n'avait pas pris grande idée de leurs talents militaires. Il devait donc se féliciter d'avoir résisté aux avances du parti royaliste, avances dont la réalité nous est affirmée par Lacretelle, l'un des combattants. Lorsqu'il eut réfléchi pour l'acquit de sa conscience, il alla tranquillement s'offrir aux comités ; mais une fois nommé général en deuxième de l'armée de Paris, il déploya son ardeur infatigable, fit occuper le parc d'artillerie du camp des Sablons, intercepter les communications des sectionnaires avec Saint-Cloud, où était un autre parc à canons, confia les brigades à des républicains éprouvés : Brune, Carteaux, Berruyer, Rouget de Lisle, fit occuper les débouchés des rues et la tête des ponts par ses 8000 soldats, ou patriotes de 89, armés de nouveau en cette occasion, puis il attendit. Lorsqu'il vit les Conventionnels peu disposés à se servir des armes dont il les avait affublés, et prêts à traiter avec la révolte, il fit tirer le premier coup de pistolet, qui commence toutes les révolutions et dont personne ne veut accepter la responsabilité. Ce fut le signal ; une colonne de sectionnaires, qui s'avança sur le quai d'Orsay, fut prise en écharpe par l'artillerie du pont Royal et dispersée en quelques minutes ; alors Bonaparte courut à la rue Saint-Honoré, et par une cannonnade, d'abord meurtrière, puis en faisant tirer à blanc, il dispersa le poste d'insurgés de l'église Saint-Roch. Le lendemain 14 coups de canon tirés d'heure en heure empêchèrent les sectionnaires découragés d'élever des barricades tardives.

Le 14 vendémiaire, à deux heures du matin, la Convention était partout victorieuse et Bonaparte écrivait à son frère : « *Tout est terminé : le bonheur est pour moi !* » Cette fois il ne se trompait pas, il restait général de l'intérieur en second, et la démission, déjà annoncée, de Barras lui promettait avant peu le commandement en chef. Il fut en effet chargé de réorganiser la garde nationale et d'opérer le désarmement. Il montra en cette occasion une grande modération, fit échapper nombre de sectionnaires fort compromis, et par sa déposition sauva le général Menou, dont les Conventionnels taxaient la faiblesse de trahison.

Il n'oubliait d'ailleurs pas les siens et répondait de son mieux aux sollicitations que lui attirait sa nouvelle fortune. Il écrivait le 19 octobre, douze jours après vendémiaire : « *J'ai fait nommer Chauvet commissaire ordonnateur en chef; Lucien accompagne Fréron qui part ce soir pour Marseille; la lettre de recommandation pour obtenir à Joseph un poste à l'ambassade d'Espagne partira demain; je ferai nommer Villeneuve en France, chef de bataillon. Ramolino est nommé inspecteur des charrois : je ne puis faire plus que je ne fais pour tous.* » En retour des services rendus, il exigeait de sa famille l'obéissance la plus complète et s'attribuait le droit de s'opposer, pour une de ses sœurs, à un mariage qui lui déplaisait. Il écrivit à Joseph : « *Un citoyen Bullon, que l'on m'assure être de ta connaissance, demande Paulette; il n'a pas de fortune : j'ai écrit à maman qu'il ne fallait pas y penser.* »

Ses occupations multiples ne le détournaient pas de son idée fixe, la campagne d'Italie. Le 26, jour où expirait la Convention, Bonaparte était nommé général en chef de l'intérieur. Le 1er novembre, étaient élus les cinq membres du Directoire qui étaient investis du pouvoir exécutif; c'étaient La Réveillère Lepeaux, Rewbell, Letourneur, hostiles tous les trois au général. Barras et Carnot, au contraire, se disposaient à l'appuyer fortement. Scherer venait de remporter en Italie une nouvelle victoire inutile, celle de Loano. Bonaparte, irrité de voir l'inaction qui suivit ce beau fait d'armes, présenta de nouveau ses plans à Carnot, plus spécialement chargé des affaires militaires.

Pour se rendre agréable au nouveau pouvoir, il s'acquittait de ses fonctions actuelles avec un tact parfait. Les royalistes avaient d'abord éprouvé un certain dépit d'avoir échoué devant un homme qu'ils avaient espéré attirer à eux; ils avaient donné au vainqueur du 6 octobre le sobriquet de *Vendémiaire*; mais lorsqu'ils s'aperçurent que Vendémiaire était fort indulgent, qu'il feignait de ne pas voir les contumaces sectionnaires, qui se promenaient la tête haute dans les rues de Paris, ils revinrent sur leur première opinion. De cette époque date l'illusion singulière que les partisans de Louis XVIII se firent successivement sur Bonaparte, général en chef et premier consul jusqu'à la mort du duc d'Enghien. Ils résolurent de conquérir définitivement cette puissante épée à la cause royaliste, et employèrent à cet usage l'une des Egéries politiques du parti.

Marie-Rose-Joséphine Tascher de la Pagerie, née à Port-de-France, à la Martinique, avait épousé à quinze ans le comte de Beauharnais, qui avait embrassé les principes de la Révolution. Général de la République, il avait échoué sur le Rhin et avait été exécuté le 8 thermidor an II. Sa femme, Joséphine de Beauharnais, avait échappé à l'échafaud sur la déclaration du médecin : il assura qu'elle était tellement malade qu'elle mourrait avant d'arriver au lieu du supplice. La chute de Robespierre lui rendit la liberté. Elle avait alors vécu quelque temps à la campagne avec ses deux enfants, Eugène, né en 1780, et Hortense, née en 1785. Lorsque Mme Tallien ouvrit son salon après Thermidor, Mme de Beauharnais y fut très assidue. Elle avait la spécialité des radiations d'émigrés c'était autour d'elle que les ci-devants se groupaient le plus volontiers. Elle avait alors trente-trois ans; elle était fatiguée et souffrante, et en sa qualité de créole, atteinte déjà dans sa fraîcheur, à l'âge où les femmes de nos climats sont dans tout l'éclat de leur beauté. Cependant cette attitude languissante lui donnait un grand charme. Sans être précisément jolie, elle était la grâce même; enfin elle poussait jusqu'au génie l'art de la toilette; elle savait admirablement employer le rouge pour relever la pâleur de son teint, alanguir ses grands yeux noirs déjà si noyés; elle donnait à toute sa personne une apparence de légèreté et de poésie en entourant sa tête de gazes transparentes, qui contrastaient avec la lourde richesse des tissus dont elle s'habillait. Elle avait peu d'intelligence, mais s'attendrissait volontiers; elle pleurait souvent et alors devenait irrésistible, mais le trait dominant de son caractère était la frivolité et l'amour du luxe.

Malheureusement elle était dans une situation de fortune qui lui permettait difficilement de satisfaire ses goûts dispendieux; elle vivait de quelque argent qui lui restait, et de brocantages d'étoffes, branche d'industrie dans laquelle son expérience particulière la rendait d'un précieux secours aux élégantes du Directoire. Elle avait été coquette et sa réputation fut à cette époque plus qu'effleurée. Barras passait pour n'être pas tout à fait étranger aux faits qui ont donné cours à cette médisance.

Ce fut elle qui se chargea de jouer auprès de Bonaparte le rôle que Thérèse Cabarrus avait joué auprès de Tallien. Le général fut séduit par sa grâce et son charme, et la société thermidorienne décida que cela devait faire un mariage. On a répété que le Directoire, c'est-à-dire Barras, avait mis cette condition à la nomination de Bonaparte à l'armée d'Italie. Le fait n'est pas prouvé; ce qui est certain.

c'est qu'il fut violemment épris de Mme de Beauharnais, et que si plus tard il fut un mari peu recommandable, il éprouva pendant longtemps pour elle une passion très vive, à laquelle elle ne répondait que froidement. Pendant sa campagne d'Italie il recommandait sa femme à Carnot en ajoutant ce mot : *Vous savez que je l'aime à la folie ;* enfin il lui écrivait la veille de la bataille de Castiglione une lettre que n'eût pas désavoué un héros de roman et où se retrouvait le style de la *Nouvelle Héloïse*.

Joséphine ne paraît avoir eu jamais pour son mari qu'une affection très modérée. Sa morale conjugale ne fut pas bien sévère non plus. D'un caractère égal, elle supporta assez patiemment les lubies de son terrible maître, qui d'ailleurs lui montra toujours plus d'indulgence qu'à personne. Les querelles de ménage ne devinrent fréquentes que plus tard ; la jalousie de Joséphine doit être attribuée surtout aux inquiétudes que les infidélités de l'empereur lui inspirèrent plus tard, au sujet de sa situation personnelle.

La famille de Bonaparte n'était pas très satisfaite de ce mariage. Cette union politique, faite en dehors des frères et des sœurs, semblait menaçante pour les intérêts communs. Joseph, qui avait espéré faire épouser à son frère Désirée Clary, ne pardonna jamais à Joséphine d'être devenue sa belle-sœur, et fut, à son égard, dans un état perpétuel d'hostilité.

Le mariage eut lieu le 9 mars ; Bonaparte avait donné à sa femme pour cadeau de noces une bague en émail noir avec cette légende : « Au destin » ; le 11 mars il chargeait Barras d'annoncer son mariage au Directoire. Depuis le 29 février 1796, il était commandant en chef de l'armée d'Italie ; il préparait son départ avec son activité ordinaire et le 24 mars il était à Toulon.

Il avait atteint le but poursuivi : il allait diriger la campagne méditée depuis si longtemps, satisfaire cette soif de célébrité qui le dévorait depuis l'école de Brienne. Il était placé à la tête d'une armée victorieuse; et quoiqu'il ne prévît pas encore ce que les destinées lui réservaient, il se sentait assuré d'un avenir éclatant. Il ne doutait pas du succès, mais il rêvait déjà de le pousser aussi loin que son imagination sans limites pouvait lui inspirer de le porter.

CHAPITRE II

LA CONQUÊTE DE L'ARMÉE [1]
BONAPARTE ET LES SOLDATS D'ITALIE

Bonaparte et le Directoire. — L'armée d'Italie. — Généraux et soldats. — L'indépendance de Bonaparte. — Les rapports avec les Italiens. — Le siège de Mantoue. — Négociations avec l'Autriche. — Le 18 fructidor. — Origine de l'expédition d'Égypte.

On a quelquefois donné le nom de royauté de Bonaparte en Italie à la période de sa carrière qui s'étend depuis le mois de mars 1796 jusqu'au traité de Campo-Formio (octobre 1797). Certes si cette expression ne s'appliquait qu'à la supériorité militaire que ce général de vingt-six ans déploya pendant cette campagne, elle n'entraînerait avec elle qu'une idée d'admiration presque sans réserve. Ce n'est pas que, sur ce point même, Napoléon, si habile à manier l'opinion publique, n'ait exagéré la prépondérance de son rôle, si important déjà dans la réalité des faits. Mais, même sans avoir de connaissances spéciales, il est difficile de ne point reconnaître dans ces combinaisons savantes,

1. BIBLIOGRAPHIE. — Correspondance Impériale. — **Michelet, Jung,** (loco cit.), Mémoires de la Réveillère-Lepeaux Mémoires de Gohier. — **Le Général Thoumas,** Lannes, Marmont. — **Général Koch,** Mémoires de Masséna; *Lettres de Napoléon à Joséphine* (2 vol.); Mémoires du général *Thiebault*; Souvenirs de Fauriel et de Chaptal. — **Bonnal,** la fin d'une République. — **Bianchi,** Storia della monarchia piemontese, 1773-1861. vol. II. — **Gaffarel,** Napoléon et les Républiques Italiennes.

dans ces ressources inépuisables du génie, dans ces marches hardies, dans cette activité inexprimable et s'appliquant à tout, le chef-d'œuvre de l'art militaire. Peut-être pourrait-on insister davantage sur la part que peuvent réclamer dans cette brillante épopée des hommes comme Augereau et surtout le grand Masséna; peut-être faudrait-il tenir plus de compte de cette étonnante armée d'Italie, qui détruisit quatre armées autrichiennes et qui côtoya, toujours victorieuse, l'immense hémicycle des Alpes, depuis le col de Montenotte jusqu'aux hauteurs du Semmering.

Quels que soient aujourd'hui nos sentiments pacifiques, si désireux que nous soyons de faire des conquêtes moins sanglantes, nous sommes toujours émus au récit de ces glorieux faits d'armes des armées françaises. Malheureusement nous abordons aujourd'hui une tâche plus ingrate, nous tournons la page brillante que de grands écrivains ont consacrée aux exploits de Bonaparte, et nous allons considérer de près l'envers de la campagne d'Italie.

Bonaparte avait reçu (à la fin du mois de février 1796), ce commandement d'Italie, le plus beau de tous ceux dont disposait le Directoire. On ne l'avait offert ni à Hoche, ni à Jourdan, dont la réputation était faite, ni à Moreau dont on avait apprécié la science et la tactique à l'armée du Nord et du Rhin, et qu'on réservait pour des opérations secondaires. Pourquoi? Pour répondre à cette question, il faut se rendre compte de la situation du Directoire. C'était un gouvernement mal né; il était le résultat d'un malentendu entre la Convention, qui avait voulu imposer sa tradition au nouvel ordre de choses, et l'opinion publique, mécontente de n'y avoir contribué que pour un tiers. Les directeurs se seraient peut-être bien tirés de cette position fausse, sans la nécessité de liquider l'effroyable anarchie administrative que leur léguait le régime disparu.

Peut-être eussent-ils réussi à fermer les plaies politiques et administratives de la France; mais ils étaient en proie à cette maladie incurable des gouvernements d'autrefois : la banqueroute; et alors elle était bien complète, bien irrémédiable. Pour trouver quelques millions en numéraire, il avait fallu émettre 15 milliards d'assignats en un mois; les biens nationaux ne se vendaient pas; les compagnies décidées à acheter l'exploitation des forêts de l'État faisaient attendre le gouvernement dans l'espérance qu'à bout de forces les directeurs passeraient les traités pour un morceau de pain. On avait bien essayé de déguiser les assignats en les rebaptisant du nom de mandats territoriaux; mais le public avait deviné l'opération, et le Directoire, n'ayant pu écouler ses petits papiers, en était réduit à essayer d'un emprunt forcé, et à vivre de réquisitions et de maigres sommes, qu'un hasard providentiel mettait quelquefois à sa portée.

C'est alors qu'on pensa au sauveur de Vendémiaire. Le ministère était encombré de ses plans pour la campagne d'Italie : plan pour occuper le Piémont, plan pour occuper le territoire de Gênes, plan pour occuper la Lombardie, plan pour occuper le duché de Parme, plan pour occuper les légations pontificales, enfin les États de terre ferme de Venise. Or tous ces pays étaient riches, sauf le Piémont. Le Directoire se prit alors à penser à l'Italie, comme à une ressource dans sa détresse; seulement il ne prit pas feu pour la conclusion du plan de Bonaparte, qui prétendait arriver jusqu'à Vienne par les Alpes Rhétiques; il se serait contenté, négligeant le Piémont, des riches plaines du Pô inférieur, et de la mise à contribution de la Toscane, des États de l'Église et de Naples.

C'est sur ces bases que s'engagèrent les négociations définitives entre Barras et Bonaparte au sujet du commandement de l'armée d'Italie. Il fut convenu que Bonaparte nourrirait le Directoire des impôts de guerre prélevés sur la conquête à faire de l'Italie continentale et péninsulaire, et que la direction suprême de l'armée lui serait abandonnée; mais La Réveillère-Lepeaux et Rewbell, peu confiants dans l'ambition du jeune général, lui firent interdire dans ses instructions de signer des suspensions d'armes, lui enlevèrent l'administration politique de sa campagne, en lui adjoignant pour commissaires du gouvernement Salicetti, qu'on supposait lui être hostile, et le citoyen Garean, sur l'avidité duquel on comptait pour surveiller les empiètements probables du général.

Le général en chef accepta l'esprit de ces instructions, tout en se réservant l'appréciation ultérieure de certaines clauses, qui pouvaient le gêner. Il préférait l'influence qu'il allait devoir à la campagne d'Italie, aux jouissances de la fortune; mais il était loin de dédaigner le moyen qui s'offrait à lui de tenir le Directoire par le besoin d'argent, et il ne se fit pas faute de s'attacher l'armée, officiers et soldats, par l'appât du gain que leur promettait l'Italie. Toute la politique de cette campagne tient dans cette phrase d'un arrêté que Bonaparte prit à Brescia : « *Nous avons, disait-il, établi des contributions pour affirmer notre conquête, offrir à la nation une juste indemnité et aux soldats une récompense due à leur valeur.* »

C'est avec cette intention d'enrichir tout le monde autour de lui qu'il partit pour Nice (24 mars 1796). A Marseille, il vit sa famille et recommanda à Lucien, nommé commissaire des guerres, d'imposer silence à ses passions politiques. A Toulon, il rencontra Salicetti; la première entrevue eût pu être orageuse; lorsqu'elle se termina, l'ennemi récent de Bonaparte était tout dévoué à son œuvre et avait accepté d'être le trompette attitré des hauts faits du général en chef. Napoléon a plus tard soulevé malicieusement le voile qui recouvrait cette attitude nouvelle de Salicetti : il avait laissé entendre au commissaire du gouvernement que, s'il le laissait agir en maître sur la politique et la diplomatie, lui, de son côté, fermerait les yeux sur la fortune subite que son compatriote se trouverait posséder à l'issue de la campagne.

Cette corruption savante fut pratiquée dès le début par Bonaparte avec un art infini. Au milieu des convoitises qu'il surexcitait autour de lui, et lorsqu'il conseillait paternellement à Marmont, par exemple, de ne pas perdre cette belle occasion de faire fortune, il ne prenait rien pour lui, attendait que le Directoire lui fît présent de deux chevaux, et se donnait l'amère satisfaction de s'exciter au mépris des hommes, en contemplant leur abaissement et leur soif de richesses du haut de son incorruptibilité.

Les exigences les plus pressantes et les plus légitimes à satisfaire étaient celles des soldats de l'armée d'Italie; on leur avait demandé jusqu'alors une abnégation, un renoncement qu'ils avaient supportés vaillamment, mais qui commençaient à les fatiguer. Scherer et surtout Masséna, qui était impitoyable pour lui-même, se préoccupaient peu des souffrances des soldats. Dès que Bonaparte fut arrivé à Nice (le 26 mars 1796), la situation changea; il avait fait soumissionner les fournitures de l'armée par ses amis de Paris, les financiers Collot, Haller, Flachat, le juif Cerfbeer; il leur avait permis des gains considérables, mais à une condition, c'est qu'il resterait le maître souverain et que le soldat n'aurait pas à souffrir des profits des compagnies, sur lesquels il consentait à fermer les yeux. Sur ce point jamais son activité ne fut en défaut; au milieu de ces combinaisons stratégiques, il dicta à tous moments des billets pour réclamer les capotes militaires, les chemises, les souliers, destinés aux soldats; il discuta, *ex professo*, sur la qualité des matériaux employés; et l'adjudicataire qui lui aurait fourni des chaussures de carton n'aurait plus eu que la ressource problématique d'échapper par la fuite à la colère du général en chef. Ses soins se portèrent avec une égale compétence sur l'hygiène du soldat; il exigea tous les deux jours pour eux de la viande fraîche; les rations d'eau-de-vie, le vinaigre pour désinfecter les hôpitaux; il se préoccupait de la construction des fours et de la qualité hygiénique du pain. Cette sollicitude était très légitime : elle fut un des grands moyens de Bonaparte auprès du soldat; c'était une de ses grandes qualités militaires, et qui fait de lui le type parfait de l'homme de guerre. Ce qui est moins louable c'est cette fameuse proclamation où il disait à ces Français, couverts de gloire, mais las de leur dénûment : « *Je vais vous conduire dans les plus fertiles plaines du monde, vous y trouverez de grandes villes et de riches provinces, vous y trouverez honneur gloire et richesses.* » Cet appel au pillage ne devait être que trop entendu.

Presque au début, sa cause était gagnée auprès des soldats; mais quelle serait l'attitude de Masséna, d'Augereau, de Serrurier en face de ce jeune général qui venait les supplanter? On a répété à satiété que Bonaparte avait rencontré auprès d'eux de la froideur, du mauvais vouloir. Certes Augereau et Masséna lui-même eurent un moment d'humeur, et jusqu'aux premières victoires, une attitude expectante; mais ils s'attendaient à la nomination de Bonaparte, qui n'était pas un inconnu surtout pour eux, car depuis trois ans l'armée d'Italie savait qu'elle travaillait à accomplir les plans imaginés par le général d'artillerie, qui avait contribué à la prise de Toulon. Augereau et Masséna n'ont jamais aimé Bonaparte : Augereau par étroitesse d'esprit et basse jalousie, Masséna parce qu'il conserva toujours un vieux levain républicain, et qu'il eut le sentiment inconscient qu'il avait servi de marchepied à la gloire militaire de l'empereur. Le premier était un enfant des faubourgs de Paris, courageux au feu, et d'une grande fermeté sur le champ de bataille; il avait d'ailleurs peu de lumières, et se fit rapidement à l'idée de s'enrichir aux dépens de l'Italie. Il était alors très républicain, et croyait faire preuve de sentiments patriotiques en exagérant la grossièreté de son langage. Bonaparte, qui fut sévère pour lui à Sainte-Hélène, a constaté, vers le milieu de la campagne d'Italie, ses qualités militaires et la confiance qu'il inspirait au soldat. Masséna avait une bien autre valeur qu'Augereau. Fils du peuple aussi, né près de Nice, il était sergent en 1789, au service de la France; il gagna rapidement tous ses grades dans les guerres de montagne; doué d'un grand instinct militaire, il négligeait volontiers les préliminaires de la victoire; mais, une fois lancé, passait où un autre n'aurait pas osé se montrer. A la fois général et soldat, il modifiait heureusement, sur place, ses premières inspirations. D'un courage indomptable, il était toujours au premier rang, marcheur infatigable et jamais découragé. Son drapeau était-il brisé par une balle, son chapeau bien connu, au bout de son épée, montrait encore au soldat le chemin qu'il fallait suivre. D'ailleurs caractère assez difficile, et qui ne s'humanisa malheureusement que pour recevoir dignités et dotations; moins rapace cependant que ne l'a prétendu Napoléon, lorsqu'il l'a rendu responsable du pillage de Rome, entreprise qui fut soumissionnée en 1797 par le financier Collot pour le compte même de l'expédition d'Égypte, si nous nous rapportons au récit très probant de Gouvion-Saint-Cyr.

Bonaparte avait mieux jugé Masséna en 1796 lorsqu'il envoyait sur son compte au Directoire la note suivante : « *Masséna, actif, infatigable, a de l'audace, du coup d'œil, de la promptitude à se décider.* » Après Rivoli il le baptisa même d'un de ces sobriquets historiques qui sont devenus la monnaie courante de l'histoire : il l'appela l'enfant chéri de la victoire. Des deux autres divisionnaires, l'un, Serrurier, était un bon soldat déjà fatigué; l'autre, Laharpe, Suisse de nation, sévère et exact, esprit discipliné, se soumit sans murmurer au nouveau général. Bonaparte l'appréciait fort et ce fut le premier de ses divisionnaires auquel il adressa le tutoiement républicain. Le chef d'état-major était Berthier, soldat instruit, qui avait fait la guerre d'Amérique, admirable pour le travail des bureaux, ponctuel et actif, mais sans génie, sans initiative, et qui s'attacha à Napoléon comme au seul homme capable de rétablir l'ordre dans la comptabilité militaire et de faire cesser ce qu'il considérait, dans son amour de la bureaucratie, comme le gâchis révolutionnaire. Bonaparte aima beaucoup Berthier, parce que, selon le mot de Talleyrand, il fut peut-être le seul qui crut dans la prédestination du commandant en chef de l'armée d'Italie : les autres généraux, Sauret, Despinoy, Vaubois, Bon, Sahuguet, Dupuis, subirent rapidement l'ascendant de leur général.

Mais ce fut parmi les jeunes, parmi ceux qui attendaient tout de l'avenir, que l'enthousiasme se montra sans réserves. Lannes, alors chef de bataillon, l'homme des avant-gardes et des pointes audacieuses, lui voua aussitôt un dévouement chevaleresque. Après avoir hasardé souvent sa vie pour Bonaparte, il finit sa carrière en mourant pour lui épargner un échec; Murat, intelligence médiocre, mais cavalier irrésistible, heureux de frapper de grands coups d'épée, fier de sa belle prestance, recherchait surtout dans la gloire militaire l'occasion de porter de beaux costumes, où il mettait le plus de rouge qu'il pouvait. Il fut perdu par sa vanité, que sa fortune ultérieure, si extraordinaire qu'elle fût, ne parvint jamais à satisfaire. Marmont, esprit fin et distingué, militaire instruit, caractère faible, s'attacha à son général, par haine contre la Révolution dont il le devinait l'ennemi secret; Duroc, froid et calculateur, se détermina vite à édifier sa fortune en se faisant le serviteur aveugle de la volonté de Bonaparte. Jamais il ne discuta un ordre, jamais il ne fit une observation; il remplit son office, comme un serviteur de grande maison, en silence, ponctuellement, rapidement. Il crut pouvoir, dans le for intérieur de sa conscience, se laver les mains des fautes qu'il voyait commettre, dont il fut le témoin ou même le ministre, sans qu'il ait jamais cru de son devoir, sauf peut-être tout à la fin, d'élever la voix pour avertir; ses attributions ne l'y autorisaient pas.

Quelle qu'ait été la froideur des divisionnaires, l'enthousiasme des jeunes officiers et même des soldats autorisait donc Bonaparte à écrire au Directoire, dès le 28 mars, qu'il avait été reçu à l'armée d'Italie avec des démonstrations d'allégresse. Il se louait particulièrement de Scherer, qui, heureux d'échapper à sa lourde responsabilité, faisait à son successeur le plus gracieux accueil.

Les opérations militaires firent bientôt cesser les discussions qui s'engageaient aux bivouacs sur le plus ou moins de probabilité de la réussite du nouveau général. La précision et l'habileté des premiers mouvements arrachèrent à Augereau et à Masséna des lettres de félicitations. L'instinct militaire, plus puissant chez eux à cette époque que les petites passions humaines, tressaillit en eux, et ils se donnèrent tout entiers au succès de la campagne. Ce noble sentiment valut à Bonaparte ses triomphes de Montenotte, Dego, Millesimo, où il sépara les Piémontais des Autrichiens, et de Mondovi où il ruina définitivement l'armée piémontaise.

Si Napoléon avait observé les instructions du Directoire, il aurait dû au contraire s'attacher aux pas du général autrichien Beaulieu, et laisser derrière lui un ennemi faible il est vrai, dangereux cependant par sa position. Cette faute militaire, Bonaparte refusa de la commettre; la situation l'excusait. Il n'hésita pas à faire un nouveau pas dans la voie de l'indépendance et, sans y être autorisé, traita d'une suspension d'armes avec le Piémont; négociation d'ailleurs fort bien conduite, qui assurait à la France la tranquille possession de Nice et de la Savoie. Il envoya aussitôt son frère Joseph à Paris avec les stipulations arrêtées à Cherasco, et Junot avec les drapeaux pris dans cette première campagne. Pour prévenir la mauvaise humeur du Directoire, il lui faisait remettre de l'argent. Cet argument, qui terminait sa dépêche, décida en effet le gouvernement à fermer les yeux sur ses abus de pouvoir. D'ailleurs Bonaparte, obligé de montrer encore, au début, une certaine prudence, se retranchait derrière les circonstances. Il écrivait à Letourneur qu'il savait mal disposé pour lui « : *Je me suis attaché à l'esprit des Instructions du gouvernement. Si, par la force des circonstances, j'ai pris quelque chose sur moi, ce n'a été qu'avec la plus grande répugnance.* » Il fallait que l'esprit de ces instructions fût d'une nature tout particulièrement élastique, car le texte interdisait formellement au général de signer des suspensions d'armes.

Bonaparte comptait enfin sur de nouveaux succès pour apaiser le mécontentement que sa conduite avait fait naître à Paris. Il continua rapidement sa marche après avoir adressé aux peuples d'Italie cet appel à l'indépendance : « *Peuples d'Italie, l'armée française vient pour rompre vos chaînes ; venez avec confiance au-devant d'elle, vos propriétés, votre religion et vos usages seront respectés.* » Beaulieu, trompé sur les mouvements de l'armée d'Italie, fut tourné et se retira précipitamment sur l'Adda. Bonaparte était à Plaisance le 9 mai ; et les petits princes de l'Italie, qu'il se disposait, selon son expression, *à mener rudement*, se hâtaient de traiter avec le tout-puissant général. Dès son arrivée, Bonaparte écrit au Directoire qu'il compte demander au duc de Parme une dizaine de millions, une vingtaine de tableaux parmi lesquels le fameux Saint Gérôme du Corrège, qu'il refusa de laisser en Italie pour la somme de 2 millions. Il envoyait par la même occasion à Kellermann, qui commandait sur les Alpes et dont il redoutait la concurrence, deux beaux chevaux pour sa voiture. Le 9 mai, il écrivait pour le service plus de vingt lettres ; négociait d'égal à égal avec le duc de Parme une nouvelle suspension d'armes ; le 10, il était à Lodi, et après une brillante journée il se trouvait définitivement maître du Milanais.

Toujours soigneux de sa gloire, il faisait fabriquer à Gênes une gravure de la prise du pont de Lodi ; il n'y laissait donner à Masséna qu'une place secondaire, et s'y faisait représenter, Berthier et lui, attaquant le pont de face. Or, en réalité, la position avait été tournée par Masséna, qui avait passé le fleuve à gué et forcé ainsi la retraite de Beaulieu. Cette gravure fut répandue à profusion à Paris et Joséphine se chargea de faire circuler le mot d'ordre que lui avait laissé son mari : « *Qu'on ne parle que de moi*, » lui avait-il dit en partant.

Le 14 mai, il entrait à Milan au milieu d'un enthousiasme indescriptible, que justifiait cette étonnante campagne d'un mois. Les Milanais espéraient surtout en son origine italienne et se voyaient, grâce au jeune libérateur, affranchis pour jamais du joug de l'Autriche. Les formules de l'adulation furent épuisées pour le vainqueur par des patriotes italiens comme Melzi, Serbelloni, Prina. Le peuple lui savait gré du respect qu'il avait montré pour les objets sacrés et pour les églises. Bonaparte se souvint toujours de Milan : pendant la campagne ce fut le centre de son administration, et, vers la fin, il y tint une véritable cour. Seule Bologne rivalisa quelque temps dans son cœur avec la capitale de la Lombardie, parce que sa position lui permettait de surveiller à la fois Venise et la péninsule italienne.

C'est à ce triomphant général que le Directoire voulut imposer le partage du commandement. Rewbell et La Réveillère-Lepeaux avaient fini par inspirer à leurs collègues un peu de leur mauvais vouloir. Le général de l'armée d'Italie trouva à Milan un décret des directeurs, qui confiait la campagne du Tyrol à Kellermann et au vainqueur de Lodi une expédition dérisoire sur Rome et sur Naples.

Bonaparte répondit par une lettre où il passait le Rubicon de la discipline, et refusait nettement d'obéir. Cette lettre était catégorique et non sans raisons valables. Au point de vue stratégique le plan du Directoire était abominable. Carnot, à qui Bonaparte avait écrit en particulier, s'épuisait sur ce point à persuader Rewbell et La Réveillère, qui s'obstinaient, de leur côté, à prouver à leur collègue le danger de l'illégalité des mesures prises par Bonaparte. Ce fut encore la question d'argent qui décida : Le général écrivit, le 16, qu'il tenait à Gênes au service du gouvernement une première lettre de change payable en espèces, de 650 000 francs. Que répondre à cet argument? Les finances étaient dans le plus piteux état; Kellermann aurait-il les aptitudes financières de Bonaparte? il était permis d'en douter : on lui laissa donc le commandement unique, la direction des opérations militaires, et l'on ferma les yeux, pendant quelque temps, sur ses opérations diplomatiques.

Bonaparte conserva toute sa vie l'habitude de rembourser les services qu'on lui rendait, surtout lorsqu'il avait besoin de peser sur une conscience, ou d'apaiser un mécontentement secret. Le Directoire se trouva aussitôt comblé. Le général promit d'obtenir des Milanais 20 millions seulement, parce que, disait-il, le pays est entièrement épuisé par la guerre. Il vendit un armistice au duc de Modène pour 8 millions et 20 tableaux. Il fit aussitôt partir pour Paris les cartons de l'École d'Athènes, la Sainte-Catherine de Raphaël, le Saint-Jérôme de Corrège, un Léonard de Vinci, un Saint Benoît de Lanfranc, dont les œuvres sont si rares, enfin le Virgile manuscrit de la Bibliothèque Ambroisienne. Tous ces tableaux devaient refaire le voyage en 1815. A Paris ce nouveau genre de conquête ne reçut pas une approbation sans mélange; et l'un des Cinq-Cents, le critique d'art Quatremère de Quincy, parla éloquemment du sentiment profond que l'on blessait chez les peuples italiens, en leur enlevant les chefs-d'œuvre de leurs grands peintres par le droit brutal de la guerre. Le Directoire d'ailleurs, quoique très passionné pour l'art et pour les sciences, fut plus sensible à des caisses qui contenaient deux millions en bijoux et en argent.

Cependant Bonaparte, certain de conserver son commandement intact, s'organisait à Milan. Il essayait de persuader aux peuples de Lombardie que c'était pour leur bien que la France exigeait 20 millions de contribution; il organisait un gouvernement provisoire, nommait un agent destiné à suivre l'armée, pour désigner les objets d'arts à emporter, et préparait enfin une expédition pour s'emparer de la Corse.

Mais avant tout il ne perdait pas de vue ses opérations financières et y apportait cet ordre, cette méthode qui lui ont permis plus tard, au milieu des difficultés économiques qu'il prit plaisir à accumuler sur la France, de faire face aux nécessités de ses guerres continuelles, aux exigences de ses serviteurs, aux fêtes qu'il multiplia. Sur les 20 millions dont les Lombards devaient acheter les bienfaits de l'armée d'Italie, il en destinait 6 ou 8 au Directoire, 1 à l'armée du Rhin, 300 000 francs à Kellermann. Le reste devait rester dans la caisse de l'armée, *qui*, disait-il, avec orgueil, *se suffirait à elle-même*. Je le crois bien : Bonaparte gardait pour lui plus de la moitié de la somme; et la poule aux œufs d'or n'était pas morte : il restait à rançonner le pape, Venise, Naples, Gênes. Or le général en chef entretenait avec soin dès cette époque (la correspondance impériale l'avoue en maint endroit) des griefs précieusement enregistrés contre ces puissances. Autour de Bonaparte on pillait avec fureur. Augereau se couvrait de bijoux et de pierres précieuses; Murat et l'adjudant Leclerc préparaient déjà l'écrin qu'ils destinaient aux deux sœurs de Bonaparte, qu'ils devaient épouser plus tard. Enfin Salicetti, plus pressé, avait mis, d'un seul coup, la main sur tous les monts de piété de Piémont et de Lombardie. Ce qui gênait un peu, c'était l'attitude railleuse du général. Incorruptible et toujours vêtu plus que modestement, il s'endurcissait dans le mépris des hommes au milieu de la rapacité et du luxe qui l'entouraient. Salicetti crut avoir trouvé un moyen ingénieux d'enrôler

Bonaparte dans sa phalange de pillards ; il lui fit proposer un jour une opération qui lui donnerait plusieurs millions d'un coup. Bonaparte refusa. Il eût accepté, c'était fait de lui, il aurait cessé d'être une exception ; mais il était trop fin pour se laisser prendre à ce piège grossier.

Les malheureux Lombards n'y voyaient pas si loin : ils se laissaient séduire par les proclamations du général ; et en effet Bonaparte avait déjà émis l'idée de former à Milan une république, calquée sur l'organisation directoriale ; enfin, sur les conseils de Carnot, il s'attachait à gagner les classes éclairées de la nation et faisait aux savants milanais des avances irrésistibles ; mais les malheureux paysans ne se payaient pas de belles paroles. Exaspérés déjà par la contribution amicale de 20 millions, ils supportaient difficilement le pillage individuel des soldats et des officiers. Lorsque Bonaparte se dirigea le 28 mai sur l'Oglio pour en chasser définitivement Beaulieu, il y eut une épouvantable révolte dans la campagne de Pavie. Elle fut châtiée cruellement. Vainqueur à Borghetto, Bonaparte vint assiéger Mantoue, la dernière place qui permît aux Autrichiens de se maintenir en Italie. Il était alors le maître absolu de son armée : il avait dompté toutes les mauvaises volontés par un mélange habile de dignité mystérieuse et de familiarité soldatesque. Le prestige d'un succès constant était pour beaucoup dans cette popularité. Il paraissait jouer avec les Autrichiens comme le chat avec les souris. De nombreuses légendes couraient déjà parmi les soldats sur *le petit caporal*, ou, comme les vieux grenadiers de la 32ᵉ demi-brigade disaient sous la tente, après avoir absorbé leur ration d'eau-de-vie : « *ce farceur de Bonaparte* ».

En effet, tout en l'aimant et en le suivant au succès et à la fortune, l'armée d'Italie avait pénétré ses rouerues et ses finesses. Mais elle s'en amusait, ne demandant que deux choses : qu'il continuât à choyer le soldat et à se montrer républicain. Bonaparte n'eut garde de manquer à ces deux conditions et savait répandre tour à tour l'éloge et le blâme avec une profonde connaissance du cœur humain et des passions militaires. Il a lui-même raconté au Directoire cette anecdote : « *L'autre jour, écrivait-il, un chasseur s'approcha de mon cheval: « Général, me dit-il, il faut faire cela. » « Malheureux, lui répondis-je, veux-tu bien te taire. » Il disparut à l'instant : je l'ai fait en vain chercher. C'était justement ce que j'avais ordonné que l'on fit.* » Comment ne pas adorer un général qui reconnaissait à ses soldats d'aussi brillantes qualités stratégiques ?

Cependant pour couvrir le siège de Mantoue, il fallait occuper Vérone et Peschiera; or ces deux villes appartenaient à la république de Venise, qui était neutre. Bonaparte s'y introduisit d'abord et s'expliqua après; ou du moins sans s'expliquer, il se mit fort en colère; les Vénitiens avaient laissé Beaulieu se retirer en traversant Peschiera; ils avaient donné asile à Vérone au prétendant Louis XVIII. Il savait parfaitement que Beaulieu était entré de force, et qu'après Lodi les Vénitiens avaient forcé Louis XVIII à faire ses malles avec tant de précipitation, qu'il avait laissé nombre de portraits de famille sur le territoire de la république. Mais Bonaparte avait des projets financiers sur Venise, et il conseillait au ministre de France, Lallement, d'entretenir toujours une petite querelle toute prête pour y trouver cinq ou six millions, et il ajoutait : « *Il faut tirer du pays vénitien le plus qu'on pourra; ne payer aucune fourniture; mais faire exactement des reconnaissances.* »

C'était à Milan, où il était de retour en juin, qu'il faisait cette nouvelle combinaison : obtenir 25 millions du pape avec 300 cadres ou statues, des manuscrits à proportion. Il se réservait encore une occasion pour rançonner Gênes, quoiqu'il eût refusé au Directoire de mettre la main sur les richesses du sanctuaire de Notre-Dame de Lorette, mesure qui eût exaspéré les sentiments religieux des Italiens.

Pour mettre ces projets à exécution, Bonaparte se transporta à Bologne qui appartenait au Pape Pie VII et appela les habitants de la Romagne à l'indépendance. Il y reçut les commissaires chargés de cataloguer les objets qu'on se proposait de transporter en France. C'étaient les savants Monge, Berthollet et Thouin; Bonaparte leur désignait les objets qui échappaient à leur attention. « *J'imagine*, disait-il, *qu'ils n'oublieront pas une collection complète de serpents qui m'a paru bien mériter la peine de faire le voyage*. C'est à Bologne qu'il signa son premier armistice avec le pape; malheureusement il dut lutter pour la première fois contre les commissaires Salicetti et Gareau, qui firent l'affaire pour 21 millions. Quant à lui, écrit-il au Directoire, *il en aurait tiré 40* (26 juin). Au moins trouva-t-il moyen de combler la somme en exigeant de la Romagne 80 voitures de chanvre et de soie, qu'il conseillait au Directoire de faire vendre à Gênes pour son compte par la compagnie Flachat. Il méditait alors une autre expédition. Le grand-duc de Toscane n'avait pu empêcher les Anglais d'agir en maîtres dans son port de Livourne; la ville fut occupée par une division française. Le grand-duc, effrayé, promit toutes les soumissions possibles; et, à son passage à Florence, invita à dîner le général victorieux. Il eut l'imprudence de faire visiter sa galerie des Uffizi à Bonaparte, qui, le lendemain, écrivait au Directoire avec un ton de désappointement qui ne laisse pas que d'être tragi-comique : « *J'ai vu à Florence la célèbre*

Vénus de Médicis, qui manque à notre Muséum ». Elle devait y faire plus tard un assez long séjour.

Pour consoler les Italiens de ces spoliations, il flattait leurs sentiments d'unité et d'indépendance, malgré le Directoire qui ne considérait la nouvelle conquête que comme un gage destiné à hâter la paix avec l'Autriche. Il recommandait à Paris des délégations de Milan, de Bologne, de Ferrare, qui allaient demander à être constituées en républiques libres; et cependant il préparait la ruine de Gênes, et écrivait à l'ambassadeur Faypoult, au sujet du parti génois aristocratique, les Barbets : « *Il n'est pas mauvais que ces gens-là se donnent des torts; il les paieront tous à la fois* ». De même dans ses rapports avec Venise, il s'ingéniait à se ménager des causes de discordes : « *On a payé*, disait-il, *ce qu'on devait aux négociants vénitiens, ce qui leur a donné de l'arrogance; de sorte qu'aujourd'hui je suis obligé d'exagérer les assassinats pour les obliger, afin de m'apaiser, à nous fournir tout ce que nous voudrons. Voilà comme il faut traiter avec ces gens-ci, car il n'y a pas de gouvernement plus traître et plus lâche* ». La conclusion manque de logique; mais qu'importe le raisonnement à qui peut tout?

Il était en effet plus puissant que jamais, interdisait à Garcau et à Salicetti de se mêler de ses affaires; cependant il sentait qu'au premier revers, sa situation serait compromise. A Paris, on parlait déjà de lui comme d'un second Dumouriez et ce n'était pas sans une certaine inquiétude qu'il apprenait la marche du meilleur général autrichien Wurmser, qui amenait 50 000 hommes à la délivrance de Mantoue.

En effet, une série d'échecs à la fin de juillet avait compromis sa situation; il se sentit tellement menacé qu'il éloigna son jeune frère Louis, pour qui il craignait la bataille désespérée à laquelle il se préparait. Il le chargea d'un message pour le Directoire, où il annonçait ses premiers revers et son intention de se retirer sur l'Adda. Il demandait aussi qu'on éloignât son frère Lucien, qui s'était de nouveau compromis à Marseille par l'intempérance de son langage, et qui avait donné prétexte pour accuser la famille Bonaparte d'être encore inféodée aux Jacobins. Lucien évita l'exil que son frère lui destinait charitablement, et passa bientôt en Corse, où il devait être élu membre du conseil des Cinq Cents.

La fermeté brutale d'Augereau, qui rendit courage à son général, et la fameuse bataille des cinq jours (1ᵉʳ au 5 août) connue dans l'histoire sous le nom de victoire de Castiglione rendirent à Bonaparte sa position prépondérante et toute son assurance. Se sentant désormais l'homme indispensable, il écrivait au Directoire, le 9 août, cette lettre où il inventait ce procédé de démission, qui a depuis servi à tant d'hommes d'État : « *La chaleur est ici excessive*, disait-il, *ma santé est un peu affaiblie; s'il est en France un seul homme pur et de bonne foi qui puisse suspecter mes intentions politiques, je renonce à cet instant même au bonheur de servir ma patrie; trois ou quatre mois d'obscurité calmeront l'envie et rétabliront ma santé. Ne pas laisser vieillir les hommes doit être le grand art du gouvernement.* »

Malgré ce dégoût des affaires, Bonaparte n'attendit pas les éloges du Directoire et l'assurance de sa confiance, qui lui arriva plus tard d'ailleurs, pour parler en maître en Italie. A la nouvelle des succès de Wurmser, le pape, la Toscane, le Piémont, Gênes, Venise avaient tressailli d'espérance. Les plus imprudents avaient fait des préparatifs ostensibles pour profiter de la défaite probable des Français. Le cardinal Mattei était rentré dans Ferrare; Bonaparte vainqueur le cita dans son camp, lui adressa une sévère admonestation sur ses devoirs évangéliques, et lui expliqua le rôle pacificateur qu'il réservait dès cette époque au clergé. Devant cette mercuriale le prince de l'Église s'inclina humblement et répondit ce seul petit mot latin : *peccavi*, j'ai péché. Bonaparte le congédia, et lui ordonna d'aller faire pénitence, en se retirant dans un couvent jusqu'à nouvel ordre. Même sévérité à l'égard du duc de Toscane, qui avait laissé occuper l'île d'Elbe par les Anglais; mais ce qui est plus caractéristique encore c'est le ton qu'il employa désormais envers le Directoire et ses agents. C'est avec un air de protection qu'il reçut les compliments des directeurs sur sa victoire de Castiglione. Il écrivit à Salicetti et à Garcau : « *J'ai appris avec surprise que vous aviez ordonnancé des fonds. Je défends au payeur de donner de l'argent sur quelque ordre que ce soit.* » Enfin, résolu à bien montrer qu'il était le maître, et le seul maître, il fit venir Joséphine à Milan (18 août 1796); et l'y obligea à tenir une véritable cour et à recevoir les hommages des grandes familles lombardes. Pour lui, il correspondait de pair à compagnon avec le grand-duc de Toscane, le félicitait de ses bons sentiments pour la France, ce qui ne l'empêchait pas, le même jour, d'écrire au ministre français à Florence, Miot de Melito : « *Dissimulez avec le grand-duc, il se conduit mal, il paiera tout à la fois.* » Enfin il se sentait assez fort pour renier ses anciens alliés, et commençait alors à attaquer les fournisseurs dont l'activité avait rendu possible sa campagne de Piémont. Il s'indignait des bénéfices réalisés par la maison Flachat sur les ventes de chanvre, de soie et de bijoux, et en banquier expert, protestait contre l'escompte élevé qu'elle prélevait sur l'État : plus tard il alla jusqu'à l'appeler un repaire de voleurs et de brigands ; ce fut elle pourtant qu'il chargea d'organiser l'expédition d'Égypte.

Mais l'heure n'était pas encore arrivée pour Bonaparte de se préoccuper uniquement de sa fortune politique. Il poursuivit Wurmser dans le Tyrol (septembre 1796) et le vieux général, lui échappant par une marche hardie et habile, avait réussi à se frayer un passage jusqu'à Mantoue. Le blocus de la ville n'en continua pas moins et le général de l'armée d'Italie employa le mois d'octobre à créer la république cispadane, malgré la volonté bien arrêtée du Directoire de ne rien fonder de nouveau en Italie et de se ménager ainsi des ouvertures avec l'Autriche. Bonaparte avait compris qu'on ne pouvait leurrer entièrement les populations italiennes ; il prit donc sur lui d'occuper Modène et d'y convoquer un congrès des patriotes de la Romagne, de Ferrare, des légations de Parme, de Modène et de Reggio. Il les chargea, sous sa haute surveillance, d'élaborer la Constitution, de la *République de l'Émilie*. Il était alors à Milan, dans sa capitale où, agissant comme si le Directoire n'existait pas, il écrivait à l'empereur d'Allemagne : « *Majesté, l'Europe veut la paix : cette guerre désastreuse dure depuis trop longtemps ; le Directoire exécutif m'ordonne de détruire les établissements de Votre Majesté sur l'Adriatique : jusqu'ici j'ai été retenu dans l'exécution de ce plan, par l'espérance de ne pas accroître le nombre des victimes innocentes de cette guerre. Je désire que Votre Majesté soit sensible aux malheurs qui menacent ses sujets. Je suis avec respect de Votre Majesté...* » (2 octobre 96).

Jamais l'infatuation d'un général vainqueur n'avait été aussi loin. Jamais l'oubli de la plus simple déférence à l'égard d'un gouvernement n'avait été si hautement avoué.

En réalité Bonaparte se sentait fort de sa situation financière. Il opposait victorieusement sa conduite à la rapacité, au luxe, aux exigences continuelles des agents du gouvernement : « *Vous aviez calculé,* disait-il sans hésiter, *que vos administrateurs voleraient, mais qu'ils feraient le service et auraient un peu de pudeur ; mais ils volent d'une manière si ridicule et si impudente que si j'avais un mois de temps il n'en est pas un qui ne pût être fusillé.* » Enfin, voici un dernier exemple de cette toute-puissance qu'il ne dissimulait plus : la Corse venant d'être réoccupée, il ordonna, sans consulter le gouvernement, au général Gentili, chargé d'y rétablir l'autorité française, de se montrer clément, sauf pour quelques hommes dont il citait les noms, et parmi eux, Pozzo di Borgo et Peraldi, qui s'étaient autrefois mis en travers de ses ambitions de jeunesse.

Ces manières d'agir ne pouvaient se soutenir que par une suite de victoires. Or, en ce moment une nouvelle armée autrichienne l'attaquait de deux côtés; le corps d'Alvinzi menaçait Vérone, celui de Davidovitch la ligne de l'Adige. La fortune hésita encore une fois : après un premier échec à Caldiero, Bonaparte, le 14, le 15 et le 16 novembre, essaya vainement de tourner la position d'Alvinzi par les marais d'Arcole. Lui qui s'exposait si rarement, il dut jouer le rôle de simple officier : il prit la tête d'une colonne, fut précipité dans le marais de d'Alpon et ne fut sauvé que par la charge furieuse de ses grenadiers, par le dévouement de son frère Louis, alors de retour, par celui de Lannes, qui blessé et tout couvert de sang lui fit un rempart de son corps, enfin par ce pauvre Muiron qui avait débuté par lui sauver la vie à Toulon et qui, malgré le souvenir de la jeune femme qu'il venait d'épouser, se sacrifia et fut tué pour lui. Le lendemain 17;

Augereau et Masséna emportaient le pont d'Arcole et Alvinzi fuyait en désordre vers le Tyrol.

Malgré ce nouveau succès si chèrement acheté, Bonaparte se vit menacer pour la dernière fois dans sa situation par le Directoire. De retour à Milan le 6 décembre 1796, il y trouva le général Clarke, attaché au ministre de la guerre, que l'on envoyait auprès de lui sous prétexte de négocier un armistice avec l'Autriche, en réalité pour surveiller le conquérant de l'Italie. Clarke, soldat bureaucrate et fin observateur, comprit bientôt la délicatesse de sa mission auprès d'un général aussi aimé des soldats ; il s'abstint donc de faire valoir son autorité et s'effaça modestement derrière la haute personnalité de Bonaparte. Bientôt rassuré, Napoléon reprit ses négociations et ses opérations financières, menaçant Venise qui se plaignait de l'attitude de l'armée française sur son territoire, et faisant une rude chasse aux financiers et aux fournisseurs. Il les traitait avec une brutalité qui lui devint bientôt si familière qu'il ne put jamais s'en défaire. « *Si vous avez l'imprudence d'éluder l'escompte de nos lettres de change*, écrivait-il à la compagnie Flachat, *je vous fais traiter comme des banqueroutiers* ».

La victoire couronnante de Rivoli (15 janvier 1797) justifia une fois de plus aux yeux de l'armée d'Italie cette habitude, prise par Bonaparte, de ne plus reconnaître d'autorité et d'autre pouvoir que le sien. Désormais la chute de Mantoue n'était plus qu'une question de temps. Le vieux Wurmser, alors septuagénaire, essayait vainement d'espérer qu'une cinquième armée se réunirait à temps pour sauver la dernière ville des Autrichiens en Italie ; outre la douleur de subir à la fin d'une carrière brillante un aussi grand échec qu'une capitulation, il était dans une situation particulièrement délicate ; il était d'origine alsacienne, et le Directoire le considérait comme émigré ; à ce titre le gouvernement avait manifesté l'intention de le faire passer par les armes.

Dans les derniers jours de janvier, il se résolut cependant à parlementer. Bonaparte joua à cette occasion une comédie qu'il ne put soutenir jusqu'au bout ; le vieux général autrichien avait une entrevue avec Kilmaine, commandant officiel du blocus ; selon l'usage il essayait d'obtenir de meilleures conditions, en exagérant les ressources que la place présentait encore. Impatienté de ces paroles vaines, un officier de la suite de Kilmaine prit alors brusquement la parole, et prévenant la réponse du général français, s'écria « : *S'il en est ainsi, le général Wurmser devrait être fusillé par Sa Majesté Impériale, pour entrer en négociation avant d'être à bout de forces.* » Puis écartant Kilmaine d'un geste royal, au grand étonnement de Wurmser, il continua la négociation lui-même, sut mêler adroitement les menaces et les flatteries, et le vieux général, sûr d'être traité honorablement, se décida à rendre la place qu'il avait si vaillamment défendue. Bonaparte lui rendit la liberté et montra envers le vaincu une délicatesse qu'il devait plus tard oublier à l'égard des généraux autrichiens et prussiens (3 février 1797).

Les négociations n'étaient pas encore achevées à Mantoue que l'armée française se dirigeait sur Rome : le pape Pie VI avait fait tout au monde pour ne pas exécuter l'armistice de Bologne. De délai en délai, d'espérance en espérance, le temps avait marché, et le Directoire, fort de la non observation des traités, avait ordonné à Bonaparte de s'emparer de Rome dont les richesses tentaient son avidité. Le pape commit l'imprudence de laisser courir dans la Romagne des proclamations incendiaires, et, sur la mise en demeure du général, refusa de les désavouer. Par une singulière aberration, Pie VI avait armé les Transteverins, et avait eu l'idée de la résistance; cette ardeur belliqueuse tomba dès que l'armée française menaça la campagne romaine. A Tolentino, le pape et Bonaparte échangèrent des lettres dans lesquelles le pontife se montrait convaincu et Bonaparte menaçant. Ce furent les préliminaires de l'armistice signé le 19 février. Le pape voyait sa contribution élevée de quinze millions, il abandonnait les légations. Quant à la question religieuse, Bonaparte avait évité d'y toucher. Quoiqu'il ne se fît pas scrupule de traiter peu charitablement les prêtres et les moines qui s'occupaient de politique, il savait respecter la religion, et même s'en servait déjà pour ses desseins. Il avait eu soin de fermer les yeux sur la présence des prêtres réfractaires en Italie, il faisait à tout propos mention de l'Evangile. Toutefois devant ses compagnons d'armes qui n'étaient rien moins qu'orthodoxes, il affectait un ton philosophique, et riait volontiers des superstitions de ces gens-là, comme il disait, en parlant des Romains. Au fond Bonaparte est resté très catholique, sauf à imposer à sa religion sa personnalité envahissante.

Il était véritablement alors le roi de l'Italie du nord. Il correspondait avec le grand-duc de Toscane, le duc de Parme, le roi de Piémont, le roi de Naples, le pape. Son influence n'était plus discutée qu'à Gênes et à Venise et il avait soin d'y préparer de longue main des révolutions, qui feraient céder cette opposition. Quant au Directoire, il y pensait à peine; et décidé à terminer la guerre sans lui, il avait envoyé Clarke à Turin sous prétexte d'une négociation quelconque, et avait recommencé une dernière campagne contre la dernière armée autrichienne.

Le but avoué était de gagner Vienne où Moreau viendrait le rejoindre; mais le général de l'armée du Rhin, dont les troupes coûtaient sans rien rapporter, avait été abandonné à ses propres ressources et tout ce qu'il avait pu faire c'était de sauver ses troupes par l'une des plus admirables retraites dont l'histoire fasse mention. Au fond Bonaparte voulait hâter la paix et malgré le Directoire qui eût désiré traiter à Vienne pour imposer une grosse contribution de guerre, il écrivit à l'archiduc Charles une célèbre lettre, le 31 mars 1797, à Klagenfurth, où il lui proposait de pacifier l'Europe. L'archiduc répondit dans le même sens. Dès le 7 avril 1797 ces ouvertures aboutissaient. Bonaparte signa le jour même au quartier général de Judenburg une suspension d'armes avec le général Meerweldt et l'envoya au Directoire, appuyant sa résolution sur les échecs de l'armée du Rhin, sur la situation difficile et l'exténuation de son armée, enfin surtout sur les préparatifs armés qu'il attribuait à Venise, préparatifs qui n'existaient pas, mais qu'il allait faire naître par ses exigences envers le sénat vénitien. Il ajoutait enfin qu'il attendrait pour arrêter les préliminaires l'arrivée de Clarke, qu'il avait envoyé à Turin, à quinze jours de marche de Judenbourg.

En attendant, il menaçait Venise d'extermination. Depuis l'occupation de Vérone, de Peschiera et de Bergame, le territoire de terre ferme de Venise avait été accablé d'exactions; les soldats français, par leur attitude, avaient exaspéré la population de Vérone. En réalité Venise n'était pour rien dans cette excitation des populations; la correspondance de Napoléon nous prouve au contraire qu'il entretenait soigneusement cette animosité. Ses lettres au ministre de France à Venise, Lallement, indiquent un dessein arrêté sur la République. On ne le connut bien que pendant les négociations définitives avec l'Autriche. Il voulait obtenir plus facilement l'abandon du reste de l'Italie en donnant cette compensation aux Autrichiens; en effet, il fit marcher sur les États Vénitiens Baraguey-d'Illiers, Victor, Kilmaine, avant d'avoir des griefs précis à reprocher au doge et au sénat. Il avait même éconduit rudement les envoyés vénitiens, venus pour lui donner des explications sur le mouvement des paysans de Bergame et de Brescia.

Cependant Clarke n'arrivait pas et avait sans doute de bonnes raisons pour retarder son voyage. Les envoyés de l'empereur, M. de Merweldt et M. de Gallo, étaient déjà à Leoben, quartier général de l'armée française (13 avril 1797). Bonaparte se décida, sans trop de peine, à traiter pour les préliminaires de paix, en l'absence du fondé de pouvoirs du Directoire. Il refusa d'inscrire la clause qui reconnaissait la République française « : *Elle est*, disait-il, *comme le soleil sur l'horizon; tant pis pour qui ne veut pas la voir.* » Enfin il obtenait pour la France la limite du Rhin, la création en principe d'une république , pourvu que Venise n'en fît pas partie, condition ut agréable à Bonaparte, s'il ne l'a pas dictée lui-même. Car il était singulièrement animé contre la sérénissime république, dont la neutralité persistante avait retardé évidemment la prise de Mantoue. Ces stipulations et surtout la dernière devaient déplaire au Directoire. Bonaparte, pour s'excuser, fit valoir l'inaction des armées du Rhin, au moment même où Hoche commençait sa brillante campagne dans l'électorat de Cologne, qui ne fut arrêtée que par les préliminaires de Leoben. Le mécontentement fut assez évident pour inquiéter le général en chef; il résolut aussitôt de faire conclure la paix quand même, décidé d'en finir rapidement avec Venise qui avait trouvé des défenseurs émus au conseil des Anciens à Paris. Il envoyait Junot menacer le sénat le 15 avril; le 16, l'arrivée de nouveaux soldats à Vérone détermina un soulèvement terrible dans cette malheureuse ville. Les Français furent impitoyablement massacrés pendant cette journée qu'on appela les Pâques véronaises; aussitôt Venise fut attaquée par le général Baraguey-d'Illiers, un mouvement populaire, provoqué par l'agent français, Villetard, renversa l'oligarchie vénitienne, les troupes françaises occupèrent le territoire de terre ferme et les Vénitiens durent attendre six mois le sort que leur réservait le vainqueur. Bonaparte vint visiter sa dernière conquête. En pensant à la puissance qu'il avait acquise depuis son arrivée à Nice en mars 1796, il eut une vision subite de sa destinée future. Il se tourna tout à coup vers le général Dupuis qui l'accompagnait et lui dit : « *Que feriez-vous, si je me faisais roi d'Italie? — Je vous tuerais de ma main* », répondit Dupuis sans hésiter. Cette parole fit réfléchir Napoléon, il comprit que la poire n'était pas encore mûre et, de retour à Milan, dut se contenter des hommages que tous les Italiens lui apportaient de toutes parts : les uns attendaient en lui le libérateur de l'Italie, les autres devinaient le maître qui devait les élever avec lui.

Joséphine trônait alors à Milan, entourée des plus nobles dames italiennes : elle avait auprès d'elles ses deux belles-sœurs Pauline et Caroline, fort belles et fort admirées et qui surveillaient d'un œil jaloux la conduite de Mme Bonaparte. Heureusement pour la femme de Napoléon, Pauline faisait alors trop parler d'elle pour que son témoignage eût quelque poids. Le général d'ailleurs voyait avec plaisir la bonne grâce que sa femme mettait dans les réceptions officielles, qui attiraient déjà les suffrages de la haute société lombarde au jeune vainqueur de l'Italie. Le pape lui-même, par reconnaissance pour la modération du général, avait comblé Joséphine de joyaux précieux et d'œuvres d'art; quant à Bonaparte, il restait le plus souvent à son quartier de Montebello. Il en finit en ce moment avec la république de Gênes, où il brisa l'aristocratie. Il surveillait les agissements des émigrés en Lombardie, sans toutefois livrer au Directoire le plus dangereux des intrigants légitimistes, le comte d'Antraigues, qui avait juré autrefois qu'au retour du roi il serait le Marat des royalistes. D'autre part Bonaparte savait admirablement ménager les sentiments républicains de l'armée. En août 1797 le Directoire se sentit menacé par les élections réactionnaires qui avaient amené une majorité hostile aux Cinq Cents. Il demanda à Bonaparte son adhésion au coup d'État qu'il méditait contre les royalistes des deux assemblées. Le général de l'armée d'Italie fit à cette occasion à ses soldats des proclamations ultra-républicaines; mais il s'abstint d'agir lui-même et il envoya à Paris Augereau pour prêter main forte au Directoire. Le héros de Castiglione se présentait couvert des dépouilles de l'Italie : ces joyaux contrastaient avec la figure basanée et rude du soldat. Rewbell le jugea d'un mot : *Quelle figure de brigand,* dit-il à l'oreille de son collègue La Réveillère. On l'employa cependant; les députés royalistes des Cinq Cents furent embarqués pour Cayenne et le Directoire affermi. L'une des victimes de ce coup d'État du 18 fructidor était Carnot, l'ami, le protecteur de Bonaparte. Le général n'accorda d'ailleurs son approbation à cet événement qu'avec froideur : le Directoire craignit un instant qu'il ne fût décidé à protester. En réalité Bonaparte voulait par cette attitude obtenir carte blanche pour les négociations définitives du traité de paix; ce fut Barras qui s'exécuta : « *Je suis franc et sincère, mon cher général,* lui écrivit-il, mais *rappelez-*

vous avec quelle docilité républicaine le Directoire a toujours reçu vos observations. »

Bonaparte courut aussitôt en Frioul, et se fixa près d'Udine, au village de Passeriano ; les conférences reprirent avec le comte Cobenzl. Le négociateur autrichien avait espéré un moment la chute du Directoire et retardé les négociations. Il disputait pied à pied le territoire italien ; il tenait surtout à Mantoue : Bonaparte lui offrit alors l'immense compensation de la Vénétie. Il était résolu de terminer d'un coup, et était excédé de cette question d'Italie. Son esprit déjà était hanté par les visions lointaines de l'Orient. Cobenzl ne crut pas d'abord à cette proposition inouïe, et parut disposé à préférer des compensations sur l'Oglio. Impatienté, Bonaparte prit un cabaret de porcelaine de Chine qui lui avait été offert par l'empereur d'Allemagne et le brisa en miettes sur le sol. Le lendemain son secrétaire Bourrienne, en entrant dans sa chambre (10 octobre), lui montra les Alpes du Frioul couvertes de neige : « *Quel pays! s'écria Bonaparte, avant la mi-octobre! Allons! il faut faire la paix.* Le 17 octobre le traité de Campo-Formio était signé et Venise était livrée à l'Autriche. Lorsque le doge Manini dut prononcer le serment d'obéissance à l'empereur il s'évanouit. Le patriote italien Ugo Foscolo, qui avait cru voir en Bonaparte le libérateur de sa patrie, s'écria, lorsqu'il eut lu le traité, le mot traditionnel : *Finis Italiæ*, c'est la fin de l'Italie. Il se trompait, elle n'avait pas encore commencé à vivre.

Bonaparte revint alors en France affronter le mécontement du Directoire qui ne pouvait se consoler de la perte de Venise. Mais l'enthousiasme public était immense : on le reçut donc en grande pompe au Luxembourg. Barras le complimenta, malgré son désappointement. Les factions essayèrent aussitôt de l'accaparer. Mme de Staël voulut en faire le chef d'un parti modéré, avec Talleyrand et Benjamin Constant. Bonaparte répondit à ses avances par une impertinence, et refusa de se laisser patronner par une femme. D'autre part il était, selon son expression, *en malice avec le Directoire* et se disposait à lui jouer quelque tour. Rewbell, que la haine faisait clairvoyant, essaya de rendre le général ridicule, en lui confiant l'armée des côtes de l'Océan, qui n'existait que sur le papier. Bonaparte parcourut en chaise de poste les côtes, d'Anvers à Brest, mais il n'avait dans sa voiture que des cartes et des livres qui traitaient de l'Orient. Quand il revint à Paris, il refusa tranquillement d'amuser plus longtemps le Directoire, en se promenant sur les bords de la mer. Il alla au-devant des inquiétudes de ses ennemis en leur proposant d'aller conquérir l'Egypte. Rewbell, qui se demandait quelle intrigue nouvelle cachait cette idée subite, hésitait. Ses collègues, dans l'espoir que les sables du désert seraient moins cléments pour Bonaparte que les glaciers des Alpes, décidèrent que l'expédition d'Egypte aurait lieu. Le nouveau général se prépara à partir avec cette fougue qui caractérisait surtout le début de ses entreprises. Quelle pensée le guidait dans ce véritable exil, auquel il allait se condamner ? Elle était double : ou bien il réussirait et se créerait au Caire une domination incontestée et sur laquelle le Directoire ne pouvait avoir aucun moyen de contrôle, car il se sentait devenir impatient de toute surveillance ; ou bien il laisserait pendant son absence le Directoire se discréditer, et précédé du prestige lointain que les succès, remportés dans le pays des mille et une nuits, lui donneraient dans l'esprit des bonnes gens, il reviendrait à temps pour sauver la France du Directoire, et recueillir l'influence souveraine destinée à tout pouvoir assez fort pour clore l'ère de l'anarchie.

CHAPITRE III

LA CONQUÊTE DE L'ARMÉE. — BONAPARTE ET LES SOLDATS D'ÉGYPTE

Bonaparte et l'Égypte. - Composition de l'expédition. — Les généraux et les savants. — Bonaparte au Caire. — L'institut d'Égypte et l'administration française. — Expédition de Syrie. — Bonaparte quitte l'Égypte.

Bien que Bonaparte fût pratique et minutieux à l'excès dans l'exécution de ses plans, personne ne se laissait entraîner plus loin par les visions d'une imagination surhumaine. Alors, une grande pensée élevait au-dessus de lui-même ce génie malsain, que rabaissaient trop souvent les préoccupations exclusives de son égoïsme. Aussi cet homme, qui sembla souvent considérer sa carrière comme un duel entre sa personnalité et le reste du monde, se lança cette fois dans une entreprise, qui aurait pu être féconde pour sa patrie, comme il fut plus tard le créateur d'un grand système administratif. Au moment où il méditait l'expédition d'Orient, il était membre de l'Institut, et pour remplir le rôle qu'il s'imposait, il affectait de porter l'habit aux palmes vertes et d'assister à toutes les séances,

1. BIBLIOGRAPHIE. — Correspondance impériale. — **Michelet, Jung** (*loc. cit.*). — **Schuré**, L'expédition d'Égypte. — *L'Univers pittoresque*, l'Égypte. — **Gopcevic**, l'expédition d'Égypte. — **Chaptal**, Souvenirs. — **Boulay de la Meurthe**, Le Directoire et l'expédition d'Égypte.

et son esprit curieux, d'une compréhension si extraordinaire, se sentit profondément remué par les idées, par les faits, par les observations dont les Laplace, les Fourcroy, les Monge enrichissaient chaque jour le trésor commun. On se dépêchait alors pour rattraper le temps perdu. Après avoir payé sa dette en fabriquant la poudre, en forgeant les armes, en fondant les canons, la science pouvait enfin penser à elle-même.

L'essor, un moment contenu, se précipitait avec une violence irrésistible; Laplace dans son exposition du système du monde, le prélude de sa mécanique céleste, venait de chercher une grandiose explication de la formation du globe. Berthollet, après Lavoisier et avec Fourcroy, établissait les lois de la momenclature chimique; enfin l'illustre Geoffroy Saint-Hilaire commençait les études zoologiques qui devaient en faire le rival de Cuvier et l'un des réformateurs de l'histoire naturelle.

Bonaparte, quoiqu'il eût appris trop vite le peu qu'on croyait devoir enseigner dans sa jeunesse, et qu'il soutînt souvent à l'Institut nombre d'hérésies mécaniques et médicales où l'imagination avait plus de part que la vérité, se prit à calculer la force d'opinion qu'obtiendrait un gouvernement fondé sur une base entièrement scientifique. L'exécution de ses plans sur l'Égypte pouvait seule lui permettre cette tentative, car il n'aurait à craindre de l'autre côté de la Méditerranée ni les prétentions d'une civilisation rivale, ni la surveillance jalouse d'un pouvoir malveillant.

Sitôt donc qu'il eut obtenu l'autorisation des directeurs, et que des décrets réguliers lui permirent de réunir (mars 1798) les troupes nécessaires et le corps des officiers et des savants qu'il voulait emmener, il créa, rue Taranne, une agence pour organiser l'expédition. Ce n'est pas que l'on sût précisément le but de ces préparatifs. Il s'agissait, disaient les décrets, de former à Toulon l'aile gauche de l'expédition d'Angleterre. Talleyrand dans un discours public avait bien fait pressentir quelque chose, en appuyant sur la position et l'importance de l'Égypte; on savait que le conquérant de l'Italie avait déjà, à maintes reprises, manifesté l'intention d'être envoyé en Orient, et déjà au café Corazza et dans les restaurants à la mode devenus les grands lieux de réunion, on escomptait ses futurs succès. Si parfois quelque personnage sceptique, ou simplement timide, jetait au milieu de l'enthousiasme général cette petite phrase : *Mais enfin, où va-t-on conduire l'armée de Toulon?* cent voix lui répondaient à la fois avec indignation : Eh! parbleu, en Orient, dans les îles, à Constantinople, dans l'Inde, pour enlever aux Anglais l'indigo, le poivre, la canne à sucre, le coton! Et qu'on ne croie pas que ces conversations soient imaginaires; c'est un contemporain qui affirme les avoir entendues bourdonner sans cesse à ses oreilles.

Bonaparte profitait des horizons sans bornes ouverts à l'imagination publique par le mystère dont il s'entourait pour éblouir le Directoire par des perspectives encore plus brillantes. Il rappelait qu'au xviie siècle, Leibnitz, le grand philosophe, avait déjà conseillé à Louis XIV l'occupation de l'Égypte pour y former, comme autrefois les Romains, un véritable grenier d'abondance et pour en faire entre l'Inde et l'Europe un entrepôt qui ruinerait les intermédiaires anglais ou hollandais; Choiseul avait repris cette idée sous Louis XV; enfin, plus récemment, le consul français au Caire, Magallon, familier avec les mœurs des Égyptiens, avait pénétré le secret de la faiblesse de la domination des Mamelucks et pressait le Directoire de profiter de l'occasion.

A tous ces arguments, Bonaparte avait ajouté la possibilité de la conquête de l'Inde, et fait valoir le peu d'importance des sacrifices médiocres qu'il réclamait pour obtenir d'aussi beaux résultats.

Pressentant ces grands desseins, les Parisiens suivaient avec une curiosité mal satisfaite les allées et venues qui avaient lieu au siège du comité formé par Bonaparte. Le président de ce comité, le général du génie Cafarelli-Dufalga, était un de ces hommes dont la science et le caractère attirent la confiance et l'estime générales. Alors seul confident des plans gigantesques du général en chef, il s'y donnait corps et âme, avec une véritable foi, qui ne contribuait pas peu à faire des prosélytes parmi les généraux du Directoire.

En effet, outre ses compagnons de l'armée d'Italie Berthier, Bon, Murat, Donmartin, Andreossy, Dubois, Vaubois, Baraguey d'Illiers, Alexandre Dumas, Lannes, Davoust, Rampon, Junot, Duroc, Bessières, Marmont, Savary, Lanusse, Verdier, Friant, Belliard, Bonaparte emmenait encore Desaix, l'un des héros de l'armée du Rhin, homme modeste et dévoué; et l'Achille des armées républicaines, le magnifique Kléber, dont la haute taille et la belle figure, qui portait le reflet de son âme héroïque, devait exercer un certain prestige sur les Orientaux. Kléber, qui s'était engagé dans l'expédition nouvelle avec son entraînement ordinaire, en ignora longtemps la véritable destination et crut un instant qu'il s'agissait à Toulon de dépister l'Angleterre, pour apparaître tout à coup dans la Tamise.

Même soin dans le choix des troupes. C'étaient 36 000 soldats de l'armée d'Italie, tout prêts déjà à jouer le rôle de prétoriens auprès du général, et quelques régiments de l'armée du Rhin dont l'audace et le sang-froid étaient passés en proverbe. Masséna restait et Moreau; il fallait du reste prévoir le cas d'une nouvelle guerre que le mauvais vouloir de l'Autriche à Radstadt et les empiètements journaliers du Directoire rendaient imminente.

Il emmenait encore son frère Louis, et son beau-fils Eugène de Beauharnais; le chef du service financier était un homme habile et fécond en ressources, Poussielgue. Le service de santé était confié à deux hommes d'un talent indiscutable et d'un grand caractère, le médecin Desgenettes et le chirurgien Larrey.

Mais c'était dans la composition du corps des savants qui devaient former l'Institut d'Égypte que Bonaparte avait montré sa sagacité et sa connaissance des hommes. Parmi les géomètres, son professeur Monge, mais surtout un jeune homme, déjà célèbre, Fourrier, théoricien d'un mérite supérieur, esprit sensé, lumineux et solide, qui, au milieu du désert, par les seules ressources de sa science à la fois élévée et ingénieuse, devait venir à bout des opérations géodésiques les plus compliquées, et au milieu des assemblées des Coptes et des Arabes jouer un rôle politique dont l'à-propos constant et la justesse continuelle facilitèrent singulièrement la tâche du général en chef. Parmi les mécaniciens, Hassenfratz et l'inappréciable Conté, tour à tour fondeur, tisserand, orfèvre, imprimeur, fabricant de poudre, ingénieur hydraulique, et laissant partout la trace de son activité inventive et de ses connaissances encyclopédiques. Parmi les chimistes et les naturalistes, Berthollet, Geoffroy Saint-Hilaire, Dolomieu. Le géographe Jomard réunit tous les renseignements pou le grand ouvrage sur l'Égypte, qui devait ramener l'attention sur la vieille civilisation des Pharaons et qui prépara la grande découverte des hiéroglyphes par Champollion. Parmi les littérateurs, deux poètes, Arnaud et Parceval Grandmaison. Les principaux artistes étaient le peintre de nature morte Redouté et l'un des dessinateurs les plus remarquables et les plus savants du temps, Denon, qui acquit plus tard un coup d'œil d'une sûreté sans égale pour choisir parmi les chefs-d'œuvre étrangers les plus précieux ornements des musées français ; enfin l'architecte Lepère, le musicien Rigel dont les compositions et les cantates sont encore aujourd'hui fort estimées, et l'imprimeur Marcel. Quant au service purement civil du général en chef, il comprenait Bourrienne, son secrétaire ; l'agent de sa police : Regnault Saint-Jean-d'Angely, enfin Tallien, l'homme de Thermidor, qui fuyait en Égypte les conséquences de son mariage mal assorti.

Tous ces choix, tous ces préparatifs, annonçaient l'extrême importance que Bonaparte et le gouvernement lui-même attachaient à l'expédition qui se formait à Toulon ; et en réalité le Directoire avait fini par montrer plus d'enthousiasme qu'au début. La commission de Bonaparte était conçue dans des termes mystérieux et enthousiastes dont la rédaction appartenait au nouveau directeur Merlin de Douai. L'intervention du ministère des Finances eût été surtout précieuse, mais restait problématique, car cette administration était toujours le côté faible du Directoire. Le pillage du Trésor suisse à Berne, et des richesses des églises de Rome par Berthier (cette dernière opération accomplie avec assez d'habileté pour que la responsabilité en retombât sur Masséna) fit les frais de l'expédition.

Un mois à peine (20 avril 1798) s'était écoulé depuis le décret du Directoire et Bonaparte était prêt ; mais déjà il semblait vouloir renoncer à l'œuvre qu'il s'était fait une joie d'entreprendre, et paraissait concevoir d'autres combinaisons. Le Directoire, par la hardiesse de sa politique étrangère, avait amené l'Autriche à une attitude de plus en plus hostile : la déclaration de guerre était une question de jours. Fallait-il laisser à Masséna, à Augereau, à Moreau, la gloire de défendre l'Italie, sa conquête? Bonaparte hésita, il se fit nommer commissaire à Radstadt, pour le règlement de la paix; mais il ne s'y rendit pas. Lorsque Bernadotte, l'ambassadeur français à Vienne, par une manifestation imprudente, eut provoqué une insulte au pavillon français, le général en chef de l'armée d'Égypte vint demander compte au Directoire lui-même des fautes diplomatiques qui menaçaient la paix de l'Europe au moment de son départ. Il manifesta son intention de ne pas quitter la France en pareille conjoncture, et parla de démission. La Réveillère-Lepeaux, qui avait un remords de conscience au sujet de l'expédition d'Égypte, tendit une plume à Bonaparte et s'écria : *Votre démission, général, signez-la, et je me charge de la faire accepter.* Bonaparte réfléchit et ne signa pas.

Il partit le 3 mai 1798, pour Toulon, avec sa femme, qui devait l'accompagner jusque-là. Au dernier moment il eut une hésitation suprême; il sentait le Directoire tellement ébranlé par les difficultés innombrables qui se dressaient contre lui, que, selon l'affirmation du général Mathieu Dumas, dans ses mémoires militaires, il fut sur le point de tout tenter pour le renverser, ce qui aurait avancé d'un an et demi la période consulaire.

La vue de sa flotte, admirablement préparée et dirigée par les plus grands marins de la République, Brueys, Gantheaume, Villeneuve, Decrès, l'enthousiasme des troupes, les espérances de ses généraux, l'ardeur des savants, réveillèrent dans son âme les visions orientales, et l'on partit (le 19 mai 1798).

Il avait adressé, dès son arrivée à Toulon, une proclamation à ses soldats, dans laquelle il leur promettait gloire et richesse comme au début de la campagne d'Italie. Le voyage fut long; il fallut rallier Berthier, qui rapportait l'argent de Rome. Sur la route, et d'après le conseil de l'agent Poussielgue, on attaqua l'île de Malte, occupée par les Chevaliers de l'ordre, qui auraient pu livrer à l'Angleterre cette position militaire de première importance. Ce fut encore un retard d'un mois, et cependant les flottes anglaises ne paraissaient pas; toute l'attention du gouvernement de Pitt se portait au Nord, où l'on attendait un débarquement sur la côte anglaise. Seul, Nelson avait veillé sur la Méditerranée, mais il était malade, et croyait plutôt à une tentative sur Constantinople et sur la mer Noire. Son heureuse étoile lui fit défaut en cette circonstance et il chercha Bonaparte partout où il n'était pas; maître de Malte, le général en chef repartit le 19 juin; la traversée devait encore durer jusqu'au 1er juillet. C'était un spectacle singulier que celui du pont du vaisseau amiral *l'Orient*, qui réunissait toutes les gloires révolutionnaires; non pas seulement l'élite des officiers républicains, mais les plus grands noms scientifiques que la France ait jamais pu présenter groupés dans une même pensée de civilisation. Bonaparte avec ses vingt-neuf ans était le véritable soleil vers lequel tous se sentaient attirés; il parlait la plupart du temps seul, sans interlocuteur, comme un oracle, et sa parole poétique, animée, imagée, pompeuse, semblait à mesure qu'on approchait de l'Égypte prendre déjà cette teinte orientale qui colora désormais jusqu'à ses bulletins officiels. Il disait Annibal et les grandes campagnes de Rome et de Carthage, passait en revue les grands capitaines des temps modernes, et ces récits épiques, où la mémoire insuffisamment ornée du narrateur ne respectait pas toujours l'histoire, faits au milieu de la Méditerranée, donnaient à l'expédition un certain air de légende antique et de voyage des Argonautes. L'imagination des soldats était moins éveillée; ils cherchaient au contraire à tromper l'ennui de la mer et leurs visions étaient moins nuageuses. Dans l'entrepont on jouait la comédie dont les personnages invariables étaient un père Arabe qui tyrannisait sa fille, houri aux yeux noirs, constellée de diamants et qui étalait jusque sur ses babouches toutes les perles de l'Orient; le jeune soldat français débarquait, donnait une verte correction au moricaud (c'était le mot adopté) qui tyrannisait la malheureuse enfant. Le dénoûment naturel était un mariage, qui enrichissait à jamais l'heureux conquérant. Avec Bonaparte on se préoccupait toujours de gaigner

On avait fini par savoir qu'on allait en Égypte, bien que la chose ne fût annoncée officiellement que le jour du débarquement. Le pays était soumis en apparence au sultan de Constantinople, Selim III, à nos bons amis les Turcs, selon l'expression du général. En réalité la milice féodale des Mameluck, commandée par ses 24 chefs ou beys, dominait tout le pays, sans souci du pacha turc. Les beys s'étaient partagé les revenus des terres en exigeant des possesseurs véritables un impôt écrasant, le *miri*. Des descendants de la vieille race égyptienne, les uns se faisaient les intendants et les serviteurs aveugles des Mamelucks; les autres, les Fellahs, étaient de véritables esclaves, attachés à la terre.

Les Turcs, imans, cadis, magistrats, gros marchands, n'achetaient une certaine indépendance et la liberté de leur trafic qu'au prix de sacrifices pécuniaires réitérés.

De même les cheiks arabes, riches en troupeaux, commandant à une famille nombreuse, subissaient les exigences financières des Mameluks. Seuls les Arabes errants du désert, les Bédouins, échappaient à la tyrannie de ces soudards, qui n'avaient pas de famille, il est vrai, mais qui se recrutaient par l'adoption, et qui léguaient leurs biens et leurs influences à des esclaves élevés dans leurs pratiques.

Sous un pareil régime, malgré son ciel inaltérable, malgré son inépuisable fécondité, malgré le Nil, l'Égypte dépérissait; elle avait alors à peine 3,000,000 d'habitants, musulmans pour la plupart, avec une minorité de chrétiens Eutychéens, dont la secte remontait aux premières querelles dogmatiques du christianisme.

C'est en se servant de ces éléments disparates que Bonaparte comptait établir sur les bords du Nil sa domination et une civilisation nouvelle. Le 1er juillet eut lieu le débarquement devant Alexandrie; deux jours auparavant Nelson était venu y chercher les Français et ne les y trouvant pas, était parti pour la mer Noire. Alexandrie fut prise, et Bonaparte se mit en marche aussitôt pour le Caire; il avait à compter surtout avec les deux chefs principaux des Mameluks, Mourad-Bey, Ibrahim-Bey, qui disposaient d'une cavalerie nombreuse. Attaquées après avoir souffert de la soif et de l'excès de la température dans le désert de Damanhour, les troupes françaises opposèrent un mur infranchissable à l'inondation des cavaliers Mameluks, et débouchèrent enfin dans la grande plaine des Pyramides. Une nouvelle victoire qui débuta par la fameuse proclamation des 40 siècles, livra le Caire à Bonaparte. Pendant plusieurs jours les soldats pêchèrent les Mameluks noyés dans le Nil après la victoire; pêche fructueuse, car les maîtres de l'Égypte avaient l'habitude de porter leur fortune cousue dans leur ceinture.

Le 24 juillet 1798, Bonaparte entrait au Caire qu'il avait fait occuper par les généraux Dupuis, Menou, Kléber,

Bon et Reynier. Les cheiks arabes, charmés de la défaite des Mameluks, avaient fait une proclamation toute favorable à l'armée française. Ce fut cependant pour la population du Caire un véritable désappointement lorsque le vainqueur des Pyramides arriva à cheval sur la grande place de l'Esbekyeh. Kléber l'accompagnait et tous les regards se tournaient vers sa haute prestance et sa noble figure. Les Arabes, admirateurs de la beauté et de la force, durent adresser leurs hommages à la petite figure noire et chétive qui disparaissait dans son ombre. Un historien syrien, qui vécut alors en Égypte, et qui a été traduit en français en 1839, Nakoula, a indiqué cette impression en exagérant l'aspect malingre de Napoléon. Il avait, disait-il, après une description peu flatteuse, un bras plus court que l'autre.

L'activité, la facilité avec laquelle il comprit les mœurs des Arabes, le respect profond qu'il affectait pour Allah et le Prophète, changèrent bientôt les opinions. Bonaparte avait débuté par une proclamation de foi musulmane des plus catégoriques; il s'y disait le disciple convaincu de l'Islam. Jamais il ne perdit l'occasion en écrivant au sultan, aux beys de Tripoli et de Tunis, au sultan de Maroc, au cheik de la Mecque, à l'iman de Mascate, de débuter par la fameuse formule : *Il n'y a d'autre Dieu que Dieu et mahomet est son prophète; au nom du Dieu clément et Miséricordieux.* Il fit respecter avec un soin qui ne se démentit jamais les mosquées, les coutumes et les rites musulmans; et malgré le danger que cachait l'usage du voile que les femmes du Caire portaient dans les rues, il défendit qu'on les inquiétât à ce sujet. Il fit plus. Le 20 août, jour de la fête du Nil et de Mahomet, Bonaparte en costume oriental se rendit à la grande mosquée et, s'asseyant au milieu des cheiks, récita avec eux les litanies musulmanes. Il se remuait, selon le rite, de droite à gauche avec un sérieux imperturbable. Le soir, il dîna à l'orientale chez le principal des cheiks, et se résigna bravement à ne pas se servir de fourchette, pour se conformer aux usages.

Les Arabes virent avec plaisir cette conduite habile; ils lui donnèrent le nom d'Ali-Bounaberdi, Ali Bonaparte. Dans leur amour de merveilleux, ils finirent par l'inscrire au nombre de leurs saints. Bonaparte devint bientôt un véritable hadji sans avoir été à la Mecque et l'on chanta en son honneur des cantilènes religieuses. Quelques officiers suivirent son exemple. Menou alla plus loin, il embrassa résolument l'Islamisme et, malgré son âge respectable, en adopta toutes les conséquences. Il eut aussi son nouveau nom : Abdallah-Menou. Les soldats en rirent, mais les Arabes acceptèrent gravement ce prosélyte. L'historien musulman Gabarti, quoique mal disposé pour les Français (il fut un des mécontents qui soupçonnaient le but politique de cet enthousiasme religieux), a constaté que quelques officiers français épousèrent des femmes égyptiennes, et que ces mariages, conclus légalement, firent une impression très favorable sur le pays.

Cependant Bonaparte avait envoyé Desaix soumettre la Haute-Égypte et se préparait à se procurer les ressources nécessaires pour organiser sa conquête lorsqu'il apprit la défaite et la mort de l'amiral Brueys à Aboukir (1ᵉʳ août 1798). Il se trouvait ainsi forcé de se maintenir en Égypte sans autre moyen de retour pour l'armée que la paix générale ou une capitulation. Il résolut alors d'y établir un gouvernement réparateur et ferme.

Il exigea l'impôt foncier du *miri*, qui avait été la principale ressource des Mameluks; mais il eut soin de le répartir d'une manière équitable et de veiller à la perception, de façon à la rendre plus facile et moins violente; il n'employa des procédés vexatoires qu'à l'égard des négociants étrangers, quoiqu'il ignorât alors les nouvelles causes de rupture qui avaient surgi entre l'Europe et le Directoire. Pour s'appuyer sur l'opinion publique, il forma une réunion préparatoire des délégués des 14 provinces égyptiennes. Pour la première fois les malheureux habitants de l'Égypte furent admis à donner leur avis sur leurs propres affaires, et Napoléon put ainsi réunir des renseignements de première main pour rendre ses réformes compatibles avec l'esprit général du pays. Il créa bientôt des divans, c'est-à-dire des administrations municipales, dans les principales villes, et leur donna pour présidents les cheiks notoirement soumis à l'influence française. Le principal, celui du Caire, eut pour agents français Berthollet et Monge, et plus tard Fourrier, qui sut maintenir presque toujours l'harmonie entre la domination française et les intérêts musulmans.

Mais la grande création de Bonaparte fut l'institut d'Égypte (21 août 1798), qui comprit 48 membres, partagés en 4 sections : mathématique, physique, économie politique, beaux-arts.

Le caractère le plus remarquable de cette création fut la préoccupation d'utilité pratique qui guida le général dans la série de questions qu'il posa aux membres de l'Institut : former un tableau parallèle des mesures et des monnaies françaises et égyptiennes; rédiger un vocabulaire français, égyptien et copte; veiller aux mesures de salubrité; faire disparaître et utiliser les immondices et les décombres qui infectaient le Caire et les grandes villes; dresser des états comparatifs de l'agriculture en France et en Égypte; indiquer les moyens de multiplier les travaux hydrauliques dans ce pays de la sécheresse, telle fut la nature des questions que durent étudier les membres de l'Institut.

En même temps Jomard recueillait tous les renseignements qu'il pouvait demander aux monuments de l'ancienne Égypte; et s'il ne parvenait pas à déchiffrer la fameuse pierre de Rosette, il arrivait par la comparaison des chiffres grecs et égyptiens placés sur les inscriptions à lire quelques hiéroglyphes numériques, et recherchait dans la langue copte quelles racines pouvaient mettre sur les traces de l'ancienne langue égyptienne. Redouté copiait les brillants costumes des habitants du Caire et Denon allait dans la Haute-Égypte auprès de Desaix dessiner les principaux bas-reliefs de l'ancienne Thèbes et estomper en creux les inscriptions gréco-égyptiennes qui paraissaient offrir le plus de prix aux investigations des savants. L'influence de l'Institut se fit sentir rapidement; les soldats étaient d'abord mal disposés pour leurs compagnons pacifiques, qui ne prenaient pas part au danger des combats et auxquels cependant le général réservait ses plus hautes faveurs. Par une assimilation irrespectueuse ils avaient donné aux ânes du Caire, fort nombreux, de haute encolure et doués de magnifiques oreilles, le nom de savants. Dans les promenades qu'ils faisaient pendant les heures de loisir, ils n'allaient pas visiter quelque village des environs du Caire sans monter sur un savant. Mais peu à peu, les services que l'Institut rendit à l'armée désarmèrent les rieurs, et les officiers envoyèrent volontiers les plus jeunes de leurs soldats étudier au lycée du Caire. Jamais élèves aussi peu avancés n'avaient eu d'aussi illustres professeurs. Marcel eut bientôt mis sur pied une imprimerie pourvue de caractères arabes et qui publia deux journaux : *la Décade Égyptienne*, littéraire et scientifique, et *le Courrier d'Égypte*, gazette politique.

Le commerce égyptien n'eut pas à souffrir autant qu'on

l'aurait craint de l'invasion française et de l'interruption des communications. Bonaparte avait nommé, aussitôt après avoir pris possession du pouvoir, le chef de la caravane de la Mecque et avait prévenu les princes musulmans de la Méditerranée que rien ne s'opposait à ce que cette expédition à la fois commerciale et religieuse ne suivît son cours habituel. La caravane se réunit donc au Caire comme autrefois et les cheiks arabes, très experts en fait d'intérêts commerciaux, se rapprochèrent d'autant plus volontiers du grand sultan, le sultan Kébir (comme on appelait Napoléon).

Mais l'Institut devait laisser surtout en Égypte de grands souvenirs industriels, qui permirent plus tard à Mehemet Ali de donner à ses fabriques une activité si extraordinaire dans un pays si arriéré. Ici nous retrouvons à chaque pas le nom de Conté qui, selon l'expression de Monge, *avait dans la tête toutes les sciences et dans les mains tous les arts.* Il parvint à construire un balancier monétaire qui frappa la monnaie populaire en Égypte, le *para*, petite pièce de cuivre, avec un alliage d'un centième d'argent, et qui venait auparavant de Constantinople. L'habitant du Caire n'aurait pas su faire ses transactions sans ces paras. C'était en effet bien commode ; on en mettait 150 ou 200 dans la bouche ; puis on allait à ses affaires, causant, buvant et mangeant de l'air le plus naturel du monde ; avait-on fait une transaction, l'Arabe trouvait tout simple, une fois le prix fait, d'ouvrir la bouche et de déposer dans la main du vendeur la somme convenue.

Conté établit aussi des fours à réverbère et fondit des canons ; il devina les procédés de l'orfèvrerie et fabriqua de la vaisselle d'argent connue plus tard sous le nom de vaisselle de chasse ; il installa des ateliers d'ébénisterie, des tanneries de maroquin, des tréfileries d'or, et créa une véritable école de passementiers et de brodeurs qui empruntèrent aux Arabes la délicatesse de leurs procédés et se pénétrèrent de la fantaisie de leurs dessins. Bientôt les soldats eux-mêmes virent leurs vêtements modifiés, grâce à l'installation d'ateliers spéciaux; pour résister à la chaleur de midi (35° à l'ombre) ils furent vêtus de toile de coton blanc, et portèrent un casque de maroquin noir. Le matin, où la température s'abaissait rapidement, ils eurent un burnous de tricot, qui leur évita les pleurésies.

Bonaparte et l'Institut se résolurent aussi à imposer aux habitants du Caire et des villes la salubrité et la propreté, que les Arabes considéraient presque comme une profanation religieuse. Caffarelli fit pénétrer l'eau dans les rues étroites de la vieille ville, et força le Divan à prendre en adjudication l'enlèvement des immondices. Il essaya de restreindre les inhumations dans le cimetière (la ville des morts) et surveilla avec une sévérité infatigable les infractions à la police sanitaire.

Enfin deux grands hôpitaux, l'un militaire, l'autre civil, et qui admettait les Arabes, furent organisés dans des conditions d'hygiène que nombre de villes européennes auraient pu leur envier; pour empêcher les épidémies, que les pèlerins rapportaient annuellement de la Mecque, de se répandre avec la rapidité foudroyante ordinaire à ces fléaux, un lazaret fut créé sur le Nil.

Les Arabes des grandes familles du Caire et leur chef El Bekri qui descendait, disait-il, de Mahomet, acceptaient ces innovations volontiers; ils assistèrent avec enthousiasme à la fête de la nouvelle année républicaine célébrée le 22 septembre 1798; mais le bas peuple, moins éclairé, revenait de sa première impression favorable; il avait espéré de l'invasion française la suppression totale de l'impôt foncier; la taxe avait bien été régularisée, rendue moins lourde, mais elle avait été conservée; l'attitude des soldats français choquait considérablement la gravité musulmane. Le Caire, ville silencieuse, était devenue bruyante et animée, au grand ennui de cette population contemplative. Les Français choyaient les musulmans, mais ils avaient accordé l'égalité civile aux Juifs, que les Arabes, dans leurs moment de grande politesse, ne pouvaient se dispenser d'appeler chiens, et aux Coptes et aux Grecs, ces rayas, ces infidèles impurs; enfin, pour comble d'abomination, les Français ne poussaient pas leur admiration pour Mahomet jusqu'à interdire la vente du vin. Les Arabes des hautes classes, qui n'avaient que peu de préjugés, avaient accepté aussi cette dérogation à la loi du Prophète; mais chez les musulmans fanatiques ce fut un grief contre l'occupation étrangère. Superstitieux en leur qualité d'Orientaux, ils avaient vu avec une terreur indicible Berthollet établir des conférences publiques de chimie; et au lieu de battre des mains lorsqu'une expérience était réussie, ils se regardaient entre eux avec effroi et se disaient en sortant que les Francs étaient tous des sorciers. Enfin Mourad-Bey et Ibrahim, du fond de leurs retraites, entretenaient des émissaires au Caire, et Sélim III, encore puissant par l'idée religieuse sur l'esprit des Égyptiens, avait déclaré la guerre à la France et fait répandre en Égypte un appel à l'insurrection dont la violence pouvait avoir de tristes conséquences. Une mesure fiscale prise par l'agent Poussielgue précipita la révolte; à court d'argent il emprunta à l'administration des Mameluks un impôt qu'on avait jusqu'alors négligé : celui que les propriétaires de concessions territoriales temporaires devaient payer pour les faire renouveler. Poussielgue appela cet impôt : droit d'enregistrement ; mais il ne fut pas mieux accueilli sous son nouveau nom qu'il ne l'avait été jusque-là ; et de riches Arabes, blessés par cette mesure, passèrent au parti des mécontents. La multitude, se trouvant des chefs, se souleva, le 21 octobre 1798, et, profitant de l'absence de Bonaparte, qui visitait les travaux de fortification du Nil, remplit les principales rues et se prépara à faire main basse sur les Français. Le commandant militaire du Caire, le général Dupuy, fut tué, et Bonaparte eut grand'peine à rentrer dans la ville. Heureusement la superstition musulmane défend de combattre après le coucher du soleil : Bonaparte profita de ce répit pour organiser la défense, et dès le lendemain (22) dispersa les bandes d'insurgés qui se défendirent seulement dans la grande mosquée El Azhar et dans la ville des morts, violation qu'on a reprochée aux soldats français et qui a été commise par les musulmans eux-mêmes. Effrayés enfin par un orage qui se forma soudain, phénomène rare sous le ciel d'Égypte, les derniers combattants firent solliciter l'aman (le pardon).

Bonaparte fut impitoyable pour les principaux chefs, mais pardonna à ce qui restait d'insurgés (5000 avaient été tués). Lorsqu'il eut réorganisé le divan du Caire en n'y laissant siéger que des partisans déclarés de la domination française, il fit un dernier et menaçant appel au sentiment religieux des Musulmans, pour frapper leurs esprits d'une terreur mystérieuse. Il crut désormais pouvoir compter sur la soumission de l'Égypte, et entreprit (25 décembre 1798) une excursion vers Suez. Le but était de déterminer l'emplacement du canal maritime de Sésostris, qui en réalité est l'œuvre de Nechao, l'un des derniers rois de la période saïte, et qui faisait communiquer le Nil avec la mer Rouge. L'Institut d'Égypte avait en effet l'intention de reprendre ces travaux de canalisation dont la nécessité avait déjà frappé au xvi⁰ siècle le grand conquérant portugais Albuquerque. Au retour, Bonaparte faillit être noyé par la marée du golfe de Suez; mais lorsqu'il fut revenu au Caire, il y trouva des nouvelles qui devaient entièrement changer ses projets et décider l'échec définitif de l'expédition d'Égypte.

C'étaient des dépêches et des journaux officiels du Directoire, qui exaltaient les succès de l'armée d'Egypte, glissaient rapidement sur la défaite d'Aboukir, annonçaient de la part du général Bonaparte des victoires et des projets bien plus étonnants encore ; mais il ne donnaient aucun renseignement précis sur l'état de l'Europe, sur les partis politiques en France et enfin sur la mission qu'on avait dû confier à Talleyrand à Constantinople. En réalité Talleyrand était resté tranquillement à Paris : au fond se dégageait très nettement cette pensée des directeurs de se soustraire à la responsabilité de l'expédition d'Egypte et de laisser Bonaparte s'en tirer comme il pourrait. C'était d'ailleurs ce qu'il demandait. Néanmoins le Directoire et Talleyrand firent à plusieurs reprises des efforts sérieux pour se tenir en communication avec l'Egypte. Ce qui était plus grave c'étaient les rapports d'espions, qui indiquaient la formation d'une armée turque sous les ordres du seraskier Ahmed Djezzar, commandant supérieur du pachalik de Saint-Jean d'Acre, et qui à l'instigation de Ibrahim-Bey réfugié en Asie-Mineure, avait fait occuper la forteresse d'El Arish qui menace les frontières de l'Egypte. Les opérations de Djezzar devaient se combiner avec celles d'une flotte anglo-turque commandée par le commodore Sydney Smith, et qui débarquerait une armée dans le Delta.

Bonaparte résolut de ne pas attendre l'attaque de peur que l'approche de l'armée turque ne réveillât, selon l'expression des historiens musulmans, la *rébellion endormie*. Après avoir réorganisé ses corps, et avoir créé le fameux régiment monté sur des dromadaires (février 1799), il se dirigea vers le torrent d'Egypte, laissant l'administration générale à Menou, et emmenant 20 000 hommes avec Kléber, Lannes, Junot, Murat. Vainqueur des Mameluks à El-Arish, il s'empara de Jaffa, la principale place forte de la Palestine. Tout le district de la Palestine méridionale est soumis presque annuellement à ce terrible fléau endémique de caractère typhoïde qui est connu sous le nom de peste d'Orient. Le 13 mars 1798, l'armée qui avait jusque-là échappé aux atteintes de la terrible maladie fut frappée violemment dans les murs de Jaffa. Desgenettes se dévoua à la guérison des malheureux soldats ; d'ailleurs la maladie semblait peu tenir compte des soins, et précipitait généralement ses trois périodes dans un espace de sept jours. Du premier au troisième, le malade éprouvait des accès répétés d'une fièvre légère ; mais la présence de boutons charbonneux ne décelait que trop la nature du mal. Dans la deuxième période du trois au cinquième jour, le délire et la fièvre dominaient ; les taches charbonneuses et les anthrax se multipliaient sur le corps ; mais on pouvait réchapper et l'art du médecin était utile encore. Dans la troisième période du cinquième au septième jour, le délire tombait, mais pour rendre au patient la perception plus nette d'intolérables douleurs de tête et de vives souffrances dans les entrailles ; c'était la fin qui arrivait rapidement ; la lésion principale déterminée par la maladie avait, comme dans les fièvres typhoïdes, son siège dans le système digestif.

Cette affreuse maladie passa par toutes les phases

morales que l'on a signalées dans toutes les pestes historiques. Tant que les chefs purent empêcher de prononcer le mot peste, les soldats prodiguèrent leurs soins à leurs camarades atteints. Lorsque le nom véritable de la maladie eut été connu, le sentiment égoïste de la conservation s'empara de tous et les malheureux restèrent sans autre dévouement que celui des médecins.

Bonaparte apprit cet horrible abandon et résolut de l'arrêter par un de ces actes qui inspirent le courage, lequel souvent lui-même est heureusement épidémique. Il entra dans l'hôpital de Jaffa, parcourut lentement les salles de pestiférés; puis s'approchant avec Desgenettes du malade dont l'aspect était le moins encourageant, il lui adressa des paroles amicales et, soulevant la couverture, laissa reposer sa main sur l'épaule du moribond, tout le temps qu'il lui parla. Cet acte d'intrépidité tranquille et résolu eut une grande influence; il fit rougir ceux qui refusaient de servir les malades, rendit quelque espérance aux hommes atteints et amena quelques guérisons. Bientôt une légende se forma dans l'armée, que l'excès de misère avait rendue superstitieuse. L'attouchement du général rendait la santé! Et pourquoi pas? l'imposition des mains des rois capétiens guérissaient bien les écrouelles. On peut dire que la belle action de Bonaparte lui attira à jamais le dévouement des troupes, et pour quiconque se rappelle le sentiment d'admiration que Gros a répandu sur toutes les figures qui entourent Bonaparte dans son tableau des Pestiférés de Jaffa, il est facile de comprendre que Napoléon était devenu pour eux désormais plus qu'un homme.

Cependant il était bien près d'un échec; le découragement n'était pas vaincu : on causait tout bas dans l'armée des causes mystérieuses de la peste, des assassinats fréquents qui se commettaient sur les soldats et sur les officiers isolés. Chaque régiment avait son histoire lugubre : aujourd'hui c'était une reconnaissance de cavalerie qui avait été décommandée parce qu'au dernier moment on s'apercevait que les chevaux avaient reçu un breuvage destiné à les affoler, c'étaient les Maronites, les Maugrabins du Liban qui étranglaient silencieusement un poste d'avant-garde tout entier; on savait que ces histoires n'avaient aucun fondement; mais les esprits étaient frappés et s'imprégnaient pour ainsi dire des légendes qui s'exhalaient du sol oriental.

Ce fut dans cet état d'affaiblissement moral et physique que l'armée arriva devant Saint-Jean d'Acre. Un ancien camarade de Bonaparte, l'émigré Phelypeaux, officier remarquable, y commandait. Sidney Smith avec son escadre gardait le rivage et menaçait les assiégeants de ses boulets. Bonaparte ne put forcer la ville, il y usa sa patience, son armée et ses ressources; il y perdit bien des hommes, et l'un des plus remarquables de l'expédition, Caffarelli. Son beau-fils Eugène y fut blessé; même après la victoire remportée au Mont-Thabor sur Djezzar-Pacha, il dut se convaincre de l'inutilité de ses efforts. Le 17 mai, il résolut de rentrer en Egypte; il avait reçu, disait-il, de mauvaises nouvelles du Caire et l'annonce de l'arrivée prochaine de l'expédition turque dans le Delta; il avait surtout reçu des dépêches de France, et entre autres, une lettre de son frère Lucien. Le Directoire lui-même semblait désireux de le voir revenir.

Il dit donc adieu pour jamais à Saint-Jean d'Acre, à ses illusions orientales et ne pensa plus qu'au moyen de déjouer la surveillance de la flotte anglaise et de retourner en France. « *Je crois*, disait-il, *que mon imagination est morte à Saint-Jean d'Acre* ». On peut dire que son cœur était aussi bien malade. La retraite fut échevelée, sans pitié, inhumaine. Exaspéré par les difficultés de la route, il finit par ne plus tenir compte des souffrances et du climat. A Jaffa les hôpiteux regorgaient de pestiférés. Desgenettes s'était vainement inoculé la peste pour ranimer le courage : ils mouraient tous d'effroi plus encore que de la maladie. Qu'allait-on faire de ces malheureux? Bonaparte eut un mot terrible : « Ne ferait-on pas mieux, dit-il, de finir leurs souffrances et de leur donner de l'opium? » « *Je suis ici, répondit Desgenettes, pour guérir et non pour tuer.* » Un historien anglais, S. Rivers Wilson, a prétendu que le mot de Bonaparte avait reçu son exécution; c'est une calomnie; c'est trop cependant qu'il ait été prononcé.

La retraite s'acheva dans les pires conditions; mais le général avait pris ses précautions pour être accueilli en triomphe. Une longue procession des cheiks arabes vint au-devant de lui et il renouvela devant eux ses professions de foi musulmanes. Cependant le bruit de ses défaites avait transpiré et un fanatique, El Modhy, qui se disait modestement l'ange du Seigneur, souleva le Delta; cette tentative échoua. Aux yeux des Égyptiens, Bonaparte était un être trop favorisé du ciel : pour se nourrir, il lui suffisait de tremper en public ses doigts dans le lait et d'en humecter ses lèvres. Que pouvait, contre lui, même l'ange du Seigneur? El Modhy fut vaincu et tué. Le général n'en voulait pas moins partir à tout prix. Or il ne le pouvait tant que l'expédition turque menaçait le Delta. Vers le 13 juillet 1799, elle parut enfin en vue de la rade d'Aboukir; le débarquement ne put avoir lieu que le 23; le 25, Bonaparte jetait les Turcs à la mer.

Il revint au Caire et prépara tout désormais pour son départ. Il avait reçu quelques jours avant la bataille d'Aboukir par un émissaire grec, Bourbaki, une lettre de son frère Joseph, qui lui apprenait les coups d'État de floréal et de prairial. Après la bataille, il eut des rapports avec le commodore Sidney Smith pour l'échange de prisonniers. Selon l'historien syrien Nakoula, c'est à la suite d'un grand dîner donné à l'amiral anglais que Bonaparte aurait reçu de lui les papiers publics ou les lettres dont la lecture termina ses dernières hésitations. Il écrivit alors à Kléber une lettre entortillée, où il ne lui annonçait pas sa résolution définitive, mais un changement prochain. Il se rendit à Alexandrie, et donna sur la plage rendez-vous à Menou ; il lui avoua son départ, et lui donna la lettre par laquelle il dictait des instructions au nouveau général en chef, Kléber. Le 22 août, l'amiral Gantheaume vint se ranger dans l'anse du Marabout avec les corvettes la Carrère et la Muiron. Bonaparte emmenait Berthier, Lannes, Marmont, Murat, Andreossy, Bourrienne, Monge, Berthollet, Denon, Parseval-Grandmaison et son beau-fils Eugène.

On connaît la colère de Kléber, lorsqu'il apprit le départ de Napoléon ; on sait que dans son rapport au Directoire, il considérait cet acte comme une véritable fuite et pendant longtemps cette opinion a prévalu. Bonaparte, déserteur plusieurs fois, quand il était petit officier, a été accusé d'avoir déserté l'armée d'Égypte, pour aller courir sa fortune politique. Il est facile de comprendre l'exaspération de Kléber, en se voyant ainsi abandonné dans une position désespérée. Mais le travail récent de Boulay de la Meurthe a modifié l'opinion reçue. Si Napoléon était rappelé par son ambition, le Directoire ne pouvait encore être rassuré par la victoire de Zurich, qui est de septembre 1799, et désirait son retour. En tous cas, pour leurs projets particuliers, Talleyrand et Sieyès le hâtaient. Napoléon pouvait se croire autorisé à quitter l'Égypte.

Il en rapportait certainement moins de scrupules dans

sa vie privée comme dans sa vie politique; il y avait pris définitivement l'habitude de voir tout céder devant sa volonté, et de compter pour rien les idées d'autrui. Enfin il savait qu'un grand nombre d'officiers résolus à faire fortune (bien qu'il eût fait beaucoup de mécontents en Égypte) étaient attachés d'une manière inébranlable à son ambition. Mais aussi il avait appris à gouverner, il avait fait l'expérience des grandes mesures d'ordre et d'administration qu'il devait bientôt appliquer à la France; enfin il s'était rendu maître dans l'art de se servir des hommes, en utilisant leurs talents et même leurs vices. Le système impérial est déjà tout entier dans l'expédition d'Égypte, et c'est pour cette raison que nous nous y sommes arrêtés assez longuement.

CHAPITRE IV

LA SOCIÉTÉ FRANÇAISE SOUS LE CONSULAT ET LA DICTATURE MILITAIRE [1]

Impuissance du Directoire. — Sieyès et Bonaparte. — Le complot de Brumaire. — Le 18 Brumaire. — Les chouans et les jacobins. — La cour de Saint-Cloud. — La littérature en 1802. — La morale de Bonaparte. — La mort du duc d'Enghien.

Lorsque Napoléon débarqua à Fréjus le 9 octobre 1799, la France était à bout de forces et depuis dix ans que le sang coulait de ses veines, elle s'était tellement épuisée en luttes toujours renaissantes et toujours indécises, qu'elle ne demandait plus qu'à vivre, même en état d'interdiction politique, et à remettre à un tuteur quelconque le soin de sa sécurité et de son bien-être.

Ainsi s'explique le succès du coup d'État du 18 Brumaire. Le Directoire, contre lequel on a épuisé toutes les injures et toutes les accusations, eut un tort principal — il est vrai, irrémissible, — celui d'arriver à contre-temps, lorsque l'activité fébrile de l'époque révolutionnaire était

---

1. BIBLIOGRAPHIE. — Correspondance de Napoléon Ier. — **Michelet, Jung** (loco cit.), Souvenirs de *Fauriel*. Mémoires de *Madame de Rémusat*, de *Gohier*, de *Talleyrand*. — **Boulay de La Meurthe**, Les dernières années du duc d'Enghien. — **Decaen**, Napoléon Ier et Moreau (Revue historique). — **Destrem**, Les transportations du Consulat (Rev. hist.) — **Adams**, (Napoléon Ier et St Domingue (Rev. hist.).

tombée. Cette oligarchie impuissante des cinq directeurs ne pouvait conserver la tradition révolutionnaire, dont elle avait la sauvegarde, qu'en épurant les Conseils, que la loi des réactions remplissait de royalistes ou de jacobins à chaque renouvellement. Ces coups d'État, qu'un certain scrupule de légalité rendait timides, étaient toujours à recommencer. On ne prenait pas au sérieux ce gouvernement qui violait sans cesse la Constitution sans jamais oser la détruire. On ne lui demandait pas de ramener l'apaisement dans les esprits par son autorité morale; on s'indignait qu'au moins il n'eût pas la force matérielle d'obtenir le silence autour de lui et de faire taire les dernières criailleries jacobines, comme aussi les nouvelles espérances royalistes.

Enfin le Directoire était décimé, et décimé par ses propres mains. Après les coups d'État du 22 floréal et du 30 prairial, Rewbell et La Réveillère-Lepeaux avaient disparu. Des cinq premiers directeurs le seul qui eût surnagé était le moins digne : Barras, de plus en plus enfoncé dans un grossier épicurisme, et qui n'avait même plus le désir de conserver un rôle politique. Ses nouveaux collègues étaient Gohier, un jurisconsulte plein de droiture, sincèrement républicain, mais simple, trop simple; le général jacobin Moulins, bon patriote, d'ailleurs peu intelligent; Roger Ducos, une nullité, qui n'était que l'ombre du cinquième membre du Directoire, Sieyès.

Le célèbre constituant s'était fait oublier pendant la Terreur. Après Thermidor il avait reparu. Il avait toujours une grande réputation de profondeur politique et de science constitutionnelle. Pourquoi? Dans l'Assemblée constituante, il étonnait par quelques formules concises, qui résumaient tant bien que mal les idées générales. Il avait prononcé quelques discours obscurs, qui avaient donné à croire que ses talents étaient d'une nature transcendante. Le silence même qu'il affectait le plus souvent était considéré comme une preuve de plus de l'intensité de sa pensée. Il avait acquis sans grands frais la renommée d'un théoricien de premier ordre, et il annonçait qu'il préparait une Constitution modèle, application mathématique de ses longues méditations. Après la chute des Girondins, il se retira dans l'abstention, emporta avec lui la merveilleuse panacée et la perfectionna à loisir. Après la chute de Robespierre, l'oracle ouvrit la bouche et proposa sa recette infaillible; mais vit préférer à son système la Constitution directoriale. Il chercha alors un soldat pour renverser cette organisation politique qui n'était pas son ouvrage. Il élevait Joubert dans cette intention; mais Joubert fut tué à Novi. Il proposa la chose à Moreau; mais le grand général avait alors la frayeur des tripotages politiques, il se récusa. Sieyès, après une heureuse négociation en Prusse, fut à ce moment poussé au Directoire par les royalistes. C'était beaucoup que d'être dans la place pour la détruire; cependant l'action lui répugnait; il exposa alors ses projets à Joseph et Lucien Bonaparte, tous deux députés au Conseil des Cinq Cents. Il fut d'ailleurs servi à point nommé : Bonaparte était revenu; et sur son chemin bien des gens répétaient tout haut avec un soupir de soulagement : « Enfin! le Directoire va disparaître! ».

Le retour d'Égypte faisait donc espérer une solution presque immédiate; et l'enthousiasme qui accueillait le général sur son passage devait l'encourager à brusquer sa tentative. A Fréjus, on le dispensait de l'observation des lois sanitaires de la quarantaine; à Lyon, où il entrait avec son frère Joseph et le général Leclercq qui étaient allés au-devant de lui, il assistait à une pièce de circonstance, *Le retour du héros*. Partout des actions de grâce accueillaient la fin de l'exil de la grande victime du Directoire. Partout cependant Bonaparte montrait une grande réserve, et gardait autant que possible un silence prudent. Il n'était pas en effet sans inquiétude : il avait appris l'admirable victoire de Masséna à Zurich, et les succès de Brune en Hollande, qui avaient sauvé la République et donné un regain de gloire au Directoire. Par là tombait le principal prétexte de son retour d'Égypte : « le danger de la patrie. » Si les directeurs eussent été hommes d'énergie et d'initiative, la position du général était bien aventurée.

Il avait d'ailleurs de graves soucis domestiques. Les lettres qu'il avait reçues de ses frères, en Égypte, étaient pleines de dénonciations contre la conduite de sa femme. Joséphine pendant son absence avait renoué ses liaisons avec les Thermidoriens, et si elle avait mis son habileté féminine au service de son mari, les frères de Bonaparte paraissent avoir eu quelque raison d'incriminer les moyens qu'elle employait en sa faveur. Pour parer le coup qui la menaçait, Joséphine était allée à sa rencontre en Bourgogne; mais Bonaparte avait pris modestement la route moins bruyante du Bourbonnais et était rentré rue Chantereine avant sa femme. Lorsqu'elle arriva à son tour à Paris, elle trouva porte close. Elle était persévérante et se sentait perdue si l'on n'ouvrait; elle resta avec Eugène et Hortense à pleurer jusqu'à quatre heures du matin. Bonaparte, vaincu, ouvrit et eut une explication violente avec elle; il était fort ému et paraissait beaucoup souffrir des révélations qu'on lui avait faites. Il avait enfin pour Eugène et Hortense une véritable affection : Joséphine profita habilement de cette émotion, si extraordinaire chez Bonaparte; la réconciliation eut lieu : elle promit de rompre avec les Thermidoriens, lui prouva qu'elle avait joué pendant son absence un rôle véritablement utile à ses intérêts et remporta une victoire complète, comme elle devait le faire encore si souvent jusqu'au jour du divorce.

Dès le lendemain, commença la conspiration du 18 Brumaire, conspiration qui fut connue de tout le monde, excepté de deux des personnages les plus intéressés dans la question : les directeurs Gohier et Moulins. Encore se disaient-ils qu'à un moment donné il faudrait lui faire une large part du pouvoir, mais ils se refusaient à admettre que la Constitution de l'an III fût menacée. Gohier se flattait même d'exercer une certaine influence sur Bonaparte. Sa femme était, au milieu de ce monde corrompu du Directoire, aussi bonne qu'honorable. Mme Bonaparte s'était liée d'amitié avec elle, lui avait raconté ses chagrins domestiques, les calomnies de ses beaux-frères, et s'était préparé un véritable alibi en se montrant partout dans l'ombre de l'irréprochable directrice.

Bonaparte n'avait à craindre dans l'exécution de ses projets que les opinions républicaines de Gohier et de Moulins partagées par la majorité du conseil des Cinq Cents; il s'attacha donc à ne dissimuler ses plans qu'à eux seuls; et il y parvint. Il affecta avec Gohier une familiarité respectueuse, et conserva les rapports d'intimité noués par Joséphine avec Mme Gohier. Auprès de Moulins, il montra une rondeur toute militaire; mais il se heurta à une défiance instinctive, et le directeur dans leur première entrevue se mit à lui vanter la victoire de Masséna à Zurich. Piqué, Bonaparte répondit en pleurant la perte de l'Italie, et ne pardonna jamais à Masséna d'avoir fourni contre lui un argument. Avec Sieyès la comédie fut différente; il était convenu qu'ils afficheraient l'un pour l'autre une aversion insurmontable, et d'ailleurs le directeur, maintenant que son redoutable collaborateur était à ses côtés, eût bien voulu ne point s'être tant avancé, car il sentait combien sa Constitution était aventurée en de telles mains. Mais il était trop tard, et selon l'expression de Bonaparte, « *le vin était tiré : il fallait le boire.* » Gohier ayant appris cette attitude hostile de Bonaparte pour Sieyès, offrit un dîner conciliatoire. « *Qu'avez-vous fait,* « *s'écria Joséphine, en apercevant Sieyès, c'est la bête* « *noire de mon mari* ». En effet, pendant le repas, Bonaparte ne dit mot, roula les yeux d'un air furieux et sortit brusquement à la fin. Sieyès feignit à son tour une grande colère : « *Voyez-vous,* dit-il à *Gohier, la conduite de ce petit insolent que nous aurions dû faire fusiller.* » Or le petit insolent était retourné rue Chantereine, et en ce moment même tenait un conciliabule avec Talleyrand, Regnier, Real, Cabanis, Boulay de la Meurthe, tous amis et intermédiaires de Sieyès. Barras n'était pas dans la confidence, mais il vivait plus dans le monde que ses collègues, et on n'y parlait que des projets patriotiques du général Bonaparte. Ce qui lui donna l'éveil ce fut surtout la persévérance que mettait Sieyès à prendre des leçons d'équitation. Tous les matins Barras se régalait, à sa fenêtre qui donnait sur une des cours du Luxembourg, des attitudes invraisemblables de l'apprenti cavalier. Il finit par se dire que cet amour des exercices du corps cachait des projets importants; et, non pour défendre la situation à laquelle il tenait peu, car il était blasé et usé, mais pour sauver sa fortune, il souhaita une entrevue avec le *Deus ex machinâ*. Il invita Bonaparte à dîner. Tous deux s'observèrent avec soin. Enfin Barras dit d'un air négligent. « *Le Directoire ne peut durer; il faut une nouvelle Constitution : Hédouville sera président de la République; vous, général, vous irez à l'armée et moi je me retirerai en simple particulier; car je ne suis plus fait pour les affaires* ».

Bonaparte pour toute réponse se contenta de regarder fixement son interlocuteur et prit congé. Il descendit chez Sieyès et lui raconta la grosse finesse de Barras qui venait de lui proposer de confier le pouvoir à Hédouville, officier capable, mais peu connu et sans influence politique. On prit aussitôt les mesures décisives pour le 18 Brumaire. Barras, avisé du mauvais effet qu'avait produit sa dissimulation, se rendit le lendemain chez Bonaparte et se montra tout disposé à entrer dans ses vues. Le général répondit sans s'émouvoir qu'il était fatigué, que le climat froid de la France lui était nuisible et qu'il comptait aller habiter la Bourgogne et planter ses choux. Barras comprit l'apologue, et peut-être doit-on attribuer à ses efforts les tentatives que fit le Directoire pour satisfaire l'ambition de Bonaparte sans compromettre sa propre existence. On lui offrit tel commandement qu'il voudrait. Il refusa. Puis il fut question de l'introduire dans le Directoire. Il écouta plus volontiers cette proposition, car il eût voulu éviter jusqu'à l'apparence de l'illégalité. Une fois directeur, il était bien certain de faire l'ombre la plus épaisse sur ses collègues. Mais un scrupule arrêta Gohier. Il fallait avoir quarante ans pour être directeur, Bonaparte en avait trente, la négociation échoua. Il ne restait plus au général qu'à s'appuyer sur l'armée et à obtenir des Conseils leur propre déchéance.

Bonaparte ne voulait pas entendre parler de violence, il voulait que son avènement au pouvoir fût souhaité, approuvé par tous les partis. Il voulait qu'aucune réclamation ne pût s'élever contre l'origine de son gouvernement. Le peu de sympathie qu'on avait pour le Directoire, les souffrances économiques du pays, les espérances contradictoires des partis l'aveuglaient sur la situation morale de la France. On le laissa faire par lassitude, il croyait être porté par l'enthousiasme. Aussi quand au dernier moment les difficultés imprévues se dressèrent contre lui, il se troubla et se jeta définitivement dans les bras du parti militaire, fier alors des services rendus à la patrie, tout dévoué au général, peu soucieux du gouvernement des Avocats, et seul capable de soutenir un coup d'État.

Bonaparte avait travaillé l'armée depuis son retour : tous ses compagnons d'Égypte, Murat surtout, le poussaient à brusquer les choses; la garnison de Paris lui était plus dévouée qu'à son chef, l'indécis et loyal Lefebvre; Moreau fut gagné dans une entrevue préparée par le bon Gohier. Il était facile à tromper, une flatterie habile de Bonaparte, l'hommage d'un sabre d'Orient, l'apparence de la cordialité, le disposèrent en faveur de son rival de gloire. Il refusa cependant de connaître les plans de Bonaparte, tout en s'engageant à les servir. Étrange contradiction, qui ne devait pas être la plus malheureuse de sa carrière. Le colonel des dragons Sébastiani, l'ancien ami de Bonaparte, était prêt à agir en sa faveur; enfin la garde nationale faisait des vœux pour sa réussite.

Et cependant Bonaparte reculait encore; il eût désiré attirer à lui Jourdan qui restait républicain; Bernadotte, le beau-frère de Joseph, général jacobin, qui voyait avec dépit un autre jouer le rôle qu'il souhaitait; Augereau, influent sur les faubourgs et qui narguait son ancien général. Cependant le retard était dangereux. Le ministre de la police, Fouché, connaissait les moindres détails du complot, comme bien d'autres d'ailleurs. Par une convention tacite, personne n'en parlait; mais il eût suffi peut-être d'une voix officielle, qui le dénonçât, pour rendre aux républicains des Cinq Cents leur clairvoyance et inspirer au peuple parisien un regain d'affection pour la forme de gouvernement qui était menacée. Fouché se tut, et fit semblant de tout ignorer, sauf auprès de Bonaparte, auquel il se proposa éventuellement. Il le servit même, en volontaire, et d'une manière efficace, en feignant de croire à un grand complot jacobin, dont les affidés de Bonaparte au conseil des Anciens commençaient à lancer la nouvelle. Il se remua beaucoup pour découvrir ce complot, qui n'existait pas, pendant qu'il se mettait les poings sur les yeux pour ne pas voir les allées et venues suspectes de la rue Chantereine. La conspiration jacobine était le clou auquel on voulait attacher le coup d'État. Elle assurait la connivence, ou tout au moins la neutralité, des hauts financiers, des petits bourgeois et des faubourgs eux-mêmes, pour qui la tranquillité était alors le bien suprême. Des républicains convaincus, comme Daunou et Chénier, sans croire beaucoup au complot terroriste, ne voyaient dans la tentative de Bonaparte que la promesse d'une heureuse modification de la Constitution.

Cependant le temps marchait. Le 15 brumaire Gohier avait pris l'initiative d'offrir à Bonaparte, au nom des deux Conseils, un banquet civique dans l'église Saint-Sulpice. Les républicains des Cinq Cents, les Jacobins du Manège y assistèrent. Bonaparte se sentit gêné ; il parut à peine et prit seulement un peu de vin qu'il avait apporté, puis il fit le tour des tables avec Berthier, répondant aux toasts d'une manière contrainte. La corvée faite, il s'échappa, alla trouver Sieyès et arrêta les dernières dispositions. Le 17, il annonça pour le lendemain une revue. Ce fut un prétexte pour réunir chez lui dans la nuit les principaux généraux. Lefebvre, chef de la division de Paris, auquel on n'avait pas pris la précaution d'apprendre que ses troupes seraient passées en revue, arriva fort mécontent. Bonaparte alla au-devant lui et lui dit : « *Eh bien! Lefebvre, laisserez-vous périr la République entre les mains de ces avocats?*

Tenez! voilà le sabre que je portais aux Pyramides, je vous le donne comme un gage de mon estime et de ma confiance. » Lefebvre fut tout étourdi de cette manière de prévenir ses récriminations, et sans trop savoir à quoi il s'engageait, s'écria pour toute réponse : « *Jetons les avocats à la rivière!* »

Lorsqu'on fut bien convenu des faits et gestes du lendemain, tout le monde s'éloigna, et avant de dormir, Bonaparte chargea ses pistolets. Il avait eu la précaution de s'inviter à dîner pour le lendemain chez Gohier; et Joséphine avait prié Mme Gohier de venir déjeuner chez elle le lendemain matin à huit heures, pour lui communiquer des affaires importantes. C'était le Conseil des Anciens, où la majorité était favorable au coup d'État, qui devait ouvrir le feu. Il avait été convoqué pour sept heures du matin, et l'on avait compté sur la paresse de ceux qui n'étaient pas dans le secret. L'un des conjurés, le jurisconsulte Regnier, parla aussitôt des dangers terroristes, et à la fin de chaque couplet de sa complainte, il ramenait pour refrain le nom sauveur de Bonaparte. Il conclut en demandant la translation des conseils à Saint-Cloud, pour les mettre en sûreté, et proposa de confier le commandement des troupes et l'exécution des décrets à Bonaparte. A huit heures, la chose était votée. Bonaparte parut entouré de ses soldats et de ses généraux, et parla avec cette emphase et cet air de domination qui caractérisent désormais son éloquence officielle. On apprit alors que Sieyès, qui s'était échappé à cheval, et Roger-Ducos avaient donné leur démission. Le secrétaire de Barras, Bottot, alla lui porter le décret au saut du lit. Barras courut réveiller ses collègues, Gohier et Moulins, avec cette agréable nouvelle et se recoucha. Les deux directeurs se rendirent au conseil des Anciens, refusèrent de signer leur démission et se retirèrent au Luxembourg où Moreau accepta la mission peu honorable de les garder à vue. Talleyrand obtint la signature de Barras, qui se retira immédiatement dans sa terre de Grosbois. Les choses s'annonçaient donc parfaitement et Augereau, qui était venu rôder autour du coup d'État, s'inquiétait de n'y avoir point pris part. « *Eh bien! dit-il à Bonaparte, on n'a donc pas besoin de son petit Augereau?* » L'affaire pouvait être considérée comme faite, et légalement, par un décret constitutionnel des Anciens. La détention de Gohier et de Moulins n'était peut-être pas très régulière; mais la nuit porterait conseil, et l'on comptait sur les deux démissions pour le matin. Les Cinq Cents, avaient été adroitement escamotés. Lucien, qui en était le président, avait seulement prévenu les partisans de Bonaparte et très tard. Les républicains n'apprirent que le soir qu'ils étaient convoqués pour le lendemain midi à Saint-Cloud, afin d'aviser avec le général Bonaparte à la répression de l'horrible conspiration jacobine. La majorité du Conseil fut saisie d'indignation; les têtes s'exaltèrent et des conciliabules extrêmement violents eurent lieu dans la nuit du 18 au 19 brumaire. Fouché proposa au général de faire enlever les malveillants, mais Bonaparte s'y opposa; il tenait toujours à éviter l'apparence d'un coup d'État; d'ailleurs l'effervescence des Cinq Cents s'évaporerait, pensait-il, en fleurs de rhétorique inoffensives.

Elle persista cependant, et lorsqu'ils se réunirent dans l'Orangerie de Saint-Cloud, les chefs républicains, Destrem, Grandmaison, le corse Arena, paraissaient vouloir préparer une énergique résistance (19 brumaire, 10 novembre). L'attitude des Anciens n'était pas elle-même aussi ferme que la veille; on commençait à élever tout haut des doutes sur la conspiration. Bonaparte s'étant présenté à la barre du Conseil, quelques voix lui demandèrent des explications sur la conjuration. Il répondit en accusant Barras de lui avoir proposé de renverser la Constitution. Mais la conjuration! lui crièrent ses partisans eux-mêmes inquiets de son trouble et de son hésitation. Il prononça alors quelques paroles entrecoupées où il taxait le gouvernement d'incapacité et la Constitution d'impuissance. La conjuration? lui répondit-on une troisième fois. Linglet, l'un des opposants, lui demanda s'il comptait respecter la Constitution de l'an III. « *Te voilà dans une jolie situation* », lui dit Augereau, non sans une certaine satisfaction intérieure. Bonaparte renonçant, à son grand regret, à se tenir strictement dans la légalité, se tourna vers les grenadiers qui occupaient la porte de la salle et en appela à leurs sentiments et à leurs volontés : « *Je suis, s'écria-t-il, le Dieu de la guerre et de la fortune* »; puis abandonnant à ses partisans secrets ou avoués le soin de réparer, auprès des Anciens, les affaires compromises, il alla à quatre heures aux Cinq Cents. L'agitation y était extrême. Lucien qui présidait avait dû déjà défendre son frère, «ce héros calomnié». Lorsqu'on apprit la nouvelle, fausse d'ailleurs à ce moment pour Gohier, de la démission de quatre des directeurs, ce fut un tumulte indescriptible; un des députés, Grandmaison, à la suite d'un discours d'une véhémence inouïe, obtint qu'on jurerait de nouveau fidélité à la Constitution. Ce serment fit perdre un temps précieux. Bonaparte allait être mis hors la loi; il entra au même instant. Ses grenadiers gardaient la porte. Il fut accueilli par des protestations indignées, des cris de « A bas le dictateur! vive la Constitution! » Quand il eut gagné la barre de l'Assemblée, qui était au milieu de la salle, il fut entouré par les députés, qui lui reprochèrent violemment sa conduite. *Est-ce pour cela que tu as vaincu?* lui dit Destrem. Bousculé, froissé, déchiré, Bonaparte fut dégagé par les grenadiers, et prétendit plus tard avoir été menacé par les poignards des députés républicains. Le fait a été démenti par Eugène de Beauharnais qui était présent. Mais Arena, exalté et habitué à gesticuler, avait brandi en parlant un canif dont il se servait à l'entrée de Bonaparte. Ce fut le prétexte qui servit à traiter les Cinq Cents de sicaires. On s'aperçut même quelques jours plus tard qu'un grenadier, Thomas Thomé, avait été contusionné dans la lutte. La contusion devint une blessure. Thomé eut l'honneur du journal officiel, dîna avec le consul, reçut un brillant de prix, et fut embrassé par Joséphine qui lui devait, disait-elle, la vie de son mari.

Cependant Bonaparte, dans la cour de Saint Cloud, avait été trouver Sieyès qui se tenait à la grille dans une voiture à six chevaux. Le général était indécis, découragé. Sieyès lui cria : « *Ils vous mettent hors la loi, mettez-les-y vous-même* », ce qui voulait dire : hors de la salle. En effet, à l'intérieur on exigeait la mise hors la loi du tyran. Lucien se débattait et refusait de mettre aux voix la proposition. Une nouvelle rixe se préparait, lorsque les grenadiers avec Lefebvre et Murat vinrent le dégager. Lucien sortit dans la cour avec sa toque et son manteau. Il adressa aux troupes un discours fort habile, où il mêlait adroitement ses sentiments fraternels et son autorité de président, puis il monta à cheval avec Bonaparte, et les grenadiers pénétrèrent de nouveau dans la salle. Les députés restèrent d'abord immobiles, mais devant la masse croissante des soldats, ils se dispersèrent et quelques-uns, pris d'une panique subite, se sauvèrent par les fenêtres, laissant flotter derrière eux leurs longues robes rouges.

A neuf heures les Cinq Cents rentrèrent en séance. Cette fois ils étaient cinquante. Il s'agissait d'expédier une Constitution provisoire qui confierait le pouvoir à trois consuls dont le premier serait Bonaparte et les deux autres Sieyès et Roger-Ducos. Un comité constitutionnel devait être aussi nommé. Enfin un certain nombre de députés opposants seraient exclus. Pendant qu'à la lueur de deux chandelles Boulay de la Meurthe rédigeait ces mesures, les députés s'étaient étendus sur les banquettes, assis sur celle du milieu, les pieds posés sur la banquette inférieure, la tête appuyée sur celle du haut. Dans cette posture qu'ils avaient adoptée comme l'expression toute particulière de leur attention et de leur vigilance législative, ils approuvèrent naturellement la rédaction de Boulay de la Meurthe, au grand applaudissement des laquais qui, las d'attendre leurs maîtres dans la cour étaient venus se réchauffer dans la salle des délibérations. A une heure du matin, le 20 brumaire an VIII, la Constitution provisoire était ratifiée par le conseil des Anciens. Nous étudierons dans le chapitre suivant comment le gouvernement, né dans des circonstances si bizarres et si peu régulières, fut d'abord réparateur et bienfaisant; nous suivrons seulement aujourd'hui les conséquences politiques et sociales du coup d'État de Brumaire.

Lorsque Sieyès vit le sans-façon avec lequel Bonaparte traitait sa Constitution, il résolut de ne pas s'exposer davantage aux plaisanteries qu'il prévoyait. Il se retira avec le titre de président du Sénat et après avoir été autorisé par Bonaparte à faire main basse sur la caisse particulière du Directoire. Roger Ducos partit avec lui. Bonaparte les remplaça par Cambacérès, jurisconsulte instruit, de probité moyenne, et qui, sans grand désir du pouvoir, se contentait des petites satisfactions de la vanité, et par Lebrun, diplomate de l'ancien régime, préoccupé surtout de faire sa fortune. Fouché resta ministre de la police;

Talleyrand devint ministre des affaires étrangères ; Maret, infatigable et médiocre commis, secrétaire d'État ; Berthier ministre de la guerre, l'intègre et habile Gaudin ministre des finances ; Regnier grand juge et plus tard ministre de la justice.

Bonaparte avait alors besoin de la paix. Il résolut de la hâter par des opérations foudroyantes. La belle campagne de Marengo, que l'excès de témérité faillit compromettre, la savante et admirable marche de Moreau en Bavière qui, malgré les obstacles suscités par le premier consul lui-même, aboutit à la grande victoire de Hohenlinden imposèrent (fév. 1801) la paix de Lunéville à l'Autriche. Joseph Bonaparte, qui la négocia avec Cobenzl, dirigé par Talleyrand, obtint pour la France les avantages du traité de Campo-Formio. La Russie un moment favorable à la France sous Paul 1er, qui fut assassiné, ne paraissait pas prête à reprendre l'offensive sous le nouveau Tsar Alexandre, moins bien disposé cependant. L'Angleterre, maîtresse de Malte, ne demandait pour traiter que l'évacuation de l'Égypte. Kléber, tour à tour découragé et victorieux, avait succombé sous le poignard d'un fanatique ; son successeur Menou finit par capituler. Les négociations s'engagèrent à Amiens et la paix fut signée en 1802. Lorsque Talleyrand reçut cette nouvelle, impatiemment attendue par Bonaparte, il alla le trouver, lui parla des différentes affaires alors en suspens, puis il lui dit tranquillement : *A propos! la paix d'Amiens est signée.* Bonaparte bondit et s'emporta. Talleyrand répliqua sans s'émouvoir : « *J'ai préféré vous parler d'abord d'affaires importantes ; quand vous êtes heureux vous n'êtes pas abordable.* »

La signature de la paix d'Amiens marqua l'apogée de la prospérité du Consulat. Bonaparte était alors considéré comme l'homme nécessaire, et les opposants, Carnot ou Benjamin Constant, n'attaquaient pas le principe, mais l'abus de son pouvoir.

Toutefois deux partis semblaient irréconciliables : les chouans et les jacobins. Ils avaient attendu après le 18 Brumaire, les uns que Bonaparte rappelât Louis XVIII et se contentât du titre de connétable, les autres que l'ancien Robespierriste continuât la guerre aux émigrés et aux prêtres. Or Bonaparte avait lui-même, dans le *Moniteur*, ridiculisé la lettre par laquelle le comte de Provence lui avouait ses espérances. D'autre part il entrait en négociations avec le nouveau pape Pie VII et rouvrait les églises. Cependant nombre d'émigrés, rentrés après la la suppression de la loi des otages, se montraient disposés à servir le nouvel ordre de choses et Bonaparte pacifiait la Vendée, soit par l'épée de Brune et de Bernadotte, soit par l'influence de l'abbé Bernier, l'ancien chef d'état-major de Charette, et qui, oubliant les ordres impitoyables qu'il avait donnés autrefois contre les républicains, s'employait utilement à aplanir les difficultés dans l'Ouest. Bientôt la chouannerie n'eut plus que deux chefs avoués, le meunier Georges Cadoudal, hercule breton, qui regrettait de n'avoir pas étranglé Bonaparte dans une entrevue qu'il eut avec lui, et le comte de Frotté, qui tenait la campagne dans la basse Normandie. Georges dut bientôt se retirer en Angleterre, par suite d'une convention. Il y noua un complot contre la vie du premier consul avec la haute émigration et la connivence tacite du ministère anglais. Quant à Frotté, il fut attiré dans une entrevue et, malgré la promesse faite, il fut fusillé.

Cependant Bonaparte, qui comptait ramener à lui les émigrés en les comblant de faveurs, était inquiet surtout des conciliabules jacobins; il accusait la lenteur de

Fouché à découvrir une conspiration terroriste. Le ministre de la police en forgea une. Un agent provocateur, Harel, servit de lien entre le sculpteur Ceracchi, Demerville, illuminé peu dangereux, Arena, républicain exalté et le peintre Topino Lebrun, ancien membre du tribunal révolutionnaire. Dans leurs réunions ils parlèrent beaucoup de Brutus, de Scœvola, de Chéréas, et d'autres conspirateurs d'une respectable antiquité. Ceracchi eut l'imprudence de se rendre, pour attiser sa haine de la tyrannie, à une représentation de l'Opéra où se trouvait Bonaparte. Fouché, qui connaissait par Harel jour par jour les faits et gestes des soi-disant conjurés, les fit arrêter (octobre 1800). Quelques jours après (24 décembre, 3 nivôse), Bonaparte se rendait encore à l'Opéra. Sa voiture fut atteinte rue Saint-Nicaise par l'explosion d'une machine infernale qui fit beaucoup de mal mais épargna le premier consul. Bonaparte parut cependant au théâtre; mais, au retour, il fit venir Fouché et lui ordonna de livrer au plus tôt à la justice les jacobins auteurs du nouveau crime. Fouché, qui avait ses bonnes raisons pour savoir la chose, nia que les terroristes fussent les coupables, et attribua l'attentat aux émigrés. Bonaparte ne voulut rien entendre; et Talleyrand ayant prononcé cette phrase. *Quand on a un sénat c'est pour s'en servir*, le premier consul obtint le sénatus-consulte de l'an IX, qui lui permettait de déporter 130 personnes sans jugement et choisies dans ce qu'il appelait son dictionnaire, rédigé par Savary, le chef de sa police secrète. Alors furent envoyés à Saint-Martin de Ré et de là, à la Guyane ou aux Seychelles, des hommes d'une irréprochable vie politique comme Destrem, à côté d'hommes couverts de crimes comme Jourdeuil et Fournier l'Américain. Ce n'était pas, disait le sénatus-consulte, qu'ils fussent compromis certainement dans l'affaire de la machine infernale; mais c'est qu'ils auraient pu l'être, appartenant à un parti habitué à l'assassinat. On mit d'ailleurs une si grande précipitation à embarquer les condamnés, qu'il y eut un certain nombre d'erreurs de personnes, entre autres un citoyen Duval qu'on prit à la place d'un Derval, un citoyen Thibault qu'on prit pour un Thiébault; ils protestèrent, mais la police officielle jugea, suivant son expression, qu'il y avait identité et ils partirent. Lorsque Destrem était interné à Ré, il vit un jour un chat qui tenait en respect une malheureuse souris; il se retourna vers un de ses compagnons et lui dit : *Elle aussi elle a son Corse!* Pendant qu'on prenait ces mesures arbitraires contre les derniers républicains français, Fouché mit la main sur les véritables auteurs de l'attentat de la machine infernale; c'étaient des royalistes : Saint-Régent, Carbon, Limoëlan; il courut chez Bonaparte, qui lui montra en riant le sénatus-consulte de l'an IX, qui proscrivait les jacobins, non parce qu'ils avaient commis le crime, mais parce qu'ils étaient capables de le commettre. Les proscriptions furent maintenues, Saint-Régent et Carbon condamnés à mort et avec eux Aréna, Ceracchi et Topino-Lebrun, contre lesquels on n'avait rien pu prouver, et qui se virent confondus dans la sentence prononcée contre les assassins royalistes.

Bonaparte, au milieu de l'œuvre de réparation administrative qu'il entreprenait alors, admettait de moins en moins qu'on discutât sa personne, ses idées, ses projets d'avenir. Il s'entourait de plus en plus de flatteurs et de courtisans. Les progrès de son humeur dominatrice furent marqués par les progrès de la faveur de Maret, le secrétaire d'État. D'abord Bonaparte n'eut que peu d'estime pour ce personnage obséquieux et médiocre; puis la promptitude et l'exactitude du personnage, son obéissance et sa soumission, son aveugle complaisance plurent davantage de jour en jour au maître, qui finit par ne plus se servir que de lui. Maret affectait de ne vivre que par et pour Napoléon. Lorsqu'il voyageait avec lui, il laissait à sa femme des copies de lettres graduées, dans lesquelles elle se plaignait d'être sacrifiée au premier consul. Ce fut la servilité inépuisable, et, il faut le dire aussi, la fidélité inébranlable de cet homme que Bonaparte prit pour baromètre de l'opinion, et qui l'encouragèrent à marcher vers la monarchie. Talleyrand l'y poussait aussi. Bonaparte était loin de répugner à de tels conseils. Cependant il fit tâter l'opinion dans une brochure à laquelle Lucien avait collaboré. L'effet fut déplorable, et le premier consul désavoua ses amis. C'était le jeu de César. Cependant il y gagna quelque chose et obtint successivement le consulat pour dix ans et le consulat à vie. Restait à habituer de nouveau le peuple français aux idées et aux cérémonies de la monarchie.

Il tint, après la paix d'Amiens, une véritable cour aux Tuileries et à Saint-Cloud, se créa une maison royale, organisée par Duroc, gouverneur général du palais. Bonaparte y menait une vie toujours active et dirigeait tout lui-même. Levé très tôt, il travaillait jusqu'à l'heure du dîner, et sauf une fois par mois, où il tenait table ouverte pour les grands officiers, les ministres, les préfets du palais, les dames d'honneur de Mme Bonaparte, il ne paraissait au salon qu'à la soirée. Il se mettait en face de la cheminée et parlait tout seul, non seulement parce qu'il n'aimait pas la contradiction, mais parce qu'il trouvait rarement des interlocuteurs. Ses officiers n'étaient pas hommes de conversation, ou craignaient par des paroles imprudentes de compromettre leur situation. Les femmes parlaient peu et pour cause. Napoléon paraissait satisfait du spectacle qu'il avait sous les yeux. Il exigeait des dames de la cour de Saint-Cloud des toilettes resplendissantes, il imposait à ses généraux des uniformes coûteux. Il avait forcé Cambacérès et Lebrun à s'affubler d'un vêtement de velours ponceau brodé d'or. Quant à lui il ne portait ce costume que par exception; et encore il le mettait souvent par-dessus son habit gris et avec de grosses bottes. Ses grands luxes étaient la pommade qu'il prodiguait à sa chevelure, l'eau de Cologne dont il s'inondait.

En 1802, après la paix d'Amiens, Napoléon se serait trouvé heureux s'il n'avait pas eu à soutenir dans sa famille une lutte toujours nouvelle. Le pacifique Joseph accablait sa belle-sœur de mauvais procédés, il supportait difficilement que l'étiquette lui fît faire antichambre à Saint-Cloud. Louis, que Napoléon avait eu grand'peine à marier à sa belle-fille Hortense, se montrait jaloux et défiant, et semblait ainsi ajouter foi aux horribles calomnies, des pamphlétaires anglais[1] qui atteignaient aussi les sœurs du premier consul. Bonaparte trouvait au contraire chez sa femme, chez son beau-fils Eugène et chez Hortense la tranquillité et la paix; aussi les préférait-il à sa famille. Le mariage de Murat avec sa sœur Caroline lui causa de nouveaux ennuis. Murat avait un fils, Achille; Bonaparte préférait de beaucoup le petit Napoléon, fils d'Hortense et de Louis. Un jour il faisait sauter l'enfant sur ses genoux, et répondant à sa préoccupation secrète il disait : « *Va! tu seras roi un jour* ». « *Et Achille?* interrompirent à la fois Murat et Caroline ». « *Achille sera*

---

1. Bien que les accusations portées contre Bonaparte, sur un sujet aussi grave, aient pris depuis quelques années une certaine précision, par des révélations dont il est difficile de contester l'importance, la certitude est loin d'être faite; si la vérité de ces bruits horribles devait jamais être acquise, Napoléon devrait être considéré comme un des hommes les plus affreux que l'histoire ait connus.

un bon soldat, » répondit Bonaparte au grand mécontentement de son beau-frère; « *pourvu, pauvre enfant,* ajouta-t-il en regardant Napoléon, *que tu n'acceptes jamais à dîner chez les cousins* ». Bonaparte en effet n'était pas loin d'être persuadé que même dans sa famille on en voulait à sa vie. Lucien surtout l'inquiétait. Il affectait des manières indépendantes. Il rappelait à tout propos les services rendus en Brumaire. Ministre de l'intérieur, il avait trafiqué d'une manière scandaleuse et fait en quelques mois une fortune inouïe. Enfin il épousa en 1804 la veuve d'un agent de change, Mme Joubertbon, dont la réputation était celle d'une thermidorienne. La rupture fut définitive, et Napoléon en garda un vif ressentiment. Plus tard il disait, en parlant de Joseph : « *Au moins il n'eût pas été capable d'attenter à ma vie comme ce misérable Lucien.* » Au fond il était fort affecté, et lorsque Lucien l'eut quitté pour toujours, il se livra, dans le salon de Joséphine, à un de ces accès de sensibilité et de mélancolie qui triomphaient parfois de son inflexibilité et de son égoïsme. Quant à sa sœur Élisa, elle savait mieux se contenir et entrer davantage dans les plans de son frère. Son autre sœur, Pauline, était à peine de retour de Saint-Domingue, où elle avait perdu son premier mari, le général Leclerc. Déjà il était grand temps de la remarier au prince Borghèse.

Au milieu de tous ces tracas, Napoléon se montrait mal à l'aise. Il s'ennuyait et on s'ennuyait à Saint-Cloud ; il eut l'idée de réunir chez lui des gens de lettres et se plut à la controverse littéraire. Il soutenait contre Fontanes l'infériorité littéraire du xviie siècle. Seul, Corneille trouvait grâce à ses yeux parce que c'était « un rusé politique ». Racine lui semblait fade, et Molière un bouffon. Tacite lui plaisait peu et il l'accusait d'avoir calomnié

Néron. Ossian était son auteur favori, d'abord parce que sa poésie était vague et nuageuse, et ne posait à l'imagination aucune limite précise, ensuite parce que c'était un exemple de littérature inoffensive. Il trouvait d'ailleurs que l'esprit littéraire baissait en France. Il disait à Fontanes : « *Faites naître des historiens, proposez des prix, trouvez des tragiques* » ; mais, quoiqu'il voulût bien lui-même raturer, sans l'autorisation de l'auteur, un manuscrit de Lemercier, il avait beau frapper la terre, il n'en sortait ni historien, ni littérateur, ni poète. Un jour, dans une réunion littéraire à Saint-Cloud, l'abbé Morellet, un vieux débris de l'Encyclopédie, émit des idées malsonnantes sur la liberté d'écrire. Bonaparte qui, au début du consulat, avait supprimé tous les journaux, excepté treize d'entre eux destinés à être les truchements du gouvernement, cessa désormais ces colloques intellectuels et laissa la littérature aller comme elle pourrait. Lorsque Chateaubriand donna son roman d'Atala et écrivit les *Beautés* ou, comme on dit aujourd'hui, le *Génie du christianisme*, Bonaparte trouva cette œuvre séditieuse parce qu'on n'y parlait pas de lui. Il protesta dans le *Moniteur* contre l'habitude qu'on avait de toujours citer Henri IV, et se chargea souvent de la plume du rédacteur politique. Il faisait assaut d'épithètes avec les journaux anglais et dictait ses élucubrations au premier venu. Maret, qui suivait le mieux la rapidité de la parole du maître, avait pris l'habitude d'écrire sous sa dictée, en passant les exclamations peu édifiantes dont le 1er consul parsemait ses improvisations. Un jour ce fut M. de Rémusat qui écrivit. Ancien magistrat un peu solennel et lent, il eut beau suer à grosses gouttes, lorsque Napoléon eut achevé, il fut impossible de déchiffrer l'article. Heureusement, Bonaparte ne redemanda pas ce qu'il avait dicté.

A défaut de conversation littéraire, Napoléon allait beaucoup au théâtre et n'apportait pas toujours dans ses jugements une impartialité absolue. Au Théâtre Français l'opinion était alors partagée entre deux tragédiennes, Mlle Duchesnois, et Mlle Georges. Napoléon avait des raisons particulières pour préférer Mlle Georges que le public parisien, par esprit d'opposition, accueillait naturellement très froidement. A Saint-Cloud, la préférence du premier consul était la cause de nombreux orages. Joséphine, soumise en toute autre occasion, ne supportait cette épreuve, au bout de laquelle elle entrevoyait toujours le divorce, qu'avec des protestations violentes, qui irritaient profondément Bonaparte. Un jour, à bout d'arguments dans une aussi mauvaise cause, il mit fin à toute discussion par l'énoncé de cette proposition stupéfiante : « *Je ne suis pas*, dit-il, *un homme comme un autre, et les lois de morale et de convenance ne peuvent être faites pour moi.* »

Il allait bientôt prouver encore que les lois de la justice humaine n'étaient pas non plus compatibles avec les nécessités de sa domination.

La paix d'Amiens avait été bientôt rompue, autant par les exigences commerciales de l'Angleterre que par l'inévitable fatalité qui poussait malgré lui le premier consul à se rendre nécessaire par la guerre. Le ministre anglais Addington s'était alors fait le bailleur de fonds des expéditions légitimistes qui se formaient à Londres, non pas que le gouvernement de Westminster eût encouragé précisément un assassinat, mais il n'ignorait pas que nombre des conspirateurs qui s'agitaient autour du duc de Berry préconisaient ce moyen comme le plus efficace. Quant à la presse anglaise, c'était un déchaînement. Il est impossible d'imaginer les injures grossières, infâmes, dont les feuilles anglaises abreuvèrent Bonaparte. On adressa poliment de Londres à Monsieur Consul le fameux pamphlet dont le titre était : *Tuer n'est pas assassiner*, et qui avait autrefois servi d'avertissement à Cromwell. Enfin le gouvernement d'Addington commit la faute grave de prêter un de ses vaisseaux de ligne pour rapatrier secrètement Georges Cadoudal et des conjurés de plus haute naissance, MM. de Polignac, de Rivière, de Caraman; Pichegru faisait partie de la conjuration, et bientôt on y ajouta, peut-être avec raison, le nom de Moreau.

Moreau était un mécontent à coup sûr. Il avait sur le cœur qu'on eût encore voulu le sacrifier dans la campagne d'Allemagne de 1800. De son côté il coupa court grossièrement à des ouvertures de mariage avec Hortense Beauharnais, qui lui avaient été faites de la part du premier consul. Il accentua son mépris pour cette f.... famille en se mariant aussitôt à la fille d'une intrigante, Mme Hullot, veuve d'un ancien receveur de l'Ile de France. Elle battit monnaie avec son illustre gendre, et répéta partout qu'il se ferait volontiers le chef d'un gouvernement qui renverserait Bonaparte. Ces renseignements que nous trouvons dans des fragments des Mémoires inédits du général Decaen, ami de Moreau, nous expliquent l'attitude de Napoléon dans cette affaire. Ce n'est pas seulement la jalousie à l'égard de son rival de gloire militaire qui lui fit intenter ce procès maladroit, ce fut la crainte que ses ennemis ne trouvassent à se rallier autour du vainqueur de Hohenlinden. Lorsque l'on sut Pichegru à Paris, et lorsque Georges Cadoudal, après avoir longtemps échappé aux recherches de la police, fut arrêté près de l'Odéon, Moreau fut lui-même conduit en prison, sous l'accusation de trahison. Cette arrestation fut généralement désapprouvée. Bonaparte se croyait assez fort pour confier le procès à la juridiction ordinaire; aussi la procédure avançait lentement et malgré l'attitude faible et incertaine du grand général, l'opinion publique s'intéressait vivement à lui. Le premier consul fut irrité de ce retard. Savary, qui avait joué le principal rôle dans la découverte du complot, interrogea un magistrat sur la légitimité de ces lentes informations. Il reçut une réponse affirmative. « *Alors*, s'écria-t-il, *on nous a fait faire une sottise; il eût mieux valu se servir d'une commission militaire.* » Georges Cadoudal et les conjurés déchargeaient Moreau; l'agent provocateur qui avait dévoilé la conjuration niait l'avoir vu. Il parlait d'un personnage affublé d'un nom de guerre et qu'on entourait dans les conciliabules d'un profond respect. Quand Bonaparte apprit cette déposition, son imagination s'arrêta aussitôt sur un Bourbon. Louis XVIII venait de répondre d'une manière ironique à la proposition d'abdication, que Napoléon lui avait fait parvenir à Varsovie. M. de Polignac, M. de Rivière étaient les amis les plus proches du comte d'Artois. Ce personnage mystérieux était, devait être un Bourbon. C'était peut-être le duc de Berry, l'un des fils du futur Charles X. Savary fut posté à la falaise de Biville où l'on pensait prendre au passage le neveu de Louis XVI, qui ne débarqua pas. A coup sûr, ce timide personnage n'était jamais venu à Paris se mettre dans la gueule du loup. Mais sur la frontière allemande, il y avait un autre Bourbon, le fils du prince de Condé, le duc d'Enghien, celui-là jeune, déterminé et intelligent. Cette pensée exalta la colère de Bonaparte jusqu'à la folie. Il s'excitait à considérer comme acquis un fait très douteux, et chaque minute qui s'écoulait contribuait à rendre certaine à ses yeux une présomption contestable. Quand sa conviction fut faite, il résolut de répondre par un crime juridique à l'intention d'assassinat qu'il supposait. Il consulta cependant Fouché et Talleyrand. Prévoyant l'effet que produirait un tel acte, ils essayèrent quelques faibles remontrances, ou du moins ils ont prétendu les avoir faites. Mais Murat, dont le pauvre cerveau ne pouvait peser les conséquences morales d'un pareil acte, conseilla les mesures extrêmes et représenta au premier consul la nécessité d'établir sa sécurité par un grand exemple. Cet argument *ad hominem* l'emporta. L'exécution de la sentence, portée déjà dans son esprit par Napoléon, fut résolue. Le prince habitait à Ettenheim, sur le territoire badois. On ne recula pas devant cette difficulté. Ordre fut donné au général Ordener d'y conduire un détachement de cavalerie, d'enlever le duc d'Enghien, et à Murat de le transporter à Vincennes. M. de Caulaincourt était adjoint à l'expédition, précaution odieuse. Sa famille était attachée à celle des Condés, et sa présence devait rassurer le prisonnier. Caulaincourt paraît avoir ignoré quelle serait la fin de ce coup de main. Il croyait, semble-t-il, à une réprimande et à une scène pathétique que préparait le premier consul. Enfin Savary était chargé de la haute surveillance de l'affaire. Le 15 mars 1804, l'enlèvement eut lieu; le 20, madame Bonaparte apprit la chose. Malgré son indifférence politique, elle comprit la faute qui allait être commise; elle se risqua à intercéder et reçut une fin de non recevoir fondée sur des considérations politiques de cette nature : « *En politique une mort qui doit donner le repos n'est pas un crime.* » On était alors (21 mars) à la Malmaison. Bonaparte ne se départit pas de ses habitudes et au dîner affecta fort de rire des enfantillages de son favori, le petit Napoléon. Cependant il observait le visage soucieux des assistants, et à plusieurs reprises on l'entendit murmurer ces mots de Corneille : *Soyons amis, Cinna*, et ces vers de l'*Alzire* de Voltaire :

Et mon Dieu, quand ton bras vient de m'assassiner,
M'ordonne de te plaindre et de te pardonner.

Alors il voyait le visage des personnes présentes se rasséréner. Hésitait-il encore? il faut le croire. Il est difficile d'admettre qu'il ait pu se jouer aussi cruellement des sentiments de ceux qui l'entouraient. Pendant ce temps Savary faisait procéder à l'exécution, après un verdict de culpabilité, prononcé la nuit par un conseil de guerre que présidait le général Hullin. Dès le lendemain matin il vint annoncer que tout était fini. Le prince était mort avec beaucoup de sang-froid, après avoir vainement demandé une entrevue avec le premier consul. Pour quelques-uns, comme Caulaincourt et Ordener, la nouvelle fut un véritable coup de foudre. Bien des courtisans, d'ordinaire serviles, gardèrent un silence désapprobateur. Bonaparte fut quelque temps embarrassé, surtout à la réception diplomatique du 23 mars, mais il reprit bientôt sa présence d'esprit et se contenta de laisser entendre qu'il avait tué pour n'être pas assassiné. A Paris la nouvelle circula d'abord tout bas; puis les salons les plus indépendants se risquèrent à apprécier, mais pas bien haut, le terrible événement. Bonaparte brava l'opinion, se montra coup sur coup au spectacle. D'abord accueilli froidement, il réussit peu à peu à retrouver les applaudissements d'autrefois, que la police d'ailleurs sut admirablement préparer. Tous les corps de l'État remercièrent le ciel d'avoir sauvé le premier consul de la conspiration du duc d'Enghien, et la tragédie de Vincennes parut bientôt oubliée. Bonaparte s'en souvint cependant toujours. Il écarta sans cesse Hullin qui lui rappelait un triste souvenir et, à Sainte-Hélène, il insista dans ses Mémoires pour justifier la mort du duc d'Enghien. Il prétendait qu'il eût agi encore de même en pareille circonstance. Croyons-en plutôt le témoignage de Lavallette, l'aide de camp et l'ami de Napoléon. D'après son récit, lorsque l'on régla les dernières questions qui se rattachaient au procès de Cadoudal, l'agent provocateur désigna Pichegru comme le personnage auquel on rendait tant de respects. Bonaparte se serait alors écrié : « *Ce malheureux rapport m'a perdu* ». Le mal était fait : il eût pu être plus grand. La mort du duc d'Enghien paraissait devoir ouvrir une ère nouvelle de persécution. Cadoudal fut condamné à mort. Pichegru s'étrangla dans sa prison; Moreau fut banni. Puis tout à coup MM. de Polignac, de Rivière, de Caraman obtinrent leur grâce et satisfait d'avoir épouvanté les assassins royalistes, le premier consul arrêta là ses vengeances.

Le meurtre du duc d'Enghien fut la fin du Consulat. Bonaparte ne pouvait plus arrêter la marche de sa fortune. Un temps de repos eût provoqué une rapide décadence. Il était condamné désormais à étonner chaque jour davantage, pour conserver son autorité morale et faire oublier les démentis qu'il venait de donner aux espérances de la grande majorité des honnêtes gens, qui s'étaient résignés au coup d'État de Brumaire. En quatre ans, Napoléon avait réussi à supprimer en France toute liberté politique. Il avait maintenu, il est vrai, le nom de République, qui sera encore prononcé jusqu'en 1809; mais il avait usé, non seulement dans l'intérêt de l'ordre, mais pour assurer sa fortune et celle des siens, de tous les moyens arbitraires dont peut disposer le gouvernement le plus absolu. L'immoralité, qui avait été l'une des causes de la chute de la monarchie absolue, reprenait possession, au milieu de scandales retentissants, de la cour consulaire. La mort du duc d'Enghien, malgré les explications qu'on en a données depuis, froissait bien des consciences. Il fallait que le besoin de réorganisation fût bien urgent en France, pour que le régime napoléonien n'ait pas succombé, à l'origine, sous tant de fautes accumulées.

CHAPITRE V

L'ORGANISATION CONSULAIRE [1]

La Constitution de l'an VIII. — Organisation financière et administrative. — La police. — L'opposition. — Le conseil d'État. — Le Code. — La Légion d'honneur. — L'instruction publique. — Le système économique de Napoléon. — Le Concordat.

La France avait souffert cruellement depuis que les Constituants, avaient enlevé au pouvoir exécutif toute autorité réelle. Le bizarre système de Sieyès énervait encore le gouvernement; l'anarchie y était même perfectionnée. Les rouages compliqués dont il était composé frappaient d'impuissance à la fois la représentation nationale et le pouvoir exécutif. Le grand électeur, dont le rôle consistait à regarder fonctionner la machine gouvernementale, était bien, selon l'expression de Napoléon, un porc à l'engrais de quelques millions.

Bonaparte écouta, avec une admiration qui n'était pas feinte, les débuts de la Constitution de Sieyès. Supprimer, par les listes de notabilités, les dangers du suffrage popu-

---

[1]. BIBLIOGRAPHIE. — **Locré**, Procès-verbaux du conseil d'État. — **Mignet**, Notices et portraits. — **Welschinger**, La police sous le Consulat et sous l'Empire. — **D'Haussonville**, Histoire des rapports de l'Église et de l'État sous Napoléon. — **Gazier**, Grégoire (Rev. hist.). — **De Pradt**, Les deux Concordats. — **Crétineau-Joly**, Bonaparte; Le concordat de 1801 et le cardinal Consalvi. — **Karl Hillebrand**, Napoléon Bonaparte consul (Rassegna settimanale, 1879),

laire, mobile comme l'onde, lui semblait une idée aussi ingénieuse que pratique. Créer un corps législatif muet et impuissant était un des rêves qu'il caressait depuis la campagne d'Italie, lorsqu'il écrivait à Talleyrand : « *Il n'est besoin que de deux pouvoirs, l'un qui agisse et l'autre qui surveille.* » Mais il refusait absolument de s'accommoder de l'impuissance radicale du pouvoir exécutif. Il s'emporta violemment contre le quiétisme imposé au grand électeur. Le grand électeur fut donc supprimé ou du moins transformé. Il devint le premier des trois consuls. Mais il accapara tout le pouvoir aux dépens de ses collègues. Il eut seul l'initiative de l'exécution et seul l'initiative législative, puisque le conseil d'État chargé de préparer les lois fut à sa nomination ainsi que tous les autres fonctionnaires, sauf la cour de cassation et les juges de paix. Cette modification radicale dans l'exécutif n'entraîna pas la modification du pouvoir législatif qui resta désarmé et muet, ni la modification des listes électorales, qui continuèrent à n'être que des listes de notabilités, ce qui rendait impossible le contrôle régulier de l'élection. Enfin, retournant à son profit une idée de Sieyès, Bonaparte décida que la première liste nationale, dans laquelle le gouvernement devait choisir tous les hauts fonctionnaires et les corps délibérants, contiendrait de droit tous les principaux partisans du 18 Brumaire. On peut dire que ces transformations mettaient désormais tout le pouvoir exécutif ou législatif dans la main d'un seul homme. « *Que voulez-vous*, disait Bonaparte, en excusant les pouvoirs exorbitants du premier consul, *Sieyès n'avait mis partout que des ombres, ombre de pouvoir législatif, ombre de gouvernement, il fallait bien de la substance quelque part, et, ma foi, je l'ai mise là.* »

Il n'y avait pas à nier qu'il n'y eût de la substance dans

le pouvoir de Napoléon. Il fallait désormais, selon l'expression du tribun Riouffe, *s'abandonner au cœur et aux vertus d'un héros*. L'œuvre du Consulat, quoique souvent discutable, sembla d'abord justifier cet abandon d'elle-même que la France fit alors en ratifiant la Constitution de l'an VIII par un plébiscite. Mais le cœur du consul à vie et celui de l'empereur cesseront malheureusement bientôt d'être celui du premier consul en 1799.

En 1799 on accueillit les mesures réparatrices du Consulat avec enthousiasme. D'abord l'horrible loi des suspects fut supprimée. Les émigrés se virent même bientôt certains de rentrer dans une situation légale. Non pas que Bonaparte crût pouvoir tout d'un coup publier une amnistie. Mais il établit pour les émigrés la faculté de réclamer par voie légale leur radiation de la liste de proscription. Malheureusement les radiations furent livrées, s'il faut en croire les Mémoires de la Fayette, à un agiotage abominable, et nombre de fonctionnaires publics du nouveau régime ajoutèrent cette branche très lucrative à leur revenu. Au moins ne commit-on pas la faute de laisser inquiéter les possesseurs de biens nationaux qui se virent irrévocablement maintenus dans les terres, dont la vente avait été légale, et que les mutations avaient fait déjà passer en nombre de mains. Il y eut cependant, dans les cas où la vente n'avait pas eu lieu, de nombreuses restitutions.

Il y avait surtout à refaire dans l'organisation financière : beaucoup d'idées justes avaient été émises par la Constituante, par Cambon à la Convention et par certains financiers habiles du Directoire comme Ramel. Mais le système des finances révolutionnaires avait été frappé d'un vice originel : l'endossement du papier-monnaie par l'État. Les économistes, comme Dupont de Nemours, avaient en vain dès le début signalé le danger, il était devenu de jour en jour plus menaçant, s'était accru de l'avidité des fournisseurs et des banquiers qui pêchaient en eau trouble, et le pitoyable état des finances avait été pour beaucoup dans le succès du coup d'État du 18 Brumaire. Pour ramener l'ordre et la confiance, Bonaparte s'adressa à deux financiers experts et d'une probité rare, dont l'éclat rejaillit sur le système consulaire : Gaudin, qui fut ministre des finances jusqu'en 1814, et Mollien, d'abord directeur de la Caisse des amortissements, puis plus tard ministre du Trésor lorsque Barbé-Marbois eut été soupçonné de tremper dans les tripotages des grands banquiers (1806).

On a beaucoup critiqué, et non sans raison, cette division du ministère des finances en deux parties, l'une théorique préparant les budgets et leur discussion; l'autre, celle du Trésor, chargée de centraliser les recettes et d'opérer les dépenses, c'est-à-dire ayant l'action sans la parole. Mollien, qui en principe a été fort sévère dans ses Mémoires pour cette division du pouvoir financier qui amenait à chaque instant des conflits, a donné pour excuse qu'elle rentrait dans le système de Napoléon. Le premier consul, en effet, considérait l'homogénéité d'un ministère comme l'abomination de la désolation. Que serait devenue la haute influence personnelle de celui qui *voulait tout, qui pouvait tout et qui voulait qu'on crût qu'il savait tout*, si ses ministres s'étaient entendus? Aussi jouissait-il délicieusement de la mésintelligence qui régnait entre eux; il prenait un plaisir divin à constater par exemple la haine de Talleyrand pour Fouché et voyait d'un œil très satisfait l'animosité générale qu'inspirait Maret, son secrétaire d'État, qu'il fit plus tard duc de Bassano et dont Talleyrand, le seul qui osât quelquefois glisser une critique dans une plaisanterie, disait : « *Je ne connais qu'une personne plus bête que M. Maret, c'est le duc de Bassano.* »

Au milieu de toutes ces difficultés, Gaudin, qui avait trouvé 200 000 francs dans la caisse consulaire, pour faire face aux besoins de l'année 1800, qui avait une dette énorme à liquider, des arriérés d'appointements innombrables à payer, trouva moyen de préparer, par la force seule de l'ordre et de l'économie, des budgets qui devaient s'élever à la fin de l'empire à 1 milliard 800 000 000. Et cependant il n'avait pour toute ressource que l'impôt foncier et la cote mobilière. Les assemblées révolutionnaires, en haine de la gabelle et des aides, avaient imprudemment supprimé les impôts indirects, que Bonaparte lui-même n'osa pas rétablir sous ce nom. L'impôt sur les patentes, créé par la Constituante, l'impôt sur les portes et fenêtres, créé par le Directoire, enfin les impôts fonciers et mobiliers, ne donnaient à l'État qu'une recette de 600 millions; il en fallait au moins 800 pour le présent, sans compter l'arriéré. Remarquons d'ailleurs que tous les rôles du foncier n'ayant pas été encore constitués, il y avait une terrible moins-value. Gaudin activa les rentrées, pressa la confection du cadastre, et par la force même de la confiance qu'il inspira, put compter sur l'équilibre du budget dès 1801. En attendant il vécut d'emprunts modérés et du fond de la caisse d'amortissement, habilement gérée par Mollien. Là venaient se centraliser les cautionnements et les versements anticipés des receveurs et des percepteurs, nommés désormais par l'État et non à l'élection, c'est-à-dire soustraits aux influences locales. Plus tard les consignations judiciaires y furent portées. L'État servait aux intéressés un intérêt de 3 p. 100 et faisait valoir à 8 p. 100 les fonds déposés.

Le gouvernement put vivre ainsi et contribuer pour

30 millions, à la création de la Banque de France, établissement privé, soumis seulement à la surveillance de l'État. Son papier, appuyé sur une encaisse d'espèces d'or et d'argent, dont le chiffre était fixé par la loi, n'était pas attaché ainsi à la fortune de l'État. Si les noms de Mollien, de Gaudin, du banquier Perrégaux dominent dans les réformes financières, il ne faut pas oublier que la grande vertu de Napoléon fut la probité dans ces questions. S'il souffrait la rapacité des siens et s'il croyait à la force irrésistible de l'argent sur les consciences, il n'entendait pas que son administration fût soupçonnée, et il l'obligea, par une surveillance sévère, à une intégrité que la France n'avait connue ni sous l'ancien régime, ni pendant la Révolution.

La centralisation de tous les agents financiers sous la direction d'un ministre, dans un pays d'unité nationale comme le nôtre, était logique et bienfaisante. La loi départementale, votée dans la première session de l'an VIII, montra que, pour simplifier, le gouvernement consulaire avait l'intention arrêtée de centraliser aussi tous les services administratifs. On emprunta bravement l'organisation des intendants à l'ancien régime. L'intendant de province s'appela désormais le préfet du département; le subdélégué devint le sous-préfet de l'arrondissement administratif, tracé à la plume sans tenir compte des accidents géographiques ou des différences provinciales. Le préfet fut un premier consul au petit pied, représentant l'unité gouvernementale dans son département. L'État nouveau adopta cet axiome de l'ancien régime, qui ne manque pas d'ailleurs de vérité : le roi est juge en sa propre cause, et chaque département eut un conseil de préfecture, nommé par le consul, et chargé de juger entre les particuliers et le pouvoir exécutif.

Certes, ainsi comprise, la centralisation est parfaitement compatible avec la liberté communale, et si Napoléon se fût arrêté là, nous verrions toute son œuvre administrative subsister encore, car l'organisation préfectorale est aujourd'hui celle de l'an VIII; mais le premier consul avait horreur des corps élus. L'élection des municipalités et des administrations départementales n'avait pas donné les fruits qu'en avait attendus la Constituante. L'action des commissaires de la Convention avait détruit presque partout le prestige des assemblées délibérantes. Enfin le Directoire lui-même était entré dans une voie dangereuse, en supprimant les municipalités de communes, et en attachant la vie communale de sept ou huit villages à la municipalité de canton.

Le pouvoir exécutif se trouvait désarmé autrefois; mais en le débarrassant de corps élus et locaux, il était évident qu'on ouvrait la porte à l'arbitraire administratif et qu'on érigeait pour ainsi dire en principe la négligence des besoins particuliers des différentes populations de la France. Bonaparte voulait se soustraire à tout prix aux réclamations locales; il croyait qu'il suffisait que dans l'organisme national la tête seule vécût. Il était trop tard, lorsqu'il s'aperçut que la France, réduite à l'insensibilité politique, était indifférente à la forme du gouvernement. Il regretta plus d'une fois, malgré sa confiance en lui-même, d'avoir obligé le pays à ne suivre qu'une impulsion, la sienne, et à ne donner d'autres preuves de vie que par l'action du mécanisme administratif. Les corps élus furent donc remplacés par des conseils généraux, choisis par le préfet sur les listes de notabilités; encore ne leur demandait-on que le vote du budget en quinze jours, sans discussion et sans contrôle sur l'emploi des sommes votées; on enlevait encore à l'initiative individuelle la faculté de réclamer contre la conduite des agents du gouvernement. C'est le fameux article 75, qui a eu la vie si dure, parce qu'il confondait deux principes, l'un contestable, l'autre nécessaire. En effet, l'article 75 attribuait au conseil d'État l'instruction et le jugement de tout fonctionnaire attaqué pour mauvaise gestion, prévarication, abus de pouvoir personnel et autres cas qui, inhérents à l'individu et non à la fonction, auraient dû naturellement ressortir aux tribunaux ordinaires. Mais il attribuait d'autre part à la juridiction suprême du conseil d'État les jugements des fonctionnaires qui, agissant au nom de l'État et de ses agents supérieurs responsables, n'avaient point dans les faits incriminés de responsabilité personnelle. Cette confusion, favorable aux excès des fonctionnaires, en fit véritablement les agents non pas de l'État, mais d'un homme, et fondèrent en réalité une nouvelle classe privilégiée, dont les abus n'étaient certainement pas couverts en principe par la loi, mais qu'il était presque impossible de poursuivre et de dénoncer, à cause des formalités et des lenteurs de la haute juridiction spéciale à laquelle ils étaient soumis.

D'ailleurs Bonaparte trouva pour administrer les préfectures nombre de fonctionnaires remarquables : les noms de Frochot, de Montalivet, de Chabrol, de Quinette, de Jean Bon Saint-André, sont ceux d'habiles administrateurs. Leur situation était d'abord très difficile : les départements étaient dans un état de désorganisation complète dans l'Est, dans le Centre et dans l'Ouest. Le brigandage était devenu une véritable institution; les budgets départementaux n'avaient pas été établis depuis longtemps. L'administration des communes n'existait plus; elle fut rétablie promptement, grâce à l'esprit d'organisation et d'ordre d'un des directeurs de l'Intérieur, le comte Français de Nantes, qui sut promptement reconstituer la propriété communale. Il était temps, car elle avait subi des empiétements incroyables et l'on peut dire qu'elle n'existait plus. Napoléon, dans son langage hyperbolique, signalait non sans raison ces aliénations frauduleuses des propriétés des communes. On a volé, disait-il, « *le chemin vicinal, on a volé le sentier, on a volé l'Église, on a volé le mobilier de la commune et on vole encore sous le flasque régime municipal de l'an VIII.* » Flasque était peut-être exagéré; car quoi de plus ferme qu'un régime où le conseil municipal et le maire sont à la nomination de l'État?

On a beaucoup critiqué et loué tour à tour les procédés que le premier consul employa pour maintenir cet appareil énorme de centralisation. De tous les moyens, le plus discuté fut le maintien du ministère de la police, et surtout entre les mains de Fouché. Plus tard la création du préfet de police et de commissaires de police généraux dans les grandes villes vint compléter cette organisation; cependant Bonaparte refusa de donner à la police l'exécution des mandats d'amener. Ce n'en était pas moins un organe gouvernemental assez malheureusement imaginé et que son caractère exceptionnel déconsidéra promptement. Napoléon a reconnu lui-même qu'en séparant l'administration de la police du ministère de l'intérieur ou de la justice, il avait fini par lui donner une importance exagérée. Il profita de la tiédeur du ministre contre les jacobins pour supprimer ce département. Il le remplaça un instant par une direction ministérielle qu'il confia à Réal; mais son pouvoir soupçonneux, et d'ailleurs condamné au soupçon par son origine même, ne put être satisfait par une organisation qui mettait des intermédiaires entre la surveillance générale et le souverain. Le ministère de la police fut rétabli plus tard, pour Fouché, puis pour Savary. Afin de satisfaire Napoléon, ils furent obligés d'appliquer l'espionnage politique à toutes les classes, à toutes les personnes, à toutes les relations. Au lendemain d'un discours d'opposition de Benjamin Constant au tribunat, Fouché se croyait permis de conseiller à son amie Mme de Staël d'aller à la campagne. Un autre jour, c'était M. de Narbonne à qui le même ministre conseillait encore d'interrompre les relations d'amitié qu'il entretenait avec lord Lauderdale. En un mot ce ministère spécial favorisa la compromission de la police criminelle et correctionnelle, dont l'action est si légitime et si respectable, avec la police politique contre laquelle l'opinion, en France, à tort ou à raison, a conservé un invincible préjugé. La gendarmerie, chargée de faire exécuter la loi, fut organisée sur de meilleures bases; on la rattacha à l'administration militaire pour la tenir en dehors des partis et Napoléon, pour lui éviter toute suspicion, en confia la direction suprême à l'un des généraux les plus estimés, à Moncey.

L'esprit de la police se fit surtout sentir dans la surveillance de la presse. Le législateur de l'an VIII évita avec soin de prononcer le mot de liberté de la presse. Le Directoire, qui ne l'avait pas toujours respectée, avait souffert cependant du peu d'indépendance qu'il avait laissé subsister. Bonaparte résolut de s'épargner radicalement cette grosse difficulté. Le lendemain de Brumaire, les journaux furent réduits à quatorze, en dehors des journaux littéraires. Il fut défendu d'en créer de nouveaux. Quant aux journaux conservés ils avaient à se bien tenir, car l'œil du maître les suivait de près. On se serait cru revenu au temps où Beaumarchais écrivait son *Mariage de Figaro*. Les quatorze privilégiés eux-mêmes étaient réduits à ne parler ni de ceci, ni de cela, ni d'autre chose sous peine de suppression. Le gouvernement se constituait en juge suprême de la moralité des rédacteurs d'un journal; et Napoléon se refusait d'admettre qu'il dût laisser circuler toute brochure qui attaquait l'Etat, c'est-à-dire son gouvernement et ses idées. Au milieu de ce silence qu'il imposait à tous autour de lui, il s'étonnait et s'irritait du manque d'initiative, de la pusillanimité qu'il rencontrait partout. Il s'indignait un jour, en présence de l'abbé de Pradt, de cet affaissement général des volontés devant la sienne, et donnait ce singulier spectacle d'un despote exigeant qu'on lui obéît au signe, et méprisant les observateurs serviles de ses volontés. Il reprochait à ceux de son entourage qui gardaient une certaine dignité, de ne pas le servir avec assez de dévouement; mais il abreuvait d'humiliations ceux qui comme Talleyrand se prêtaient à ses caprices avec une souplesse qu'il ne trouvait jamais assez prompte.

Qui pourrait en effet compter ses accès de colère contre les quelques velléités d'opposition qui eurent lieu au début du Consulat! On connaît les anathèmes qu'il a prononcés contre le tribunat et le corps législatif qu'il accusait d'hostilité systématique à son régime réparateur. Or l'examen attentif des sessions ne permet pas de comprendre cette accusation. Il est vrai que sur les quatre-vingts membres primitifs du tribunat, vingt-cinq, parmi lesquels Ganilh, Daunou, Carnot, Chénier, Chauvelin crurent naïvement que puisque la Constitution leur avait départi le soin de la discussion des lois, c'était pour les discuter. Jamais il n'y eut d'erreur plus grossière. Lorsque Benjamin Constant fit remarquer, dans un éloquent discours, que la prétention du pouvoir exécutif de forcer le tribunat à examiner en trois jours toutes les lois présentées, était inadmissible, Bonaparte cria aussitôt à l'opposition malveillante. Lorsque Ganilh exprima le vœu que dans des temps plus calmes on en revint à l'élection des conseils municipaux et des maires, les bonapartistes crièrent partout que le tribunat était infesté de terrorisme. En un mot l'assemblée comprit bientôt que si elle avait reçu le droit de discussion ce n'était pas pour s'en servir. Toutefois la petite phalange de mécontents se resserra et opposa une résistance légale et pacifique, mais ferme, aux empiétements du pouvoir exécutif. Mais l'animosité de Bonaparte ne pardonna pas aux raisonneurs, si respectueux fussent-ils. Un sénatus-consulte de 1802 prononça l'épuration du tribunat, qui fut réduit à cinquante membres d'ailleurs admirablement triés; aussi les tribuns prirent l'initiative de la proposition de l'établissement de l'Empire. Il ne se trouva plus qu'une voix, celle de Carnot, pour s'opposer à l'usurpation suprême.

Le sénat conservateur se montra généralement plus docile; il se prêta gracieusement au sénatus-consulte de proscription de l'an IX; à la transformation (1801) du consulat décennal; et enfin (1802) à l'établissement du consulat à vie. Il renonçait par la même occasion à se recruter par cooptation et remettait le soin de choisir les sénateurs au premier consul. Somme toute ce sénat conservateur devenait absolument inutile dans la Constitution. Il n'avait servi qu'à détruire ce qu'il devait conserver; en revanche il servait d'asile à bien des ambitions repues, qui voyaient avec plaisir la fin de leur carrière se passer dans les riches sénatoreries, créées dans les départements, sous forme de majorats de 20 à 25 000 francs de rente.

Quant au corps législatif, il remplit presque toujours exactement sa mission, il ne fit presque jamais parler de lui, si ce n'est une fois (et ce n'était pas heureux), lorsqu'il repoussa les deux premiers titres du code civil, c'est-à-dire de la plus belle et de la moins discutable des créations du Consulat.

Le grand moyen de gouvernement qu'employa le premier consul ce fut le conseil d'État. Bonaparte a développé continuellement ses attributions. Il y a introduit tous les grands talents qui s'étaient ralliés à sa personne. Il en a souvent dirigé les travaux et a réussi à s'attribuer la gloire de ces administrateurs et de ces jurisconsultes d'élite qui avaient nom Portalis, Merlin de Douai, Treilhard, Gouvion Saint-Cyr, Petiet, Truguet, Otto, Préameneu, Frochot, Dubois, Pelet de la Lozère et tant d'autres. Napoléon a dit qu'il laissait à l'initiative de ces 45 conseillers, qu'il choisissait lui-même, la plus grande liberté, même celle de l'opposition. Il a raconté avec complaisance qu'il soutenait souvent des luttes très vives avec Tronchet ou Treilhard et qu'il demandait tout au plus à donner son humble avis. Nous en croirons plutôt cette parole qu'il disait lui-même à Sainte-Hélène. Un des conseillers avait un jour profité de l'imprudence du consul, qui se jetait étourdiment dans les discussions techniques où les connaissances spéciales lui manquaient, et l'avait mis au pied du mur. Impatienté, Bonaparte rompit et lui dit : « *Vous m'avez forcé à me gratter la tempe : que cela ne vous arrive plus, et ne me poussez pas à bout* ». Outre cette réserve que nous faisons au sujet de la prétendue indépendance du conseil, il y en a encore une autre à faire. Mollien, Rœderer et Miot, et je les crois de bonne foi, s'extasient à tout moment sur les connaissances du maître, sur son amour des détails, sur son omniscience. Au fond l'activité inquiète de Bonaparte, qui se mêlait de tout et à tout, qui parlait sans s'arrêter sur les sujets qui lui étaient le plus étrangers avec l'aplomb de l'homme tout-puissant, leur en imposa. Il leur fit peur de sa surveillance et leur persuada qu'il était « *plus vieux administrateur qu'eux* », selon son expression. Il imprima à tous ses agents une sainte terreur de sa personne. « *C'est un diable* », disait Beugnot. Pour tout niveler devant sa supériorité universelle, il traitait du même pied les hommes remarquables et les agents nuls. « *Des hommes jusque-là jugés incapables*, disait Rœderer, *se rendaient utiles; des hommes, regardés comme les ressources de l'État, se trouvaient inutiles et toutes les âmes ambitieuses de gloire furent forcées de se contenter d'un reflet de la sienne* ». Rœderer ne croyait pas si bien dire; il n'y avait plus désormais qu'un homme; le reste n'était composé que d'ombres, qui lui servaient seulement à briller davantage.

Certes, avec son esprit vif et prompt, Bonaparte dut émettre plus d'une idée féconde et originale au conseil d'État. Le plus souvent, pourtant, il exaspérait la délibération avec un art très habile de tirer des déductions paradoxales et de provoquer la discussion. Parfois aussi il se contentait de lancer une apostrophe banale qui rappelait ses élucubrations de l'École militaire de Paris. A propos de l'adoption, par exemple, il prononçait une phrase qui ne pouvait que sembler enfantine et ridicule, au milieu d'une grave question juridique.

Ces réserves faites sur l'action illimitée que l'on prête à Bonaparte dans le conseil d'État, il est impossible de ne pas reconnaître la grandeur des questions qui s'y agitèrent et l'impulsion vigoureuse que la présence et la surveillance du premier consul leur donnèrent. D'ailleurs, quand Bigot de Préameneu présidait la section de législation, quand Regnauld de Saint-Jean d'Angely présidait celle de l'intérieur, Defermon celle des finances, Brune celle de la guerre, Gantheaume celle de la marine, il eût été bien difficile que l'œuvre ne fût pas remarquable avec de tels collaborateurs.

Et cependant cette assemblée d'hommes illustres n'a pas échappé à la flétrissure que Napoléon a portée partout avec lui. Il y entretenait des dévouements payés. Il écrivait dès 1802, à Locré, secrétaire général du conseil, cette lettre confidentielle : « *Vous trouverez ci-joint un arrêté qui met à votre disposition 100 000 francs. Vous les distribuerez ainsi : 15 au citoyen Regnier, 15 au citoyen Defermon, 15 au citoyen Lacuée, 15 au citoyen Portalis, 15 au citoyen Rœderer; vous en garderez 10 pour vous et 15 en caisse pour petites dépenses imprévues. Vous remettrez ces sommes de la main à la main à chacun des conseillers d'État sans dire à l'un que les autres l'ont reçue, mon intention étant que ceci reste très secret.* »

La grande œuvre du conseil d'État, quoique ce fut une commission spéciale qui l'entreprit, a été le code civil. Cette commission était composée de Tronchet, de Bigot de Préameneu, de Portalis et de Maleville. Leur travail rapide quoique complet fut soumis au conseil d'État qui le fit revoir par Abrial, Boulay de la Meurthe, Beslier, Cambacérès. Bonaparte présida 57 des séances de la commission du code civil. Initié superficiellement aux lois par Portalis, il sut cependant, grâce à son bon sens, indiquer souvent la voie à suivre. Mais il lui arriva aussi de faire prévaloir des mesures regrettables, sur la question du divorce par exemple. La Constituante arrivant à un moment où les liens du mariage avait été atteints par l'action dissolvante du xviiie siècle, avait multiplié les cas de divorce, et admis pour cause suffisante l'incompatibilité d'humeur. Il n'y avait qu'à faire preuve, devant l'officier municipal, de cette incompatibilité pour obtenir le divorce. La commission de 1800 voulut revenir sur ces dispositions, et en effet nombre de cas furent supprimés, mais Bonaparte insista pour qu'on maintînt la possibilité du divorce prononcé sur la *demande d'un seul des époux, et en cas même de faits non prouvés.* Pensait-il à divorcer déjà? Il en avait été certainement question en effet à Saint-Cloud. D'ailleurs cette législation favorisa singulièrement le second mariage de Napoléon.

L'administration de la justice et la procédure subirent une transformation radicale. Les magistrats aussi bien que le parquet furent à la nomination du pouvoir exécutif, sauf les membres du tribunal de cassation, dont les conseillers furent quelque temps élus par le sénat, et les juges de paix, nommés pour quelques années à l'élection; mais leurs attributions furent diminuées. Enfin l'inamovibilité fut établie en principe. Avant de l'obtenir, les magistrats devaient faire un stage de cinq ans pour que le pouvoir eût le temps, selon l'expression officielle, de s'assurer *de la capacité* et *de la moralité* des juges. D'ailleurs le titre de président fut révocable et à la disposition du gouvernement. Les tribunaux d'arrondissement étaient placés dans le ressort de 27 cours d'appel; et le chef-lieu de département avait un tribunal criminel, composé comme aujourd'hui.

L'initiative personnelle de Bonaparte dérangea souvent l'économie de cette organisation. Nous avons de lui nombre de dépêches ordonnant de revenir sur la chose jugée, de maintenir en prison des accusés acquittés par les tribunaux, demandant compte à des juges de leurs jugements; enfin et surtout il conserva toujours contre le barreau une méfiance invincible. Il écrivait à Cambacérès : « *Je veux qu'on puisse couper la langue à un avocat qui s'en servirait contre le gouvernement.* »

La création qui appartient le plus à l'initiative de Napoléon est celle de la Légion d'honneur. Elle se rattachait dans son esprit à la nécessité d'élever avec lui les hommes qui avaient soutenu sa fortune. On a dit beaucoup de mal de la Légion d'honneur; je ne sais trop si c'est de bonne foi : toujours est-il que cette institution a traversé tous les régimes depuis le Consulat. On a rappelé vainement que Napoléon considérait cette distinction comme un « *de ces hochets qui servent à mener les hommes* », le mot est de lui. La loi du 19 mai 1802 triompha de toutes les oppositions. Les grades étaient alors ceux de grands officiers, commandants, officiers, légionnaires et non chevaliers. Ces distinctions étaient destinées à récompenser le mérite civil et militaire; il y eut en tout, pendant l'Empire et le Consulat, 30 000 titulaires. On a voulu faire de cette institution l'un des grands moyens de despotisme de Bonaparte. Il eût été à souhaiter qu'il n'en eût jamais employé d'autre.

L'enseignement fut bien davantage pour Napoléon un moyen de domination; et c'est dans l'organisation universitaire que se décèlent les intentions égoïstes des institutions consulaires. La Constituante et la Convention avaient au contraire compris toute la grandeur de la question de l'enseignement. Le malheur des temps avait frappé de stérilité les projets des deux assemblées. La Convention cependant avait rédigé une loi pour l'instruction primaire, et créé l'École normale et l'École polytechnique; enfin on lui devait l'organisation des écoles centrales de départements, où l'enseignement secondaire devenait un habile compromis entre l'éducation purement classique et purement professionnelle. Dans le haut enseignement, elle avait réuni les différentes Académies sous le nom d'Institut et y avait ajouté l'Académie des sciences morales et politiques.

Bonaparte simplifia les choses : l'instruction primaire fut à peu près abandonnée à ses propres forces et le traitement de l'instituteur fut laissé surtout à la rétribution scolaire souvent problématique. Les études secondaires furent au contraire organisées fortement en vue de l'enseignement des langues classiques et des mathématiques; l'instruction fut d'abord donnée dans les écoles secondaires libres et surtout dans les lycées, organisés militairement, recrutés soit par les nombreuses bourses qu'on y créa, soit par les institutions libres, forcées plus tard d'y conduire leurs élèves.

Bonaparte avait déjà l'intention à cette époque de former avec les professeurs des lycées une corporation solidaire, animée de l'esprit de corps, tout en les soumettant à la plus étroite surveillance de la part du gouvernement, et en leur imposant l'extrême centralisation qui régnait déjà partout. Cependant cette discipline impitoyable ne fonctionna qu'à partir de la période impériale, lorsque fut organisée l'Université de France.

Les modifications imposées à l'Institut ne furent pas heureuses; Bonaparte avait horreur des idéologues, c'est-à-dire des gens qui pensent; or l'Académie des sciences morales et politiques en était remplie. Elle fut supprimée et rentra dans la catégorie des sciences et beaux-arts; on peut dire que les sciences historiques et morales furent frappées d'interdit, dès l'époque du Consulat. Cabanis, Destutt de Tracy, Royer Collard et tous les penseurs du temps furent regardés par Napoléon comme des ennemis : et en effet ce pouvoir, fondé sur l'entraînement irréfléchi des masses populaires, sur l'abandon de la volonté nationale en faveur d'une seule initiative, ne pouvait favoriser les sciences d'observation morale, qui enseignent le respect du passé ou qui montrent aux hommes un avenir toujours meilleur. « *L'histoire*, disait Rœderer dans un rapport fameux, *n'a pas besoin d'être enseignée, elle n'a besoin que d'être lue pour être apprise.* » Tant que Bonaparte eut besoin de la paix, soit après Lunéville, soit après Amiens, il favorisa les arts pacifiques, et pour occuper l'attention mit en avant de gigantesques projets : les fameuses routes des Alpes, le canal de Saint-Quentin. Les embellissements de Paris témoignent d'une activité qui malheureusement fut ralentie par les guerres impériales. Les expositions industrielles, les encouragements à l'industrie, les primes données aux inventeurs montrent combien Chaptal, Fourcroy et Cretet, les principaux agents de Bonaparte en cette matière, avaient le sentiment véritable des besoins économiques des temps nouveaux. Bonaparte n'a pas toujours marché d'accord avec ses ministres dans ces questions. Sans parler déjà du blocus continental, rappelons qu'à plusieurs reprises il s'est montré partisan de la restriction de la circulation des blés : pour lui, la liberté du commerce des produits agricoles avec l'étranger était une doctrine tout à fait erronée et il écrivait après la paix d'Amiens à Fouché, ministre de la police, une lettre où il exposait des idées protectionnistes très voisines du socialisme d'État. Son idéal économique était la protection des produits indigènes et la prohibition absolue des produits similaires étrangers. Sa joie éclata bruyamment lorsque fut inventé le sucre de betterave; plus tard, lorsque son système économique eut porté les fruits que l'on sait, il pensait que l'État pouvait et devait par des prêts aux fabricants empêcher la fermeture des principales usines. Il croyait un peu naïvement qu'il suffirait au trésor impérial de commander des meubles à Paris, des étoffes et des soieries à Lyon pour combattre la crise industrielle. Aussi les garde-meubles ont-ils été dès l'époque impériale encombrés de quantité d'objets inutiles et que le style bizarre du temps a pendant longtemps dépréciés. La mode semble y revenir en ce moment.

Il faut donc au point de vue économique renoncer à accorder à Bonaparte la justesse de vues qu'il avait apportée dans tant d'autres parties de l'administration et indiquer sa responsabilité personnelle dans la crise terrible qui a rendu après lui si lents les progrès agricoles et industriels en France.

Son action dans la question religieuse, malgré l'indélicatesse de ses procédés, a été au contraire pour beaucoup dans l'apaisement des consciences, qui est le grand honneur du Consulat.

Les passions religieuses avaient eu une grande part dans les violences de la Révolution. Lorsque les conseils du Directoire eurent été remplis de représentants qui professaient hautement le catholicisme, lorsque le Consulat eut rouvert les églises, la question se posa de nouveau entre les prêtres insermentés et les prêtres constitutionnels. Les réfractaires avaient pour eux l'opinion des campagnes, les autres avaient une situation légale, à laquelle ils ne prétendaient pas renoncer. Or Bonaparte souhaitait passionnément la paix religieuse, et pour tenir les promesses faites en Brumaire, et pour s'appuyer sur l'influence morale dont le clergé jouissait au sortir des jours d'épreuves.

Le nouveau pape Pie VII, esprit modéré, désirait aussi de son côté non moins ardemment rentrer en possession des Légations qui avaient récemment servi à former la république Cispadane. Les négociations étaient très délicates. Bonaparte avait à compter avec le sans-culottisme irréligieux de son entourage. Non seulement ses généraux

Lannes, Delmas, Masséna et autres n'étaient pas bien disposés pour une réconciliation religieuse, mais nombre de personnages comme Talleyrand, Fouché, Sieyès, qui avaient autrefois abandonné les ordres, n'étaient pas favorables à cette tentative, pas plus que les anciens conventionnels, comme Merlin de Douai. Les négociations furent donc d'abord très prudentes. Le cardinal Consalvi vint à Paris presque en se cachant et n'eut de rapports qu'avec le prêtre chouan, l'abbé Bernier, plus tard évêque d'Orléans. Il s'agissait de remanier les circonscriptions diocésaines, d'obtenir la démission en masse de tous les évêques constitutionnels ou réfractaires et de renommer de nouveaux titulaires, dont la désignation appartiendrait au pouvoir exécutif et la confirmation au pape.

Les négociations préliminaires entre Bernier, le cardinal Spina, Caselli et le diplomate Cacault furent longues. Elles aboutirent enfin grâce au dévouement des prêtres constitutionnels, qui, sur le conseil de l'abbé Grégoire, le célèbre évêque assermenté de Blois, donnèrent leur démission.

Les négociations avouées s'ouvrirent alors entre Consalvi, Joseph Bonaparte et Portalis, et le 15 juillet 1801 fut publié le Concordat. Bonaparte, pressé par le pape de déclarer la religion catholique religion dominante, avait seulement consenti à indiquer qu'elle était celle de la majorité des Français. Les circonscriptions furent réduites à une par département. Douze sièges furent réservés aux prélats constitutionnels; pour les autres, le premier consul désigna autant que possible les anciens titulaires, en les déplaçant cependant quelquefois. Les frais du culte furent fixés; et Bonaparte accepta ainsi les théories de la Constituante, qui s'était considérée comme obligée d'entretenir le culte, en entrant en possession des biens nationaux.

Lorsqu'il fut question des Légations, les choses n'allèrent pas aussi facilement. Bonaparte n'avait aucune intention de les rendre, et il répondit aux demandes du pape en lui soumettant de nouvelles propositions qui, selon M. de Pradt, étaient les suivantes : célibat des prêtres, conciles nationaux, établissement d'un patriarche de l'Église de France. Pie VII plia pour l'instant ; mais il n'abandonna jamais l'espoir de rentrer dans le patrimoine de l'Église, et ce fut le sujet de ces négociations continuelles qui devaient aboutir à l'éclatante rupture de 1809.

Napoléon accomplit désormais toutes les cérémonies du culte catholique. Il est certain qu'il était très sincère dans sa foi, tout au moins à la manière italienne, où se mêlent si singulièrement des croyances presque superstitieuses avec une liberté d'appréciation à l'égard des choses saintes qui scandalise fort les catholiques des autres nationalités. Sa personne d'ailleurs lui parut très rapidement sacrée au même titre que celle du pape, et, comme autrefois il adressait des homélies aux cardinaux pendant la campagne d'Italie, il en arriva bientôt à vouloir interpréter les textes religieux, et à imposer dans le catéchisme son nom à côté de celui des personnes de la Trinité. On comprend qu'il n'ait pas été disposé à sacrifier ses volontés soit à la toute-puissance spirituelle du pape, soit aux scrupules dogmatiques des évêques. Aussi en 1802, malgré les protestations du Saint-Siège, il compléta le Concordat par les articles organiques, qui reproduisaient en partie la déclaration de 1682, et surtout frappaient d'appel comme d'abus les empiétements du pouvoir ecclésiastique sur le pouvoir civil.

Telles sont les principales idées sur lesquelles reposent les institutions réparatrices du Consulat. Car nous n'avons pas eu la prétention de les exposer dans leurs détails et leur application. Elles auraient dû suffire à illustrer Napoléon, car elles mettaient fin à dix ans d'anarchie, et faisaient sortir la France de la situation la plus dangereuse. Mais il y avait dans ces mesures, prises avec autant de clairvoyance que de résolution, trop de préoccupations égoïstes, trop de souci d'une personnalité envahissante, d'une ambition infinie, pour que les avantages, acquis depuis 1800, pussent se développer naturellement et sans secousse.

CHAPITRE VI

L'ÉTABLISSEMENT DE L'EMPIRE. — L'EMPEREUR ET SA FAMILLE

L'Empire. — La cour impériale. — L'étiquette. — Le sacre. — Napoléon et le pape. — Le ménage impérial. — Le théâtre en 1804. — La Prusse et l'empereur. — La divinité impériale. — Austerlitz.

Lorsque Napoléon songea à devenir monarque héréditaire, la France était très malade. La Terreur et la Révolution l'avaient épuisée. Elle n'avait plus de volonté. Bonaparte prit cet état de faiblesse pour le résultat de ce qu'il appelait « *sa médecine politique* », et il crut avoir désormais ses coudées franches pour fonder à son profit l'Empire français, qu'il organisa avec un véritable génie de charlatanisme.

A peine le duc d'Enghien avait-il été exécuté, que le 27 mars 1804, le Sénat, averti désormais du seul rôle qu'il lui était permis de jouer, celui d'un collège de pontifes de la nouvelle divinité, alla supplier Bonaparte d'assurer le bonheur de la nation en prenant le titre d'empereur et en rétablissant une monarchie héréditaire. Le premier consul, pour se donner le temps d'examiner les physionomies autour de lui, feignit l'étonnement et engagea le Sénat à

1. BIBLIOGRAPHIE. — **Madame de Rémusat**, Mémoires et lettres. — **Masson**, Napoléon Ier et l'amour. — **Levy**, Napoléon intime. — **Rocquain**, Notes sur Napoléon Ier (Rev. de France, 1880).

réfléchir. Il fit entendre d'ailleurs, car il ne lui convenait pas de laisser une porte de sortie aux opinions anti-monarchiques, qu'il saurait se sacrifier au bonheur de la France. Jusqu'au 30 avril, il observa donc attentivement, mais il agit aussi, du moins secrètement. A l'armée, restée républicaine jusqu'alors, il persuada que l'Empire était l'affirmation pure et simple de la Révolution ; il lui fit entrevoir que l'élément civil, s'il s'opposait à la nouvelle forme de gouvernement, n'agirait que par défiance de l'esprit militaire, et il obtint ainsi l'adhésion irréfléchie des soldats par haine des pékins. Aux généraux, il fit miroiter les avantages d'une fortune inouïe, les honneurs qui consacreraient la gloire acquise au service de la patrie. Il eut soin de consulter ceux d'entre eux qui n'avaient gardé que peu de souvenirs de la République : Masséna, Jourdan, Bernadotte, Macdonald, Dessoles, que l'esprit militaire, et des convoitises qu'ils ne surent pas réprimer, rattachèrent bientôt à l'empereur, ne furent pas d'abord dans le secret.

Napoléon, après s'être ainsi acquis l'approbation de l'armée, s'en servit pour échauffer l'enthousiasme des corps civils ; il fallait, disait-il, se hâter de le nommer empereur, sinon les soldats lui imposeraient cette dignité.

Aux esprits modérés, qui paraissaient encore à sa cour, il essayait de prouver que la France, si elle était anti-bourbonnienne, était monarchique et non républicaine, que sa dictature était nécessaire pour assurer les résultats de la Révolution, que son successeur pourrait alors revenir aux idées libérales. Tous ses arguments sonnaient creux ; et il ne les prodiguait que pour cacher le secret de la comédie, à savoir que le dévouement de la plupart de ses partisans était uniquement inspiré par des espérances intéressées. Il ne trouva nulle part autant de mauvaise volonté que dans sa famille. Joseph et Louis maintenaient d'avance leurs droits de futurs princes français et refusaient de les aliéner en faveur du fils d'Hortense, le petit Napoléon. Murat et sa femme Caroline posaient des conditions. Enfin Jérôme, officier de marine, alors en mission aux États-Unis, venait, à la grande colère du grand frère, de contracter un mariage plébéien avec une jeune Américaine, Mlle Paterson ; mésalliance sans doute bien cruelle entre le fils d'un avocat d'Ajaccio et la fille d'un commerçant d'Amérique.

Cependant la volonté de Bonaparte était bien arrêtée, il serait le *successeur de Charlemagne*. Lorsque l'on eut attendu décemment jusqu'au 30 avril, ce fut au tour du tribunat de soulever la question. L'un des tribuns, Curée, obtint l'honneur lucratif de parler le premier en ce sens. Il cassa sur le nez du premier consul un lourd encensoir qui ne parut pas suffisant, car tous ses collègues, pressentant les récompenses à obtenir, s'inscrivirent pour parler à leur tour et surenchérir sur le premier orateur. Seul Carnot, rachetant ainsi les faiblesses et les incertitudes de sa conduite, parla sobrement et avec fermeté contre la transformation du Consulat en Empire. Cependant Napoléon recevait de toutes parts des adresses recueillies par les préfets : il fallait se hâter, et le Sénat rédigea le fameux sénatus-consulte organique du 28 floréal an XII (18 mai 1804.) « *Le gouvernement de la république est confié à un empereur qui prend le titre d'empereur des Français* ». L'empire serait héréditaire. On consulta alors l'opinion, sous la forme d'un plébiscite.

Toutefois on ne posa pas franchement la question. On ne demanda pas les suffrages du peuple sur la forme du gouvernement. Des registres furent ouverts et fermés très rapidement dans chaque commune pour permettre aux électeurs de répondre par oui ou par non au texte suivant : « *Napoléon par la grâce de Dieu et les constitutions de la République, empereur des Français, à tous présents et à venir, salut! Le Sénat a décrété et nous ordonnons ce qui suit : La proposition suivante sera présentée à l'acceptation du peuple français : Le peuple français veut l'hérédité de la dignité impériale dans la descendance directe, naturelle, légitime et adoptive de Napoléon Bonaparte, de Joseph Bonaparte, de Louis Bonaparte....* » Étant donné qu'on ne pouvait ni accepter ni repousser le sénatus-consulte, et qu'il y aurait toujours un empereur, quel que fût le vote, le nom de Napoléon devait sortir des urnes, ce qui eut lieu à la presque unanimité des votants. La Constitution fut aussi légèrement modifiée; on rendit au Sénat voix consultative en matière de presse et de liberté constitutionnelle. Le Corps législatif dut voter les lois d'administration et de finances; mais les discussions politiques continuèrent à lui être sévèrement interdites [1]. Son rôle se borna surtout à s'extasier sur les admirables exposés de situation dans lesquels, jusqu'à la campagne de Russie, Napoléon obligeait l'un des ministres à venir raconter aux députés que tout était pour le mieux dans le meilleur des empires.

Le second consul, Cambacérès, en sa qualité de président du Sénat se chargea d'aller porter, à la tête d'une brillante députation, le sénatus-consulte à Saint-Cloud. Le premier, et sans rire, il traita Bonaparte de Majesté. Le matin, Duroc avait parcouru le palais et appris par cœur à tous les chambellans et dames d'honneur les nouvelles formules : Joseph et Louis, dans la famille desquels l'hérédité était fixée, à défaut de la descendance directe de

[1]. Depuis 1802 la liste de notabilités avait fait place à des collèges électoraux, choisis par le gouvernement.

Napoléon, devaient avec leurs femmes être traités d'Altesses Impériales. Les grands officiers, dont on savait déjà les noms, passaient au rang d'Altesses sérénissimes. Chaque ministre, y compris Maret, devenait Monseigneur. D'ailleurs on s'habitua vite à cette phraséologie nouvelle. Bonaparte ne s'y trompa jamais. Dès le jour même, il effaça de son vocabulaire le mot de citoyen. Il ne se lassa jamais de se faire appeler Sire et Majesté. Dès 1804 il répétait avec une conviction étonnante : « *Mes sujets, mon peuple, mes forêts, mon palais, mes États* ». Jamais, en écrivant à un des rois de l'Europe, il n'oublia la formule : « *Monsieur mon bon frère* ». Jamais, en s'adressant aux princes de rang inférieur, qu'ils fussent de fabrique ancienne ou de fabrique récente, il ne se dispensa du « *mon cousin* » traditionnel. Il entra dans la monarchie comme dans un habit dont les mesures avaient été prises exactement. Mais il ne le porta jamais avec aisance, et il gardera désormais l'attitude d'un pasteur de peuple endimanché.

Ce souverain improvisé fut obligé de créer autour de lui une cour et une étiquette, de monter, pour ainsi dire pièce à pièce, le ménage de sa grandeur. A ce monarque parvenu, il fut d'abord imposé un entourage de parvenus, dont la modeste origine devait se dissimuler sous la magnificence des titres et des costumes. Ce sont des grands officiers au nom extraordinaire. On trouverait tout au plus dans les traditions du Saint Empire Romain des dignités assez pompeuses pour satisfaire le nouveau Charlemagne. Tous ces grands fonctionnaires sont des archi quelque chose. Joseph est grand électeur. Fonctions : une forte liste civile et un logement au Luxembourg, rêve agréable pour l'ancien fruit sec du barreau de Bastia. Cambacérès est archichancelier de l'empire : il a pour devoir apparent de surveiller la justice, pour charge réelle de donner à dîner aux frais de l'État. Lebrun est architrésorier : c'est une retraite. Le pauvre Louis Bonaparte, perclus de douleurs physiques et poursuivi par ses soupçons de mari, est affublé du titre de grand connétable. Plus tard Murat, afin d'obtenir le titre d'Altesse sérénissime, deviendra grand amiral, peut-être parce qu'il était le meilleur cavalier de l'armée française ; et enfin, pour que toute la famille fût satisfaite, l'oncle Fesch, qui avait repris aux buissons la robe qu'il avait jetée si prestement en 1793, était grand aumônier. Eugène Beauharnais, dont la modestie et la simplicité servaient à Napoléon à tenir en bride l'inquiétude et les exigences des Bonapartes, devenait bientôt archichancelier d'État.

Quant à l'institution des maréchaux, elle était plus conforme à l'état des choses et assurait aux glorieux généraux des guerres de la République une situation supérieure. Elle permettait de faire des avances aux hommes de guerre mécontents. Aussi, à côté des dévoués, comme Berthier, Murat, Moncey, Lannes, Soult, Davout, Bessières, Mortier, on trouvait des douteux ou des ennemis comme Jourdan, Masséna, Augereau, Bernadotte, Brune et Ney. Comment faire de l'opposition au maître, lorsqu'il répondait à la moindre velléité de mécontentement par des promesses et des avantages, que bien peu eurent le courage de repousser.

Les plus hautes dignités, bien apanagées, suscitèrent de nombreuses convoitises. Bonaparte n'avait pas trop compté sur la vanité humaine. Lui-même il s'y abandonnait de plus en plus, tout en protestant cependant d'une abnégation que les faits ont toujours démentie : « *Croyez-vous*, disait-il à Miot de Melito, *que ces changements, je les aie faits pour moi, que je tienne beaucoup à ces titres, que je n'en apprécie pas la véritable valeur?* » En attendant il faisait faire de véritables travaux d'archéologie pour ramener l'étiquette à la hauteur du bon vieux temps. M. de Rémusat, personnage un peu, naïf et qui avait quelque chose de la noblesse parlementaire et janséniste, avait fait pour la tenue de la maison impériale un plan modeste et grave. Il impatienta le nouvel empereur, qui écarta le projet avec ce mot : « *Cela ne jetterait pas assez de poudre aux yeux* ». Alors Duroc fit opérer des recherches dans les livres écrits sur le cérémonial des rois, depuis Louis XIV. On adopta définitivement l'étiquette de la cour du grand roi, en l'alourdissant de celle de la cour de Louis XVI. Madame Campan, l'ancienne femme de chambre de Marie-Antoinette, qui tenait alors la pension à la mode, fut appelée chez l'impératrice Joséphine. Elle dicta tout un gros volume de cérémonies, empruntées à l'ancienne cour. Pendant plusieurs mois, jusqu'à l'arrivée du pape, on s'occupa surtout de chiffons, de costumes, et de représentations. Le peintre Isabey habilla des poupées de bois, pour qu'on pût se rendre compte de l'effet général ; puis, la veille de chaque cérémonie, le peintre David faisait répéter les acteurs, plaçant les uns et les autres, harmonisant les couleurs, tenant compte des rangs et des dignités. L'empereur, adossé à la cheminée, suivait avec intérêt ces graves répétitions, se réservant d'ailleurs de les troubler à la représentation : car il ne sut jamais s'empêcher de bâiller, de presser les cérémonies auxquelles il tenait le plus, et de se placer au-dessus des obligations qu'il imposait à tous et ne respectait pas lui-même.

L'étiquette fit verser bien des larmes au début. D'abord il y avait une série de salons qui causait de désespoir de ceux qui n'y étaient pas admis : celui des princes surtout, où pénétraient seulement Joseph, Louis et les sœurs de l'empereur. Murat, en sa qualité de bon mari, voulut y passer, mais il n'avait d'abord droit qu'à la salle des Maréchaux ; on l'arrêta : larmes amères de Caroline. Un autre jour, nouvelle déception : cette fois, à un grand dîner, il fallut entendre appeler Joséphine Sa Majesté, et Hortense Bonaparte, Altesse impériale. Caroline n'était que Madame la Maréchale Murat; aussi elle buvait vainement des verres d'eau coup sur coup; l'attaque de nerfs traditionnelle approchait. Elle éclata dans une conversation orageuse qui eut lieu avec l'empereur. Caroline s'évanouit de fureur : au moins elle obtint pour elle et pour Pauline Borghèse le titre indispensable d'altesse impériale.

Dans les régions inférieures, parmi les chambellans et les dames d'honneur, les anciens voyaient avec dépit des serviteurs d'une nouvelle espèce obtenir du premier coup une faveur beaucoup plus haute. Pour être servis par les La Feuillade, les Montmorency, les Gontaut, les Gramont, les Brancas, les Colbert, les Turenne, les Choiseul, il fallait bien faire à ces illustres domestiques une fortune brillante et digne de leurs glorieux souvenirs.

Il serait difficile d'énumérer les prétentions et les exigences qui s'agitèrent autour de l'empereur et qui redoublèrent encore lorsque commença à poindre la question du sacre. Bonaparte voulait, selon l'expression irrévérencieuse de la Fayette, *se faire casser la petite fiole sur la tête*, et opposer à la légitimité des autres souverains d'Europe l'onction sainte du chef du catholicisme, Pie VII.

L'idée rencontra d'abord une opposition assez vive au conseil d'État; mais Napoléon voulait, et les négociations furent entamées par l'oncle Fesch. Le pape refusa d'abord avec horreur de donner la consécration religieuse au meurtrier du duc d'Enghien. La politique impériale fit entendre vaguement aux cardinaux Consalvi et Caprara que cette nouvelle concession de la papauté lui vaudrait probablement la proclamation du catholicisme comme religion d'État, et la restitution des Légations, si ardemment souhaitée. Le pape se montra alors moins absolu; cependant il faut lui rendre cette justice qu'il essaya de rendre le terrible voyage impossible, en se rabattant sur des exigences d'étiquette, que l'empereur refuserait sans doute de lui accorder, par exemple le baisement de mains, auquel Napoléon se soumit parfaitement. Il chercha à soulever une nouvelle difficulté, en exigeant diplomatiquement que Mme de Talleyrand, femme d'un ancien évêque, ne lui fût pas présentée. Talleyrand n'hésita pas à sacrifier cet honneur; le voyage fut donc définitivement résolu et ce fut une immense curiosité pour la France. Le successeur de Saint-Pierre venait, lui-même, à Paris pour consacrer l'usurpation d'un soldat de fortune! Il y avait, vraiment, de quoi être étonné. Pie VII fut bien accueilli sur sa route, souvent avec enthousiasme, au grand mécontentement de l'empereur, qui ne voyait pas sans inquiétude toute popularité qui s'élevait à côté de la sienne. Il s'agissait aussi de rendre au pape les honneurs qui lui étaient dus sans choquer le droit de prééminence, que Napoléon prétendait se réserver. N'était-ce pas lui qui, simple général de la République, avait forcé l'Autrichien Cobenzl à faire disparaître aux conférences de Leoben le trône de François II, « *parce que, disait-il, partout où il voyait un siège plus élevé que l'autre, il ne pouvait résister à la tentation de s'y asseoir* ».

Après de nombreux conseils de cabinet, qui furent tenus gravement sur cette importante question, on arrêta la petite comédie suivante. Il fut convenu que Napoléon rencontrerait le pape, par hasard, dans la forêt de Fontainebleau; que, par hasard, les chambellans les sépareraient; qu'ils se trouveraient, l'empereur à la portière de gauche de la voiture, le pape à la portière de droite ; qu'ils monteraient ensemble, et que Napoléon offrirait alors la droite par courtoisie à Pie VII. Cette rencontre, préparée à loisir, se passa exactement de cette façon. Le pape et l'empereur eurent l'immense satisfaction de ne rien céder de leurs prérogatives. Bonaparte, s'il faut en croire l'archevêque de Malines, M. de Pradt, acteur et témoin oculaire des fêtes du sacre, entra à Fontainebleau, tenant Pie VII par la main et dissimulant mal le triomphe dont il jouissait. Le pape, au contraire, avait une attitude de victime résignée, car il n'était pas, dans son for intérieur, sans s'étonner lui-même de la singulière figure qu'il faisait au milieu de la cour impériale. Cependant sa dignité, sa grâce, certain esprit de répartie lui rendirent peu à peu sa tâche plus facile. Il eut au moins la satisfaction de jouer à Bonaparte un tour de bonne guerre. Joséphine, qui voyait toujours poindre la menace du divorce, obtint fort habilement du pape qu'il exigeât de l'empereur la consécration religieuse de son mariage. Napoléon, qui se gardait cette raison de plus pour se séparer au besoin de sa femme, fut pris au piège et, la veille du sacre, le cardinal Fesch célébra, dans l'appartement de l'empereur, cette cérémonie, devant les aides de camp. L'impératrice en garda toujours précieusement l'acte authentique, quelques prières que pût lui faire Napoléon.

Cependant l'annonce du sacre avait produit une nouvelle effervescence dans la cour impériale. Les Bonapartes avaient d'abord espéré que Joséphine serait simple spectatrice et ne serait pas sacrée avec Napoléon ; mais quand Mme Joseph, Mme Murat, Mme Borghèse et Mme Bacciochi apprirent qu'elles étaient destinées à porter la queue du manteau de la nouvelle impératrice, ce fut une explosion de colère si violente, que Napoléon en fut assourdi. Joseph en particulier était exaspéré : il parla de ses droits, de sa dignité, en prince descendant d'une longue file d'aïeux royaux. Les choses allèrent si loin que Bonaparte se crut fondé à demander à son frère avec quelle armée il comptait lui faire la guerre à lui, Napoléon, et que dans un transport de colère la nouvelle Majesté impériale mit Louis à la porte par les épaules. Mais Talleyrand intervint; avec un zèle qui n'était pas dépourvu de raillerie, il s'entremit pour arranger les choses. Il fut convenu que les altesses impériales ne porteraient pas, mais soutiendraient le manteau de l'impératrice et qu'elles auraient la suprême consolation de voir, en se retournant, la queue de leur propre manteau soutenue ou portée par leurs dames d'honneur.

Enfin le grand jour arriva. Le 2 décembre 1804, les salons des Tuileries étaient encombrés d'une foule brillante dont les costumes rappelaient toutes les époques, depuis Louis XIII jusqu'à Louis XVI. L'impératrice portait sur sa tête les diamants de la couronne, une robe de satin semée de fleurs d'argent, et à sa chérusque, grand col qui remontait derrière les oreilles, était attaché le fameux manteau impérial qui avait failli causer une nouvelle révolution. Les sœurs de l'empereur, les dames du palais présentaient un spectacle non moins brillant ; l'une des plus modestes, Mme de Rémusat, portait un costume qui valait plus de 10 000 francs. Napoléon, en habit de velours rouge (le costume impérial l'attendait à Notre-Dame), allait et venait au milieu des groupes chamarrés avec une joie d'enfant. « *C'est à moi*, disait-il, *mesdames, que vous devez d'être si belles* ». Au dehors, le temps était sec et froid et il ne faisait pas chaud non plus à Notre-Dame, où le pape attendit plus d'une heure que l'empereur eût rassasié ses yeux de ce magnifique spectacle.

On se rendit enfin à l'église au milieu d'une foule émerveillée, dit un contemporain, de cette représentation, mais qu'un autre témoin oculaire nous a montrée froide et silencieuse, et ne reconnaissant plus Bonaparte sous son costume de velours rouge. Une seule voix, une seule cria : « *Point d'empereur!* » et Napoléon, qui savait les moqueries, d'ailleurs platoniques, dont les Parisiens abreuvaient sa nouvelle cour, fut tout surpris lui-même de cette résignation. « *C'est une partie gagnée* », dit-il en se penchant à l'oreille de Duroc. Quant à l'enthousiasme, il n'y comptait pas, et s'en passa. A l'église le malheureux manteau faillit amener de nouveaux scandales; les sœurs de l'empereur le soutenaient avec tant de mollesse, qu'il manquait à chaque pas d'entraîner l'impératrice. Il fallut que Napoléon se retournât et rappelât en termes énergiques ses sœurs à leur devoir. On sait qu'au moment du couronnement l'empereur saisit la couronne des mains du pape, la mit sur sa tête, puis couronna lui-même l'impératrice. La chose n'était-elle pas préméditée? Il semble, d'après des témoignages récemment produits, que Bonaparte n'était pas disposé, dès le début, à recevoir de personne la couronne que, selon son expression, « il avait ramassée à terre. »

Cependant la cérémonie, selon l'aveu de l'archevêque de Malines, paraissait terriblement longue à tout le monde. Napoléon bâillait sans cesse, et bien des assistants n'osaient se regarder. L'aspect de l'ancien robespierriste, devenu monarque par la grâce de Dieu et du peuple, revêtu du manteau impérial semé d'abeilles, couronné de laurier, le sceptre et le globe en main, ne semblait pas inspirer à tous les spectateurs le sentiment de gravité nécessaire. Les généraux, qui les connaissaient si bien, ne pouvaient prendre au sérieux les nouveaux princes. Aussi contenaient-ils à peine leur gaîté, par respect pour le lieu saint.

La cérémonie enfin achevée, Napoléon rentra aux Tuileries, au milieu des illuminations; il exigea que chacun conservât son costume de fête et il s'enivra, comme le matin, de cette féerie dont il était à la fois le principal acteur et le spectateur le plus charmé.

Le lendemain recommencèrent les préoccupations d'un autre genre. Le pape devenait assez populaire à Paris par sa bienveillance et sa mine respectable; mais les prêtres italiens, habitués à vivre dans le monde et à se prodiguer, faisaient contraste avec la gravité et la décence des prêtres français. Napoléon profita de la légèreté des hommes d'État qui entouraient le pape et qui étaient généralement incapables, à l'exception de Consalvi. Les promesses faites à Pie VII étaient vagues et faciles à éluder. Le pontife lutta avec Portalis de finesse et d'habileté; en vain. Bientôt même l'étiquette se relâcha à son égard, et l'empereur, tout en annonçant dans le *Moniteur* les magnifiques présents dont il comptait enrichir Sa Sainteté, mit dans les marques de sa magnificence une économie dont Consalvi a eu la bonhomie de se plaindre dans ses Mémoires.

Deux autres projets enfin paraissaient attirer toute l'attention de Napoléon : le camp de Boulogne, c'est-à-dire l'invasion d'Angleterre, et la réunion de la couronne d'Italie à la couronne impériale. Cependant les fêtes du couronnement se prolongeaient. Il y avait eu une distribution d'aigles et de croix au Champ de Mars, laquelle avait été passablement humide, à cause d'une pluie battante; mais comme le *Moniteur* assurait que la présence du souverain avait été une compensation suffisante au mauvais temps, tout le monde devait être satisfait.

Aux Tuileries, malgré une succession de concerts et de spectacles, le maître, selon le mot de Talleyrand, était l'inamusable ; et ses passe-temps les plus innocents consistaient à entretenir les jalousies qui fermentaient autour de lui, et à dire des choses désagréables à chacun. Il paraît, d'après les témoignages unanimes, que les réceptions étaient mortelles. Quand Talma ou Fleury ne venait pas jouer quelque pièce du répertoire de la Comédie Française, quand on n'assistait pas à quelque concert ou à quelque ballet de l'Opéra, on jouait le whist ou le loto ; mais pas d'argent, l'honneur seulement, sans jeu de mots. Il y avait deux jeux principaux : la table de l'impératrice et celle de l'empereur. Les autres, qui avaient toujours peur de prêter le flanc à quelque reproche de Napoléon, formaient quatre à quatre des jeux fictifs ; on donnait les cartes, puis on observait, sans jouer, l'entrée du souverain. Il arrivait enfin précédé de plusieurs chambellans, qui disaient gravement : « Sa Majesté ! Messieurs ! » Alors il parcourait les salons, rappelant à ceux qu'il reconnaissait des anecdotes de leur vie privée qu'ils auraient préféré entendre raconter en moins nombreuse compagnie. Comme il n'avait pas la mémoire des noms, il avait adopté cette formule flatteuse et concise : « Et vous, qui êtes-vous donc ? » Le musicien Grétry, auquel il avait adressé déjà nombre de fois cette question, finit par s'impatienter et par répondre un jour : « Sire, toujours Grétry. »

Malheureusement pour la paix du ménage impérial, les distractions de Napoléon étaient souvent moins innocentes ; beaucoup d'entre elles avaient les cheveux blonds et les yeux bleus, au grand désespoir de Joséphine, qui passait une partie de son existence à épier les caprices de son mari. L'empereur s'en irrita d'abord, et plus d'une scène de ménage fut sur le point d'amener prématurément le divorce : mais l'indulgence de l'impératrice reprenait bientôt le dessus. D'autre part, Napoléon, qui ne voulait pas avoir l'air d'être gouverné, brisait rapidement ses idoles d'un jour, et les sacrifiait à l'affection véritable qu'il avait pour sa femme ; cependant tous ces petits scandales étaient connus du palais, et ne contribuaient pas à donner beaucoup d'autorité morale aux deux époux.

En dehors de ces incartades assez fréquentes et de ses préoccupations politiques, l'empereur, trouvait difficilement des plaisirs dont il fût satisfait. Il se défiait plus que jamais de la littérature, défendait d'autoriser toute tragédie qui reposerait sur des données modernes, et fixait aux auteurs pour exercer leur verve dramatique l'extrême limite de la Ligue. Il prétendait qu'Henri IV était trop près de l'époque actuelle pour fournir un sujet inoffensif au théâtre.

Il était pour les pièces de circonstance : il avait commandé pour le sacre à M.-J. Chénier un *Cyrus*, qui était tombé à plat, et qui n'avait eu que ce qu'il méritait. Il voulait persuader à Raynouard de faire une tragédie sur le passage de la première à la deuxième race ; le roi qui s'était substitué aux Mérovingiens, Pépin le Bref ou Charlemagne, devant être naturellement considéré comme le sauveur et l'homme du destin. Enfin il n'aimait pas les pièces dont le titre ne lui paraissait pas clair. Il écrivait d'Italie à Fouché la lettre suivante : « *Je désire que vous me fassiez connaître ce que c'est qu'une pièce de don Juan, qu'on veut donner à l'Opéra ; je désire connaître votre opinion sur cette pièce sous le rapport de l'esprit public* ». Certes, il est au moins singulier, pour ne pas dire plus, de voir le chef-d'œuvre de Mozart suspecté de cacher des intentions dangereuses pour l'État.

Quant aux quatorze journaux qui avaient trouvé grâce devant lui, Napoléon leur faisait mener la plus triste vie; il les blâmait pour ce qu'ils disaient et pour ce qu'ils ne disaient pas. Il leur imposait ses articles. Il leur défendait de parler de l'Angleterre autrement que pour attaquer *ses modes, ses usages, sa littérature, sa constitution*. Il leur ordonnait *d'animer l'esprit public* en injuriant les souverains étrangers. Enfin il les forçait de tromper l'opinion, et les obligeait à insérer de prétendues lettres de Russie ou d'Angleterre, rédigées dans son cabinet, et où étaient annoncés des préliminaires de paix, au moment où tout s'apprêtait pour la guerre. Le chef d'œuvre de l'organisation de la presse sous l'Empire fut la mesure qui consistait à attacher aux journaux suspects un censeur, payé par eux, pour surveiller leurs articles et leurs rédacteurs.

Cette impatience de tout contrôle, de toute observation, devait rapidement augmenter d'une manière incroyable l'infatuation de l'empereur. C'est déjà en 1805 qu'il écrivait ces deux phrases restées trop caractéristiques : « *J'en sais plus dans le bout de mon petit doigt que les hommes les plus remarquables de l'Empire* », et cette autre : « *L'armée a été admirable, en un mot elle s'est montrée digne de son chef* ». Il devait bientôt en arriver à supporter sans sourciller des flatteries invraisemblables, et il ne sentait pas de joie, lorsqu'il voyait, dans une fête à l'hôtel de ville de Paris, cette inscription sacrilège au-dessous de son portrait : *Ego sum qui sum*, c'est moi qui suis celui qui suis.

Il semblait dès cette époque insatiable de pouvoir et de titres nouveaux. En mars 1805, malgré son état d'hostilité permanente avec l'Angleterre, et l'attitude menaçante de la Russie et de l'Autriche, qui réclamaient contre l'occupation de la Hollande, du Hanovre, de la Suisse et du Piémont, il allait encore ajouter une provocation, en se faisant offrir par la république cisalpine la couronne d'Italie. Il partit en effet avec le pape, qu'il précéda à partir de Lyon, et vint jouir d'un nouveau couronnement à Milan. Il avait auparavant passé une grande revue dans la plaine de Marengo et avait repris pour ce jour-là l'habit du premier consul, au grand étonnement de son entourage, puis il était entré à Milan sous un arc de triomphe. Il avait ceint la couronne de fer des rois lombards et confié la vice-royauté à Eugène de Beauharnais. Il se montra roi aussi absolu qu'empereur tout-puissant. Lorsque le corps législatif du royaume d'Italie prétendit discuter longuement le budget, il fut tellement irrité qu'il écrivit à Eugène : « *Si la loi sur l'enregistrement ne passe pas, je la prendrai de ma propre autorité et, tant que je serai roi, le corps législatif ne sera pas réuni.* »

De retour en France, il parut énergiquement occupé de la descente en Angleterre. Ici se pose une question très délicate, sur laquelle les opinions sont encore partagées : Napoléon au camp de Boulogne eut-il, oui ou non, l'intention véritable d'envahir l'Angleterre? S'il faut en croire ses bulletins et ses lettres, il aurait conçu réellement cette folle entreprise, où sa fortune aurait sombré sans aucun doute. Mais, si l'on considère sa conduite ultérieure, il semble qu'au camp de Boulogne il ait été surtout secrètement décidé à faire la campagne d'Autriche. En tout cas, il est évident qu'il avait abandonné sa première entreprise bien avant qu'il ait annoncé à la grande armée son départ pour le Rhin.

Dès la réunion de la grande armée, Bonaparte s'était heurté à des obstacles invincibles. D'abord la marine française, dont l'effectif était formidable sur le papier, était inférieure par les cadres d'officiers, par les vaisseaux, de construction défectueuse, par les matelots, dont un grand nombre n'était pas fourni exclusivement par l'inscription maritime, mais par des recrues telles quelles, *enlevées* dans les villes de l'intérieur, c'est l'expression de Napoléon, par la presse, et complètement ignorantes des manœuvres maritimes. L'opinion de nos meilleurs marins, Decrès, Gantheaume, Bruix, Latouche-Tréville, Villeneuve était qu'il fallait se résigner à une guerre défensive sur mer et Bonaparte s'était par conséquent rapidement résolu à reprendre l'offensive sur le continent. S'il exigea plus tard de la flotte une initiative qui aboutit au désastre de Trafalgar, c'est qu'il comptait sur son étoile. Toujours il refusa d'accepter le responsabilité d'une défaite que ses ordres avaient rendue inévitable. Il en chargea le malheureux amiral Villeneuve, qu'il appela lâche et qui, ne pouvant obtenir justice, se suicida.

Qu'il ait promptement renoncé aux espérances du camp de Boulogne, la preuve en est dans l'attitude agressive qu'il imposa dans l'été de 1805 à sa diplomatie. Irrité par une circulaire de lord Hawkesbury, qui reprochait à Napoléon d'avoir à tort impliqué le gouvernement anglais dans la conjuration de Cadoudal, il y répondait en faisant enlever à Hambourg, ville libre, le résident anglais, et cela sans autre intention que de montrer à l'Europe combien il tenait peu de compte de ses ennemis. Il allait plus loin : il menaçait de faire subir le même sort à une maison de commerce anglaise établie dans la même ville.

Cette violation du droit des gens faillit coûter cher à Napoléon. Le roi de Prusse, excité en secret par l'empereur de Russie, Alexandre, et par sa femme, la reine Louise, remplaça son ministre d'Haugwitz, partisan décidé de la France, par un ministre plus indépendant, Hardenberg, et réclama des explications que Napoléon, qui connaissait alors l'alliance austro-russe, donna immédiatement.

En septembre 1805, la guerre continentale éclata tout à coup. L'Autriche envahit la Bavière sous un prétexte plus ou moins plausible, et l'empereur se résolut immédiatement (il est vrai qu'il s'y préparait depuis longtemps) à soutenir ses alliés d'Allemagne. On connaît cette admirable campagne de 1805, où le génie audacieux de Napoléon frappa des coups redoublés. Il se confirma alors dans cette idée qu'il était invincible, et il la conservera jusqu'à Leipzig. Maître de Vienne, le 15 novembre, il ne négligea pas, pendant qu'il préparait l'action décisive d'Austerlitz, la police politique et diplomatique dont il ne laissait le soin à personne. De Vienne il gourmandait Fouché, redevenu en 1804 ministre de la police, de la négligence qu'il apportait dans la surveillance du faubourg Saint-Germain. Il lui désignait les personnes dangereuses, Mme de Damas, par exemple, dont il fallait redouter la parole et les intrigues.

A Vienne même, il avait auprès de lui son policier particulier, Savary, qu'il employait à rechercher en Autriche ceux des émigrés irréconciliables qu'il eût voulu tenir sous les verrous. Parmi eux était un ancien constituant, M. d'André, qui fit solliciter le premier chambellan, M. de Rémusat, son ami d'enfance, de demander sa radiation de la liste des émigrés. Napoléon, qui depuis longtemps faisait rechercher M. d'André dans des intentions moins charitables, se fâcha tout rouge contre le pauvre Rémusat, qui se le tint pour dit. Quelque temps après, Savary fut chargé par l'empereur d'obtenir du chambellan malencontreux l'indication de la retraite de M. d'André. Il lui promettait, au nom de l'empereur, qu'en échange de cette dénonciation sa fortune serait faite. Rémusat allégua l'honneur et les relations d'amitié qui l'unissaient à d'André. « Quel enfantillage, répondit Savary, puisqu'il s'agit de votre fortune! » A tous les arguments de son interlocuteur, qui garda son secret, le duc de Rovigo ne trouvait toujours que cette réponse : « Mais puisqu'il s'agit de votre fortune! » Ce n'est pas que Savary fût un méchant homme; mais il connaissait l'empereur, il voulait arriver, et l'influence du maître était tellement corruptrice, qu'elle ôtait à ses serviteurs la notion précise de la morale la plus simple. L'empereur donnait le premier l'exemple de cette inconscience. Il lui était impossible de croire que le sentiment national des peuples vaincus dût persister devant l'admiration qui lui était due. Vainqueur à Austerlitz, dictant la paix à Presbourg, il traitait les Viennois avec une faveur marquée. Il leur épargnait les exactions et les maux de la guerre; mais il s'irritait de les voir rester sombres devant lui, et accueillir avec mépris les violentes invectives qu'il avait publiées dans les journaux contre la famille impériale d'Autriche. Il ne pouvait comprendre qu'eux, Autrichiens, acclamassent le nom de leur chef national, François II. Il en était arrivé à ce point que, maître souverain en France, il regardait toute résistance morale contre son autorité en Europe comme un crime de lèse-majesté divine. Il concevait déjà ce plan gigantesque et insensé de mettre dans sa main tout le continent. Il considérait Alexandre comme incapable de lui résister après son échec d'Austerlitz, et en tous cas il était prêt à lui céder l'Orient; mais il regardait la Prusse comme une puissance perdue depuis que, ayant attendu une défaite de la France pour se déclarer contre elle, elle avait fait brusquement volte-face et s'était inféodée au vainqueur, au prix de la cession du Hanovre.

Quant à l'Autriche, Napoléon hésitait à la laisser vivre.

Il pensait alors à son démembrement définitif, et l'eût accompli sans Talleyrand qui lui conseilla la modération, mesure sage, si elle eût été complète. Malheureusement l'empereur ne fut ni modéré ni impitoyable. Au traité de Presbourg, François II céda la Vénétie à l'Italie, et ses possessions de Souabe, partagées entre le nouveau roi de Wurtemberg et le grand-duc de Bade; il dut perdre encore le Tyrol donné à la Bavière, et la Dalmatie où l'empereur tailla des principautés et des majorats, richement rentés, pour plusieurs de ses généraux. Ce traité, en humiliant l'Autriche, ne lui enlevait pas suffisamment la force de recommencer. Aussi le prince Charles, le vaillant adversaire de Napoléon et de Masséna, disait à ses soldats en les quittant : « Mes amis, nous recommencerons demain. »

Malgré les fautes diplomatiques commises à Presbourg, ce fut un beau moment dans l'histoire de l'empire; à peine trouvait-on le temps de pleurer la perte de la marine française à Trafalgar. Pitt se mourait lentement, frappé « par le soleil d'Austerlitz »; l'Europe avait appris à ses dépens que le nouvel empire avait hérité sinon des idées, au moins des armées victorieuses de la République. Napoléon atteignit alors peut-être le plus haut point de sa renommée. Le prince Charles, le héros autrichien, demanda la faveur d'être présenté au vainqueur, qui, flatté par cet hommage, fit préparer un sabre précieux qu'il voulait offrir à son adversaire le plus remarquable. Il paraît que dans l'entrevue, l'archiduc ne se montra pas suffisamment admirateur, ou peut-être eut-il le mauvais goût de ne pas sacrifier l'antique gloire de sa patrie aux pieds du nouveau Charlemagne; toujours est-il que lorsque Napoléon le reconduisit, un chambellan s'étant présenté avec l'épée, l'empereur le repoussa en s'écriant avec cette

vulgarité d'expressions dont il ne pouvait se défaire :
« *Laissez-moi tranquille, c'est un imbécile!* »

Napoléon avait dû souffrir d'autant plus de l'indépendance de l'archiduc qu'il était déjà tourmenté par l'irrésistible ambition d'obtenir ses lettres de grande naturalisation dans les vieilles familles régnantes, Habsbourg, Hohenzollern, ou Romanow. Le mot de Paul-Louis Courier : il aspire à descendre ! va devenir chaque jour plus vrai. A première vue, l'époque d'Austerlitz, d'Iéna, de Tilsitt paraît aussi brillante que celle du Consulat, de Marengo et de la paix d'Amiens. Mais si l'on étudie de plus près l'âme de Bonaparte, on y trouve, dès 1804, des traces déjà fort marquées de décadence, je ne dis pas morale (c'est une expression qui ne peut jamais s'appliquer ici), mais intellectuelle. On est surpris de la rapidité avec laquelle l'intelligence si ferme du législateur de l'an VIII a été touchée par la manie des grandeurs, par la folie de l'orgueil, par les ridicules de la plus petite vanité. A Austerlitz, l'empereur est toujours le plus grand général de son temps, de tous les temps, le politique est déjà sur le déclin, l'homme a perdu la santé de sa raison ; il avait trente-six ans.

CHAPITRE VII

L'EUROPE VASSALE

Les projets de Napoléon. — La noblesse impériale. — Les rois-préfets. — L'Allemagne et Napoléon. — Rupture avec la Prusse.

On a calculé le temps que de 1805 à 1814 Napoléon a passé à Paris. Sur trois mille cinq cents jours de règne, l'empereur n'y a séjourné que pendant neuf cent. Sur près de dix ans de domination, les expéditions militaires, les voyages diplomatiques ou politiques, les déplacements de plaisir ou d'affaires ont absorbé plus de sept ans. Cette activité inquiète et tourmentée n'était pas causée seulement par les nécessités de la situation. C'était aussi une conséquence maladive des chimères que Napoléon s'était forgées. Le but qu'il se proposait reculait toujours devant lui. A des conceptions nettes et précises se mêlaient dans son imagination surmenée des visions vagues et irréalisables. Pour échapper à l'obsession de ses continuels projets, il s'agitait, se débattait, parlait sans cesse, le plus souvent avec une profondeur et une force que son vigoureux cerveau conserva longtemps, quelquefois déjà avec

1. BIBLIOGRAPHIE. — **Rambaud**, Les Français sur le Rhin. — **Strossberger**, Le royaume de Westphalie (all.). — **Rocquain**, Napoléon et le roi Louis. — **Du Casse**, les frères de Napoléon. — **Gervinus**, Histoire du xixe s. (t. I et II, trad. franç.).

une incohérence que les contemporains observeront chaque jour davantage. Dominer la France, dompter l'Autriche, soumettre l'Allemagne, plier l'Europe entière à sa volonté, faire servir dix peuples continentaux à la ruine de la nation insaisissable, de l'Angleterre, ce n'est pas un grand dessein, c'est un cauchemar, c'est une idée fixe, c'est le commencement du délire.

Aussi nous allons désormais l'entendre faire les déclarations les plus extravagantes, exiger les respects et les génuflexions les plus extraordinaires, ne se rassasier jamais des hommages les plus serviles, et trouver encore insuffisante cette apothéose de tous les instants. Il disait à cette époque : « *Je suis venu trop tard; il n'y a plus rien de grand à faire; j'en conviens, ma carrière est belle; j'ai fait un beau chemin; mais quelle différence avec l'antiquité : voyez Alexandre après avoir conquis l'Asie et s'être annoncé au peuple comme le fils de Jupiter : à l'exception d'Aristote et de quelques pédants d'Athènes, tout l'Orient le crut. Eh bien! moi, si je me déclarais aujourd'hui fils du Père éternel, et que j'annonçasse que je vais lui rendre grâce à ce titre, il n'y a pas de poissarde qui ne me sifflât sur mon passage. Les peuples sont trop éclairés aujourd'hui, il n'y a plus rien de grand à faire.* »

Cette boutade cachait sous la forme de la plaisanterie le désir secret du grand homme. Quoiqu'il en eût, il lui fallait bien entendre, en dépit des splendeurs de sa vie nouvelle, une voix secrète qui leur marquait un terme et lui disait : tu n'iras pas plus loin. Or, il le comprenait bien. Un moment d'arrêt dans le progrès de sa grandeur était le signal de la chute. La lourde charge qu'il s'était imposée de mettre seul en mouvement et le peuple français et l'Europe entière, attachée à son char de victoire, devait l'entraîner rapidement, le jour où l'effort en avant lui deviendrait impossible. Comme le Juif-Errant de la légende, il était condamné à marcher sans repos ni trêve et à prendre la devise du poète et de Charles-Quint : « Toujours plus haut, ou plus oultre ». Quoi d'étonnant que dans cette lutte continuelle pour atteindre l'inaccessible, son génie, comme le cerveau humain, où l'effort fait affluer le sang, se soit peu à peu congestionné, et ait perdu avec les années, sinon la faculté de préparer les voies et les moyens, au moins celle de comprendre autre chose que son propre moi et la légitimité d'y sacrifier le monde?

Lorsque l'organisation du nouvel Saint Empire Romain prit sa forme définitive en 1806, il n'y avait plus en Europe, il n'y avait plus sur la terre habitée, aux yeux de Napoléon, d'autre volonté vivante que celle de l'empereur. Mais il ne doit pas porter seul la responsabilité de cet effroyable aveuglement. Les Français faisaient tout ce qu'ils pouvaient pour le confirmer dans l'adoration de lui-même.

Dans les corps officiels l'enthousiasme napoléonien tenait du délire, après Presbourg. Au tribunat, on proposa de rétablir pour lui le triomphe antique, de lui élever un temple à Paris, de consacrer l'épée qu'il portait à Austerlitz, et quand toutes les motions eurent été épuisées, un membre poussa l'épilepsie de la flatterie jusqu'à prononcer cette phrase de thuriféraire affolé : « *La langue ne fournit pas d'expressions assez fortes pour atteindre de si grands objets ni pour rendre les émotions qu'ils font éprouver.* »

Le Sénat décréta une colonne commémorative (la colonne Vendôme); il vota que la lettre de l'empereur, annonçant l'arrivée des drapeaux d'Austerlitz, serait gravée en lettres d'or sur le marbre et placée dans la salle des séances.

Le peuple lui-même, le peuple parisien, si frondeur,

s'était laissé prendre à cette brillante épopée militaire. Lors d'une cantate de circonstance exécutée à l'Opéra, par un mouvement spontané du public, des branches de laurier étaient distribuées à tous les assistants. On renouvelait ainsi par une habitude sacrilège, que l'on commençait à prendre, les traditions sacrées auxquelles il devint habituel de faire appel pour célébrer dignement la divinité nouvelle.

Dans l'intérieur du palais, la flatterie s'exerçait d'une manière non moins ingénieuse, et l'empereur écoutait sans sourciller des vaudevilles, joués en famille, et où se rencontraient des couplets dont l'un des plus modestes était le suivant :

> Ce qui dans le jour m'intéresse,
> La nuit occupe mon repos,
> Et ce dont je rêve sans cesse,
> C'est la gloire de mon héros.
> Les songes, dit-on, sont des fables,
> Mais quand c'est de lui qu'il s'agit,
> J'en fais que l'on trouve incroyables,
> Et sa valeur les accomplit.

Il faut insister sur ce concert de flatteries, d'adulations plates et souvent viles, parce que la justice de l'histoire y est intéressée. Nous n'aurions pas le droit de juger aujourd'hui sévèrement la vie et le gouvernement de Napoléon, si nous ne déplorions pas le singulier affaiblissement des caractères qui signala alors la société française. Napoléon s'enivrait de l'encens qu'on lui prodiguait et commençait à prendre en considération sérieuse sa divinité; il était bien près de passer Dieu, non après sa mort, mais de son vivant. A cette métaphysique s'ajoutaient des projets plus temporels, et parmi eux l'établissement de l'Empire d'Occident. Depuis Presbourg, l'empereur avait adopté un ton protecteur et quasi paternel à l'égard des rois d'Europe. Alexandre était un jeune homme qui promettait, mais qui ferait bien d'être modeste. François II se consacrait à la félicité de ses sujets et il avait bien raison. Le roi de Prusse savait qu'il dépendait entièrement de la bienveillance de Napoléon, bienveillance qui lui était acquise d'ailleurs. Le roi Charles IV d'Espagne, vieillard décrépit, qui admirait béatement l'empereur, était traité avec l'indulgence due aux vieillards tombés en enfance. Quant à « *ma* » confédération germanique, à *mes* peuples d'Italie et de Hollande (ainsi s'exprimait le tout-puissant Auguste), ils étaient soumis à la férule impériale, qui n'était pas toujours tendre. Les opposants seraient brisés. L'Angleterre? comment vivrait-elle quand l'empire d'Occident, c'est-à-dire l'Europe entière, lui fermerait ses ports? La moderne Athalie, c'est-à-dire la reine de Naples, avait commis trop de crimes; on ne lui pardonnerait plus, elle avait cessé de régner. Pour le pape, on le tolérait à condition qu'il se rappelât que Napoléon était l'empereur de Rome.

Il formulait sa théorie en ces termes : « *Un temps* « *viendra bientôt, où tous les princes de l'Europe viendront* « *construire un palais à Paris, pour assister au couronne-* « *ment de chaque empereur d'Occident.* » Le système fut traduit en langage officiel dans un décret lu au Sénat le 30 mars 1806 par Cambacérès; ce décret fixait la constitution définitive de la maison impériale, de la noblesse apanagée en Italie, des feudataires domestiques. Peu après parut l'organisation de la confédération du Rhin, dont l'empereur était le protecteur, et on annonça les alliances de famille avec les princes allemands. Ces créations furent accueillies assez froidement par les masses populaires, mais les administrations montrèrent l'enthousiasme accoutumé; on imagina un Saint-Napoléon, dont la fête fut confondue avec celle de la Sainte-Vierge, le 15 août. Pour sanctifier encore davantage la dynastie, on introduisit dans le catéchisme la mention des devoirs qui lui étaient dus. Napoléon tenait essentiellement à voir son nom mêlé aux prescriptions du dogme. Il insista partout pour faire accepter le catéchisme modifié. Ce qu'il y eut d'assez étonnant, c'est que le légat du pape, le cardinal Caprara, en autorisa l'adoption.

Si la personne sacrée de l'empereur se trouvait ainsi mise sous la sauvegarde des sentiments religieux, il fallait aussi que son entourage participât à sa gloire et à son inviolabilité. Napoléon n'oublia pas de donner, dans son fameux décret du 30 mars 1806, à la nouvelle noblesse qu'il créait, ce caractère d'intermédiaire entre la Majesté terrible du souverain maître et la foule qui s'agitait à ses pieds. Le décret traitait les nouveaux comtes et ducs d'intercesseurs entre l'empereur et le peuple, c'est l'expression du livre de messe. « Saints Anges et Archanges, priez pour nous ! »

Il était depuis longtemps préoccupé de mettre entre lui et la nation ces intercesseurs nécessaires. A l'ancienne noblesse, il ne fallait pas songer, parce qu'elle ne dépendait pas assez de lui : il ne l'écartait pas, loin de là ; mais il voulait lui donner une investiture nouvelle, et créer d'un mot la hiérarchie des nouveaux féodaux : « *Il faut, écrivait-il, trente maisons de ducs qui s'élèvent à Paris avec le trône ; il faut leur donner 500 000 francs argent en bons de la Caisse pour payer la maison et au moins 100 000 francs de rente. Soit 18 millions. 60 maisons de comtes qui aient maison à Paris ou dans les chefs-lieux de départements. Il faut qu'ils aient 50 000 francs de rente au moins et 200 000 francs pour payer la maison. Soit 15 millions. 400 barons ayant au moins 5000 francs de rente* (c'était au plus juste prix), *2 millions.* » Ainsi pour faire 490 ducs, comtes ou barons, il ne fallait que la modeste somme de 35 millions ; mais quand on fait des ducs et des comtes ou des barons on n'en saurait trop faire, aussi Napoléon créa-t-il bientôt 388 comtes et 1090 barons. Tous, ducs, princes, barons et comtes, prélevèrent chaque année, soit en dotation, soit en majorats, la somme de 30 000 000. Les mieux apanagés étaient Berthier, le futur prince de Neufchâtel, qui touchait en revenus 1 354 945 francs (on nous fait grâce des centimes), puis Davout 910 000 francs, puis Ney 628 000, Masséna 683 000, Cambacérès 450 000, et ainsi de suite... C'est ce que Napoléon appelait changer le plan de la noblesse *qui n'était que féodale et élever sur ses débris une noblesse historique fondée sur l'intérêt de la patrie et les services rendus aux peuples et souverains.* Certes Davout, l'intègre et honnête vainqueur d'Auerstaedt, l'honorable Moncey, le brave Serrurier, le grand Masséna méritaient de hautes et dignes récompenses; mais est-il bien certain qu'en les comblant ainsi des dépouilles des peuples vaincus, et en les parant de titres ambitieux, et qui rappelaient ce que la Révolution avait voulu détruire, l'empereur pensait les honorer et les faire respecter davantage du peuple, dont ils étaient sortis? Eux-mêmes, en dépit de cette soif de l'or et des grandeurs, sur laquelle on doit passer rapidement à cause de leurs services et de leurs vertus militaires, n'eurent-ils pas quelquefois des nausées devant les récompenses pécuniaires dont on les accablait? Le jour de la bataille d'Eylau n'ont-ils pas éprouvé un sentiment mal dissimulé de répulsion, lorsqu'en dînant avec l'empereur, ils trouvèrent un billet de banque de 1000 francs sous leur serviette? Certes Lannes était dans le vrai, quand il se faisait gloire de son véritable titre, celui qui rappelait ses glorieux faits d'armes à Lodi, en Égypte et à Montebello, et qu'interrompant un chambellan du roi de Wurtemberg, il s'écriait : « Vous n'êtes que le serviteur d'un roi; moi je suis un maréchal de France. » D'autres se sauvaient du ridicule par l'esprit; et Junot, lorsqu'il devint duc d'Abrantès, apprenant les sarcasmes du faubourg Saint-Germain, disait, non sans raison : « La différence qu'il y a entre eux et moi, c'est qu'ils sont des descendants et que je suis un ancêtre ». Mais les duchés et le billet de banque n'étaient pas nécessaires à leur gloire. Napoléon ne voulait pas en compensation que sa nouvelle noblesse gardât son aspect soldatesque; il exigeait de ses rudes généraux l'assiduité à Saint-Cloud et aux Tuileries; il les forçait à dépouiller leur costume militaire, qui attestait leurs mérites, pour les habits de cour. Les hommes de guerre habitués aux grosses bottes faisaient assez triste figure en bas de soie, et l'empereur prenait un très grand plaisir à voir leur air embarrassé au milieu des dorures et des broderies qui les tenaient tout raidis et tout guindés. D'ailleurs il ne se faisait pas d'illusion sur l'effet produit par l'or qu'il répandait autour de lui : « *J'ai fait des ingrats*, disait-il, *mais je saurai bien les rattraper.* »

Si les nouveaux nobles étaient ingrats, il est facile de penser quels devaient être les sentiments des peuples qui payaient les frais de cette mascarade. Sous ce rapport les Italiens avaient été favorisés : les premiers duchés désignés furent ceux de Trevise, de Frioul, de Cadore, de Bellune, de Conegliano, de Feltre, de Bassano, de Vicence, de Padoue, de Rovigo. On réservait aux titulaires le 15ᵉ des revenus du pays, plus 30 millions de biens nationaux, plus des rentes constituées sur la couronne d'Italie. Les bénéficiaires étaient Mortier, Bessières, Duroc, Champagny, Victor, Moncey, Clarke, Maret, Caulaincourt, Arrighi, Savary. Il y avait deux principautés feudataires en Dalmatie (Dalmatie et Raguse pour Soult et Marmont). D'autres duchés furent créés dans la principauté de Lucques (Plaisance pour Lebrun et Massa pour Regnier). Enfin dans le royaume de Naples, Otrante pour Fouché, Reggio pour Oudinot, Tarente pour Macdonald. Le roi Joseph et le pape se disputant Bénévent et Ponte-Corvo, Napoléon les mit d'accord en donnant à Talleyrand la principauté de Bénévent et à Bernadotte celle de Ponte-Corvo. Bernadotte jouait encore au Jacobin, et tout en recevant les revenus de sa principauté, il n'en porta le titre que sur un ordre irrité de l'empereur.

Sans compter les revenus de la noblesse impériale, « *mes peuples d'Italie* » entretenaient encore la caisse de la Grande Armée, destinée à fournir régulièrement aux récompenses et aux besoins militaires. Le fonds primitif en avait été formé par la contribution de l'Autriche à Presbourg ; mais les biens nationaux d'Italie, dont Bonaparte avait déclaré s'emparer, en Lombardie comme souverain, en Vénétie du droit de la guerre, servirent à l'alimenter et à porter cette réserve à plus de 150 millions.

Napoléon avait tenu à s'entourer d'une noblesse toute à lui. Il tenait encore plus à s'entourer de rois vassaux, ou, comme on l'a dit en se servant d'une expression plus exacte, de rois préfets.

Le décret du 30 mars 1806 annonçait l'élévation du prince Joseph au trône de Naples; du prince Joachim au grand-duché de Clèves et de Berg, du prince Berthier à la principauté de Neufchâtel; plus tard on devait apprendre (août 1806) la transformation de la Hollande en royaume pour Louis Bonaparte.

On a répété à satiété que le roi Joseph avait accepté la

couronne de Naples la mort dans l'âme : ce n'est pas l'exacte vérité. Doué d'une certaine indolence de caractère, Joseph se serait volontiers contenté de son palais du Luxembourg et de son château de Mortefontaine. Mais, étant donnée la volonté de Napoléon, d'établir ses frères et beaux-frères sur les trônes qu'on pourrait se procurer, il n'avait pas l'intention de laisser sa part. S'il avait refusé autrefois la vice-royauté d'Italie, c'est qu'il se trouvait ainsi trop près du redoutable Charlemagne, et qu'il eût voulu tout au moins avoir l'air de gouverner par lui-même. Mais, lorsqu'en 1806, Napoléon voulut occuper le royaume de Naples et refusa, selon son expression, de pardonner à la reine Marie-Caroline son attitude hostile pendant la campagne d'Austerlitz, attitude, il faut le dire, légèrement justifiée par les outrages dont l'empereur abreuvait le gouvernement napolitain, il mit Joseph en demeure d'accepter. Il disait à Miot de Melito, qu'il envoyait pour diriger le gouvernement du nouveau roi : « *Dites-lui qu'il ne faut ni hésitation ni incertitude : tous les sentiments d'affection cèdent maintenant à la raison d'État; je ne connais pour parents que ceux qui me servent. Tous nos rapports d'enfance, il faut que Joseph les oublie, qu'il se fasse estimer, qu'il acquière de la gloire, qu'il se fasse casser une jambe, qu'il ne redoute plus la fatigue; ce n'est qu'en la méprisant qu'on devient quelque chose. Voyez-moi, la campagne que je viens de faire, l'agitation, le mouvement m'ont engraissé; je crois que si tous les rois de l'Europe se coalisaient contre moi, je gagnerais une panse ridicule. Vous avez entendu; je ne puis plus avoir de parents dans l'obscurité; ceux qui ne s'élèveront pas avec moi ne seront plus de ma famille; j'en fais une famille de rois qui se rattacheront à mon système fédératif.* »

Voilà le bon Joseph parti en guerre pour s'emparer du royaume de Naples ; il avait stipulé avec un soin exemplaire qu'il gardait son titre de prince français, et qu'il conservait des droits au trône de ses pères ou plutôt de son frère. Le métier était d'ailleurs souvent désagréable et le nouveau monarque regrettait sa grosse sinécure de grand électeur. « *Je donnerais tout au monde pour une caresse de ma grande Zénaïde et une caresse de ma petite Lolotte,* » écrivait-il à sa femme, la pauvre reine Julie, qui au milieu de ses dignités conservait l'aspect indélébile de l'honnête femme d'un négociant, occupée à tenir les livres. Il recommandait par la même occasion à la reine de Naples de raconter des histoires au petit Oscar ; or, ce petit Oscar était le fils de Bernadotte qui devait succéder sur le trône de Suède à son père, et mourir roi en 1859.

La tâche était rendue peu attrayante par les exigences de l'irascible suzerain. Joseph voulait se montrer doux au début. Napoléon lui ordonna d'envoyer en France, dans les prisons d'État, tous les individus qui pouvaient le gêner ; il lui enjoignit *ex abrupto* de frapper le pays d'une contribution de 30 000 000. Si le malheureux souverain parle de l'attachement que son aspect bénin a pu inspirer à ses nouveaux sujets, l'implacable maître le tire rudement de cette illusion : « *Quel amour, voulez-vous,* lui écrit-il, *qu'ait pour vous un peuple pour qui vous n'avez rien fait, chez lequel vous êtes par droit de conquête avec 40 ou 50 mille étrangers ?* » Joseph veut-il, comme don de joyeux avènement, abolir l'impôt du sel, l'empereur voit d'un mauvais œil la popularité qui va rejaillir sur son frère. « *Il est déplacé,* lui dit-il, *de dire que l'impôt du sel est aboli dans le royaume de Naples, quand je l'établis en France ; si vous l'avez aboli, vous avez mal fait. Comment aurez-vous une armée, si vous accoutumez vos peuples à ne rien payer ? Il faut qu'il payent autant qu'en France, où il y a gabelle, enregistrement, timbre, sel* ». Citons enfin, cette phrase qui suffirait à tous les hommes de bonne foi et qui n'ont point pris parti, pour juger sévèrement Napoléon : « *Mon frère, je désirerais bien que la canaille de Naples se révoltât; tant que vous n'aurez pas fait un exemple vous n'en serez pas maître; je regarderais une révolte à Naples comme un père de famille voit une petite vérole à ses enfants : pourvu qu'elle n'affaiblisse pas trop le malade, c'est une crise salutaire* ». De pareilles exigences stupéfiaient le roi de Naples; ce n'était rien à côté des épreuves qu'il devait subir lorsque, par avancement, il devint roi d'Espagne.

Le second des feudataires domestiques (par la date) fut Murat. Le prince Joachim, comme on l'appelait, ne se sentait pas d'aise d'être une altesse; mais il espérait bien que sa fortune irait jusqu'à la couronne : malheureusement Talleyrand, qui n'avait pas de confiance dans l'intelligence du beau-frère de l'empereur, s'opposait à ce qu'on gaspillât les trônes disponibles à son profit. Aussi Murat disait-il avec désespoir et avec son accent gascon : *Moussu de Talleyrand, il ne veut pas que je sois roué*. Enfin Bonaparte, comptant sur la princesse Caroline pour maintenir son mari dans une ligne politique assez droite, lui accorda avec les honneurs royaux le grand-duché de Clèves et Juliers, capitale Dusseldorf, sur le bas Rhin, pays cédés par la Prusse en échange du Hanovre en même temps que la principauté de Neufchâtel, au traité de Schœnbrunn. Il eut même l'attention d'augmenter les États de son beau-frère de quelques districts circonvoisins. Murat ne fut pas aussi reconnaissant qu'il l'aurait dû, car il parla bientôt à son tour de ses peuples de Westphalie, et prit même peu à peu l'audace de résister à l'empereur. Lorsque Napoléon voulut lui reprendre Wesel, le grand-duc de Berg était tellement identifié avec sa nouvelle situation, qu'il écrivait en souverain de vieille race : « *Il ne me reste plus qu'un parti à prendre, celui de me jeter avec mon armée dans la ville de Wesel et de m'y défendre; on verra si l'empereur aura le front d'en venir faire le siège, aux yeux de l'Europe.* » Son irritation se calma, lorsqu'il y eut un mouvement de promotion dans les trônes feudataires. Mais Napoléon se souvint de la résistance du grand-duc de Berg; et au lieu d'obtenir un avancement de première classe, c'est-à-dire l'Espagne, il fut réduit à se contenter du royaume de Naples.

Berthier, le fidèle chef d'état major de l'empereur, devint prince de Neufchâtel, mais à une condition qui n'avait pas l'air de lui sourire. « *Vous verrez*, lui écrivait Napoléon, *ce que j'ai fait pour vous; mais à une condition : il faut que vous vous mariiez : vous avez cinquante ans, mais vous êtes d'une race où l'on en vit quatre-vingts; et ces trente années sont celles où les douceurs du mariage vous sont le plus nécessaires.* »

Enfin Pauline Bonaparte, la princesse Borghèse, devenait duchesse de Guastalla. Elle se souciait peu des grandeurs et n'enviait pas à sa sœur Élisa Bacciocchi la principauté voisine de Piombino. Aussi, après avoir gardé quelque temps ses États pour la forme, elle les vendit tout tranquillement au royaume d'Italie, pour 400 000 francs de rente.

L'affaire de Hollande était plus compliquée. Les Hollandais avaient trop le sentiment des droits de leur nationalité pour se laisser sacrifier sans murmurer. Napoléon ne pouvait y caser son plus jeune frère Jérôme, qui s'était décidé à se séparer de sa première femme, Mlle Paterson, dont il avait un fils. Jérôme était encore trop jeune et trop léger. L'empereur destinait aux Hollandais son frère Louis, qu'une attitude assez digne et un peu froide, que la modération de son ambition avaient fait considérer comme un véritable prodige à la cour de Saint-Cloud. Aux premières ouvertures de son frère, au sujet de la Hollande, Louis avait répondu par un refus catégorique, comme il avait déjà fait pour la vice-royauté d'Italie et pour le royaume de Naples. Mais Napoléon ne se découragea pas; le président ou grand pensionnaire de la République Batave Schimelpenninck étant devenu aveugle, ce fut un prétexte suffisant. Les chefs du parti français, l'amiral Verhuell, Goguel, Van Styrum, Six et Porentzèl se constituèrent en commission pour venir demander à Paris l'établissement de la royauté et le gouvernement du prince Louis-Napoléon Bonaparte. Mais il y eut des protestations, et des pamphlets républicains furent répandus à la Haye et à Harlem. Bonaparte, irrité de cette velléité d'opposition, mit alors les Hollandais au pied du mur. Il disait à Talleyrand : « *La Hollande est sans pouvoir exécutif, il lui en faut un; je lui donnerai le prince Louis; c'est une affaire à laquelle je suis décidé; cela, ou bien la réunion.* » Les commissaires hâtèrent alors leurs démarches et l'affaire fut faite. Une seule personne n'avait pas été prévenue officiellement. C'était Louis Bonaparte. Il demanda à s'exiler en Italie, il lui fut répondu par un refus; l'excuse de sa santé fut écartée de même, et Napoléon lui imposa définitivement la couronne en lui défendant, en sa qualité de souverain parlant à un sujet, de formuler de nouvelles objections. Louis se soumit enfin, mais non sans une profonde tristesse, pour deux raisons : la première, qui était à son honneur, c'est qu'il ne se sentait pas disposé à sacrifier les Hollandais à l'ambition de l'empereur et qu'il prévoyait les orages qui ont signalé son règne si court; la seconde, c'est que, à la cour de la Haye, il ne pouvait vivre assez éloigné de la reine Hortense, sa femme, pour laquelle il éprouvait une aversion insurmontable qu'expliquent les bruits atroces qu'on avait fait courir sur les rapports de l'empereur et de sa belle-fille. Si Napoléon s'était préparé des ingrats en créant sa noblesse impériale, on voit qu'il n'avait pas été beaucoup plus heureux en imposant des royaumes à ses frères.

Seul, le vice-roi d'Italie, Eugène de Beauharnais, continuait à montrer une obéissance passive et une soumission absolue qui charmait l'empereur. Aussi lui fut-il réservé un beau mariage. Après Austerlitz, Napoléon avait comblé de faveurs l'électeur de Bavière Maximilien-Joseph. Il en avait fait un roi, et avait obtenu de lui qu'il rompît le mariage de sa fille Auguste avec le fils du grand-duc de Bade et qu'il la destinât au vice-roi d'Italie. C'était un parti inespéré. L'empereur, comme d'habitude, décida sans consulter les intéressés. Il écrivit à Eugène : « *Mon cousin, je suis arrivé à Munich; j'ai arrangé votre mariage avec la princesse Auguste : il a été publié ce matin; cette princesse m'a fait une visite; elle est très jolie : vous trouverez ci-joint son portrait sur une tasse; mais elle est beaucoup mieux.* » Après tout, Napoléon y mettait encore des formes, il envoyait l'image de la princesse sur une tasse. Cependant, pour une fois, le mariage réussit bien; l'égalité d'humeur du vice-roi, la simplicité aimable de la princesse rendirent leur intérieur fort heureux, non sans que Napoléon s'en mêlât quelquefois un peu trop. Eugène, comme tous les agents de l'empereur, craignait « *le miracle de la présence réelle* ». Il travaillait du matin au soir, pour satisfaire le maître et éviter les rudes rappels à l'ordre qu'on ne lui ménageait pas. Napoléon prit en main, sans qu'elle le lui demandât, la cause de la princesse Auguste, qui, disait-il, devait s'ennuyer d'avoir un mari si occupé. « *Mon fils, écrivait-il à Eugène, vous travaillez trop ; votre vie est trop monotone. Cela est bon pour vous ; mais vous avez une jeune femme ; je pense que vous devez vous arranger pour passer la soirée avec elle et vous faire une petite société ; il faut avoir plus de gaîté ; cela est nécessaire pour le bonheur de votre femme et pour le vôtre ; je mène, il est vrai, la même vie que vous ; mais j'ai une vieille femme qui n'a pas besoin de moi pour rechercher les fêtes et les plaisirs.* » Enfin Bonaparte, dans cette lettre, poussait ses conseils jusqu'à des détails intimes, qui prouvent qu'entre toutes les tyrannies, s'il en exerça une plus que les autres, ce fut celle de l'indiscrétion. Heureux cependant le prince Eugène, s'il n'avait eu à souffrir que ces sermons domestiques ; mais Napoléon s'attachait à lui imposer toutes les mesures qui pouvaient froisser les Italiens, et le malheureux vice-roi, esprit modéré et équitable, porta bientôt la responsabilité du gouvernement violent et vexatoire réservé « *à mes peuples d'Italie* ».

A tout prendre, et quoiqu'ils finissent toujours par obéir, les feudataires domestiques n'arrivèrent jamais, en fait de servilité, jusqu'à la bassesse des feudataires allemands. Bien avant Austerlitz, Bonaparte avait formé le projet d'établir une confédération germanique qui fût à lui, sous le titre de protecteur. Déjà pendant le Consulat, en 1803, il avait autorisé les plus grands des États secondaires à manger les plus petits ; il avait permis aux souverains du Danube et du Rhin de supprimer en partie les privilèges des chevaliers et des seigneurs immédiats, c'est-à-dire qui possédaient la souveraineté dans leurs États microscopiques et fort nombreux. A l'époque de la campagne d'Austerlitz, trois de ces princes s'étaient montrés reconnaissants : les électeurs de Bade, de Bavière et le duc de Hesse-Darmstadt. Mais l'électeur de Wurtemberg, Frédéric, qui jouait dans ses États au tsar de toutes les Russies, ou de toutes les Souabes, comme il s'appelait, était mal disposé. Napoléon le vit en marchant sur Ulm, le flatta, l'appela le prince le plus intelligent de l'Allemagne et surtout encouragea sa manie de pouvoir absolu. Frédéric était embarrassé d'États-Généraux, qu'il avait juré de respecter. L'empereur lui proposa, en langage soldatesque, de mettre à la porte ces b... de députés. L'électeur fut ravi, et désormais devint l'admirateur de Bonaparte. Lorsqu'il eut obtenu du vainqueur d'Austerlitz le titre de roi, il prit l'attitude d'un séide et supporta patiemment les plaisanteries de l'empereur sur son embonpoint. Napoléon disait en parlant de lui : « *Le roi de Wurtemberg est une expérience vivante du point que peut atteindre la dilatation de la peau;* » et lorsque Frédéric venait lui rendre hommage en France, l'empereur s'écriait en riant : « *Le roi de Wurtemberg est venu jusqu'à Paris, toujours ventre à terre.* » Mais Frédéric était trop reconnaissant du titre donné par le tout-puissant suzerain, aussi il accepta avec empressement l'offre de marier sa fille, la sage Catherine, avec le jeune frère Jérôme. On mit, il est vrai, la couronne de Westphalie dans la corbeille de noces.

Les rapports politiques avec l'électeur de Bade furent aussi fondés sur une alliance de famille. Le vieux duc Charles-Frédéric avait été fait électeur en 1803, grand-duc après la paix de Presbourg, et Napoléon avait doublé ses États. Il envoya son petit-fils, le jeune prince de Bade, solliciter respectueusement le puissant empereur de l'admettre dans sa famille par un mariage. L'amour-propre de Napoléon fut délicieusement flatté. La maison de Bade tenait de très près à la maison de Russie, et il se voyait ainsi rapproché tout à coup de ces orgueilleuses familles, qui le tenaient encore à distance. On avait une princesse toute prête, une nièce de l'impératrice Joséphine, Stéphanie de Beauharnais, piquante et gracieuse personne, que Napoléon adopta et qui dut épouser le jeune prince de Bade. Mais la nouvelle princesse impériale trouvait ce mariage à peine au niveau de sa condition présente. Elle pensait qu'elle faisait bien de l'honneur à la maison de Zœhringen, Elle accabla d'abord le malheureux prince de ses dédains, et le consigna sévèrement dans son antichambre. Il fallut toute une diplomatie pour lui persuader de prendre son mari au sérieux.

L'électeur de Bavière, devenu roi, dut à l'éclat de la maison des Wittelsbach, à la sympathie constante qu'il avait conservée pour la France d'être traité d'une manière moins cavalière. De sa part l'alliance était surtout politique et prudente, car la grandeur de sa famille était liée depuis Louis XIV au protectorat français. Les Bavarois se considéraient comme les antagonistes naturels des Autrichiens et des Prussiens. Les journaux bavarois exprimaient ainsi leur antipathie pour les hommes du nord, c'est-à-dire pour la Prusse : « *Le trait principal du caractère méridional,* disaient-ils, *c'est la force, l'esprit guerrier, la bonté du cœur, la franchise; celui du caractère septentrional, la faiblesse, l'hypocrisie, la fausseté, la lâcheté, l'esprit de rancune.* » Ce langage contrastait avec la popularité qui s'attachait en Souabe au nom de Napoléon, popularité qui devait survivre aux excès de pouvoir de l'empereur. Un poète allemand s'écriait en 1837, malgré les souvenirs de 1813 : « *Napoléon sur le théâtre du monde a été l'image classique du héros! Quel Charlemagne, quel Othon, quel Alexandre a fait autant que lui? Tout le monde les nomme grands; mais lui est encore au-dessus d'eux.* »

Les Allemands sentaient bien que les modifications apportées chez eux en 1806 les acheminaient vers l'unité. Ce fut à qui entrerait dans la nouvelle ligue du Rhin organisée le 1er août 1806 (Rheinbund), par Talleyrand et l'ancien électeur de Mayence Dahlberg, alors archevêque de Ratisbonne. Quinze États, parmi lesquels la Bavière, le Wurtemberg, le pays de Bade, la Hesse-Darmstadt, le duché de Berg, et le grand-duché de Francfort qui fut donné à Dahlberg avec le titre de prince-primat, se réunirent sous la protection de l'empereur des Français, et se séparèrent à jamais de l'Autriche et de la Prusse. La France promettait un contingent de 200 000 hommes pour défendre la nouvelle Confédération. L'empereur faisait une concession apparente au roi de Prusse, Frédéric-Guillaume III, en le leurrant de l'espérance de former une ligue, dont il serait le chef, dans le nord de l'Allemagne.

Mais avec sa naïveté ordinaire, le roi de Prusse était le seul à se montrer sinon satisfait, du moins tranquille à Berlin. L'opinion publique y était au contraire très surexcitée contre l'empereur, et le bouc émissaire du mécontentement général était le signataire du traité de Schœnbrunn, Haugwitz, qui sur la promesse de la cession du Hanovre, avait sacrifié tout le Rhin à Napoléon, c'est-à-dire lui avait livré l'Allemagne. Déjà avant la bataille d'Austerlitz l'accueil enthousiaste qui avait été fait à Alexandre de Russie, à son passage à Berlin, témoignait des sentiments de haine que l'on y portait à la France; mais Frédéric-Guillaume, pacifique et irrésolu, n'avait consenti qu'à une action éventuelle, et encore par le traité secret de Potsdam.

Napoléon, qui connaissait jour par jour les mouvements d'opinion qui agitaient la cour de Prusse, ne s'en montra que plus dur et se refusa à toute modification du traité de Schœnbrunn. Il fit plus : tandis qu'il avait montré à Frédéric-Guillaume le Hanovre comme une amorce, il entama après la mort de Pitt, avec son successeur Fox, des négociations où il proposait à lord Yarmouth et à lord Lauderdale de traiter sur la base de la restitution de l'électorat, propriété personnelle du roi d'Angleterre.

L'empereur essaya de faire accueillir cette manière de procéder comme une petite ruse diplomatique innocente. Lorsqu'on apprit ces négociations, ce fut une explosion de colère universelle à Berlin : ainsi on avait eu la honte d'accepter les dépouilles d'un ami, et au dernier moment ces dépouilles mêmes échappaient. L'un des promoteurs de l'unité allemande, le baron de Stein, écrivit un mémoire foudroyant qu'il fit parvenir au roi par l'intermédiaire de la reine Louise de Mecklembourg, animée elle-même d'un patriotisme exalté, bien que son influence sur le mouvement patriotique prussien tienne un peu de la légende. Les partisans de l'alliance française, d'Haugwitz entre autres, furent flétris du nom de traîtres. L'ambition de Napoléon fut dénoncée en termes violents, enfin le parti militaire disposa tout pour une rupture. Lorsque Napoléon vit les frères du roi, les princes Henri et Guillaume, son neveu le prince Louis, les généraux patriotes Ruchel et Blücher joindre leurs efforts à ceux de la reine pour entraîner Frédéric-Guillaume à la guerre, il essaya de reculer; trop tard, cette fois.

Par une maladresse insigne, l'empereur au même instant, en ayant l'air d'hésiter sur la restitution du Hanovre à Georges III, pour tromper la Prusse, avait provoqué la rupture des négociations avec l'Angleterre. Or, Fox n'était plus là pour se porter garant de la bonne foi et de la modestie de Napoléon, comme il l'avait fait bonnement à la Chambre des communes. Il était mort en juillet 1806.

Il était probable que ses successeurs, qui ramenaient avec eux la politique de Pitt, ne se prêteraient pas à de nouvelles ouvertures, devant l'hésitation hypocrite de la diplomatie impériale. D'autre part, le tsar Alexandre avait rompu les relations à son tour, à cause de la fin de non recevoir qui lui était opposée au sujet du rétablissement du roi de Sardaigne, auquel il tenait par point d'honneur. Il réclamait aussi vainement contre les modifications de l'Allemagne qui atteignaient plusieurs de ses parents. La guerre avec la Prusse, c'était donc une nouvelle coalition ; et malgré sa confiance en lui-même, il est probable que Napoléon eût préféré éviter la rupture qui se préparait.

Mais en même temps, il ne cessait de fournir des prétextes à ses ennemis. Il avait maintenu ses troupes dans le haut Palatinat, c'est-à-dire dans le voisinage de l'Elbe et de la Prusse. Cette persistance de l'occupation française exaspérait les populations du Mayn. Des pamphlets couraient l'Allemagne : l'un deux, éloquent appel à l'insurrection et dont le titre était *Le profond abaissement de l'Allemagne,* avait été envoyé en grande quantité aux libraires de Nuremberg, alors occupée par une division française. Napoléon, exaspéré, ordonna non seulement la saisie des brochures, mais l'emprisonnement et le jugement par une cour martiale de deux libraires, Schoderer et Palm, qui juraient cependant leurs grands dieux n'avoir été que des intermédiaires inconscients. Le premier s'échappa ; mais Palm ne put vivre loin de sa femme et de ses enfants et revint se cacher chez lui ; il fut pris, condamné et exécuté en quelques heures (août 1806). Ce fut un des premiers martyrs de l'indépendance allemande, et c'est un des souvenirs au moyen desquels les Allemands ont attisé leur haine contre la France. La mort de

Palm fut un véritable crime ; mais elle fut la faute de Napoléon. *La mort de cet homme, même injuste, était nécessaire à la sécurité* de son armée, disait-il pour se justifier ; mais les généraux et les troupes désapprouvèrent cette exécution et il fallut, pour qu'elle eût lieu, l'initiative irrésistible de l'empereur et le respect de la discipline implacable qu'il exigeait. Ce nouveau grief rendait la guerre imminente ; Napoléon la rendit inévitable par la manière dont il traita l'entourage du roi. Lorsque Stein et Blücher eurent réussi à écarter les partisans de la paix comme vendus à la France, l'empereur fit faire, s'il n'écrivit pas lui-même, dans le *Moniteur*, des articles injurieux contre la reine Louise. C'était la moderne Armide ; on glissait des allusions très transparentes et parfaitement ridicules à son influence sur le cœur du tsar Alexandre. Frédéric-Guillaume III, qui professait pour sa femme un respect tendre et passionné, supporta moins patiemment ce genre de provocation. La guerre fut enfin résolue ; de grands mouvements de concentration eurent lieu sur la frontière de l'Elbe, et la reine elle-même, montant à cheval, passa la revue des troupes ; le roi envoya enfin à Napoléon le 15 septembre, un ultimatum : il exigeait la retraite immédiate des troupes françaises de Westphalie et de Bavière.

L'empereur répondit à ce qu'il appelait une rhapsodie avec une certaine modération ; mais il continuait à lâcher la bride à la presse officieuse, qui revenait sans cesse sur la conduite de la reine. Aujourd'hui on racontait qu'il avait paru à Berlin une caricature la représentant jurant avec Alexandre l'extermination de la France sur le tombeau de Frédéric ; le lendemain c'étaient les Prussiens qui eux-mêmes avouaient que leur reine était changée complètement, depuis le voyage du tsar à Berlin. L'empereur était déjà, le 12 octobre, à son quartier général de Géra, que, la guerre déclarée, les journaux s'acharnaient encore sur la réputation de la reine de Prusse.

Napoléon commençait la guerre avec répugnance; il n'y portait pas l'allure joyeuse et triomphante qui le faisait chantonner sur le champ de bataille d'Austerlitz. Il commençait à se fatiguer de la vie des camps, et sa personne, un peu alourdie, se trouvait bien du séjour de ses palais. Sa santé n'était plus si bonne, et il eût volontiers, s'il l'avait pu, évité d'entrer en campagne. Le 27 septembre, il était à Mayence, accompagné de l'impératrice, qui n'avait voulu le quitter qu'au dernier moment, et de Talleyrand qui était véritablement attristé de la nouvelle guerre. La voiture qui devait l'emmener en Franconie l'attendait; il était seul avec l'impératrice et Talleyrand, qui, plein d'admiration encore, avait été pour lui un collaborateur de tous les jours depuis deux ans. Au moment de partir, il fut pris d'une faiblesse subite. Il entoura de ses deux bras Joséphine et Talleyrand, fort surpris d'ailleurs, et, saisi d'un véritable accès de sensibilité, il leur parla avec une tendresse communicative et qui les fit pleurer tous les trois; mais chez Napoléon, les larmes, au lieu d'apaiser la crise nerveuse, n'en étaient que le prélude. Il eut bientôt des spasmes, fut pris de convulsions et de vomissements. Ce fut là un des premiers symptômes de l'affaiblissement de la santé de l'empereur. Il se remit enfin par un effort violent, s'échappa brusquement des mains qui le soignaient et disparut. La guerre de Prusse était presque un événement imprévu dans sa carrière. Au lendemain de Presbourg, elle remettait tout en question; il lui fallait donc toujours vaincre et toujours combattre, soulever sans cesse le poids qui menaçait de l'écraser. En voulant dominer l'Europe, il s'était imposé une tâche dont le poids lui apparaissait bien pesant, dans les moments de réflexion calme que lui laissait encore son orgueil surexcité. Mais l'aventurier reprenait bientôt le dessus; l'imagination dominait la réflexion; le besoin d'étonner le monde étouffait tout sentiment de responsabilité, et il se lançait, en défiant la fortune, dans les entreprises les plus dangereuses, sans se soucier de compromettre avec lui le pays, qui dès cette époque n'entrait plus pour une part exclusive dans ses calculs d'ambition.

CHAPITRE VIII

NAPOLÉON ET LE TSAR ALEXANDRE IER

Iéna; Davout. — Napoléon à Berlin. — L'affaire Hatzfeldt. — Le gouvernement de Napoléon dans les quartiers généraux. — Le blocus continental. — Napoléon et la Pologne. — La France et la bataille d'Eylau. — Napoléon à Finkenstein. — Alexandre Ier. — Tilsitt.

L'hésitation de Napoléon ne fut pas de longue durée. Il arrêta bientôt dans son esprit ce projet chimérique d'obliger la Prusse et la Russie, dont il escomptait la défaite, à repousser les denrées coloniales et les produits manufacturés des Anglais. Depuis Saint-Pétersbourg jusqu'à Libourne, les ports du continent seraient fermés à l'Angleterre. Tous les peuples d'Europe renonceraient à trafiquer avec les Anglais, et le monde se mettrait à la diète pour procurer à Napoléon un triomphe définitif sur le seul gouvernement qui prétendait se soustraire à son influence. La cour de Prusse n'était point faite pour arrêter ces projets. Il suffit d'une double bataille pour disperser devant la grande armée les plus illustres manœuvriers de Frédéric (14 octobre 1806). Cependant l'empereur n'avait pas eu la gloire unique de ce merveilleux

1. BIBLIOGRAPHIE. — **Vandal**, Napoléon et Alexandre Ier. — **Bignon**, Mémoires. — **Davout**, Papiers et correspondance. — **Paléologue**, La reine Louise (Revue des Deux Mondes). — **Tatischeff**, Napoléon Ier et le Tsar Alexandre.

résultat. Après Ulm et après Presbourg, plein de mépris pour l'incapacité, l'ignorance et la présomption de ses ennemis, il commençait à négliger les précautions minutieuses qui avaient été une de ses grandes vertus militaires. Confiant dans son étoile, il exigeait davantage de la fortune. « *Celui qui sait d'avance où il ira, disait-il, ne peut avoir que de petites vues.* »

A Iéna, il lança sur Hohenlohe ses troupes les plus aguerries et laissa tomber Davout dans la surprise d'Auerstædt, où son corps d'armée, isolé, eut à soutenir le choc des plus remarquables élèves de Frédéric, Brunswick, Schmettau, Mollendorf. Napoléon se montra reconnaissant de la fermeté et des talents du maréchal, qui transformèrent la victoire d'Iéna en un succès décisif. Mais avec ces retours de scepticisme amer et de dénigrement systématique, qui gâtaient ses meilleurs sentiments, il s'excusa, à ses propres yeux, d'avoir fait tout pour la renommée de Davout, et il disait en parlant du vainqueur d'Auerstædt : « *Je puis tant que je voudrai lui donner, sans danger, de la gloire, il ne sera jamais assez fort pour la porter.* » Les faits donnent un démenti à Napoléon. Davout se montra toujours à la hauteur de sa victoire de 1806. Il fut l'un des hommes les moins atteints par la corruption impériale.

Il a d'ailleurs toujours payé cher son inaltérable dévouement. Lorsque plus tard Napoléon lui confia la cruelle mission de faire peser la terreur sur Hambourg, nous savons aujourd'hui par les papiers de famille publiés par sa fille, la marquise de Bloqueville, qu'il s'interposa dans la limite de son pouvoir entre l'inexorable volonté de l'empereur et les malheureux Hambourgeois. Il eut plus tard l'héroïsme de se taire et d'accepter par respect de la discipline la responsabilité des violences qu'il avait tout fait pour arrêter.

Les batailles d'Iéna et d'Auerstædt livraient à Napoléon, avec la Prusse, les États de l'Allemagne du Nord, qui avaient encore espéré leur liberté d'une défaite de la grande armée. Napoléon sut se servir de son ressentiment : il se montra plein d'une colère factice, qu'il savait d'ailleurs admirablement simuler, contre les princes, dont il convoitait les États pour fonder un nouveau royaume feudataire. Il s'agissait de trouver un établissement pour le jeune prince Jérôme, qui ne pouvait pas ne pas être roi, comme ses deux autres frères. Or, en enlevant à la Prusse toutes ses possessions, à l'ouest de l'Elbe, on eût laissé une grande échancrure, vers le sud, formée par les États des ducs de Nassau et de l'électeur de Hesse-Cassel. Ils avaient gardé une neutralité douteuse. Napoléon prononça contre ces princes la formule habituelle de l'excommunication impériale. La maison de Nassau et celle de la Hesse-Cassel eurent cessé de régner. Le maréchal Mortier fut chargé de l'exécution. L'électeur de Hesse-Cassel était peu estimé. Il n'excita pas de pitié, même en Allemagne. Il n'en fut pas de même du malheureux duc de Brunswick qui, à soixante-seize ans, aveuglé d'un coup de feu à Auerstædt, espéra vainement de la clémence du vainqueur de mourir dans ses États. Napoléon le força à se faire porter sur une civière à Hambourg, où il mourut en arrivant. « *Je ne puis pardonner au duc de Brunswick*, disait-il en faisant allusion au manifeste de 1792, *d'avoir menacé de ruiner ma capitale.* »

Les princes saxons furent plus heureux. Napoléon se laissa désarmer par la réputation de culture intellectuelle du duc Charles-Auguste de Saxe-Weimar. Il craignait les hommes supérieurs qui entouraient le souverain le plus littéraire de l'Allemagne. Le grand poète Gœthe était l'ami du duc de Weimar, et en apprenant les premières rigueurs de Napoléon, il s'était écrié : « *Si l'empereur nous chasse de Weimar, je suivrai le duc un bâton à la main; on dira : c'est le vieux Gœthe et l'ancien duc de Weimar que l'empereur des Français a dépouillé de son trône, parce qu'il était resté fidèle à ses amis dans le malheur. Je chanterai pour lui gagner du pain, et les petits enfants apprendront par cœur mon chant d'opprobre, jusqu'à ce qu'ils soient devenus des hommes et qu'en chantant ils rétablissent mon maître sur son trône et qu'ils vous renversent du vôtre.* » Le duc de Weimar fut épargné; il en fut de même du vieil électeur de Saxe, qui, tout surpris de n'être pas écrasé par le vainqueur, lui voua une admiration et une soumission qui faillirent plus tard lui coûter ses États. Il supporta même patiemment que Bonaparte occupât Dresde militairement et qu'il partageât l'électorat en quatre districts financiers qu'il fit administrer par des auditeurs du conseil d'État.

Il s'agissait de savoir maintenant quel allait être le sort réservé à la Prusse. Le roi Frédéric-Guillaume s'était enfui avec sa cour à Kœnigsberg. Il ne lui restait plus que deux alternatives : ou traiter avec Napoléon, qui acceptait assez mal les ouvertures faites à ce sujet; ou, ce qui convenait davantage aux patriotes qui l'entouraient, recommencer la lutte, de concert avec le tsar Alexandre, dont l'armée approchait des frontières prussiennes. L'empereur faisait tout ce qu'il fallait pour amener la prolongation de la guerre. Le 24 octobre 1806, il était arrivé en triomphe à Potsdam, où il avait été visiter la tombe du grand Frédéric. Là, s'il faut en croire le bulletin de l'armée, il avait adressé au vainqueur de la guerre de Sept ans une longue prosopopée, où il affirmait que le roi philosophe aurait été son allié, et non son ennemi.

Le 27, après s'être fait précéder de Davout, il entra à

Berlin au milieu (c'est son expression) *des plus nombreuses acclamations*. Il avait alors paru prendre au sérieux cette fiction que les Prussiens étaient ravis d'être, par sa présence, délivrés du parti de la guerre. Certainement il existait en Prusse un antagonisme très marqué entre la bourgeoisie et la noblesse, et Napoléon le comprenait bien lorsqu'il disait aux nobles Berlinois : « *Le bon peuple de Berlin est victime de la guerre, tandis que ceux qui l'ont attirée se sont sauvés. Je rendrai cette noblesse de cour si petite, qu'elle sera obligée de mendier son pain.* » Il paraît, d'après l'attitude, au moins indifférente, des Berlinois, que ces violentes sorties contre les hobereaux ne déplaisaient pas trop à la multitude. Mais malheureusement les actes ne répondaient pas aux paroles. Comme tous les grands aventuriers militaires, Napoléon avait pour principe qu'il fallait que la guerre nourrît la guerre. Sa compassion pour les vaincus n'allait pas jusqu'à leur épargner les lourdes contributions dont il surveillait sévèrement la perception. Les exigences financières, qu'il multiplia pendant son séjour à Berlin, créèrent bientôt dans la bourgeoisie un patriotisme qui finit par égaler celui de la noblesse. Outre le trésorier général de la grande armée, Daru, comptable inflexible, qui exigeait les sommes imposées jusqu'au dernier groschen, Napoléon avait encore introduit ses *auditeurs* pour administrer les principales villes conquises. Il avait ordonné que l'on centralisât les recettes ordinaires entre les mains du diplomate Bignon, qui résidait à Berlin. Il considérait comme tout simple de se substituer ainsi aux administrations nationales. (Il a fait école, d'ailleurs, et les Prussiens lui ont emprunté ce procédé). N'était-il pas l'empereur d'Occident, la Prusse ne devait-elle pas au besoin devenir une des provinces de son empire, comme la France? Cette peste de la monarchie universelle gagnait rapidement ses agents. Bignon, fort honnête homme, diplomate expert, administrateur habile et plus tard écrivain distingué, considérait comme tout naturel de ranger dans sa caisse les thalers des Brandebourgeois. Il jouait avec une gravité solennelle ce rôle de ministre des finances à Berlin. Il eût été fort étonné de l'inconvenance d'un fonctionnaire prussien qui n'eût pas apporté les sommes perçues avec la satisfaction du devoir accompli.

Napoléon était très pénétré de cette idée qu'on devait être trop heureux d'avoir été vaincu par lui. Récemment, à Vienne, il se trouvait tout étonné du peu d'enthousiasme qu'il inspirait. Une fois entré à Berlin, en 1806, il n'admettait pas que le peuple de la capitale prussienne ne dépouillât pas immédiatement sa vieille fidélité à l'égard de la maison de Hohenzollern, pour se parer d'un dévouement tout neuf à son égard. On connaît l'histoire du prince de Hatzfeld. Quelques jours après l'entrée des Français, le prince avait écrit au roi de Prusse, à Kœnigsberg, les détails de l'occupation de Berlin. Naturellement, la lettre fut saisie, et Napoléon ne put contenir sa colère contre ce Prussien qui en tenait encore pour le roi de Prusse. Habitué aux moyens prompts, il ordonna qu'on saisît le prince et qu'on le fusillât comme *traître*. L'entourage de Napoléon fut effrayé de cet ordre; Duroc, Bessières, Bignon craignirent la réédition de cette affaire Palm, qui avait tant discrédité la France en Allemagne. On cacha M. de Hatzfeld, on fit parvenir sa femme jusqu'à Napoléon, qui, revenu à une appréciation plus juste des faits, brûla la lettre et abandonna l'affaire. Et il en fut bien récompensé. Ce fut partout un concert de louanges. Jamais, depuis Alexandre et son médecin Philippe, jamais depuis Auguste et Cinna, pareil exemple de clémence n'avait été donné au monde. Cependant Napoléon attendait tranquillement des nouvelles de l'est. Alexandre s'avançait pas à pas vers la frontière de la Pologne. Pendant quelques semaines, l'empereur parut peu s'inquiéter de sa marche. Il avait exigé, en partant pour la campagne d'Iéna, que les ministres continuassent à entretenir avec lui une correspondance de tous les jours et qu'on ne décidât rien sans qu'il eût prononcé lui-même. Il avait auprès de lui Maret et Talleyrand, son grand commis et son négociateur. Il mettait un certain amour-propre à lancer, au milieu de ses préoccupations militaires, des décrets d'utilité publique, ou à reviser lui-même les listes des promotions. Maret, qui savait admirablement lui préparer le travail, s'extasiait sur l'incomparable activité du maître. Il arrivait peu à peu, s'il faut en croire Savary, qui fut son rival d'influence, à avoir seul le secret des choses. Il profitait adroitement de cette prétention de l'empereur d'intervenir jusque dans les détails les plus minutieux, pour rendre indispensable la présence du secrétaire d'État. C'est ainsi que de Berlin Napoléon décidait la grave question qui s'agitait à l'Académie française. Le cardinal Maury avait été élu; mais il exigeait qu'en le recevant, le directeur l'appelât Monseigneur et non Monsieur. D'autre part, les immortels tenaient résolument au vocable de « Monsieur » : ce fut une révolution dans tout le Paris littéraire. La république des lettres maintint fermement ses droits et Maury fut traité de Monsieur. Il s'en vengea en ne ménageant pas plus que le directeur, M. Suard, la mémoire de Mirabeau, son ancien adversaire politique. Napoléon se fâcha; l'introduction de la politique à l'Académie française lui semblait un précédent dangereux, et il exigea de Fontanes un panégyrique modéré du grand orateur de la Constituante qui rétablit la balance entre les opinions.

Mais, quoique l'empereur ait affecté de signer de sa résidence de Berlin nombre de décrets, aucun ne lui tint tant au cœur et ne fut autant son œuvre personnelle que celui du 21 novembre 1806, qui établissait le *blocus continental*.

Aujourd'hui il n'y a plus qu'un cri sur l'abus de pouvoir, sur l'erreur politique et l'hérésie économique que commit Napoléon, en publiant cette mise à l'index de l'Angleterre. On plaide à peine, et Thiers lui-même discute difficilement les circonstances atténuantes. On dit que, avec quelques années de plus, le blocus entraînait la ruine de l'Angleterre et la suppression du monopole inique qu'elle s'attribuait sur le commerce européen. Il n'en est pas moins certain que le blocus continental, qui rendit permanent l'état de guerre en Europe, fut aussi l'instrument le plus puissant de la chute de Napoléon.

L'empereur méditait, depuis longtemps, de rendre à l'Angleterre les échecs qu'elle avait fait subir à sa politique. Il ne pouvait l'atteindre sur mer et n'était pas capable, comme il le disait lui-même en exagérant, « *de lancer une barque pour nuire à sa marine* ». Il sentait sa colère contre elle s'animer de son impuissance. D'autre part les Anglais étaient généralement détestés. Outre la Suède et le Danemark, qui subissaient en gémissant la suzeraineté économique des négociants de Londres, les Russes, même ceux d'entre eux qui n'étaient pas partisans de l'alliance française, acceptaient difficilement leurs exigences commerciales. Les Prussiens s'irritaient de les voir occuper les ports de la Baltique, et l'Angleterre, d'après Robert Wilson, l'agent de lord Castlereagh à Pétersbourg, avait grand'peine à maintenir ses alliés dans le respect de sa suprématie maritime. Ce n'était rien encore que les saisies de navires opérées par les marins anglais sans déclaration de guerre, que les poursuites impitoyables dirigées par eux contre les neutres, que leur prétention d'imposer le premier salut aux vaisseaux des puissances continentales. De toutes les pratiques odieuses, la plus détestée était celle du *blocus sur le papier*. L'amirauté anglaise prétendait interdire aux neutres tout port déclaré par elle en état de blocus. Or, c'est un axiome du droit des gens que le blocus effectif, c'est-à-dire celui qui est assuré par une escadre suffisante, peut seul interdire aux vaisseaux des puissances non engagées dans la guerre l'entrée des ports des belligérants. L'Europe du Nord avait déjà plusieurs fois protesté contre ces prétentions exorbitantes du gouvernement britannique. La ligue des neutres avait été organisée par Catherine II pendant la guerre d'Amérique pour résister à ces exigences intolérables. A l'époque de la paix d'Amiens, Napoléon avait protesté à son tour contre le blocus fictif. Mais il ne semblait pas se croire obligé par les principes qu'il invoquait contre autrui. Aussi le 21 novembre 1806, il lança de Berlin son fameux décret de blocus continental. Il y rappelait les procédés illégaux employés par la marine anglaise depuis l'acte de navigation de Cromwell. Il se prétendait autorisé à répondre à ces mesures détestables par des dispositions que lui-même il avouait devoir faire remonter la civilisation aux premières époques de la barbarie humaine.

Restait à faire exécuter l'interdit placé sur tous les ports du continent. Là se présentaient d'insurmontables difficultés. Il fallait contraindre l'Europe entière à se passer des produits coloniaux ou manufacturés de l'Angleterre; il fallait forcer les industries nationales à fabriquer; exposer les industriels à accumuler dans leurs magasins des marchandises improductives, à renoncer aux débouchés maritimes, ou même à faire chômer leurs manufactures les plus florissantes. Certaines industries de première nécessité devaient faire, il est vrai, des efforts pour satisfaire à la consommation, et créer ainsi une redoutable concurrence à l'Angleterre, mais avant que l'outillage fût suffisant, que les procédés fussent inventés, il devait y avoir bien des commerçants ruinés, un grand nombre d'industriels condamnés à la faillite! La hausse dans le prix des denrées devait peser lourdement sur le consommateur!

Peut-être encore aurait-on supporté tous ces malheurs, mais l'arrestation des personnes, la saisie des marchandises, ruinaient tout crédit et tout moyen d'échange. Le génie excessif de Napoléon dépassait en cela toute mesure : les marchandises saisies étaient détruites publiquement aux yeux des malheureux auxquels le blocus rendait la vie à peu près impossible. Mme de Staël raconte qu'à Genève, autour des bûchers où l'on brûlait les étoffes venues d'outre-Manche, les femmes du quartier pauvre assistaient en pleurant à cet auto-da-fé. Elles demandaient par pitié des lambeaux de ces tissus qui s'évanouissaient en fumée, pour abriter contre le froid leurs enfants que la misère générale laissait presque nus. Mais on refusait et aux gémissements on répondait par cette raison, qu'on ne saurait entendre sans chagrin parce qu'elle rend possibles toutes les tyrannies : *C'est le système*. Le système inspirait l'abominable violation du secret des lettres. Le système mettait sur pied une véritable armée de délateurs, qui couraient dénoncer les maisons où ils avaient senti en passant l'odeur du café et celle du tabac. En Allemagne, le pays des grandes pipes de porcelaine et des tabagies nuageuses, on ne fumait plus; et ce fut l'un des griefs que l'on fit valoir, dans la grande guerre de 1813. Encore si le système avait pu se soutenir; mais c'était à qui l'enfreindroit, en Russie, à Dantzig, en Suède, en Hollande, un royaume de la famille, en Portugal. Napoléon se vit réduit à menacer celui-ci, à tonner contre celui-là, et à courir les armes à la main, du sud au nord de l'Europe, pour réprimer les nombreuses ruptures du blocus. Lui-même, il ne put donner l'exemple d'une obéissance absolue au système, car il lui fallut bientôt partager la fraude des contrebandiers, des trompeurs de blocus (*smogglers* en anglais). Il préleva un droit, en accordant des licences de commerce, pour permettre (étrange aveu d'impuissance) la violation de ses propres lois.

Pendant que Napoléon lançait ainsi contre l'Angleterre cette énorme machine du blocus qui lui éclata dans les mains, le tsar Alexandre avait pris décidément une attitude belliqueuse. Son armée était entrée dans la Prusse orientale et ses généraux Benningsen, Kamenski, Barclay de Tolly parlaient d'aller trouver les Français à Berlin. Mais déjà (28 novembre 1806) Napoléon avait quitté la Prusse pour se diriger vers l'Est. Il était arrivé à Posen, sur la Wartha.

Son séjour à Posen soulevait une question d'une grande importance pour l'Europe. C'était alors une idée commune que le démembrement de la Pologne était une des grandes iniquités de l'histoire. Ce peuple, dont la résistance avait été si glorieuse, et qui avait, quelque temps, dominé le monde slave, avait fait oublier, par son héroïsme, les taches et les inégalités de son caractère. La persistance de sa foi patriotique, l'abnégation avec laquelle il avait prodigué son sang pour retarder sa perte, avait créé, à son profit, et surtout en France, une légende d'admiration et de pitié. Presque tous les grands défenseurs de la Pologne vivaient encore, et entre autres le grand Kosciuscko et son ami le poète Niemcevitch, que le tsar Paul, dans un accès de générosité, avait graciés.

Lorsque Napoléon, précédé de Murat et de Davout, qui accueillaient les Polonais en frères, se dirigea sur Varsovie, il fut accueilli avec enthousiasme. Jamais l'approche d'un Messie ne causa plus de transports. Partout des arcs de triomphe, partout au-devant du libérateur de longues files de populations frémissantes, qui tendaient leurs mains vers le tout-puissant dispensateur des trônes, dont les Polonais attendaient la liberté. Il leur avait fait l'honneur de les introduire dans la grande armée et il en avait formé un corps sous les ordres de Dombrowski. Il n'avait qu'un mot à dire et la Pologne renaîtrait de ses cendres. S'il craignait encore l'esprit turbulent des nonces, les désordres du *liberum veto*, l'anarchie des *pacta conventa*, qu'il leur imposât une constitution de sa façon, le code civil, au besoin qu'il leur donnât un roi de sa main, un Czartoryski, s'il le voulait bien, mais au besoin même un de ses parents, Murat, qui ne demandait pas mieux, ou un de ses maréchaux, Davout, dont l'aspect mâle et loyal promettait à l'empereur un feudataire fidèle, aux Polonais un chef plein d'intentions droites et de talents militaires. Au milieu de cette furie d'enthousiasme, Napoléon se taisait. Il ne répondait aux interrogations de Talleyrand, qui appelait de tous ses vœux la résurrection de cette France orientale, que par des paroles énigmatiques, et aux députations polonaises que par des promesses vagues : « *Dieu seul sait aujourd'hui*, disait-il dans un bulletin, *si la Pologne sera rétablie!* » En cette occasion encore l'empereur trompait l'opinion ou se trompait lui-même. Il savait alors, dans le fond de sa conscience, que la Pologne ne serait pas rétablie. Il était déjà disposé à traiter, après victoire, avec le tsar, et le tsar ne voudrait jamais d'une Pologne qui ne serait pas russe. Il avait d'autre part assuré à l'Autriche la possession de la Gallicie. Cependant il ne pouvait pas ne pas être touché du dévouement absolu des Polonais; il les accablait d'éloges, dans toutes les communications officielles. Il eût voulu faire appel à Kosciusko qui, devinant les intentions de l'empereur, refusa de lui prêter la popularité de son nom. Napoléon comptait d'ailleurs se servir des Polonais. Il leur disait des paroles comme celles-ci : « *Ce qu'il me faut c'est votre sang* » et ils offraient leur sang le plus pur : Poniatowski et Zaiontchek. Il leur disait encore d'attendre, et ils patientaient. Il les gourmandait rudement, et ils baissaient humblement la tête. Malgré tout ils ne pouvaient s'empêcher d'espérer, à bref délai, le rétablissement de l'indépendance de leur patrie.

L'empereur réfléchit longtemps, puis s'arrêta à un moyen terme, qu'il sut d'ailleurs faire considérer aux Polonais comme provisoire. A Posen, il ne rétablit pas la Pologne, mais il prépara l'organisation du grand-duché de Varsovie, composé de presque toute la Pologne prussienne, moins Dantzig. Il en donna le gouvernement à l'électeur de Saxe, dont il allait faire un roi. Il y eut une immense déception en France et à Varsovie, si amère, si imprévue, qu'on n'y voulut pas croire, et que jusqu'en 1813, les Polonais refusèrent d'admettre que l'empereur en resterait là. Le premier moment de stupeur passé, on se reprit à cette espérance, et l'on fit crédit au libérateur. Lorsqu'il se fixa pour quelque temps à Varsovie, le même enthousiasme l'accueillit encore et Napoléon put plus que jamais dire en parlant d'eux « *Mes Polonais* ».

Ils étaient tout à lui. Il devait même trouver, au milieu des neiges de la Pologne, ce que toute sa gloire n'avait pu lui donner en France : l'affection désintéressée et pleine de dévouement d'une femme qui oublia tous ses scrupules et sa timidité en faveur du vainqueur d'Iéna. Lorsque la belle et spirituelle Polonaise, qui crut agir sur l'esprit de Napoléon pour l'indépendance de sa patrie, s'adressa aux sentiments les plus élevés que devait lui inspirer sa politique, elle fut étonnée du peu d'écho qu'elle éveilla dans son cœur; l'empereur, qui cependant était fort épris, dans ses conversations avec la comtesse Walewska, se dérobait à ce qu'il appelait « l'idéologie ». Il posait des questions plus pratiques. Est-il possible de tenir des quartiers d'hiver en Pologne? Combien les Polonais ont-ils fourni d'hommes dans la dernière insurrection? Les moines de telle province sont-ils assez riches pour payer la contribution de guerre? A de telles interrogations, l'enthousiaste Polonaise ne savait que répondre et dut renoncer bientôt à parler en faveur de sa patrie. Elle eut cependant sur l'âme de Napoléon autant d'influence qu'une femme en pouvait avoir. Elle resta l'amie des mauvais jours, et l'exilé de l'île d'Elbe reçut en 1814 les consolations de celle dont il n'avait pas voulu comprendre, en 1806, les angoisses patriotiques.

Cependant on répandait partout le bruit que le « nouvel Annibal » avait trouvé à Varsovie les délices de Capoue. Les Russes faisaient une pointe audacieuse sur les affluents de la Vistule. Napoléon se réveilla brusquement et courut sur l'armée de Benningsen. Il rencontra une résistance qui l'étonna. Les vastes fondrières de la Narew le forcèrent de compter avec ce qu'il appelait un nouvel élément, la boue. Les Russes, habitués à ce pays, montrèrent une solidité que l'empereur ne parvint à rompre qu'en prodiguant le sang de ses soldats. Il lui fallut avancer pas à pas au milieu des marécages de la Prusse orientale, et lutter avec les rigueurs d'un hiver qui ne le céda qu'à celui de la retraite de Russie.

A Eylau, en février 1807, les Russes tinrent pied et

surent profiter des premières fautes militaires qui échappèrent au grand soldat. Napoléon avait imprudemment éparpillé ses forces, et sans l'arrivée du Maréchal Ney il eût peut-être éprouvé un premier désastre. Cependant les Russes avaient assez bien soutenu l'effort des Français pour s'attribuer la victoire et l'empereur prenait en vain dans ses bulletins et dans ses lettres le ton le plus triomphant. Il dissimulait en vain ses blessés et ses morts; une vague rumeur avait porté la vérité jusqu'à Paris et dénoncé les 10 000 cadavres français ensevelis à Eylau sous la neige. Napoléon se sentit lui-même blessé au cœur, et lorsque Gros, dans son tableau célèbre, le représentait devant cet horrible spectacle les yeux levés au ciel avec l'expression de l'angoisse et de la désolation, il est vraisemblable qu'il exprimait un sentiment éprouvé véritablement par l'empereur.

Sentiment humain sans doute, passager cependant et qui se traduisit à peine par des essais de négociations peu sérieux avec le roi de Prusse. Mais la reine Louise et le parti militaire espéraient les réparations d'une victoire possible et Frédéric-Guillaume III, entraîné par son entourage, lia sa cause irrévocablement à celle du tsar, par le traité de Bartenstein.

Napoléon se résigna volontiers à la continuation de la guerre. « *La fatalité*, disait-il, *entraîne la Russie à la ruine.* » Il lui semblait que la fortune ne dût jamais travailler que pour lui.

Cependant avant de reprendre les hostilités, il voulait mettre toutes les chances de son côté et montrer à l'Europe qu'il était le maître partout. Il se maintint au nord de la Vistule et ses deux quartiers généraux d'Osterode puis de Finkenstein étaient placés non loin d'Eylau. C'était une preuve plus que suffisante qu'il comptait pour rien l'arrêt qui venait de se produire dans sa marche. Plus que jamais il affectait la toute-puissance et prétendait à l'ubiquité. Maître absolu, il l'était sans doute, lorsqu'à cinq cents lieues de Paris il réglait la police intérieure de la France, surveillait les plus petits détails des théâtres impériaux et soufflait jusqu'en Turquie et jusqu'en Perse la haine contre l'Angleterre.

A Paris, l'opinion se montrait moins docile qu'autrefois. Toujours la guerre, disait-on ; et chacun pleurait les parents que la campagne venait de lui prendre, et l'on pensait déjà à ceux que le souverain de Finkenstein allait encore exiger des familles épouvantées.

La campagne de Prusse avait coûté des milliers de Français. Encore ne comptait-on pas dans cette évaluation les troupes bavaroises, hollandaises, wurtembergeoises, saxonnes, qui avaient fourni nombre de victimes aussi. Or, à Berlin, Napoléon demandait par anticipation la conscription de 1807, à Finkenstein celle de 1808, et bientôt même on parlait d'appeler les contingents de 1809. C'étaient trois cent mille de leurs fils que les mères devaient encore sacrifier par anticipation à la politique napoléonienne. A Paris on murmurait seulement. En province on résistait ; les réfractaires et les déserteurs se multipliaient d'une manière effrayante. Rien cependant n'arrêtait l'empereur. Il écrivait à Lacuée, chargé de diriger la conscription, pour l'engager à se montrer impitoyable dans toutes les questions qui toucheraient au recrutement. Malgré le ton froid et très tranchant qu'il affectait à cette occasion, Napoléon ne se faisait pas tout à fait illusion sur la désaffection qui commençait à se produire autour de lui. Ce sentiment, dont il n'avait pas une conscience très nette, le rendait plus que jamais irritable et violent devant l'opposition la plus théorique et la moins contagieuse. De Finkenstein, il poursuivait avec une animosité incroyable Mme de Staël, qui en l'absence de l'empereur s'était hasardée à se rapprocher de Paris. Il écrivait à Fouché pour lui ordonner de renvoyer au plus vite et par tous les moyens « *ce mauvais sujet de Mme de Staël.* »

Il ne se contentait pas de fermer les bouches hostiles; il voulait qu'on fêtât partout les victoires, même les plus douteuses, et qu'à Paris l'affreuse boucherie d'Eylau fût prétexte à des représentations de gala. M. de Talleyrand disait avec son ironie habituelle : *L'empereur ne badine pas, il veut qu'on s'amuse.* On s'amusait donc, mais mal.

La cantate en l'honneur d'Eylau fut pitoyable. L'empereur se fâcha; il s'en prit à tout le monde, au chambellan de Luçay, à Fouché, de la stupidité de la poésie officielle. C'était la faute à Champagny, ministre de l'Intérieur, si la littérature et les beaux-arts se mouraient. Lui Napoléon faisait tout pour les relever. C'était lui qui de Finkenstein avait ordonné qu'on se mît à la recherche de tous les ténors et de tous les barytons de France et de Navarre. Si l'on ne chantait pas bien à l'Opéra, était-ce la faute du souverain qui, du fond de la Prusse, avait dicté un règlement minutieux sur le service des pensionnaires de l'Académie impériale de musique? On a beaucoup admiré Napoléon d'être descendu dans ces petits détails; heureusement pour lui les occupations du quartier de Finkenstein étaient le plus souvent d'une nature plus grave. L'empereur dirigeait de loin la diplomatie de Sébastiani, son ambassadeur à Constantinople. Sébastiani avait persuadé au sultan Sélim III de rompre définitivement avec l'Angleterre et de faire une diversion dans les provinces danubiennes. Le général français Gardane avait été envoyé auprès de shah de Perse Feth-Ali, pour le lancer contre l'Inde anglaise et inquiéter ainsi l'ennemi, insaisissable en Europe, dans sa colonie la plus précieuse.

Le temps écoulé au quartier général de Finkenstein ne fut pas perdu, et l'activité de Napoléon, encore dans toute sa vigueur, eut bientôt réparé l'effet pénible produit par le demi-échec d'Eylau. Soit faiblesse, soit incurie, les Russes l'avaient laissé tranquillement se refaire et ne reprendre la campagne qu'au mois de mai 1807. Ils devaient payer cher cette imprudence. La victoire décisive de Friedland (14 juin 1807) les acheva, et le tsar s'apercevait qu'il n'avait pas les moyens de résister plus longtemps.

La Prusse entière était donc entre les mains de Napoléon; il était arrivé au commencement de juillet à Tilsitt. Allait-il marcher sur Saint-Pétersbourg, et planter lui-même le drapeau du blocus continental sur le port de Cronstadt? Les maréchaux l'espérèrent un instant et c'était peut-être possible. Mais on apprit tout à coup que Duroc avait été envoyé à Alexandre pour lui demander une entrevue, et que les deux empereurs devaient se rencontrer sur une île, au milieu de la Niémen.

Alexandre avait été assez étonné de la proposition de Napoléon. Il se préparait lui-même à solliciter la paix, ou à défendre ses États menacés avec la seule cavalerie qui lui restât, celle des Kosacks. Il avait vingt-sept ans. Partagé entre des aspirations libérales et des tendances mystiques, il n'avait que l'apparence de la franchise. Il n'était pas sans quelque responsabilité dans l'assassinat de son père, Paul Ier. Il n'avait pas été le complice du crime, mais il en avait profité. Il avait même supporté, à sa cour, la présence des assassins. Il affectait d'être sensible au prestige et à la gloire de Napoléon. Il y avait peut-être quelque sincérité dans l'émotion avec laquelle il se rendit à l'entrevue de Tilsitt.

L'empereur avait préparé, pour cette occasion, ses phrases les plus séduisantes, ses sourires les plus engageants. A la vue du tsar, il sembla frappé par la beauté à la fois mâle et élégante dont Alexandre était fier. Puis ce vainqueur, qu'on disait tellement exigeant, ouvrit son cœur au jeune vaincu. Il avait besoin d'un ami parmi les souverains de l'Europe. Il voulait un bras droit pour l'aider à vaincre l'Angleterre, cette odieuse usurière qui exploitait l'Europe. Ambitieux point ne l'était; et la preuve c'est qu'il offrait tout et ne demandait rien. A ces mots, Alexandre, fin comme un slave, ouvrit les oreilles; il entrevoyait l'espoir de duper le grand trompeur, et il attendit ses offres. Elles devaient rester secrètes, il est vrai; mais elles étaient belles. On lui permettait de conquérir la Finlande et les provinces Danubiennes. D'un seul coup l'empereur lui abandonnait les deux plus vieilles alliées de la France, la Suède, et cette pauvre Turquie qui venait de risquer, au profit de Napoléon, le bombardement de Constantinople par une escadre anglaise.

Alexandre n'y pouvait pas croire, et il se demandait avec anxiété ce qu'on voulait de lui en retour; il se préparait à des exigences exorbitantes. Point. Sommer l'Angleterre de faire la paix, sur son refus faire exécuter le blocus continental, reconnaître les nouveaux royaumes de Saxe et de Westphalie, le grand-duché de Varsovie, ainsi que la nouvelle Allemagne, telles étaient les conditions de Napoléon. Alexandre se fit répéter la chose; puis il accepta des deux mains. Napoléon lui donnait la Baltique et la mer Noire; il ne lui demandait que des promesses. Le blocus continental? Il était difficile d'en constater l'exécution à Arkhangelsk. Les royaumes nouveaux? Puisque l'un deux ne s'appelait pas royaume de Pologne, peu importait à Alexandre de les reconnaître.

Ils n'en seraient ni plus ni moins viables. Le tsar comprenait bien qu'on désirait autre chose de lui, par exemple de faire la police du nord pour le compte de Napoléon ; mais aucun texte précis ne l'y obligeait. L'empereur, naïf comme le sont souvent les malins, et comptant sur son influence personnelle, espérait bien faire observer la condition tacite du traité. Au fond il s'était dupé lui-même. Il s'en aperçut bientôt ; mais le remède? essayer de tirer le meilleur parti de cette bévue et paraître ravi de la situation : ce qu'il fit. Les deux souverains, comme les deux armées, se donnèrent des marques de tendresse : on déjeunait chez l'un, on dînait chez l'autre et l'on se racontait familièrement ses petites affaires.

Pendant la première entrevue le roi de Prusse, dont le sort allait se décider dans la maisonnette de bois qui réunissait les deux empereurs, avait poussé son cheval dans les eaux du fleuve, et là, les yeux fixés sur le lieu fatal, il avait attendu son jugement. Lorsque les deux souverains en sortirent Napoléon lui apprit que, par égard pour son allié Alexandre, il lui laissait le Brandebourg, la Poméranie, la Silésie et la Prusse orientale. Il lui enlevait la Westphalie, le Hanovre, Magdebourg. Il lui interdisait de lever une armée de plus de 40 000 hommes. La Prusse retombait au rang de puissance secondaire.

Lorsque Talleyrand signa, le 8 juillet 1807, le traité de Tilsitt avec le prince Kourakin, il eut un moment de dépit : ainsi la victoire d'Iéna, le sang versé à Eylau, le triomphe de Friedland n'avaient donné aucun résultat définitif. La Pologne n'avait pas été rétablie, la Prusse mutilée et sanglante vivait encore pour la vengeance, et le tsar, battu et sans armée, gagnait près d'un million de sujets. Talleyrand jugea désormais que la carrière de Napoléon était finie.

Un mois plus tard il demandait à être relevé de ses fonctions de ministre des affaires étrangères. Comme les rats qui devinent une voie d'eau, avant que le trou ne soit devenu apparent il se tourna vers d'autres maîtres et commença ses intrigues avec les Bourbons.

CHAPITRE IX

NAPOLÉON CHEZ LUI ET EN ESPAGNE[1]

Napoléon après Tilsitt. — Napoléon maître de maison. — Fontainebleau. — Le spectacle à la cour. — Les chasses impériales. — Les rois chez l'empereur. — La question du divorce. — Premières difficultés avec la Russie. — Napoléon et l'Italie. — Les Bourbons d'Espagne. — L'intrigue d'Espagne.

Après la paix de Tilsitt, la flatterie atteignit un tel degré de platitude, que, pour l'honneur des hommes de 1808, il vaut mieux y faire une simple allusion sans rappeler le texte des adresses qui furent alors envoyées à l'empereur.

Cependant Napoléon était triste. S'il avait aimé autrefois ces formes d'un respect exagéré, si pour le principe il s'apprêtait encore à élargir le cercle qui le séparait du commun des mortels, il se défiait de l'enthousiasme, si évidemment préparé, qui accueillait sa quasi-divinité.

Cet homme de 38 ans avait épuisé toutes les gloires, tous les pouvoirs, tous les bonheurs, mais sa puissante intelligence n'avait jamais connu la sérénité. Il était fatigué de lui-même. La lassitude que sa domination écrasante faisait peser sur la France retombait lourdement

---

1. BIBLIOGRAPHIE. — **Madame de Rémusat**, Mémoires. — **Welschinger**, Le divorce de Napoléon. — **M. de Pradt**, Mémoires sur la guerre d'Espagne. — **Bernhardi**, La guerre d'Espagne (All.). — **Foy**, La guerre de la Péninsule. — **Talleyrand**, Mémoires.

sur ses épaules et sur sa pensée. « *On ne m'aime pas,* » disait-il souvent. Ses accès de mélancolie devenaient plus fréquents. Le soir, aux Tuileries, l'éclat des bougies l'importunait, il les faisait dissimuler derrière un écran de gaze rose, et solitaire dans un coin sombre, il restait plusieurs heures taciturne et méditatif, au milieu du profond silence, que les nombreux spectateurs n'osaient rompre. Ils respectaient, involontairement peut-être, les réflexions douloureuses de celui qui s'était cru assez fort pour tenir seul dans sa main le sort de 60 millions d'hommes. Napoléon rompait parfois ce silence par des questions amères, farouches et qui déconcertaient la réponse. Un jour il se plaça brusquement au milieu d'un cercle, et regardant bien en face tous ces gens de cour qui s'observaient avec une prudence toujours sur ses gardes, il leur dit : « *Que pensez-vous que dira le monde quand je ne serai plus là ?* » Chacun des spectateurs, embarrassé, méditait une réponse qui plût au maître. « *Eh bien !* dit Napoléon impatienté de cette hésitation, *c'est pourtant bien simple. Quand je ne serai plus là tout le monde dira : Ouf !* » et il se retira aussi brusquement qu'il avait parlé. Tous les courtisans se regardèrent avec une figure singulièrement déconcertée. Tous ils avaient eu la pensée que Napoléon venait d'exprimer d'une manière si saisissante, et c'était justement pour cette raison qu'ils avaient cherché une formule qui dérobât à la pénétration de l'empereur cette première impression. Ce qui les effrayait surtout c'était d'être attachés à la fortune d'un homme qui ne croyait même pas à la stabilité de l'œuvre dont il poursuivait néanmoins si fiévreusement la réalisation.

Que Napoléon ait parfois entrevu, même après les triomphes de Tilsitt, l'extrémité fatale de sa carrière, cela est évident. C'était un homme désenchanté par le succès lui-même, et le reste de son histoire n'eut pour lui désormais de plus puissant intérêt que celui des nouvelles expériences auxquelles il prétendait soumettre sa destinée. Se préoccupait-il de tout ce monde, qu'il entraînait avec lui? ou plutôt n'était-il pas uniquement curieux de voir jusqu'où la chance, qui l'avait pris si bas, pourrait élever son pouvoir?

De retour à Paris, le 26 juillet 1807, il n'y resta que le temps nécessaire pour présider à l'ouverture du Corps législatif. La grande ville l'effrayait toujours. Il craignait le poignard des assassins, et l'émeute lui faisait éprouver un frisson qu'il n'avait jamais connu sur le champ de bataille. Il disait en parlant des Parisiens : « *Ils ne m'ont point encore pardonné d'avoir pointé un canon sur eux au 13 vendémiaire.* »

C'était une des préoccupations les plus obsédantes de sa vie. Il ordonna presque aussitôt, soit pour s'étourdir, soit pour éblouir ses sujets et ses vassaux, le fameux voyage de Fontainebleau, de l'été de 1807. C'était un retour aux habitudes de l'ancienne monarchie. Ainsi Louis XIV et Louis XV traînaient la cour tout entière à Saint-Germain, aux Marlys ou à Compiègne. Mais dans ces grands jours de réception, Napoléon évitait avec le plus grand soin le gaspillage de l'ancien régime. Il avait, et c'est à sa louange, un esprit d'ordre et d'économie qui sentait très fort les manières bourgeoises.

Jamais le luxe de l'époque impériale, massif, solide, éclatant, mais sans élégance et sans distinction, ne s'est étalé davantage que pendant ce voyage de Fontainebleau. Napoléon avait réglé tout lui-même, avec cette préoccupation excessive des détails qui avait été aussi un des traits caractéristiques de Louis XIV.

Trois fois par semaine, spectacle. Tel jour, dîner chez

la grande-duchesse de Berg (Mme Murat), dans de la vaisselle de vermeil; tel autre jour, chez le vice-grand électeur (Talleyrand) dans de la vaisselle d'argent. Ce soir cercle chez l'impératrice; demain bal chez le vice-grand connétable; dans la journée chasse à courre. Il n'y avait pas à dire, il fallait que tout le monde assistât; la maladie n'était pas une excuse; on serait tenté de se rappeler ce fameux récit de Saint-Simon, où Louis XIV exigea que sa petite-fille la duchesse de Bourgogne, à peine remise de la naissance du duc de Bretagne, le suivît dans un de ses voyages de plaisir. Encore paraît-il qu'on trouvait moyen de s'amuser, en secret tout au moins, auprès de Louis XIV et de Mme de Maintenon. Mais auprès de l'empereur c'était impossible. Il s'en plaignait amèrement à Talleyrand, qui, bien que glissant alors sur la pente de la disgrâce, avait toujours son franc parler, et lui répondit : « *Que voulez-vous? vous avez toujours l'air de nous dire : mesdames et messieurs, en avant marche!* »

Certains de ces plaisirs commençaient à devenir un intolérable supplice, mais aucun n'était plus redouté que le spectacle, qui revenait régulièrement comme un pensum, trois fois par semaine. Napoléon avait exigé de son premier chambellan, chargé de la surintendance des théâtres, qu'on remontât toutes les tragédies de Corneille et de Racine. Il avait lui-même dressé la liste des œuvres que l'on pouvait jouer sans danger, devant ses hôtes de Fontainebleau. Il avait ordonné que les chefs d'emploi de la Comédie-Française, Talma, Mlle Duchesnois, se tinssent prêts à toute heure pour le voyage. On était trop heureux lorsque la volonté impériale ne contremandait pas le spectacle, annoncé le matin même, et n'exigeait pas une nouvelle tragédie. Alors les postillons crevaient deux chevaux entre Paris et Fontainebleau pour enlever, avant qu'il eût pu se reconnaître, le comédien dont on avait besoin, et qui entrait en scène encore abasourdi de sa course fantastique. Enfin l'épreuve commençait. Les hôtes de Fontainebleau, par ordre de dignité, entraient deux à deux, se tenant par la main ; ils allaient prendre leur place en grande cérémonie et on attendait l'empereur une demi-heure, une heure, une heure et demie. Il arrivait et la tragédie s'exécutait aussitôt. Talma déployait dans le héros de Britannicus cette verve, cette profondeur, cette science qui font encore vivre sa gloire dans cet art ingrat dont une année suffit pour effacer le souvenir, et... Napoléon s'endormait. On respectait son repos et peu à peu les plus intrépides, rassurés par l'immobilité impériale, se laissaient aller aussi aux douceurs du sommeil. La tragédie continuait cependant. Au dernier vers, l'auditoire se réveillait, charmé d'échapper à sa pénitence, et allait continuer dans son lit les rêves commencés. Non, jamais les Romantiques n'ont compris la reconnaissance qu'ils devaient aux représentations classiques de la cour impériale. Napoléon disparu, l'horreur de l'alexandrin tragique prit les proportions d'une épidémie. Les seuls noms de Cinna, d'Horace, de Britannicus et de Phèdre causaient à la génération de 1815 des tressaillements d'impatience, et lorsqu'on entendit, dans la bouche des nouveaux poètes, les mots venus de l'Orient, et les noms, quelquefois un peu rocailleux, du moyen âge, ce fut un soupir de soulagement et un concert de bénédictions, qui furent pour beaucoup dans le succès.

A la chasse, même angoisse : Napoléon avait exigé des dames et des hommes un costume fort coûteux et passablement carnavalesque. Ainsi accoutré, chacun devait se mettre en position de courre le cerf. Mais, au bout de quelque temps, l'empereur, fatigué d'attendre, se lançait sur une fausse piste et bientôt, revenant à des préoccupations plus graves, prenait une allée solitaire, oublieux de la chasse, qu'il avait désorganisée. Naturellement on manquait le cerf; et Napoléon se fâchait, surtout quand un plus hardi, probablement quelque Nemrod exaspéré, lui prouvait que l'insuccès venait de son auguste personne.

Faisait-il à l'un des grands personnages qui l'entouraient l'honneur de lui offrir une place dans la voiture qu'il conduisait, on n'acceptait qu'en tremblant. L'impérial cocher avait la déplorable habitude de ne tenir compte ni des bornes ni des ornières, et il lui arrivait de verser ses compagnons. Au bal, sauf le plaisir de produire chaque fois une nouvelle toilette et de déprécier celle des autres, les dames ne riaient guère. On dansait sous l'œil sévère de Napoléon, et les contredanses se ressentaient de cette surveillance inexorable.

C'étaient là les plaisirs que l'empereur prodiguait à la cour de rois qui se pressaient autour de lui à Fontainebleau. La famille de Wurtemberg y était en nombre : Jérôme, le nouveau roi de Westphalie, venait d'épouser la fille du roi, Catherine de Wurtemberg, qui déjà surveillait douloureusement les incartades de son mari. Les grands-ducs de Mecklembourg faisaient aussi leur cour à Fontainebleau, dans l'espoir d'éviter l'occupation française. Le prince et la princesse de Bade (Stéphanie de Beauharnais) occupaient l'attention générale de leurs querelles de ménage. Madame Murat, toujours à la recherche d'un trône, essayait de combattre la défiance qu'inspirait l'incapacité politique de son mari, en laissant entendre que ce ne serait pas lui qui porterait la couronne. La physionomie la plus singulière de tous ces vassaux, empressés autour de Napoléon, était bien celle du grand-duc de

Toscane, frère de l'empereur d'Autriche, excellent homme, qui pardonnait volontiers à Napoléon ses fantaisies territoriales, pourvu qu'on flattât son goût pour la musique et qu'on l'admît dans les chœurs, organisés pour occuper un peu le désœuvrement général. Il y faisait merveille, car s'il faut en croire un témoin oculaire, il avait une magnifique voix de chantre de cathédrale. Enfin Hortense de Beauharnais jouait à Fontainebleau un assez triste personnage. Malgré un instant de réconciliation avec son mari, le roi Louis, après la mort de leur fils aîné, elle refusait de retourner en Hollande, et commençait à parler de divorce. Mais l'empereur s'y opposait. Il avait dans la tête, à cette époque, quelque projet du même genre pour son usage personnel, et il craignait que l'opinion publique ne s'occupât trop de ses affaires de famille. Napoléon en était arrivé à penser sinon tout à fait au divorce, du moins à la femme qu'il pourrait bien prendre, au cas où il divorcerait. On avait pensé à la fille du roi de Saxe; mais elle avait trente ans et n'était pas jolie. L'empereur aurait plus volontiers épousé l'une des sœurs du tsar Alexandre; mais la tsarine-mère était une terrible femme, violente et absolue. Elle passait à tort pour n'avoir pas été tout à fait étrangère à la mort de son mari. Elle considérait Napoléon comme l'Ante-Christ. D'ailleurs, avant d'arrêter un choix, il fallait cependant obtenir le consentement de Joséphine; car Napoléon, qui avait toujours pour elle une certaine affection, voulait faire les choses en douceur. L'impératrice était alors admirablement conseillée par Talleyrand. Le prince de Bénévent était charmé de faire pièce au maître, qui s'éloignait de lui et lui cachait désormais une partie de ses projets. Fouché, ayant été chargé de lancer un ballon d'essai, écrivit à Joséphine une lettre qui, disait-il, lui était inspirée par son seul patriotisme, et dans laquelle il lui insinuait de proposer d'elle-même le divorce à l'empereur. Talleyrand, qui était partisan du divorce, mais par ses soins et pour une époque ultérieure, conseilla à l'impératrice d'opposer la force d'inertie; de répondre, non pas à Fouché, mais à l'empereur, et de lui affirmer qu'elle subirait le divorce avec résignation, mais qu'elle ne l'offrirait jamais. Napoléon feignit une vive colère contre Fouché, qui n'avait agi qu'après s'être entendu avec lui, et lui écrivit plusieurs lettres où il le priait de se mêler de ses affaires; il profita de l'occasion pour traiter la question avec l'impératrice. Il multipliait les scènes pathétiques et les efforts de son éloquence; mais, il faut le dire aussi, il se laissait prendre le plus souvent à son attendrissement et reculait inconsciemment le temps où il devait se séparer d'une femme qu'il avait beaucoup aimée.

D'ailleurs l'époque n'était pas favorable pour résoudre ces questions de mariage. Le traité de Tilsitt, qui devait donner la paix, avait créé un assez grand nombre de causes nouvelles de conflit. Il avait fallu essuyer le refus absolu que faisait le ministre anglais d'entrer en négociations. Lord Castlereagh avait pénétré, par l'intermédiaire de l'agent Wilson, les articles secrets du traité. Il avait fallu chasser les Suédois de Stralsund et obtenir du régent de Danemark la promesse secrète d'adhérer au blocus continental. Cette fois encore, le cabinet anglais connut la négociation, exigea du gouvernement danois la remise de sa flotte et sur son refus, en pleine paix, ordonna l'odieux bombardement de Copenhague, qui donna à Napoléon les plus fidèles des alliés, dans ce petit peuple courageux et toujours exposé aux violences et aux convoitises de ses puissants voisins.

Mais les amis les plus récents, et en apparence les plus

chauds, donnaient le plus d'embarras. Le tsar Alexandre n'entendait pas que le traité de Tilsitt restât lettre morte; son ambassadeur Romanzow insistait à Paris pour l'exécution des articles secrets : l'occupation de la Finlande et le partage de l'empire ottoman. Or Sélim III, sur le conseil de l'ambassadeur Sébastiani, avait fait appel à l'arbitrage de Napoléon. Il est très difficile de livrer les gens qui se jettent dans vos bras; aussi l'empereur avait-il envoyé à Pétersbourg ceux de ses confidents les plus intimes, Savary, puis Caulaincourt pour faire accepter des réponses dilatoires. Ce double choix n'était pas heureux : le duc de Rovigo et le duc de Vicence avaient trempé dans l'affaire du duc d'Enghien, et la haute classe russe affectait de se souvenir de ce que Napoléon appelait « *une vieille histoire* ».

Mêmes difficultés en Italie; le pape était toujours sous l'impression du mécontentement qu'il avait éprouvé en se voyant refuser la restitution des Légations, pour récompense du rôle déplorable qu'il avait joué dans l'affaire du couronnement. A défaut de moyens plus sérieux, il avait organisé contre le tout-puissant empereur tout un petit arsenal de taquineries journalières. Il refusait d'étendre le Concordat à la Vénétie, de consacrer la rupture du mariage de Jérôme avec Mlle Paterson, d'instituer des évêques qui lui déplaisaient. A chaque coup d'épingle Napoléon se cabrait : « *Je ne veux pas*, disait-il, *me faire fouailler, comme Louis le Débonnaire* », ou encore, en style solennel et tout aussi amusant : « *Je révoquerai la donation de Charlemagne, mon illustre prédécesseur.* » Il finit par s'impatienter et ordonna au général Miollis d'occuper Rome, jusqu'au moment où il devait enlever le pape du Vatican et le transporter à Savone. Selon son expression, la péninsule présentait d'autres

« *difformités* » et il résolut d'y passer quelques jours, pour se tailler une Italie plus à son gré.

Le voyage qu'il voulait faire à Milan avait plusieurs buts. D'abord Napoléon voulait faire une dernière tentative sur l'esprit de son frère Lucien, des talents duquel il pensait avoir bientôt besoin; puis il désirait paraître étranger aux vilaines intrigues qui avaient lieu précisément à la cour d'Espagne et dont il tenait tous les fils secrets.

Les affaires de France étaient réglées pour 1807. Napoléon venait de supprimer le tribunat, rouage absolument inutile dans un gouvernement où le chef se considérait comme ayant seul le droit de parler. Les tribuns s'étaient dispersés, en remerciant l'empereur de la faveur grande qu'il leur faisait de les mettre à la porte. En compensation, l'empereur avait organisé la Cour des Comptes, à laquelle il avait donné des formes administratives véritablement pratiques, sans cependant lui accorder le privilège le plus précieux d'une chambre de contrôle, l'indépendance. Mollien poursuivait ses améliorations financières. Il créait la caisse de service, qui dispensait l'État d'avoir recours aux escomptes des banquiers. En ces matières de finances, Napoléon montrait beaucoup de prudence. Pendant longtemps, il prit le plus grand soin non seulement d'équilibrer normalement les budgets, mais de provoquer tous les dégrèvements possibles. Il voulait que la sourde colère qu'excitait l'impôt exorbitant du sang, qu'il prélevait sur la France, ne se compliquât pas du mécontentement financier des contribuables. Aussi il administrait avec un ordre parfait et une sévérité inflexible les 350 millions de la caisse militaire que lui avaient fournis Presbourg et Tilsitt. Il avait ainsi cinq années de guerre sur la planche, sans rien demander à l'emprunt et à l'impôt. Quand il s'agissait de politique pure, Napoléon était moins bien inspiré. En 1807, l'inamovibilité de la magistrature fut suspendue par mesure épuratoire, selon l'euphémisme de Treilhard, rapporteur de la loi. Enfin au commencement de 1808, fut complétée l'organisation de la corporation enseignante de l'Université. Les universitaires, recrutés soit par l'École normale, soit par les examens, étaient soumis à une rigoureuse discipline. Leur costume, leur genre de vie étaient réglés avec ce soin minutieux qui faisait l'orgueil de l'empereur. Il avait décidé pour les nouveaux maîtres de la jeunesse l'obligation du célibat jusqu'à trente ans. Il n'entendait pas que les professeurs échappassent à sa surveillance. Les programmes, l'esprit des leçons, la forme des cours, étaient imposés uniformément à tous les lycées et aux établissements où l'esprit des populations était le plus diamétralement opposé à cette centralisation de l'enseignement. C'était l'heureux temps où, selon une légende, l'aimable grand maître de l'Université, M. de Fontanes, tirant le matin sa montre, s'écriait avec admiration : « En ce moment, huit heures cinq du matin, on dicte le même thème latin dans tous les collèges de France. »

A coup sûr, Napoléon fut un grand administrateur: car de toutes les créations qu'il a multipliées pendant son règne, beaucoup ont persisté dans quelques-unes de leurs dispositions, et même dans leur esprit primitif. Mais trop souvent, en matière d'instruction par exemple, son esprit absolu voulait bâtir en granit sur un terrain mouvant. Il semblait incapable d'admettre que les idées des hommes se transformeraient après lui. Il paraissait croire qu'après ses conceptions, l'humanité ne devait plus avoir rien à tenter.

L'effet de ces mesures bonnes ou mauvaises était peu

profond sur la population française, découragée par la persistance de la guerre. « *La confiance était restreinte,* dit un contemporain, *l'intérêt national affaibli, tous les grands sentiments qui honoraient la vie à peu près paralysés.* »

Mais surtout et avant tout l'inexorable conscription, toujours de plus en plus dévorante, exaspérait la nation. En 1807, l'empereur demandait une avance de 80 000 hommes sur la conscription de 1808; en 1809 une anticipation de dix-huit mois sur 1809 et 1810, soit 160 000 hommes. Au Sénat, le girondin Lanjuinais avait osé protester, quoique bien timidement, mais le vote avait eu lieu cependant et Napoléon avait daigné se montrer satisfait. « *Français, je suis content; vous êtes un bon et grand peuple.* » Éloge précieux sans aucun doute; mais on trouvait partout qu'il était chèrement payé.

Le voyage d'Italie eut lieu à la fin de décembre 1807. Napoléon y retrouva les arcs de triomphe accoutumés et, selon son habitude, se mit aussitôt à promulguer des décrets sans se soucier des précédents et des conséquences. Il y publia le décret complémentaire du blocus continental connu sous le nom de décret de Milan et qui considérait comme de bonne prise tout vaisseau qui se soumettrait au droit de visite exigé par les Anglais; il y prononça la déchéance de la reine d'Étrurie qui n'avait pu fermer Livourne à l'Angleterre; puis il alla visiter la Vénétie. Il reçut, à Venise, la visite de Lucien, qu'il n'avait pas revu depuis 1804. Il l'avait fait pressentir par Joseph, dans l'espérance qu'il voudrait bien rompre son mariage avec Alexandrine de Bleschamp, dont il avait alors quatre enfants, et qu'il se soumettrait à sa suzeraineté. Lucien se montra sensible à l'ambition et ne repoussa pas absolument la couronne qui lui fut promise, mais il fut inflexible au sujet de sa femme, et fit entendre à l'empereur qu'au cas où il deviendrait roi, il entendrait régner à sa guise. Devant cette fermeté, Napoléon, dans un accès de fureur, brisa la montre qu'il portait et les deux frères se séparèrent animés l'un contre l'autre de sentiments violents. Napoléon se résigna donc à donner au vice-roi Eugène le titre de prince héréditaire d'Italie, puis il se hâta de rentrer à Paris, où l'intrigue espagnole paraissait arrivée à maturité.

On a beaucoup discuté pour savoir le moment précis où Napoléon conçut le dessein de chasser les Bourbons d'Espagne, et de les remplacer par une dynastie napoléonienne. Il suffirait, pour décider la question, de s'en rapporter aux aveux de l'empereur : c'est le lendemain de la bataille d'Eylau qu'il prit la résolution d'enlever l'Espagne à Charles IV. Toutefois il ne pensa à le dépouiller entièrement que peu à peu. Il employa, pour parvenir à ses fins, un mélange inouï de ruse, de diplomatie, de séduction. L'un des principaux personnages qui ont joué un rôle à côté de lui en cette occasion, l'abbé de Pradt, lui donnait, pour la circonstance, le surnom caractéristique de Jupiter *Scapin*.

Le roi Charles IV d'Espagne régnait depuis 1788. Il était faible, bonasse et crédule. Il avait épousé, pour son malheur, en 1766, la princesse Louise de Bourbon des Deux-Siciles. La reine d'Espagne était une femme violente et sans mœurs. Facile à dominer, Charles IV avait donné toute sa confiance à un officier de petite noblesse, D. Manuel Godoï. A la faveur du roi, Godoï avait ajouté bientôt une influence moins légitime encore sur la reine, et le scandale étalé en plein jour n'était ignoré que du mari. Avec le temps, Godoï n'était plus que l'homme d'État indispensable aux souverains espagnols, leur bon ami, comme ils l'appelaient. Il avait profité de sa faveur pour faire une fortune immense, épouser une princesse de Bourbon, devenir duc de Alcudia et enfin prince de la Paix.

Malgré son ignorance des affaires, grâce à un certain flair politique, le prince de la Paix s'était d'abord attaché à l'alliance française et depuis le Consulat avait entretenu Charles IV dans l'admiration profonde du « héros », c'est-à-dire de Napoléon. Mais cette conduite avait donné prise au puissant parti de ses ennemis, qui se groupait alors autour de l'héritier du trône, le prince des Asturies, Ferdinand. Le fils aîné de Charles IV, dissimulé, de manières repoussantes, silencieux et sombre, représentait cependant aux yeux des Espagnols le parti de l'indépendance nationale. Haï de sa mère, Ferdinand détestait cordialement à son tour le favori. Cette situation était soigneusement entretenue par un autre intrigant, qui aspirait, sous un nouveau règne, au titre de premier ministre, le chanoine Escoiquiz. Homme de lettres sans réputation, le chanoine avait été un traducteur malheureux, qui avait promené sa connaissance imparfaite des langues étrangères depuis le *Paradis Perdu* de Milton jusqu'aux romans les plus équivoques de Pigault-Lebrun. Il avait conçu contre D. Manuel Godoï une haine de premier ministre futur, et il était résolu à compromettre le prince des Asturies par tous les moyens possibles, afin de provoquer une révolution qui chasserait Charles IV du trône, et avec lui l'odieux favori. Napoléon bâtit le plan qui livrerait l'Espagne aux Bonapartes sur ces luttes qui s'engageaient entre le père et le fils.

L'occupation du Portugal fut un simple épisode préparatoire de cette comédie politique qui devait finir si tristement. Le prince régent de Portugal, Jean, avait accepté sur l'ordre de Napoléon le blocus continental.

Mais il avait refusé de dépouiller les Anglais des propriétés qu'ils avaient acquises dans ses États. L'empereur obtint de son allié le roi d'Espagne le passage et la coopération contre le Portugal. Junot, chargé de l'expédition, marcha sur Lisbonne, où il arriva à temps pour voir les vaisseaux anglais emporter au Brésil la famille royale, la haute noblesse et le numéraire du royaume. La maison de Bragance avait cessé de régner. Sur son passage, Junot reçut l'ordre de relever avec soin les positions et les routes en Espagne, puis derrière lui se glissèrent, sous prétexte de le soutenir, le corps du général Dupont, puis celui du maréchal Bessières, celui du général Duhesme, soit 60 000 hommes qui s'établissaient à petit bruit au nord de la Péninsule.

L'intrigue d'Espagne se traitait en partie double. L'ambassadeur français, Beauharnais, beau-frère de l'impératrice, caractère loyal et naïf, avait vu l'horreur qu'inspirait en Espagne le prince de la Paix. Godoï s'était imprudemment compromis auprès de Napoléon, avant la bataille d'Iéna, par une proclamation vague, où il appelait les Espagnols à une prochaine guerre d'indépendance. Napoléon s'était montré fort irrité de cette menace évidemment dirigée contre lui; et Beauharnais avait alors conçu l'espoir de rendre l'alliance française populaire en Espagne, en se rapprochant du prince des Asturies, qui aurait volontiers demandé l'appui de l'empereur contre le favori. Napoléon parut accepter les ouvertures faites à ce sujet par Beauharnais, qui eut nombre de conciliabules avec le chanoine Escoiquiz. Ce fut Talleyrand que l'on chargea malicieusement de suivre à Paris cette négociation illusoire. Malgré toute sa finesse, le vice-grand-chancelier ne devina pas la vérité : tout au plus croyait-il que Napoléon exigerait les provinces de l'Èbre. Aussi s'employait-il pour faciliter le mariage de Ferdinand avec une princesse napoléonienne, une fille de Lucien, par exemple.

Pendant que cette intrigue allait son train, Duroc, Savary et Murat en menaient une autre encore plus compliquée avec le prince de la Paix et dont n'étaient prévenus ni le nouveau ministre des affaires étrangères Champagny, ni l'ambassadeur de France à Madrid, Beauharnais. L'agent de Godoï, Izquierdo, recherchait, dans la conquête du Portugal, des acquisitions pour l'Espagne. On donnerait à la reine d'Etrurie, chassée d'Italie, le nord du royaume conquis avec Porto, le sud à Godoï, qui, sous le nom de Prince des Algarves, échapperait ainsi aux vengeances de cour; le centre appartiendrait provisoirement à Napoléon. Ou bien encore, disait négligemment Duroc chargé de tâter le terrain, le roi d'Espagne pourrait se retirer dans le Nouveau-Monde avec le titre d'empereur d'Amérique, ou s'il tenait à rester en Europe, il recevrait l'Etrurie, avec les colonies. Mais cette dernière proposition n'était qu'un ballon d'essai et le traité de Fontainebleau, qui resta secret, ne consacra que le partage de Portugal.

Alors seulement Napoléon dévoila à Talleyrand une partie de ses projets, et les écailles tombèrent des yeux du vice-grand-électeur, qui résolut désormais de se laver les mains de cette politique de casse-cou. « *Le voilà*, disait-il en parlant de l'empereur, *enferré dans une intrigue pitoyable ; le malheureux va remettre en question toute sa situation.* » Depuis ce jour, il garda une attitude frondeuse, et quoique Napoléon ait voulu lui faire sa part dans la responsabilité de la guerre d'Espagne, on peut affirmer qu'au contraire il ne cessa plus de blâmer les entreprises impériales.

Talleyrand, qui connaissait très bien l'opinion européenne, avait calculé très exactement l'impression qu'en ressentirent les puissances étrangères en voyant escamoter (le mot est de l'abbé de Pradt) « *l'Espagne comme une muscade* ». « *Il y a là de la tromperie et de la tricherie, disait le prince de Bénévent, je ne peux pas dire ce qui en arrivera; mais vous verrez que cela ne lui sera pardonné par personne.* »

Les deux intrigues suivaient leur cours, lorsqu'elles vinrent à se heurter à la fin de 1807. Godoï rendu clairvoyant par le danger qu'il courait, fit surveiller les menées du prince des Asturies; ses papiers furent saisis, on y trouva le mémoire d'Escoiquiz, relatif au mariage possible de Ferdinand et d'une princesse napoléonienne. Le prince ne craignait pas, dans cette correspondance, de faire des allusions sanglantes à la conduite de sa mère. Enfin on y découvrit entre autres pièces un brevet, signé Ferdinand VII, qui donnait le gouvernement de la vieille Castille au marquis de l'Infantado. Ce brevet recevrait son plein effet après la mort de Charles IV.

Le roi fut exaspéré des menées de son fils, et se laissa persuader par sa femme, furieuse contre Ferdinand du mépris qu'il n'avait pas dissimulé, qu'il s'agissait d'un attentat contre sa vie. Doux et inoffensif, le vieux roi fut frappé au cœur par ce qu'il croyait une tentative de parricide, et il écrivit à Napoléon une lettre touchante pour se plaindre de l'infant. L'empereur ne craignait qu'une chose, c'est que sa double intrigue ne fût dévoilée, et qu'il ne pût désormais tenir le père par le fils, et réciproquement. Il intima l'ordre à Godoï d'étouffer la procédure, et d'éviter que le nom de l'ambassadeur Beauharnais fût prononcé, puis il répondit à la demande de mariage de Ferdinand par une lettre fort habile, où sans lui refuser la main d'une princesse Bonaparte, il l'éconduisait pour le moment par respect pour l'autorité paternelle, et dans la crainte qu'une querelle entre le père et le fils ne dévoilât le déshonneur de la reine Louise.

Ainsi Napoléon profitait de cette triste histoire pour encourager l'ambition du prince des Asturies, et se réservait de lui faire échec en approuvant le ressentiment paternel de Charles IV.

Pendant les trois premiers mois de l'année 1808, l'empereur, qui prévoyait le dénouement, fit avancer ses troupes jusqu'à l'Ebre, sous les ordres de Murat. Quelle défiance pouvaient montrer les Espagnols? Il s'agissait d'aller reprendre Gibraltar aux Anglais. Cependant on avait le caractère mal fait en Espagne, car on n'était pas content, et on rejetait sur le prince de la Paix la présence des Français sur le sol de la patrie. Godoï, sentant le terrain manquer sous ses pas, avait persuadé à Charles IV de se retirer à Séville, et il songeait sans doute à passer en Amérique avec la famille royale, laissant l'Espagne et Napoléon s'arranger ensemble. L'annonce de ce départ causa les 17 et 18 mars une insurrection à Aranjuez. Les amis de Ferdinand résolurent de se débarrasser de Godoï : son palais fut assiégé et il n'échappa à la fureur du premier moment qu'en se cachant dans un grenier sous des nattes de jonc. Reconnu au moment de s'enfuir, il fut sur le point d'être déchiré par la multitude. A cette nouvelle, le roi et la reine perdirent leur sang-froid ; oubliant leur colère contre Ferdinand et ne songeant plus qu'au péril du bon ami, il firent tout ce qu'on voulut. Charles IV abdiqua en faveur de « son bien-aimé fils », ne stipulant pour lui que la faculté de se retirer sous un climat favorable à sa santé, avec la reine et Godoï. Deux jours après, Murat, pressé par des ordres répétés de Napoléon, entrait à Madrid, et devenait le maître de la situation.

Le grand-duc de Berg n'avait été jusqu'alors qu'un

soldat plein de bravoure et de plus d'ambition que d'esprit. Lorsqu'il avait été désigné pour commander l'armée d'Espagne, il s'était dit naturellement que son beau-frère lui destinait la succession de Charles IV. Cette magnifique espérance aiguisa son intelligence, et transforma pour un moment le sabreur en un politique passablement retors. Il avait reçu de Napoléon cette indication concise, mais parfaitement claire : « *Envoyez-moi les princes à Burgos ou à Bayonne.* » Napoléon ignorait alors la révolution d'Aranjuez. Murat prit sur lui d'en tirer bon parti; il parvint à persuader, dès le 23 mars, à Charles IV de signer une rétractation de son abdication en l'antidatant du 21. Il refusa de reconnaître Ferdinand VII comme roi d'Espagne. C'était entrer de plain pied dans les vues de Napoléon : ne pas reconnaître le roi, déterminé à garder la couronne, accabler de respects celui qui serait disposé à la quitter.

Dès lors Napoléon regarda l'Espagne comme sa propriété. Il l'offrit à son frère Louis, qui cette fois la refusa avec une énergie désespérée, et qui triompha.

L'empereur se dirigea sur Bayonne afin, disait-il, de visiter l'armée d'observation, et vint se fixer à quelques lieues de la ville au château de Marrac. Il paraissait surtout préoccupé de régler le sort du Portugal, mais il eut soin d'envoyer à Madrid, auprès de Murat, qu'il voyait avec mécontentement jouer au roi, celui qu'on a appelé l'exécuteur, des hautes œuvres, Savary.

La mission de Savary consistait à amener de gré ou de force à Bayonne Ferdinand VII, avec ses frères Carlos et Francisco, sa sœur, la reine d'Etrurie, et leur oncle D. Antonio. Quant aux vieux souverains, comme on les appelait, leur tendresse pour Napoléon était bien connue : ils viendraient au premier signe. Ce que Savary mit d'habileté à persuader Ferdinand VII, il serait difficile de le dire ; il sut faire naître dans le cœur du prince l'espérance d'être reconnu par Napoléon, aveugla par son respect ses conseillers, Escoquiz, Cevallos, l'Infantado ; il parvint enfin, au milieu d'avril, à partir avec Ferdinand pour Burgos, où Napoléon devait se trouver, disait-il. Pendant la route il entourait le cortège royal de précautions infinies. A Burgos, pas de Napoléon ; c'est qu'il était à Vittoria. A Vittoria, il n'était pas arrivé ; les infants commencèrent à hésiter ; de toutes parts les Espagnols fidèles à leur dynastie les suppliaient de ne pas aller plus avant ; des serviteurs disgrâciés venaient se jeter aux pieds de Ferdinand, et le conjuraient de retourner sur ses pas. Savary, par ses réticences calculées, par le respect dont il entourait les infants, obtint qu'ils passeraient outre. D'ailleurs il était prêt à tout. Il n'était pas arrivé jusque-là pour reculer ; si Ferdinand avait refusé d'avancer, on l'eût enlevé. Il partit de lui-même, et le 19 avril passa la Bidassoa. Le 20, avec son frère D. Carlos, il entrait à Bayonne.

Napoléon s'empressa aussitôt de quitter le château de Marrac et d'aller voir son royal visiteur. Tous deux ils se firent de grands démonstrations d'amitié ; on s'embrassa et l'on partit pour Marrac, où l'on devait dîner ensemble ; toutefois l'empereur, tout en laissant rendre les honneurs royaux à son hôte, évita avec soin de le traiter de majesté. Ferdinand retourna le soir, tout rassuré, à Bayonne avec Savary. Le duc de Rovigo l'accompagna jusque dans ses appartements et là, sans transition, lui apprit que l'intention formelle de l'empereur était que la maison de Bourbon abandonnât le trône d'Espagne.

Pendant ce temps Napoléon avait retenu auprès de lui le confident Escoquiz. Il essaya de lui persuader de faire avaler cette amère pilule à son élève et d'obtenir en douceur une abdication en sa faveur. Napoléon usa de tous les arguments plaisants ou graves pour amener le chanoine à partager ses idées. Escoquiz, qui était d'ailleurs un pauvre sire, eut la gloire de se refuser à tous les projets de l'empereur ; Napoléon lui ayant fait sa plaisanterie ordinaire de lui tirer les oreilles, Escoquiz lui répondit par une fin de non recevoir aussi ferme que spirituelle. Napoléon en revint à un ultimatum qu'il chargea successivement Savary, Duroc et l'abbé de Pradt de faire agréer à Ferdinand. Le prince des Asturies le repoussa obstinément. L'empereur se retourna du côté des vieux souverains. Godoï arriva le premier à Bayonne, puis le 30 avril le roi et la reine. Le 7 mai, il y eut une entrevue entre le père, la mère et le fils. Ferdinand refusa d'abdiquer. Charles IV, excité par la reine qui accablait son fils d'injures, faisant un effort surhumain pour dompter les douleurs rhumatismales qui le clouaient à son fauteuil, se leva tout à coup et le menaça de sa canne. Le prince ne paraissait pas davantage vouloir se soumettre. Bonaparte assistait en spectateur à cette horrible scène, et s'amusait le soir même à décrire à Champagny l'attitude de ces malheureux, qu'il avait eu le sang-froid d'observer. Mais le temps s'écoulait, Murat avait été prévenu qu'il irait à Naples : il fallait un roi à l'Espagne ; Napoléon résolut de brusquer la situation. Le 3 mai, les mêmes scènes recommencèrent. Cette fois, l'empereur intervint ; il menaça Ferdinand du supplice des rebelles ; et le prince des Asturies, à bout d'énergie, se décida enfin ; il abdiqua en faveur de son père, qui rétrocéda ses droits à l'empereur. Pour compensation, des revenus considérables étaient assurés aux souverains détrônés. La cession de l'Espagne coûtait à l'empereur 10 millions. Napoléon dirigea les vieux souverains sur Compiègne, et les infants sur le château de Talleyrand, à Valençay, dans l'Indre. Le vice-grand-électeur était chargé d'amuser ces princes en disponibilité. « *C'est tout à fait*, lui écrivait Napoléon, *dans le caractère de la nation et dans celui de votre rang.* » Il se vengeait ainsi de la mauvaise humeur du prince de Bénévent, en le compromettant dans cette affaire d'Espagne. Les princes se montrèrent à Valençay très réconciliés en apparence avec leur sort; ils envoyaient des félicitations à Joseph et parurent pleins d'enthousiasme pour l'empereur. Talleyrand disait plus tard en parlant de leur séjour à Valençay : « *C'était une assez belle terre ; mais les princes espagnols y ont tout dégradé à force de tirer des feux d'artifice pour la Saint-Napoléon* ».

Lorsque l'empereur a fait, à Sainte-Hélène, son examen de conscience, dans l'intention bien certaine d'empêcher l'histoire de le faire à sa place, il a avoué l'immoralité ou plutôt le trop d'immoralité de l'expédition d'Espagne. L'aveu est-il suffisant? Est-il possible de rencontrer quelque chose de plus odieux que cette sale intrigue, où l'empereur s'est servi des moyens les plus malpropres, s'est jeté tout entier au milieu de ces turpitudes de la famille d'Espagne? S'il fallait même admettre que, dans les questions diplomatiques, les besognes les plus répugnantes ne souillent pas celui qui s'y livre, comment excuser cette tentative sur l'indépendance d'un peuple qui n'avait fourni à la France aucun prétexte légitime d'intervention dans ses affaires intérieures? Comment, après l'affaire d'Espagne, est-il possible de considérer Napoléon autrement que comme un génie malfaisant et malsain? Il disait en parlant des Espagnols : « *Quand mon char politique est lancé, malheur à qui se trouve sous ses roues !* » Ce sont des paroles de malfaiteur; et c'est certainement l'impression du brigandage que laisse sa carrière, à partir de 1808 jusqu'en 1813.

CHAPITRE X

LE DIVORCE [1]

La grande armée en 1809. — Lannes. — Essling. — L'Allemagne en 1809. — L'Autriche après Wagram. — Paris en 1809. — Le pape à Savone. — Le Divorce. — Le mariage autrichien.

Si, dans l'histoire, le vice n'est pas toujours puni et la vertu récompensée, il arrive souvent cependant que les crimes politiques portent en eux-mêmes leur châtiment. Napoléon dut à l'affaire d'Espagne et la capitulation de Baylen, et la capitulation de Cintra. Enfin l'Europe, lorsqu'elle vit ses forces divisées par la résistance invincible des Espagnols, commença à s'armer.

Depuis Presbourg, l'archiduc Charles avait réorganisé l'armée autrichienne, et commençait à compter sur sa solidité. Le Tyrol, dans sa loyauté pour la maison des Habsbourg, dans sa haine pour les Bavarois, ses nouveaux maîtres, était prêt à donner le signal de la guerre. Déjà ses aubergistes, les hommes politiques de ce pays de communication difficile, commençaient à lancer dans les tor-

---

1. BIBLIOGRAPHIE. — Welschinger, Le divorce de Napoléon. — Ricard, Le cardinal Maury. — Mᵐᵉ de Rémusat, Mémoires. — **La générale Durand**, Mémoires. — Cadet de Gassicourt, La mort de Lannes. — **Général Thoumas**, Le maréchal Lannes. — D'Haussonville, L'Église et l'État sous Napoléon Iᵉʳ. — Debidour, Napoléon Iᵉʳ en famille (Rev. politique et littéraire).

rents le bloc de farine, de charbon et de sang qui devait porter dans tous les villages qu'il traversait l'annonce du soulèvement prochain. Le plus connu des aubergistes tyroliens était Andréas Hofer, *la Grande Barbe*, hercule naïf, à la fois ivrogne et mystique, qui détestait les Français, persécuteurs du pape, et les Bavarois, qui imposaient des droits sur les vins; enfin machine inconsciente et héroïque entre les mains habiles de l'homme politique du Tyrol, l'écrivain Hormayr qui dirigeait de Vienne la conspiration militaire contre la France.

L'attaque de l'Autriche en avril 1809 ne se présentait point sous la forme ordinaire. Le grand général, toujours prêt avant ses ennemis, paraissait devoir être pris cette fois au dépourvu; quoique pressentant, par une sorte d'instinct, une rupture prochaine avec l'Autriche, il était encore trop occupé de l'Espagne, et Berthier, qui devait préparer la campagne à sa place, laissait obstinément disséminées les forces françaises d'Allemagne. Sans le génie militaire de Davout, la campagne eût peut-être débuté par un désastre.

Le très subtil ambassadeur d'Autriche à Paris, Clément de Metternich, en pressant son ministre, le comte de Stadion, d'exiger la retraite des troupes françaises d'Allemagne, et, sur un refus assuré, d'envahir aussitôt la Bavière, avait observé d'un coup d'œil sûr les symptômes de lassitude dans la nation. Mais il avait compté sur l'affaiblissement de l'instinct militaire de l'empereur; c'était trop tôt. Le génie de Napoléon se retrouvait encore tout-puissant, lorsqu'il était surexcité par les difficultés et par la colère.

Il parut tout à coup au milieu de ses troupes éparses; par quelques mouvements précis, il les eut bientôt mises à sa portée; admirablement secondé par Davout, il repoussa la première armée autrichienne, dans cette campagne qui porte le nom de bataille d'Eckmülh.

Il sentait bien que l'armée de 1809 n'était plus celle d'Austerlitz; il l'avait peu à peu, par ses tentatives de monarchie universelle, dénationalisée. Les Bavarois, les Wurtembergeois, les Saxons, les Westphaliens, qui remplissaient les rangs éclaircis, quoique fort animés contre l'Autriche, et assez peu soucieux de la grande patrie allemande, ne combattaient point avec l'ardeur de la grande armée. Les cadres de 1805 présentaient bien des vides, qu'y avaient profondément creusés les boucheries de Pultusk et d'Eylau. A ces vétérans, pleins de la gaîté guerrière qui distinguait les soldats de la première campagne d'Autriche, avaient succédé des troupes de conscrits mal instruits, et enlevés par les anticipations avant l'âge de la force virile et morale, indispensable pourtant dans cette guerre continuelle où le bruit du canon ne cessait jamais. Les grognards, qui avaient survécu aux batailles de 1806, étaient eux-mêmes rassasiés de dangers et d'héroïsme. Leur dévouement pour l'empereur était devenu sombre et mécontent. Condamnés à périr un jour par un boulet, ils se consolaient par le pillage et les abus de la victoire. Et cette succession de fatigues inouïes, d'excès et de bonne chère avait introduit un nouvel ennemi dans l'armée de 1809, plus implacable encore que le fer et le feu, l'entérite, cette horrible maladie d'entrailles, que le grand médecin Broussais constatait à l'état périodique dans toutes les divisions françaises. Il en fut tellement obsédé, qu'il crut découvrir en ce fléau la seule maladie humaine, et que connaissant la cause du mal, il crut qu'il n'y avait qu'un seul remède à cette épidémie d'ivresse, l'eau pure. Malheureusement les soldats d'Iéna et d'Austerlitz se refusaient avec horreur à ce régime et continuaient à ne point tremper leur vin. Les grands hommes de guerre qui environnaient l'empereur voyaient avec désespoir cette décomposition de l'esprit militaire, auquel les guerres de la Révolution avaient donné autrefois la sanction du patriotisme et du dévouement. Lannes, encore sous l'impression du sac de Saragosse, se précipitait dans la nouvelle guerre d'Autriche, avec une fureur aveugle, qui dépassait tout ce qu'il avait fourni auparavant d'élan et d'impétuosité. Qu'il cherchât la mort en 1809, on peut le croire. Qu'il aimât Napoléon autant qu'autrefois on peut en douter. Cet homme, dans lequel s'incarnait l'âme de la grande armée, se faisait horreur à lui-même du rôle de bourreau qu'il avait joué en Espagne, pour une expédition qu'il désapprouvait et dont l'exécution soulevait son dégoût. Il évitait désormais Napoléon, et si sa folie guerrière l'aveuglait encore sur la légitimité de ces carnages politiques, auxquels il prêtait depuis si longtemps son bras terrible, il avait le sentiment profond qu'il emporterait avec lui une part du déshonneur d'Espagne, et que sa carrière était terminée. Il n'était pas le seul qui pensât ainsi ; Bernadotte, esprit froid et calculateur, qui s'était accoutumé à se placer au-dessus des événements pour les juger, disait des armées d'Essling et de Wagram : *Ce ne sont plus les soldats de 1795.* Napoléon s'irrita d'entendre répéter tout haut ce qu'il pensait tout bas ; mais quand on lui reprocha la lenteur de sa victoire en 1809 et son indécision après Wagram, il dit à son tour : C'est que je n'avais plus l'armée d'Austerlitz. Ses soldats avaient seize ans et se sentaient conduits à la boucherie pour réaliser la chimère d'un seul homme. Ses officiers étaient pris sur les bancs des lycées impériaux ; et pour maintenir les cadres, il ordonnait à Fouché de forcer les dix familles les plus importantes de chaque département à combler les vides et à envoyer leurs enfants se préparer sur les bancs du collège à devenir, à l'âge de l'adolescence, de nouvelles victimes des exigences napoléoniennes. *Si on réclame*, disait-il à Fouché, *dites que tel est mon plaisir*.

En dépit de toutes ces difficultés, d'un commencement même d'indécision, Napoléon était encore le plus grand homme de guerre de son temps. Avec ces éléments inférieurs, il eut promptement atteint Vienne, et le 15 mai 1809 il entrait une seconde fois en Autriche, après un simulacre de défense de la part de l'archiduc Maximilien.

Mais là sa fortune parut l'abandonner un instant. Le général autrichien, l'archiduc Charles, dont les grands talents militaires étaient ordinairement paralysés par l'admiration respectueuse que lui inspirait le génie de Napoléon, eut une habile inspiration et tint l'empereur en échec à l'horrible bataille d'Essling. Si cet insuccès si grave ne devint pas un échec définitif, Napoléon le dut à l'intrépidité de Masséna, et surtout au malheureux Lannes, qui, désillusionné sur l'objet de son dévouement, se fit tuer en lui épargnant la honte d'une première défaite personnelle.

Lannes eut à Essling les deux jambes fracassées, et survécut de quelques jours à ses affreuses blessures. Napoléon fut frappé de l'épouvantable mort du seul ami sincère qu'il eût peut-être. Lannes (et ceci doit lui être compté) n'avait jamais connu la flatterie basse et vile; comme Davout, il avait su allier à un dévouement sans bornes une attitude digne et quelquefois rude. Soldat impitoyable, il avait eu les vertus du soldat, la loyauté, la discipline et l'austérité des mœurs. Figure dure et peu sympathique, il n'en est pas moins resté comme l'image imposante de l'esprit militaire de son temps. A la nouvelle de son état désespéré, Napoléon pleura ; il eut avec le mourant deux entrevues ; la seconde fut déchirante, l'empereur tenait embrassé le corps mutilé de son compagnon d'armes, et sanglotait. Le vainqueur de Montebello, les yeux dessillés par les approches de la mort, reprocha durement à l'empereur l'égoïsme effroyable, qui s'était déjà immolé à lui-même plus d'un million d'hommes ; il lui reprocha cette ambition sans pitié qui avait détourné l'armée française de sa véritable mission, l'indépendance nationale et la protection des faibles ; il lui reprocha surtout les fautes et les exécutions dont il avait chargé la conscience de ses fidèles serviteurs ; puis il s'attendrit tout à coup, et changeant de ton, il le supplia de s'arrêter dans cette voie sanglante. Son dernier mot rappela qu'il avait été avant tout un soldat, ce fut : sauvez l'armée. Tel est le résumé du beau récit de Michelet.

On a nié cette suprême conversation entre Lannes et l'empereur. Celui qui la raconte cependant, Cadet de Gassicourt, la tenait de première main. Napoléon sortit profondément ému de cette entrevue déchirante et en conserva longtemps l'impression. Il se montra d'ailleurs fidèle à cette amitié et n'oublia jamais sa sollicitude pour la famille du martyr d'Essling.

S'arrêter, il ne le pouvait pas ; la nouvelle de son échec avait produit dans l'Allemagne une fermentation générale. La cour de Prusse, soumise encore en apparence à l'alliance française, était sollicitée de prendre part à la coalition. Le parti de la guerre s'agitait ; mais Frédéric-Guillaume ne se rappelait point sans frémir l'année fatale de 1806 ; il ne voulait se décider qu'à coup sûr et il ne bougea pas. Il lui fut impossible de réprimer l'impatience des membres du Tugendbund. Cette société avait des ramifications dans tous les royaumes vassaux de la confédération du Rhin. Le parti des impatients espérait qu'une prise d'armes, combinée avec une descente anglaise sur les côtes du Hanovre, enflammerait l'Allemagne entière. Ce fut d'abord un chambellan du royaume de Westphalie, qui essaya d'enlever le roi Jérôme, mais ne réussit pas; puis un officier prussien, Katt, qui fit une tentative sur Magdebourg, mais échoua devant un sentiment général de défiance, de la part même des Allemands. Enfin le major Schill, un ami de Blücher, ancien chef de partisans pendant la campagne d'Iéna, fit une poussée aventureuse en Westphalie. Se voyant accueilli froidement, il dut se retirer en Poméranie, où les troupes françaises l'atteignirent et le tuèrent à Stralsund. Pour comble d'humiliation, le roi de Prusse fut obligé de désavouer cette tentative et de considérer le major Schill comme un déserteur. Une dernière échauffourée eut le même sort. Le duc de Brunswick-Oels, fils du vaincu d'Auerstedt, partit de Bohême, traversa la Saxe, et après avoir rencontré la même indifférence, put au moins se réfugier sur la flotte anglaise, qui croisait dans la mer du Nord.

Quoique les Allemands, pleins encore de la terreur que Napoléon avait répandue partout, n'eussent que faiblement répondu à ces appels à l'indépendance, l'éclosion de ces mouvements prématurés n'en était pas moins de mauvais augure. Ils appelaient l'attention des esprits sur des idées dangereuses, que l'empereur avait cru voir éteintes à jamais chez ses peuples de la ligue du Rhin. Ils lui montraient le danger d'une défaite lointaine, alors qu'il eût pu être séparé de la France par une confédération de populations hostiles. Aussi profitant de l'inaction des armées autrichiennes, il prépara pendant deux mois, et tout à loisir, la campagne de Wagram. Il ne risqua une nouvelle action, que quand il se sentit le maître, par la position, et par l'union de l'armée d'Autriche avec l'armée d'Italie. Dans cet intervalle il voulut jouer encore, au château de Schœnbrunn, le même rôle que celui qu'il avait joué déjà en 1805, et avec aussi peu de succès. Il se répandait en proclamations injurieuses contre ce squelette de François II; s'apitoyait sur le sort du bon peuple de Vienne, sacrifié par son gouvernement; tout cela en vain, la solitude se faisait toujours autour de lui. Toutefois disons à la louange des Viennois qu'ils furent d'une admirable charité; et que les blessés français d'Essling et de Wagram reçurent d'eux des soins pieux et touchants, qui font ressortir d'autant plus l'horreur de ces guerres meurtrières et inexpiables.

Le grand coup de Wagram fut porté au commencement de juillet 1809; ce fut encore une de ces journées funestes dont on ne saurait trop maudire le souvenir. C'était de la gloire, soit! mais elle coûtait cher! Napoléon s'y était montré égal à lui-même. Cependant cette « *canaille d'Autrichiens* », de même que « *cette canaille d'Espagnols* » (c'étaient les expressions familières qu'il employait le plus souvent à l'égard de ses ennemis) avaient fait preuve d'une solidité et opposé une résistance, inquiétantes pour l'avenir. Sur l'instant, les forces de l'Autriche étaient brisées; et il était temps; le tsar Alexandre, qui avait été, à ce qu'il disait, l'allié de la France pendant la campagne, avait pris les plus grandes précautions pour ne pas faire de peine à ses ennemis, les Autrichiens. Le général Gorzakoff s'était installé bien commodément en Gallicie pour voir battre ses alliés, les Polonais. Il entretenait une correspondance amicale avec l'archiduc Ferdinand et refusait obstinément de combiner ces mouvements avec ceux de Dombrovski, le général en chef des troupes du grand-duché de Varsovie. La bataille de Wagram gagnée, le ton changea; Alexandre rappela à Napoléon qu'il était son fidèle allié et réclama sa part, dans le traité qu'on négociait à Altenbourg.

Négociations très laborieuses : le négociateur français, Champagny, avait reçu l'ordre de traiter militairement sur la base de l'*uti possedetis*, c'est-à-dire d'exiger de l'Autriche la cession de l'archiduché, de la Carniole, de la Carinthie, de la Croatie, de la Styrie, laissant à peine la Hongrie et la Bohême aux Habsbourg. Encore Napoléon avait-il eu un moment l'idée de faire de la Hongrie et de la Bohême des monarchies indépendantes et nationales : il avait placé à Raab, l'ancien ministre de Louis XVI, M. de Narbonne, intelligence très déliée, pour provoquer un soulèvement des Hongrois. En ce cas, on eût laissé à la maison d'Autriche un État sans nom composé de la Moravie, et des lagunes pestilentielles de la Hongrie Cisdanubienne.

Le négociateur autrichien, Metternich, n'était pas pressé de souscrire à ces agréables conditions; aussi traînait-il la chose avec une majestueuse lenteur : d'autant qu'il avait deux espérances de voir se rompre les négociations. D'abord l'Angleterre préparait une descente en Belgique, pour détruire le port d'Anvers. Ensuite, un esprit d'opposition, dont on pourrait peut-être tirer parti, soufflait à Paris. L'expédition anglaise et l'opposition parisienne se tenaient étroitement. Après la bataille de Wagram, Bernadotte s'était permis de complimenter le corps saxon qu'il commandait sur la part qu'il avait prise à l'affaire. Napoléon qui avait fait écharper les Saxons et qui aurait voulu cacher la chose, fut pris d'une violente colère et démentit rudement le prince de Ponte-Corvo; il l'envoya même en disgrâce à Paris.

Bernadotte y trouva tout le monde éploré. Cambacérès, qui représentait l'empereur pendant son absence, sentait sa perruque poudrée se hérisser sur sa tête à l'idée d'une prochaine descente des Anglais en Belgique; seul, Fouché qui réunissait alors les deux ministères de l'intérieur et de la police, avait gardé son sang-froid, et prononcé cette parole invraisemblable : « *Prouvons à l'Europe que si le génie de Napoléon peut donner de l'éclat à la France, sa présence n'est pas nécessaire pour repousser l'ennemi.* » A cette phrase inouïe, l'archi-chancelier d'empire était tombé de son haut et avait refusé d'en entendre plus long : « *Sachez, monsieur Fouché*, disait-il en tremblant de tous ses membres, *que je n'ai pas envie de me faire décoller.* » Fouché tint bon cependant; il organisa les gardes nationales, qui se dirigèrent, d'ailleurs sans grand enthousiasme, sur la frontière; et Bernadotte reçut le commandement en chef des forces de l'armée du Nord. L'expédition anglaise, préparée à grand renfort d'argent, et avec beaucoup de fracas, échoua. Les prévarications des fonctionnaires anglais avaient enlevé au corps expéditionnaire les moyens matériels de réussir. La capitulation de Flessingue, amenée par un bombardement féroce, ne fut pas suivie de la capitulation d'Anvers; les Anglais, décimés par les fièvres de marais, durent quitter la Zélande, et la diversion sur laquelle comptait Metternich n'eut pas lieu.

Napoléon n'était pas satisfait lui-même; il commençait à se défier de la longueur de ses absences. Quoiqu'il fût forcé d'approuver l'énergie montrée par Fouché, il n'était pas très flatté des termes employés par son ministre. La nomination de Bernadotte était presque une injure pour lui; enfin il savait qu'on avait discuté dans les cercles officiels l'éventualité de sa mort, ce qui l'irritait profondément. Il se décida donc à traiter plus rapidement, et fit des ouvertures personnelles à l'empereur d'Autriche ; François répondit par une phrase flatteuse; il envoya à Schœnbrunn un aide de camp du prince Charles, le comte de Bubna. La question, pour l'Autriche, était de sauver au moins l'archiduché et la Styrie, et d'éviter que Napoléon appelât la Bohême et la Hongrie à l'indépendance. Bubna se laissa tirer les oreilles et même la moustache, gentillesses accoutumées qui avaient le privilège de mettre l'empereur en belle humeur, et parvint à obtenir des conditions à peu près acceptables : il eut l'art, en cédant la Gallicie, de créer un embarras au vainqueur; car Napoléon, qui était obligé de faire sa part au tsar Alexandre, commit l'imprudence de lui abandonner seulement la partie la moins importante de ce pays, d'origine polonaise. Le reste fut destiné à agrandir le grand-duché de Varsovie, ce qui causa beaucoup d'indignation chez les hommes d'État russes.

L'empereur exigeait impitoyablement la Carniole, la Carinthie, l'Istrie qui lui étaient nécessaires pour relier son royaume d'Italie à la Dalmatie. Bubna et Metternich défendaient pied à pied les intérêts de l'Autriche et au milieu d'octobre 1809, il n'y avait encore rien de fait. Le traité de Schœnbrunn n'était pas encore signé, lorsque le 14 octobre Napoléon quitta tout à coup Vienne et se rendit à Munich, où il se proposait d'attendre la ratification de l'empereur François. Pourquoi ce brusque départ? Il tenait à un fait dont on connaît depuis quelque temps la véritable conclusion. Il faut insister sur cette histoire parce qu'elle est de celles qui font honneur à Napoléon et qu'en cette occasion les historiens ont commis jusqu'à ce jour une erreur et attribué à l'empereur une vengeance sanglante qu'il n'a pas commise.

On sait aujourd'hui que pendant la seconde campagne

d'Autriche, il fut exposé à plusieurs attentats qui furent bientôt découverts. Cet abominable principe du tyrannicide a toujours été une des théories favorites de l'imagination allemande. Napoléon étouffait avec soin ces manifestations de la haine des Allemands, et quand il en transpirait quelque chose dans le public, il faisait répandre par tous les moyens possibles le bruit d'une justice prompte, rapide et implacable. Le 12 octobre, un jeune étudiant allemand, Frédéric Staps, après avoir fait des efforts inutiles pour approcher de la personne de l'empereur, avait été écarté par la main vigilante de l'aide de camp Rapp, qui en séparant violemment le jeune homme de Napoléon sentit une arme sous ses vêtements. Elle n'avait rien de poétique d'ailleurs, c'était un long couteau de cuisine. Amené devant l'empereur, Staps revendiqua l'idée de son crime, et se soumit volontiers à l'examen du médecin Corvisart, n'ayant d'autre anxiété que celle de passer pour fou. Napoléon l'interrogea lui-même, et il apprit de la bouche de Staps les sentiments de haine farouche qui animaient la jeunesse des Universités contre lui. Il fit en vain appel à des idées plus généreuses dans le cœur du jeune homme; il lui proposa, s'il voulait s'engager à déposer ses projets homicides, de le rendre à son père et à sa fiancée, dont il portait le portrait sur lui lors de son arrestation. Staps répondit en affirmant que, mis en liberté, il recommencerait sa tentative. Il fut alors emmené hors de la présence de Napoléon et se crut condamné à mourir. L'Europe entière fut elle-même persuadée de l'exécution de cet enfant fanatique par le récit officiel des journaux français. Or nous savons aujourd'hui, par les papiers de Sismondi, que l'empereur fit grâce, une grâce secrète, il est vrai, mais que nous sommes heureux de constater. L'indulgence était d'autant plus méritoire que, maître de lui au milieu des champs de bataille, Napoléon était pris d'une véritable terreur superstitieuse devant les émeutes et les complots.

L'empereur trouva désormais le séjour de Vienne dangereux pour lui, et ce fut pour cette raison qu'il quitta précipitamment Schœnbrunn, annonçant à l'Europe une paix qui n'était pas encore signée. Il attendit la ratification de l'empereur François, jusqu'au 19 octobre, à Munich.

De là il se dirigea rapidement sur Paris, où l'appelait le règlement définitif de deux questions capitales : les affaires de Rome et le divorce.

Pie VII et son conseiller le plus intime, le cardinal Pacca, avaient tout espéré de la nouvelle coalition et de la campagne d'Autriche. Aussi la cour de Rome se rapprochait-elle peu à peu des Anglais et montrait une extrême mollesse dans l'exécution du blocus continental. Napoléon, irrité, avait décidé de Vienne que le pape cesserait d'être un prince temporel pour être réduit aux fonctions purement spirituelles d'évêque de Rome. Il avait ordonné à Murat de faire occuper par le général Miollis les États pontificaux, et Pie VII avait répondu par son seul moyen de défense (encore était-il bien émoussé), en lançant l'excommunication contre l'empereur.

Quoique ce fût là le « telum imbelle », l'arme sans force du poète latin, l'empereur s'était exaspéré de l'audace du pontife, et après Wagram, il ordonna à Miollis et à Murat de faire transporter le pape hors de Rome, où sa présence excitait « *des passions dangereuses* ». Le général Radet escalada les murailles du château Saint-Ange, pénétra jusqu'au pape et l'invita à monter dans une voiture entourée de gendarmes. Pie VII se résigna promptement et fut promené à travers la Toscane jusqu'à Grenoble, pour être bientôt interné à Savone sur le golfe de Gênes ; Napoléon apprenait cette étonnante entreprise au monde

par une lettre écrite au prince Eugène, où il lui disait :
« *Vous avez appris le bien que je viens de faire au pape* » ;
le bien consistait dans une pension de 2 millions qu'il ajoutait aux 3 millions de revenu du pontife ; mais ce grossier appât devait échouer auprès d'un vieillard qui portait la robe de laine des bénédictins, qui vivait de légumes, et dont la personnalité humble et résignée goûtait peu les pompes d'une cour.

Prisonnier à Savone, le pape retrouva dans l'excès de son infortune l'énergie dont il avait jusqu'alors donné si peu de preuves; il résista aux prières, aux flatteries, aux menaces, et refusa de plier devant Napoléon, soit dans la question d'institution des évêques, soit dans la question plus brûlante encore du divorce.

Napoléon en était enfin arrivé à juger inévitable la solution de cette question toujours pendante. Depuis la tentative de Fontainebleau en 1808, il avait paru y renoncer, et Joséphine avait pu concevoir la douce espérance qu'on n'en reparlerait plus. C'était précisément alors que la chose avait été décidée dans l'esprit de l'empereur. Il est bien difficile de démêler exactement les intrigues et les raisons d'État véritables qui ont amené cette crise, si importante, que pendant longtemps, le départ de Joséphine passa dans l'opinion populaire pour avoir été l'origine de tous les malheurs de l'empereur et de la France.

D'abord la famille Bonaparte considérait l'expulsion des Beauharnais, comme un triomphe nécessaire à sa propre cause : Caroline, Murat, Joseph avaient poursuivi sans relâche la ruine de la femme que Napoléon aimait assez, pour inquiéter leurs intérêts en cas de mort, car cette éventualité était sans cesse examinée dans toutes ces intrigues du palais. Fallait-il donc se résigner à voir Eugène hériter de l'empire? Aussi les Bonaparte, dont la morale était aussi large que celle du grand frère, avaient été, dans leur haine des Beauharnais, les spectateurs heureux des infidélités de l'empereur. Lorsque Napoléon revint en octobre 1809 de la campagne de Wagram, Pauline essaya de lui donner une femme de son choix. On le mena dans la pension de Mme Campan. Il s'y trouvait alors une jeune fille, dont l'esprit et la beauté devaient faire une impression victorieuse sur l'esprit de l'empereur. Mais Napoléon, parmi ces enfants encore à l'école, avait un peu l'air d'un ours dans une volière; et il eut le bon sens de se dérober au rôle de berger Némorin que sa sœur lui proposait. D'ailleurs il était déterminé à épouser dans une des grandes familles de l'Europe : une Romanow ou une Habsbourg. L'intérêt dynastique était pour quelque chose dans sa résolution, mais non l'intérêt politique. Car son mariage avec Joséphine était loin de lui nuire dans l'opinion publique. Il y avait bien aussi chez lui un peu de cet aveuglement de parvenu, qui engageait George Dandin à prendre une femme demoiselle. Il souhaitait passionnément d'appuyer sa noblesse, deux fois douteuse, puisqu'elle venait de Corse, sur l'alliance d'une archiduchesse d'Autriche ou d'une grande-duchesse de Russie. C'était aussi l'opinion de Fouché, qui cherchait à se rendre agréable, pour se donner plus de loisir de trahir, de Talleyrand, qui par tradition de famille, souhaitait une princesse pour impératrice de France, de Maret, qui connaissait la passion secrète de l'empereur et se faisait un devoir de prévenir ses moindres désirs. Seul, Cambacérès, prudhomme, un peu solennel, eut le véritable sentiment de la situation. Il essaya bonnement de prouver à Napoléon que son mariage d'origine républicaine avec Joséphine était pour beaucoup dans la confiance que la majorité de la nation française montrait au représentant couronné de la révolution. Quand il se fut aperçu de la résolution inébranlable de l'empereur, il fit comme les autres et se rallia au mariage russe.

Toutes ces intrigues étaient connues de tout le monde, sauf peut-être de Joséphine, qui paraissait vivre dans une sécurité trompeuse. L'empereur lui avait écrit d'Allemagne pour lui exprimer l'impatience qu'il avait de la revoir; toutefois, à Fontainebleau, elle se vit bientôt isolée au milieu de la cour des rois, qui étaient accourus pour apporter leurs hommages au vainqueur, et surtout pour assister à la tragédie qui se préparait. Napoléon hésita jusqu'au mois de décembre à porter le coup décisif. Il voulait attendre l'arrivée des deux enfants de Joséphine, le prince Eugène et la reine Hortense. Il avait chargé Fouché de préparer les voies; mais le préfet de police n'était pas l'homme capable de traiter une question aussi délicate; il fit répandre dans tous les lieux de réunion, dans les bals, dans les concerts, dans les théâtres, des bruits défavorables à l'impératrice, qui rappelaient les écarts de sa conduite sous le Directoire, et présentaient son caractère sous un jour fâcheux. Mais ces insinuations produisirent l'effet contraire à celui qu'on avait espéré. Elles n'eurent d'autre résultat que de rendre publics les projets de divorce, et d'exciter à Paris un mouvement unanime de sympathie envers Joséphine. L'empereur, réduit à se montrer encore en public avec elle, vit éclater à chaque occasion des applaudissements qui s'adressaient uniquement à sa femme, et dont il comprenait parfaitement la véritable signification.

Napoléon, impatienté, brusqua les choses. Au commencement du mois de décembre, le préfet du palais, M. de Bausset, entendit dans le salon, contigu à celui où il se tenait, une violente altercation où dominait la voix de l'empereur. Il avait durement et sans ambages communiqué à Joséphine la nécessité du divorce. Il s'irritait à mesure qu'il parlait de la stupéfaction pleine de chagrin, qu'elle ne pouvait dissimuler. Il lui reprochait de n'avoir pas deviné plus tôt, de ne pas s'être offerte elle-même en sacrifice.

Ramenée si brutalement au sentiment de la réalité, au milieu des rêves de paix et de tranquillité dans lesquels elle commençait à s'endormir, l'impératrice eut une attaque de nerfs, de nature assez alarmante, pour que Napoléon crût devoir demander à M. de Bausset d'appeler du secours. S'il faut en croire le récit du préfet du palais, Joséphine, fidèle à l'habile tactique féminine, qui lui avait jusqu'alors réussi, avait eu recours à un évanouissement fictif, qui sans rien diminuer de sa douleur, lui laissait toute sa présence d'esprit.

Eugène arriva, et Napoléon le chargea d'obtenir, conjointement avec sa sœur Hortense, le consentement volontaire de l'impératrice à une séparation désormais inévitable. La reine Hortense, qui, éloignée désormais pour toujours du roi Louis, considérait comme un bonheur inexprimable la possibilité de quitter un Bonaparte, prêcha à sa mère la résignation. Quant à Eugène, il fit appel à des sentiments plus élevés, dont il ne devait pas trouver l'écho dans le cœur de sa mère.

Il connaissait admirablement le caractère de Napoléon. Il avait fait, à la personnalité de son beau-père, litière de sa vie et de son ambition. Il apportait dans ce rôle une impassibilité stoïque, qui fut pour lui, dans les crises les plus graves, un refuge inaccessible. Il rappela à sa mère les bienfaits de l'empereur et essaya de lui persuader qu'il fallait les payer par un sacrifice, si douloureux fût-il. Joséphine ne fut pas convaincue, seulement sa sensibilité, très facile à émouvoir, mais peu profonde, finit par s'engourdir. Au milieu de décembre 1809, elle acceptait le divorce. Napoléon s'était assuré de la majorité des évêques français, et de l'officialité de Paris. Le pape protesta au nom du droit qu'il avait seul de décider dans les cas de rupture religieuse de mariages souverains. Fesch soutint obstinément la validité de l'union bénie par lui aux Tuileries en 1804. L'officialité passa outre, décida que Napoléon avait procédé à cet acte sans connaissance de cause, que l'absence du curé de la paroisse à la bénédiction nuptiale (absence autorisée cependant par le pape) supprimait la publicité obligatoire de la cérémonie et en infirmait les effets religieux. Tous ces moyens paraissaient suffisants au cardinal Maury, que l'empereur avait fait archevêque de Paris malgré sa réputation, et en dépit de Pie VII, pour se donner une cause de rupture avec la papauté.

Le 15 décembre 1809, Napoléon avait convoqué un conseil de famille aux Tuileries. Il y exposa les motifs qui le poussaient à rompre son premier mariage. Joséphine répondit par un consentement écrit et qu'elle dut lire. Mais à la première phrase, la voix lui manqua, et ce fut le comte Regnault de Saint-Jean d'Angely, officier de l'état civil de la famille impériale, qui acheva la lecture de cette pièce, qu'on avait imposée à l'impératrice. La dissolution du mariage civil fut alors prononcée au sénat, au milieu des fleurs de rhétorique, et à la simple majorité des voix, au grand courroux de Napoléon qui comptait sur l'unanimité. Le comte Regnault rappela le sacrifice de Joséphine qui était le plus grand sacrifice de l'histoire; le président Lacépède profita de l'occasion pour asséner lourdement l'encensoir sur la tête de l'empereur. Enfin Eugène fut obligé de jouer son rôle dans cette triste cérémonie et s'en tira par des paroles pleines de dignité, mais bien singulières dans sa bouche.

Cependant le tribunal de l'officialité n'ayant pas encore prononcé son arrêt, qu'il a formulé seulement en 1810, l'impératrice dut continuer à jouer son rôle jusqu'à cette époque, et Napoléon eut la cruauté, afin de montrer à tout le monde combien son consentement était volontaire, d'exiger qu'elle continuât à présider les fêtes impériales et à paraître en public. Le jour même où le mariage religieux fut dissous, elle se retira à la Malmaison, et l'empereur alla chasser à Fontainebleau, affectant désormais, jusqu'à son nouveau mariage, d'éviter la présence de sa femme. L'impératrice se consola plus rapidement qu'on aurait pu le penser. Elle garda assez de liberté d'esprit pour répondre en 1814 aux compliments de condoléance de l'empereur François, qu'elle n'avait rien à lui reprocher, puisque c'était sa fille qu'il détrônait. Elle se livra plus que jamais au gaspillage, aux futilités de la toilette et du luxe. Gravement malade, et attendant à la même époque la visite de l'empereur Alexandre, sa grande préoccupation était de faire mettre des rideaux roses à son lit.

En dépit de la légèreté et du peu d'importance de Joséphine dans le système napoléonien, sa répudiation fut mal accueillie en France; elle avait obtenu, assez gratuitement d'ailleurs, une grande réputation de bonté; enfin elle était Française et l'opinion lui tenait compte de sa nationalité, plus encore que de toutes les qualités extérieures qui l'avaient rendue assez populaire.

Le 10 janvier 1810, la séparation était consommée; le 11 février, Napoléon épousait l'archiduchesse Marie-Louise, fille de l'empereur d'Autriche, François II. Malgré cette rapidité apparente, les négociations n'avaient pas été toutes simples. Jamais en effet diplomatie plus compliquée ne fut employée, que pour trouver femme à Napoléon.

Après le traité de Schœnbrunn, il avait pensé de nouveau à une alliance avec le tsar Alexandre. L'impératrice mère s'était bien empressée de marier sa fille aînée Catherine pour la mettre hors de la portée de l'épouseur impérial; mais son autre fille, Anne, avait seize ans, et Caulaincourt fut encore chargé de faire des ouvertures à son sujet à l'empereur Alexandre. Le tsar se déclara tout prêt à consentir, charmé de ce lien de famille, et très honoré de la proposition. Mais il avait des objections, la volonté de sa mère, la jeunesse de sa sœur et puis surtout la question de la Pologne. Certainement si Napoléon consentait à s'engager à ne jamais rétablir la Pologne, on pourrait voir à fléchir les préjugés de l'impératrice mère; mais sans cette clause, l'alliance entre les deux familles n'était pas possible. Qu'à cela ne tienne, répondait-on de Paris, nous nous engageons à ne pas rétablir la Pologne. Caulaincourt reçut l'autorisation d'accepter la condition, sauf ratification. Napoléon écrivait alors volontiers : *Quant aux Polonais! ne parlons jamais des Polonais!*

Après cette concession significative, plusieurs jours se passèrent sans réponse d'Alexandre; Napoléon s'impatientait, lorsque deux causeries extra-diplomatiques changèrent complètement le cours des négociations. A Paris, un attaché d'ambassade d'Autriche, M. de Floret, autorisé par l'ambassadeur Schwarzenberg, déplora devant Champagny le mariage russe, quand l'empereur François aurait été si heureux de donner une des archiduchesses, une archiduchesse, une Hasbourg, de maison beaucoup plus ancienne que cette maison des Romanow qui faisait des façons. On en parla aussitôt à l'empereur, qui sourit et se décida aussitôt, selon son expression, pour l'*Autrichienne*. C'était le moyen de se rapprocher de l'ancienne dynastie. Louis XVI avait épousé Marie-Antoinette, la grand'tante de Marie-Louise; de parent par alliance à successeur, il n'y avait que la main. Par une singulière coïncidence, au moment même, un diplomate français, Narbonne, de passage à Vienne, jetait dans une conversation l'idée de cette union, saisie avidement par Metternich, devenu le chef du ministère de l'empereur François.

François II, *bon père de famille*, recula d'horreur ; une archiduchesse d'Autriche à cet homme qui, *selon l'expression d'une des proclamations impériales*, n'était pas même dans un rang qui lui permît d'exiger l'obéissance de personne. Mais l'adroit ministre le prit par son faible : son amour patriarcal et d'ailleurs tout platonique pour ses peuples. Marie-Louise sera la victime sacrée dont le sacrifice endormira la prudence de l'ennemi et permettra de préparer plus sûrement sa ruine. Il est vrai qu'on peut douter un peu de ce machiavélisme, bien que ou plutôt parce que Metternich l'a avoué lui-même dans ses Mémoires, lorsque, revendiquant pour l'Autriche le rôle principal dans la guerre de 1813, il disait : *L'empereur François n'a-t-il pas sacrifié à la cause commune ce qu'il avait de plus cher?*

Napoléon prit toutes ses précautions pour que le mariage autrichien ne manquât pas. Il fit en sorte que l'Autriche ne pût, suivant son mot, *filer un refus*, comme la Russie. Puis il donna dix jours à Alexandre pour se décider, et, sur de nouveaux atermoiements, rompit toute négociation par des raisons qui froissèrent vivement le tsar; il voulait bien refuser sa sœur à Napoléon, mais il ne voulait pas qu'on la lui refusât. L'empereur, disait la diplomatie française, ne saurait tolérer de culte grec aux Tuileries, il trouvait la princesse bien jeune; enfin sa dignité s'opposait à ce qu'il s'engageât par écrit à ne pas rétablir la Pologne. Alexandre se contint cependant et répondit à cette palinodie en souhaitant longue prospérité à son ami Napoléon et à son épouse autrichienne; mais, dès cette époque, il se promit de tourner le dos à la première occasion à cet allié qui laissait planer sur sa tête la menace du rétablissement de la Pologne.

L'affaire d'Autriche marcha rapidement; le 21 janvier 1810, Napoléon réunit un nouveau conseil de famille, écouta toutes les raisons pour ou contre le mariage autrichien, se retira sans mot dire et chargea, on ne sait trop pourquoi, le prince Eugène de faire la demande à Schwarzenberg. Le 7 février 1810, les dernières mesures furent arrêtées avec la précipitation qui était devenue une habitude impériale. L'empereur écrivit à Champagny d'établir définitivement l'instrument diplomatique du mariage. Le 17 février, un sénatus-consulte régla le sort des enfants à naître : *Le prince impérial porte le titre et reçoit les honneurs de roi de Rome.*

La transformation subite de Napoléon fut au moins aussi singulière que la précipitation qu'il avait apportée dans ces négociations matrimoniales. En faisant un aussi beau mariage, il voulait faire une fin. Le 23 février, il écrivait, dans le style du parfait secrétaire, une lettre de prétendu bien élevé. Désormais il aura toutes les allures d'un bon mari, bourgeoisement épris de sa femme, vivant volontiers au coin du feu, très assidu et même un peu jaloux. Ce bonheur conjugal lui causait des impatiences nerveuses. Une commission rédigea le contrat, sur le modèle exact de celui de Marie-Antoinette. Le prince de Wagram, Berthier, dont le nouveau titre devait sonner d'une manière peu agréable aux oreilles autrichiennes, se rendit à Vienne pour épouser l'archiduchesse par procuration. Il portait à François II l'estime et la tendresse d'un gendre qui le traitait naguère d'imbécile. Le 19 mars, la nouvelle impératrice se dirigeait sur la France, laissait à Braunau, aux frontières de Bavière, ses dames allemandes et quittait suivant un antique usage, tous ses vêtements autrichiens, pour en revêtir d'autres, venus de France. Elle y fut reçue par la reine de Naples, Caroline Bonaparte, et la duchesse de Montebello (Mme Lannes). Elle passa en triomphe en Bavière, en Wurtemberg, à Bade, enfin elle entra dans ses nouveaux États, et après avoir été acclamée à Strasbourg et à Nancy se dirigea sur Compiègne, où l'empereur était arrivé. Napoléon l'attendait en embuscade au village de Courcelles; pendant qu'on relayait, il entra brusquement dans la voiture de l'impératrice, qui devait être très satisfaite de son adorateur, dont elle avait trouvé une lettre brûlante à chaque relais pendant le voyage; seul le mariage par procuration était célébré et la consécration définitive devait avoir lieu à Paris. L'empereur s'arrangea néanmoins pour ne pas quitter d'une heure la nouvelle impératrice, du 20 mars au 1ᵉʳ avril, à la grande surprise de toute la cour. D'ailleurs les courtisans virent dans cet oubli des formes un souvenir du bon vieux temps : c'était ainsi que Henri IV avait épousé Marie de Médicis.

La nouvelle souveraine était une belle personne de vingt-deux ans, rose et blonde, un peu forte, sans initiative et presque sans idées; elle se soumit passivement au rôle qu'elle devait jouer, sans jamais se croire intéressée en quelque chose dans le bonheur ou le malheur de la nouvelle patrie qui lui était imposée.

Au milieu des fêtes qui marquèrent le mariage, il se produisit un incident qui rappela à la mémoire de bien des témoins contemporains les fêtes du mariage de Marie-

Antoinette. L'hôtel de l'ambassadeur Schwarzenberg prit feu; il y eut de nombreuses victimes et Marie-Louise fut un moment isolée au milieu du trouble général. On laissa à l'empereur la satisfaction d'emporter l'impératrice dans ses bras. Le mariage autrichien, dont Napoléon devait plus tard se plaindre si amèrement à Metternich, eut un grand retentissement en Europe; l'Allemagne fut arrêtée dans ses velléités de révolte et parut supporter désormais plus tranquillement le joug de la France. A Paris, un grand mouvement de réconciliation agita les anciens partis. C'était le temps où un Rohan devenait aumônier de l'empereur et s'écriait avec enthousiasme : *Napoléon le grand est mon Dieu tutélaire;* enthousiasme rémunérateur, car il lui était payé par l'empereur au taux de 12 000 francs de rentes prises sur la caisse des théâtres. Le continent semblait attaché tout entier à la fortune de Napoléon. Les triomphes du traité de Schœnbrunn et du brillant mariage autrichien détournaient sa pensée de l'affaire d'Espagne de plus en plus triste, et qui l'importunait. S'il voulait en entendre quelque chose, c'était le toast de Ferdinand VII et de ses frères qui, fêtant l'heureux hymen à Valençay, buvaient à l'empereur Napoléon et à l'impératrice Marie-Louise, « nos augustes souverains ».

Napoléon crut alors pendant quelques mois que l'avenir lui appartenait; et que sa domination cessait d'être chancelante. Il aurait pu déclarer son ambition satisfaite. Un démon secret le poussait au contraire à de nouvelles usurpations et à de nouvelles convoitises.

CHAPITRE XI

LA FRANCE ET L'EUROPE EN 1811[1]

Louis en Hollande. — Joseph en Espagne. — Jérôme en Westphalie. — Bernadotte en Suède. — Extension anormale de l'Empire français. — Le roi de Rome. — Mme de Staël et le livre de l'*Allemagne*. — Les prisons d'État. — La conscription en 1811. — Les garnissaires. — Les paysans français en 1811. — Les mesures économiques.

Le comte de Ségur, conseiller d'État, chargé d'exposer au Corps législatif la situation de l'Empire, en 1811, terminait ainsi : *L'empereur veut la paix et la liberté des mers; il a 800 000 hommes sous les armes; les princes de l'Europe sont ses alliés; tout son empire jouit d'une tranquillité profonde; 9-15 millions, levés facilement, assurent la libre exécution de ses nobles projets et Sa Majesté ne nous charge que de vous porter des paroles de satisfaction et d'espérance.*

Le moyen d'être convaincu, d'espérer et d'être satisfait en entendant exprimer des assurances pacifiques d'où se dégageait comme une odeur de poudre et comme le grondement lointain du canon? Satisfaits de quoi? des 800 000 hommes sous les armes, au milieu de la tranquillité profonde? il n'y avait pas de quoi.

[1]. BIBLIOGRAPHIE. — **Du Casse**, Les frères de Napoléon, et documents publiés dans la Rev. hist. — Le baron **Larrey**, Madame Mère. — **F. Rocquain**, Napoléon et le roi Louis.

Fallait-il se réjouir de la prochaine réalisation des projets mystérieux qu'on annonçait? Mais on n'en soupçonnait que trop la nature. Il ne pouvait s'agir que d'annexions, et avec les annexions renaîtraient sans aucun doute les difficultés extérieures. Il était facile de deviner en Europe, en dépit du fameux mariage autrichien et de l'amitié de Napoléon et du tsar, des ennemis acharnés, muselés pour quelques moments peut-être, mais qui n'attendaient que l'occasion de reconquérir la liberté de mordre, et dont l'animosité, étouffée par les circonstances, se transformerait en fureur au jour de la vengeance.

La confiance n'existait pas et tel personnage qui, avec le Corps législatif, répétait que *le gage du triomphe était la parole infaillible de Sa Majesté*, réalisait sans bruit sa fortune, et pensait déjà à bien mériter du gouvernement de demain.

La majorité voulait s'arrêter, alors que Napoléon voulait toujours aller en avant. Les ambitions individuelles refusaient de se laisser écraser par le niveleur implacable, toujours prêt à appliquer les procédés de la dictature révolutionnaire, dont il avait été le seul héritier, à une époque essentiellement fatiguée de l'action et du trouble. Personne n'attendait plus de ménagements de l'esprit absolu, qui sacrifiait à son système les membres mêmes les plus proches de sa famille, lorsqu'ils refusaient de se plier à sa tyrannie.

C'était une rude tâche que celle d'être roi de Hollande ou d'Espagne, et le sort de Louis et de Joseph n'était pas enviable. En 1809 et en 1810, Louis avait vu tous les maux fondre sur son royaume. Quoique en général assez modeste, il n'avait pu se dérober à cette peste de l'ambition napoléonienne, qui amenait si rapidement les frères de l'empereur à se considérer complaisamment comme des monarques de droit divin. Aussi avait-il rapidement adopté toutes les idées et toutes les passions des Hollandais et s'était fait beaucoup plus vite qu'on ne l'aurait cru à cette couronne dont il eût dit volontiers comme le grand frère : *Dieu me l'a donnée, gare à qui la touche!*

Or Napoléon était parfaitement disposé à y toucher. Il voyait d'un mauvais œil la popularité que la bonté, la régularité, les manières affables, les connaissances réelles de son frère lui attiraient. Il avait commencé par profiter de l'esprit d'aventure et de l'antipathie que la reine Hortense éprouvait à l'égard de son mari pour séparer les deux époux. Louis vivait à la Haye, sa femme habitait Paris, avec ses enfants, et le roi de Hollande, qui fut toute sa vie un brave homme, se voyait éloigné de ses fils. Aussi apprenait-il avec une indignation et une douleur qu'il contint cependant, que son fils aîné, Napoléon-Louis, venait de recevoir, sans qu'il en eût été prévenu, le grand-duché de *Clèves et de Juliers* et dans ces termes blessants : *Nous nous réservons,* disait le décret, *jusqu'au moment où le prince Napoléon-Louis aura atteint sa majorité, la garde et l'éducation du dit prince mineur.*

Quoique profondément blessé, Louis, redoutant des malheurs plus grands encore, remercia. Mais il s'appliqua pendant les années 1809 et 1810 à établir plus solidement sa position en Hollande, visitant les provinces, régularisant les finances, et montrant dans une de ces inondations si fréquentes dans le pays, un courage, une intrépidité, une présence d'esprit, une charité inépuisables qui rendent encore aujourd'hui son souvenir respecté sur les bords du Zuyderzée.

Napoléon s'impatientait; il eût voulu que Louis acceptât la couronne d'Espagne; il le flattait à la fois et le menaçait. *Le climat de la Hollande ne vous convient pas*, disait-il, *d'ailleurs elle ne saurait sortir de ses ruines.* Louis résista victorieusement, et pendant la campagne de Vienne en 1809 profita de l'éloignement du maître pour fermer les yeux sur la contrebande anglaise. Il permettait ainsi de respirer un instant à ce malheureux pays que le blocus continental tuait. Napoléon se plaignit violemment, et fit insulter son frère dans les journaux de Paris. *Vous vous plaignez*, lui écrivit-il, *d'un article de journal, c'est la France qui a sujet de se plaindre, du mauvais esprit qui règne chez vous. Si vous voulez, je vous citerai toutes les maisons hollandaises qui sont les trompettes de l'Angleterre, dont toute la correspondance se fait par la Hollande; votre royaume est une province anglaise.*

Pour faire cesser cet état de choses, Napoléon demanda tout simplement à Louis de lui céder le Brabant et la Zélande. Après le traité de Vienne, il dirigea insensiblement une armée française vers ces provinces. Mais le roi de Hollande refusa énergiquement de rien abandonner de son territoire, et se rendit à Paris dans l'espoir de fléchir son frère. Il s'aperçut bientôt qu'il était étroitement surveillé. Il tenta une évasion, sous prétexte d'aller visiter la terre de Saint-Leu; mais il lui fut interdit de sortir de Paris, et il sut bientôt que chaque jour le préfet de police faisait rédiger un rapport sur ses faits et gestes. Il résolut, avec une fermeté qui l'honore, d'accentuer ses ordres de résistance contre l'armée française; et pour montrer l'opinion qu'il avait de la bonne foi de son frère, il défendit aux ministres d'accepter aucun ordre même signé de sa main qui leur enjoindrait de céder une place quelconque de la Hollande, à moins qu'elle ne fût terminée par la devise hollandaise : *Doe Wel en Zicht nicht om.* Et en effet le général Maison se vit refuser l'entrée de la citadelle de

Berg-op-Zoom ; il est difficile d'exprimer la fureur de Napoléon à cette nouvelle[1]. Il fit venir Louis et lui posa ce dilemme : le renvoi de ses ministres et l'abandon du Brabant ou la réunion de la Hollande à la France. Louis promit de céder, résolu à fuir la nuit même ; mais au moment de sortir du palais de Madame mère, il s'aperçut que la maison était occupée par les gendarmes de Savary : il reçut une visite du duc de Feltre, ministre de la guerre, qui lui signifia l'occupation de la Zélande et du Brabant.

Louis n'en engagea pas moins le Corps législatif d'Amsterdam à persister dans la résistance ; et dans les pays annexés, les autorités hollandaises refusèrent courageusement le serment de fidélité à l'empereur.

Napoléon prit un autre moyen pour reconquérir tout son ascendant sur son frère ; il fit valoir à ses yeux qu'il dépendait de lui que la paix fût signée avec le Régent, et qu'en acceptant la réunion du Brabant et de la Zélande à la France, il intimiderait ainsi l'Angleterre, qui, craignant l'union définitive de la France et des Pays-Bas, se résignerait à traiter. Napoléon chargeait le roi de Hollande de faire des ouvertures. Louis se laissa-t-il prendre au piège, ou était-il las de la résistance ? Il parut en tout cas accepter sur ce pied la cession des deux provinces et écrivit en ce sens à son Corps législatif. Il consentit aussi à rédiger une dépêche au ministre des affaires d'Angleterre, lord Wellesley, frère aîné de Wellington. Napoléon, qui, au fond, ne croyait pas à la négociation, trouva que Louis ménageait trop l'Angleterre, et parlait de la Hollande plus qu'il n'était nécessaire, et il imposa au gouvernement hollandais une lettre quasi comminatoire qu'il avait rédigée lui-même.

1. « Il m'est indifférent, lui dit Napoléon, qu'on me taxe d'injustice et de cruauté, pourvu que mon système avance ; vous êtes dans mes mains. »

Louis comprit qu'il avait servi de paravent à une comédie politique dont le but unique était de lui faire admettre en principe la cession du Brabant et de la Zélande. Sa santé toujours chancelante en fut profondément atteinte; il tomba gravement malade d'une fièvre nerveuse; et sa faiblesse physique lui fit oublier les ordres énergiques qu'il venait de donner à ses ministres pour résister les armes à la main à l'entrée des troupes françaises au nord du Rhin, lorsque Napoléon, qui au fond était décidé à la réunion, voulut faire occuper Amsterdam. Les injures, que lui prodiguèrent les journaux français pendant tout le mois de février, achevèrent de faire fléchir sa résolution : il s'engagea à tout céder, avec cette seule restriction, qu'on supprimât du traité les mots de différends survenus entre lui et son frère. « Je n'ai pas d'autre différend, ajoutait-il, que celui de voir mon frère fâché contre moi. » Il signa alors le traité du 16 mars 1810, par lequel il acceptait 18 000 hommes de troupes françaises dans ses États; la saisie de toutes les marchandises anglaises; le renvoi de ses ministres; la suppression des titres de maréchalat et de noblesse créés par lui; enfin le retrait des ambassadeurs que la Hollande entretenait à Vienne et à Saint-Pétersbourg. Louis cédait en outre le quart du territoire hollandais, mais il ne s'engageait à faire respecter les clauses du traité qu'autant que possible.

Il rentra le 11 avril 1810 dans ses États; il fut bientôt rejoint, sur l'ordre de l'empereur, par Hortense et par son fils aîné; mais il ne montra à la reine de Hollande que mépris et que haine, la fit surveiller par la police. Bien que ses griefs ne fussent que trop réels contre sa femme, il parut justifier par ses procédés la fuite à laquelle Hortense se résolut. Louis se sentit plutôt soulagé par le départ de la reine. Il concentra toutes ses affections sur la tête du jeune prince royal. Il n'avait d'ailleurs pas autre chose à faire. Ses fonctions de roi étaient devenues une sinécure absolue; Oudinot, le commandant du corps français d'occupation, de son quartier général d'Utrecht, dirigeait le gouvernement de la Hollande. Tout était sujet de reproches : lettres de condoléance aux ministres disgraciés, destitution d'un bourgmestre. Napoléon considérait la moindre signature donnée par son frère comme une entreprise audacieuse sur son souverain pouvoir. Il lui écrivait à ce sujet : *Louis, vous ne voulez plus régner, c'est avec la raison et la politique que l'on gouverne les États et non avec une lymphe âcre et viciée.* Cette grossière allusion au délabrement de sa santé exaspéra le roi de Hollande; il montra au chargé d'affaires de France Serurier tout son mécontentement. Il ne fit rien pour réprimer la populace d'Amsterdam, qui avait osé insulter le cocher de l'ambassadeur La Rochefoucauld. Napoléon répondit à ces deux manifestations en autorisant Oudinot à occuper Amsterdam. Louis voulut encore essayer de provoquer un mouvement militaire en Hollande; mais devant le découragement général, il abdiqua le 1ᵉʳ juillet 1810 en faveur de ses fils. Il donna le gouvernement à un conseil de régence, puis il quitta son royaume en véritable fugitif et cacha soigneusement d'abord le lieu de sa retraite. Napoléon, quoique le départ du roi simplifiât la question, et qu'il suffît d'un simple décret (9 juillet 1810) pour réunir la Hollande à l'Empire français, se montra fort irrité de l'abdication de son frère, et de l'audace qu'il avait eue de se soustraire aux humiliations dont il l'accablait; il eut plusieurs accès d'emportement contre celui qu'il appelait : *ce misérable Louis.*

Le roi de Hollande avait pris le titre de duc de Saint-Leu et s'était enfui tout d'une traite aux eaux de Teplitz en

Bohême; il fit parvenir à l'empereur une lettre dans laquelle il lui indiquait son nouveau séjour et protestait contre l'invasion de la Hollande. Il adressa une note à tous les gouvernements, en faveur des droits de ses enfants. Il se refusa d'ailleurs obstinément à revenir en France, malgré Napoléon, qui, connaissant fort mal son frère, et se défiant du monde entier, craignait de le voir devenir un instrument entre les mains de l'Autriche et de la Prusse. L'ambassadeur de France à Vienne, Otto, lui faisait parvenir une note, où se trouvait cette phrase : *Aujourd'hui l'empereur entend que le prince Louis, comme prince français, et grand dignitaire de l'Empire, soit rendu à Paris au plus tard au 1er décembre prochain, sous peine d'être considéré comme desobéissant aux constitutions de l'Empire et traité comme tel.*

Louis résista aux menaces comme aux prières; il continua à se dire Hollandais, repoussa comme une insulte une dotation que l'empereur avait obtenue pour lui par un sénatus-consulte, sans le prévenir, et défendit à la reine Hortense d'accepter aucune libéralité de Napoléon. Étroitement surveillé en Bohême par le ministre français à Dresde, M. de Bourgoing, il se retira à Grätz en Styrie, où il se mit à écrire des vers et des romans.

En réalité le roi Louis était quitte de sa royauté à bon compte, et quoiqu'au fond il fût plus ambitieux qu'il n'ait voulu le paraître, il devait se féliciter hautement, dans sa retraite, quand il voyait le piteux état auquel était réduit son frère Joseph.

Joseph n'était point aussi détaché des grandeurs royales que Louis. Quoique très simple au fond, l'habitude qu'il avait prise de se comparer à Napoléon, l'avait accoutumé à considérer sa royauté comme une chose toute simple. Son frère était empereur, il fallait bien qu'il fût roi. Mais sa bonhomie, ses manières bourgeoises lui rendaient nécessaire une bonne petite royauté, où l'on eût ses coudées franches, et où il fût possible d'acquérir la popularité dont il était très friand. A Naples, il avait fait bonne impression, et sauf les brigands de la Sila, qui profitaient de l'occasion pour exercer légalement leur métier, sous les ordres de l'excellent cardinal Ruffo, il avait à peu près réconcilié toutes les classes de la nation avec sa royauté provisoire. Il avait enfin la prétention d'être un militaire incompris, et il avait à sa portée une petite guerre persistante, mais qui ne le gênait pas trop non plus, la conquête de la Sicile.

De là son peu d'enthousiasme pour la couronne d'Espagne. Pour la lui faire accepter, l'empereur avait dû joindre à son impérieuse volonté une véritable surprise : à peine Joseph fut-il arrivé à Madrid qu'il comprit dans quel guêpier il était tombé. Assez enclin à se faire illusion sur la séduction personnelle qu'il exerçait autour de lui, il était arrivé, le cœur déjà plein d'amour pour ses nouveaux sujets, et tout disposé à employer sa haute autorité, pour fermer les plaies de la guerre civile, apaiser les partis, et ouvrir à l'Espagne une ère de prospérité inconnue jusqu'alors.

Il avait compté sans Napoléon, qui autorisa tout d'abord ses lieutenants à agir avec l'indépendance la plus absolue et à ne tenir compte ni du roi ni du maréchal Jourdan qu'il lui avait donné pour chef d'état-major. L'arrivée de Napoléon en Espagne en 1809 augmenta encore le sentiment de domesticité contre lequel Joseph se débattait de toutes ses forces. Napoléon prit un certain plaisir à ne consulter son frère en aucune occasion et à défaire, pièce à pièce, toutes les mesures qu'il avait cru devoir prendre dans sa conscience de roi. Pendant tout le séjour de l'empereur à Madrid, le pauvre Joseph fut un roi sans royaume; aussi commençait-il déjà à parler d'abdication : « Je serai roi, disait-il, comme doit l'être le frère et l'ami de Votre Majesté ou bien je retournerai à Mortefontaine. » Ses épanchements de famille étaient plus douloureux encore; il écrivait régulièrement ses angoisses à la pauvre reine Julie, qui aurait bien voulu rester à Mortefontaine et qui ne se pressait pas de partir pour l'Espagne. Le pouvoir déjà si mince du roi diminuait un peu tous les jours, les généraux prélevaient des contributions sans son avis, et cela d'accord avec le major général Berthier. Joseph ne pouvait obtenir justice d'un fait aussi inqualifiable. Voulait-il être agréable à l'empereur, il ne réussissait pas mieux; après la conquête de l'Andalousie par Soult, les aigles prises à Baylen étaient tombées entre ses mains, il se préparait à les envoyer à Paris par le général Dessoles; mais Napoléon s'y opposa, il donna l'ordre au commandant de Madrid, Belliard, d'arrêter Dessoles au passage, malgré le caractère officiel dont il était revêtu par le roi d'Espagne.

Ce fait suivit de près le décret inouï de février 1810, qui partageait la péninsule en grands gouvernements militaires, dans lesquels les chefs de corps avaient tous pouvoirs, financiers, administratifs, judiciaires. Le roi gardait seulement Madrid, et il lui était interdit de donner des ordres à Macdonald, à Masséna, à Soult, à Kellermann et à Ney, qui, se croyant en pays conquis, en exportaient tout tranquillement le numéraire et les richesses artistiques, à leur propre bénéfice.

Pendant que les généraux s'enrichissaient, Joseph était le plus pauvre des rois; il avait des inquiétudes pour sa fortune particulière et songeait déjà à la réaliser, tant il comptait peu sur sa royauté éphémère. Aussi pourquoi s'avisait-il d'écrire des phrases comme celles-ci : « J'ai des devoirs de conscience en Espagne, je ne les trahirai jamais. » L'empereur lui reprochait brutalement de se croire obligé envers les Espagnols, et lui faisait cruellement sentir son mécontentement. Joseph lui écrivait : « J'envie le sort de Lucien (alors prisonnier des Anglais) et je le préfère mille fois à la figure humiliante que je fais ici »; et il conseillait à sa femme d'acheter une terre près d'Autun, pour une éventualité prochaine.

Ses caisses étaient tout à fait vides. Napoléon avait interrompu le paiement du subside qu'il lui avait promis, et Joseph ne pouvait faire face à aucun de ses engagements : il vint alors à Paris pour exposer sa situation à l'empereur, et lui demander d'accepter sa retraite, ou de l'aider efficacement. Napoléon répondit par des cajoleries (1811) et obtint que son frère, d'ailleurs assez volontiers roi, revînt sur ses projets d'abdication ; mais quand il eut obtenu cette résolution, il reprit aussitôt son ton impérieux et il écrivit à Berthier : *Vous direz au roi que je ne vois pas d'obstacle à ce qu'il parte, que quant à mes dispositions je persiste dans celles dont vous lui avez fait part; que le temps prouvera par la conduite qu'il tiendra si le voyage de Paris lui a été utile et s'il a acquis la prudence nécessaire.*

Le voyage de Paris ne lui fut guère utile, du moins dans un sens, car il écrivait à sa femme en octobre 1811 : « Ne te mets pas en route, sans être accompagnée ou précédée de 6 millions au moins, faute de quoi, il vaut mieux rester à Paris ; car sans argent, sans troupes, sans commandement véritable, il est impossible que ma position se prolonge longtemps. »

Le troisième frère couronné, le roi de Westphalie, Jérôme, était plus heureux ; il faut dire qu'il prenait sa fonction beaucoup plus gaiement ; à la cour de Willemshoe près de Cassel on menait joyeuse vie. Sa cour était une véritable abbaye de Thélème. Jérôme laissait le blocus continental s'exécuter dans ses États, par l'intermédiaire des troupes françaises. Il se souciait plus particulièrement des mascarades, des spectacles, et d'autres occupations moins innocentes, qui faisaient le désespoir de la reine Catherine. Elle-même cependant ne résistait pas à cette folie de plaisir et de bruit qui entraînait si loin son mari. Cette princesse, d'ailleurs fort aimable, dont les États placés entre la France et la Prusse, étaient menacés d'être quelque jour écrasés entre les deux puissants ennemis, tenait un journal de sa vie et voici les faits importants qu'elle y consignait :

« Il y a eu ce soir bal masqué chez le comte de Furtens-« tein. Nous avons dansé un quadrille en costume de baya-« dères. Nos costumes nous allaient parfaitement bien ; je « me suis trouvée mal pendant le souper » ; et encore : « La « veille du nouvel an, nous avons fait toutes les folies ima-« ginables, entre autres celle de faire rechercher une bague « en or dans un grand plat à farine ; il est presque impos-« sible de la trouver avec la bouche. »

Napoléon ne voyait pas d'inconvénient à ce qu'on s'amusât à la cour de Jérôme. Mais il fallait que le roi payât exactement les douze millions de dotations, que l'empire prélevait sur la Westphalie, et qu'il entretînt à ses frais l'armée française qui occupait Magdebourg. L'empereur ne demandait pas d'ailleurs que son frère se préoccupât sérieusement de sa cause et de la fortune communes. Cependant il vint un jour, où cet esprit frivole sentit combien la domination napoléonienne commençait à peser sur l'Allemagne ; au risque de se voir excommunié comme Louis et comme Joseph, il écrivit à Napoléon une lettre très pénétrante, et où il exposait avec sagacité les dangers de la politique à outrance, qui datait de 1807. Ainsi le roi de Westphalie, lui-même, au milieu de son insouciance, dénonçait le danger et jetait un cri d'alarme. Mais Napoléon se mettait les poings sur les yeux pour ne pas voir. Lorsque le principal ministre du grand-duché de Berg, Beugnot, eut confirmé par ses rapports l'impression du roi de Westphalie, l'empereur répondit par sa grande raison, qui revient sans cesse dans sa bouche : *Vous êtes tous des imbéciles!*

Quant à Murat, il s'isolait tant et plus dans son royaume de Naples, faisant des sottises, quand il voulait agir de sa propre inspiration, tenant au contraire une politique assez habile, quand, à l'instigation de sa femme, il se rapprochait à petit bruit de l'Autriche, avec laquelle il menait alors des pourparlers secrets, qui devaient aboutir en 1814.

Il fallait attendre plus de mauvais vouloir encore de la part du nouveau prince royal de Suède, Bernadotte. Il venait, grâce à une diplomatie fort adroite, d'obtenir le consentement de Napoléon à son élévation nouvelle. Cependant l'empereur avait l'intime conviction qu'il élevait contre lui un ennemi implacable. Le vieux roi de Suède, Charles XIII, n'avait pas d'enfants. Son fils adoptif, le duc d'Augustembourg, était mort subitement. Le roi de Danemark, Frédéric VI, sollicitait le titre d'héritier présomptif de la Suède, et Napoléon patronnait cette solution de la question scandinave. Mais les Suédois avaient un préjugé invincible contre les Danois; et une intrigue se forma pour trouver un autre candidat, qui fût aussi agréable à l'empereur. Le baron de Morner, jeune officier suédois, qui avait connu autrefois Bernadotte à Stralsund, avait été frappé de ses talents administratifs, militaires et politiques. Il avait été séduit par l'esprit, par la politesse et les manières élégantes du prince de Ponte-Corvo; il ignorait alors la haine que Napoléon et le beau-frère de Joseph nourrissaient l'un contre l'autre depuis les conspirations du Consulat. Le baron se donna la mission de proposer à Bernadotte, que Napoléon tenait à distance, le titre de prince royal. Le maréchal accepta; mais, prévoyant l'opposition de l'empereur, il s'arrangea pour forcer son assentiment. Napoléon avait ordonné à Champagny d'éviter de prononcer le nom d'un candidat dans la crainte de paraître influencer la diète suédoise, singulier scrupule qu'il n'avait pas toujours eu. Bernadotte profita de cette hésitation; il fit répandre le bruit qu'il avait l'assentiment de l'empereur, et fut élu prince royal, le 17 août 1810, par la diète d'OErebro. L'empereur avait voulu trop tard s'opposer à cette décision, aussi montra-t-il au nouvel héritier du trône de Suède une froideur insultante, et écrivit à Charles XIII tout l'étonnement que lui causait une semblable nouvelle. Toutefois Bernadotte était un personnage redoutable, contre l'ambition duquel il était dangereux de lutter ouvertement. Napoleon se vit donc obligé de donner son consentement; mais il ne savait pas se résigner aux mécomptes de sa politique. Par une attitude constamment dédaigneuse, en encourageant les insolences de l'ambassadeur français Alquier, il ulcéra profondément l'âme vindicative du nouveau prince de Suède, qui devait lui faire payer cher ses dédains; le temps approchait, où Bernadotte aurait l'occasion de se venger.

Malgré l'apparence de tranquillité qui régnait sur le continent, Napoléon allait bientôt perdre ses plus puissants alliés. Les nécessités du blocus exigeaient chaque jour de nouvelles annexions : c'était d'abord la Hollande, puis en décembre 1810, les duchés d'Oldenbourg, propriété du beau-frère du tsar, une partie du grand-duché de Berg, et du Hanovre, une partie de la Westphalie, soit trois nouveaux départements : « Bouches de la Weser », « de l'Elbe », « Ems Supérieur »; quelques jours après, le Valais, annexion « commandée par les circonstances », disait le sénatus-consulte. Pour l'annexion des villes hanséatiques, la raison n'avait pas été plus concluante. « *Ces nouvelles garanties*, avait tout simplement dit Napoléon, *me sont devenues nécessaires.* » L'Empire français comprenait alors 130 départements depuis le golfe de Gaëte jusqu'à Lubeck; il débordait les frontières naturelles de la France de l'autre côté des Alpes, et sur la rive droite du Rhin. Il ne pouvait plus y avoir de limites aux annexions futures; puisque l'extension de l'Empire ne devait se régler ni sur les traités, ni sur la théorie des frontières naturelles. Les besoins du système continental, qui devenaient de plus en plus urgents, étaient la seule règle possible, et il n'y avait aucune raison pour que l'empereur ne s'arrêtât, qu'après l'annexion du continent tout entier.

Napoléon ne pouvait ignorer qu'il allait ainsi vers une nouvelle guerre; le tsar était menaçant et ne paraissait pas disposé à reconnaître les dernières acquisitions. Pourtant l'opinion française s'attendait à ce que la naissance prochaine d'un héritier devînt le signal d'un repos, déjà tant de fois promis, toujours reculé. Il naquit enfin, ce fils, dont Napoléon avait annoncé la venue certaine avant même d'avoir décidé s'il épouserait une Russe ou une Autrichienne. Le 20 mars 1811, dans toutes les parties de l'Europe, le canon annonça cet événement qui donnait au monde le *fils de l'Homme* selon l'expression des poètes. Masséna, en présence de Wellington, qui le pourchassait, Masséna, qui n'avait plus ni munitions, ni bagages, et qui allait manquer de poudre, consacrait ce qui lui en restait, à ébranler les airs des cent un coups réglementaires qui devaient saluer la venue de l'héritier. La naissance du roi de Rome fut accueillie en France par un débordement de dithyrambes officiels, politiques et poétiques, et par une avalanche de discours latins et français. Casimir Delavigne débutait dans la carrière à cette occasion par une ode qui est la moins plate de ces poésies de circonstance. Le Sénat enfourchait Pégase à son tour, car si la phrase que voici n'était pas en vers, elle était digne d'être mise en alexandrins. *Les peuples*, disaient les sénateurs dans leur fureur enthousiaste, *saluent ce nouvel astre qui vient de se lever sur l'horizon de la France, et dont le premier rayon dissipe jusqu'aux dernières ombres des ténèbres de l'avenir.* Les faiseurs de cantates n'avaient plus pour dépasser ce style qu'à appeler l'enfant impérial un nouveau Messie, et à féliciter le nouveau Jupiter de la venue de ce fils providentiel.

> L'éclair luit, le ciel s'ouvre, et t'offre ton image
> sous les traits de ton fils,

disait un Pindare contemporain.

Quelle qu'ait été la joie que Napoléon ait ressentie de la naissance de son fils, au point de vue de son ambition et de la confirmation de son pouvoir, il est certain qu'il fut remué profondément par le sentiment de la paternité; qu'il ait eu pour le roi de Rome, qui s'annonça d'ailleurs, dès sa petite enfance, comme un enfant doux, mélancolique et prédestiné, une affection plus tendre que celle qu'il ait jamais ressentie pour personne, cela n'est pas douteux. De tous les sentiments qu'il a exprimés à Sainte-Hélène, bien peu étaient sincères, et la plupart de ses propos étaient destinés à dérouter la clairvoyance des historiens; son amour pour son fils au contraire revient abondamment, facilement dans sa bouche ; le chagrin de la séparation qui l'éloignait de l'objet de son orgueil et de son affection est plus vrai, plus calme, plus tranquille. Les menaces et les injures ne s'y mêlent pas; et la seule douleur sans mélange de son expiation dernière fut évidemment pour lui l'impossibilité de jouir de son amour paternel. Non pas que l'impatience, que la soif de domination qui bouillonnait en lui, commençât à s'éteindre au premier sourire de l'enfant bouclé et rose, que les portraits du temps nous ont fait connaître. Loin de là, la naissance de son fils sembla légitimer son ambition à ses yeux, et il se montra plus jaloux que jamais de son pouvoir, comme s'il se fût cru coupable de laisser amoindrir l'héritage de son successeur (20 mars 1811).

L'année 1811 ne fut pas un moment de répit dans la tyrannie napoléonienne, elle marque le plus haut point où parvinrent jamais la dictature et le blocus continental. C'est avant tout l'époque de la persécution littéraire. Nous avons vu depuis le Consulat Napoléon poursuivre sans relâche tous les esprits indépendants, qui refusaient de s'enrégimenter à son service : la presse n'existait plus, et les quelques journaux qui vivaient encore en étaient réduits, pour conserver un semblant d'existence, à payer aux écrivains favoris de l'empereur, à Baour-Lormian, à Lancival, à Raynouard, même à Joseph Chénier, qu'on eût bien voulu ne pas voir en cette affaire, des pensions prélevées sur leurs bénéfices. La censure fut rétablie, « censure facultative », disait l'empereur, c'est-à-dire que les écrivains étaient autorisés à s'offrir eux-mêmes à ses coups. Les libraires et les imprimeurs se trouvaient soumis à la surveillance de la police, à la nécessité du serment et du brevet, à une inquisition perpétuelle. Dans ces conditions peu favorables à la production littéraire, Napoléon s'éton-

naît que la création de p.ix décennaux fournit si peu de
résultats. Pour pouvoir donner un prix d'histoire, il avait
fallu remonter à Rulhière, mort en 1791; un prix de tragédie avait été accordé à Baour-Lormian, l'un des grotesques de la littérature française; on n'avait trouvé à récompenser que des œuvres au plus médiocres; et Napoléon
avait eu beau recommander à l'Académie française de
provoquer par une critique d'un ouvrage du temps un
mouvement littéraire, comme celui qui s'était fait autour
du *Cid* de Corneille, les poètes étaient restés muets et
impuissants.

Il existait alors une littérature plus sérieuse, mais elle
n'était pas orthodoxe; sans parler de Chateaubriand, dont
il était légitime de se défier, Mme de Staël exerçait une
influence sérieuse sur tout un cénacle d'écrivains, que
Napoléon détestait à cause de l'indépendance de leur esprit,
et de leur résistance à sa dictature littéraire : Sismondi,
Benjamin Constant, Barante. L'inspiratrice de ces hommes
de talent, après avoir publié ses deux célèbres romans,
Delphine et *Corinne*, venait d'achever son ouvrage le plus
considérable par ses résultats, l'*Allemagne*. Elle essayait
de détruire les préjugés des deux nations et de les engager
à se mieux connaître. En réalité, et malgré la protestation de Mme de Staël, l'œuvre était pleine de réticences
et de malices, volontaires et involontaires, qui exaspérèrent profondément l'empereur. Il ordonna à Savary de
saisir toute l'édition (10 000 exemplaires) et de la faire
passer au pilon. La seule raison que le nouveau ministre
de la police donna à l'illustre auteur ce fut que *son livre
n'était pas français*. En réalité Napoléon en était arrivé à
s'exaspérer de la moindre résistance, et craignait qu'au
moment où la tension des esprits était si grande en Europe,
il suffît d'une œuvre indépendante pour provoquer un

immense mouvement d'opposition. Son pouvoir reposait, il le sentait lui-même, sur un sol miné, et le moindre tassement pouvait entraîner un effondrement général. Le livre de « l'Allemagne » imprégné d'idées généreuses et libérales, pouvait être le brandon de l'incendie final, et il était tout simple que Napoléon, d'ailleurs rarement arrêté par les scrupules, ne le laissât pas circuler. Mais rien n'excusait les persécutions qu'il étendit jusqu'à Mme Récamier, à Mme de Barante, à Benjamin Constant, enfin à toute l'académie de Coppet, qui se dispersa jusqu'à l'époque de la Restauration.

Et Napoléon aurait-il respecté les gens de lettres, alors qu'il respectait moins que jamais la liberté individuelle? Il venait de créer huit prisons d'État, dans lesquelles il se proposait d'enfermer tous les coupables, que la loi ne pourrait atteindre, dont le procès public serait dangereux pour l'État; enfin les condamnés auxquels on voudrait, par considération pour leur famille, éviter la peine de mort. Ces trois catégories d'accusés étaient uniquement justiciables du conseil privé, qui décidait secrètement leur incarcération.

Lorsque Napoléon eut l'idée de cette mesure, il disait au rapporteur : « Il faudrait faire précéder cette loi de *considérations libérales* », tâche ingrate; car si jamais tyrannie avait été détestée en France, c'était bien celle-là. Napoléon n'hésitait point à rétablir les lettres de cachet[1], l'une de ces institutions odieuses que la Révolution avait tant reprochée à l'ancien régime. Les mesures prises pour faire exécuter la conscription n'étaient pas non plus faciles à concilier avec le respect de la liberté des citoyens. Le grand décret de 1811 contre les réfractaires parut alors : 80 000 réfractaires

---

1. Les lettres de cachet n'avaient pas d'ailleurs la forme arbitraire et révoltante que la légende leur attribue.

ou déserteurs s'étaient soustraits aux anticipations toujours renaissantes des levées. Napoléon ordonna que des colonnes mobiles parcourussent les départements et qu'on installât des garnisaires dans les communes où habitaient les parents des réfractaires. Étaient responsables *les pères, les mères, les frères, les sœurs, les tuteurs, les hôteliers, les communes des soldats en fuite*; les colonnes mobiles, bientôt appelées les colonnes infernales, se chargèrent de faire payer à des innocents une faute grave, il est vrai, mais qu'on ne se sent pas le courage de condamner aussi sévèrement, quand on pense aux pertes innombrables que le système napoléonien avait déjà coûtées à la France.

Le garnisaire se croyait tout permis chez l'habitant : insolence, pillage et galanterie; aussi le paysan ou le bourgeois, qui avait favorisé l'évasion d'un dernier fils peut-être, tremblait lorsqu'il entendait le soldat entrer dans le village, ayant à la bouche l'ironique chanson du militaire tout-puissant sur l'habitant :

Bonhomme, Bonhomme,
Tu n'es pas maître dans ta maison; c'est nous qui le sommes.

A partir de 1811, l'horreur de la vie militaire prit des proportions effrayantes. Dans les pays de montagnes, le réfractaire échappait aisément par la complicité de la population et la nature des lieux ; de même dans les landes de Vendée. Dans le Midi, ces malheureux, exaspérés par la vie misérable qu'ils menèrent jusqu'en 1815, devaient fournir aux Verdets des agents de triste mémoire, et à la Terreur blanche des recrues exaspérées.

Dans le pays plat, les exigences du recrutement causèrent une démoralisation profonde. Les paysans n'hésitaient pas à se mutiler de leurs propres mains, pour échapper à la perspective d'être embarqués pour l'Allemagne ou la

Russie, au service d'intérêts qu'ils ne comprenaient pas. Dans les nombreuses maisons où la naissance prochaine d'un nouvel enfant pouvait seule empêcher le père de famille d'être pris par les dispositions rétroactives de la loi, on n'hésitait pas à provoquer des naissances prématurées, au risque de la vie de la mère et de la santé du nouveau-né. La disparition régulière, inévitable, des générations précédentes avaient causé l'affolement, énervé la virilité, éteint le sens moral des populations les plus saines de la France.

A cette plaie saignante de la conscription s'ajoutaient les souffrances les plus intolérables causées par le système continental. L'Angleterre seule paraissait ne point souffrir sérieusement de cette grande entreprise dirigée contre elle; ou du moins ses souffrances ne pouvaient se comparer à celles du continent. En 1811, on ne trouvait plus en Europe ni sucre, ni thé, ni café, ni produits pharmaceutiques : la quinine par exemple. Le sel commençait à manquer même en Hollande, où il était indispensable pour la grande industrie du pays, la préparation des harengs. On lisait bien de temps en temps dans les journaux de l'Empire : « Parmi les nombreux végétaux indigènes, qu'on a tenté de substituer au café, il faut classer la graine de l'asperge; dès qu'elle est séchée, on la fait torréfier et préparer comme le café, dont elle a le goût; les chimistes croient que ce café d'Europe pourrait remplacer celui qui nous vient de l'étranger. » Malgré ces encouragements officiels, dont les épiciers depuis ont pris trop souvent les indications à la lettre, le café d'asperge, le thé de tremble, le sucre de sirop de raisins ne souriaient pas aux consommateurs dont l'estomac protestait.

A côté des denrées alimentaires, les produits des forêts ou des mines restaient sur place et, n'étant pas transportables par mer, ne trouvaient plus d'acquéreur, les transports par terre triplant et quadruplant leur valeur intrinsèque. Ces souffrances, intolérables en France, exaspéraient davantage les États vassaux, que Napoléon poussa encore à bout en s'attribuant à lui seul l'autorisation de déroger à son système.

Il accorda en effet la faculté de frauder et d'introduire en contrebande légale les denrées coloniales, aux grosses maisons d'armateurs, qui pouvaient payer une licence. Les pays étrangers, outrés de ce monopole que Napoléon se préparait ainsi, se dérobèrent à leur tour au système imposé et fermèrent les yeux sur la contrebande et sur la fraude. L'empereur n'entendait pas de cette oreille-là. Il fit poursuivre par ses troupes, en Hollande, en Allemagne et en Suisse, toutes les marchandises de provenance anglaise qui n'avaient pas été estampillées par lui : rude besogne et difficile, car comment distinguer les marchandises provenant de fraude illégale et celles qui avaient été introduites avec la connivence de l'empereur? De là nombre d'abus de pouvoir, d'injustices criantes, de faillites et d'effondrements commerciaux qui ébranlaient la situation financière du continent tout entier. Pour ne parler que d'Orléans, nombre de maisons célèbres par leur solidité et leur honorabilité séculaires, se voyaient acculées à ce précipice de la faillite, qui devait endormir pour de nombreuses années le mouvement commercial de la ville peut-être alors la plus active de la France centrale.

Loin de s'arrêter dans cette voie, Napoléon s'y obstinait avec cette manie d'aveuglement que lui avaient toujours inspirée les obstacles. Après les licences, il avait inventé un nouveau genre de contrebande. Il avait autorisé la Hollande à diriger sur la France les marchandises coloniales d'origine suspecte, en payant au gouvernement un droit de 50 pour 100 de la valeur intrinsèque des produits. Ces denrées s'écoulèrent rapidement et fournirent au trésor une somme énorme. Alors Napoléon étendit le droit de 50 pour 100 à toute l'Europe, de telle façon que les négociants, qui avaient déjà payé la licence, durent payer encore le nouveau droit.

Pour faire exécuter cette exaction, l'empereur mit des troupes au service des douaniers. Il créa une juridiction spéciale pour les délits commis contre le Blocus. De 1811 à 1813 s'élevèrent partout des bûchers où l'on jetait les marchandises saisies, et qui devaient, disait le *Moniteur*, fertiliser de leurs cendres le sol français; mais, en attendant, ces autodafé arrêtèrent les dernières transactions qui s'opéraient encore. D'ailleurs Napoléon semblait prendre à tâche d'en finir avec le commerce européen, car il frappait de droits prohibitifs les quelques objets manufacturés spéciaux à l'Europe continentale, et dont les fabriques étaient encore en activité; c'est ainsi que des droits restrictifs interdirent aux soies d'Italie de passer les Alpes.

L'interruption complète du commerce maritime, le monopole donné à l'État des quelques industries persistantes, ne pouvaient que causer une crise économique telle qu'on n'en avait pas vu depuis Law. Les négociants s'émurent; le créateur de l'industrie des châles français, Ternaux, présenta, au nom de la Chambre de commerce, des observations timides à l'empereur qui rejeta tout le mal sur l'Angleterre et termina par cette affirmation péremptoire : *Je ne suis pas un simple roi de France, je suis l'empereur du continent; j'ai 200 millions dans les caves des Tuileries. La France est le pays le plus riche du globe, et dans aucun cas, je ne changerai quoi que ce soit à mon tarif des douanes; on doit se le tenir pour dit.*

C'était donc une chose entendue. De même qu'il fallait

se résigner à des annexions grosses de nouvelles guerres, il fallait courir à la ruine et dire merci! Les souffrances de tout un peuple, de plusieurs nations mêmes, ne comptaient pour rien, à côté du système. Le système, il est vrai, pouvait se réduire à cette terrible question : « Qui sautera de l'Angleterre ou de la France, des princes marchands de Londres, ou de l'empereur Napoléon? »

Quand on examine, de sang-froid, des agissements aussi insensés, il n'est pas possible d'en attribuer la responsabilité à un seul homme. Il faut abandonner cette idée que la carrière de Napoléon fut un accident anormal dans la vie de la nation française. Il faut s'élever au-dessus de la personnalité de l'empereur, et demander le secret de ce grand aventurier, qui courait au suicide et y entraînait la France avec lui, aux défauts de notre caractère national. Les Français de 1789 avaient cru pouvoir, sur les ruines de tout un régime, construire un monde nouveau d'après des théories absolues. Les assemblées avaient échoué, et la nation, lassée par l'effort, abandonna à un homme le soin de consolider l'œuvre commencée. Il sembla d'abord y réussir; mais la tâche était au-dessus des forces et de la valeur morale de l'empereur. Aussi, selon l'expression frappante de Mme de Rémusat, n'arriva-t-il qu'à « élever des façades », qui s'écroulèrent avant l'achèvement de l'édifice.

CHAPITRE XII

LA DÉCADENCE. — MOSCOU. — LA CONSPIRATION DE MALET [1]

L'empereur en 1812. — Préparatifs de l'expédition de Russie. — Napoléon à Dresde, à Wilna, à Smolensk, à Moscou. — La retraite. — Napoléon à Varsovie. — La conspiration de Malet. — L'opinion en 1812.

La toute-puissance, lorsqu'elle est poussée au point où Napoléon l'exerça, ne peut exercer sur l'intelligence, si extraordinaire soit-elle, qu'une influence dissolvante. Dès 1806 l'admirable lucidité du raisonnement de l'empereur n'était plus intacte. Depuis, le besoin irrépressible de tout asservir à sa volonté, était devenu chez lui une monomanie persécutrice. Sa pensée s'était fatiguée par la persécution de l'idée fixe et obsédante de la conquête. Le démon de l'infini ne quitta plus l'âme troublée qu'il possédait.

Cette prédisposition maladive existait déjà depuis longtemps. Mais son cerveau paraissait encore fonctionner sans défaillance. Le monomane, dont les facultés sont déjà atteintes, en garde encore l'emploi, en apparence aussi complet, jusqu'à ce qu'une crise définitive dévoile un état d'infériorité déjà existant. Aux yeux de tous, amis et

---

1. BIBLIOGRAPHIE. — **De Ségur**, L'expédition de Russie. — **Thoumas. Curély**, Lettres et correspondance de Davout. — **De Pradt**, Mission à Varsovie. — **Alb. Duruy**, La conspiration de Malet. — **Popov**, 1812; Archives russes, 1877. **Villemain**, Souvenirs de M. de Narbonne. **Baron Fain, Fezensac, Menneval**, Mémoires.

ennemis, jusqu'en 1811, l'empereur était toujours l'homme étonnant, le génie supérieur qui avait absorbé en lui toutes les forces de la Révolution. Le jour où son orgueil de conquérant fut repu, et où il remplaça ce sentiment, noble encore, par une vanité de parvenu, où il rechercha avec une ardeur étrange l'alliance d'une archiduchesse, les politiques froids et perspicaces comprirent que la défaillance de ce grand esprit commençait. A quarante ans, pour avoir abusé de son imagination sans limites, cette tête jusqu'alors si nette s'obscurcissait, précisément à l'âge où l'homme, dégagé des vues troubles et incertaines de la jeunesse, se sent en possession de toute sa clairvoyance. La crise qui détermina l'affaissement subit de l'empereur fut la campagne de Russie; et la rapidité avec laquelle cette décadence se produisit est une preuve de plus du travail secret et destructeur, qui depuis quelque temps s'était accompli dans son génie. Pour arriver à cette conclusion nous avons écarté loin de nous les accusations passionnées des ennemis de Napoléon; nous n'avons demandé notre conviction qu'à ses admirateurs les plus fervents, à ses amis les plus chers, à des témoins oculaires et bienveillants, à ses agents les plus dévoués et disposés à l'approuver même dans ses fautes. Enfin nous avons noté avec soin toutes les paroles tombées de la bouche de l'empereur, pour y recueillir l'aveu de ce véritable abandon de lui-même, qui étonne non moins que l'ascension rapide de sa première fortune.

On a cherché longuement les causes de l'expédition de Russie. Pour les uns c'était la violation du blocus continental par l'empereur Alexandre; pour les autres une crainte prophétique de Napoléon devant l'empire colossal des Tsars.

S'il faut en croire Napoléon lui-même, ses raisons et ses

projets étaient beaucoup moins clairs, que les panégyristes ont bien voulu le croire. Il les exposait à son aide de camp, M. de Narbonne, dans un langage incohérent, et où les idées s'entrechoquaient sans suite et sans lien.

Narbonne, esprit éclairé et fin, qui avait joué un grand rôle politique à l'époque de la Législative, avait été frappé douloureusement par la confusion inattendue des développements de l'empereur. En sortant de cette entrevue, il s'écriait : « Quel homme! quels rêves! où est le garde-fou de ce génie? C'est à n'y pas croire, on est entre Bicêtre et le Panthéon! »

Même confusion, même indécision de la pensée dans les conversations qu'il avait alors journellement avec les siens et avec ceux de ses amis sur lesquels il comptait le plus. Les membres de la famille napoléonienne ne le voyaient pas sans inquiétude aller exposer la fortune commune dans les déserts de la Russie. *Ne voyez-vous pas,* disait-il, *que je ne suis point né sur le trône; que je dois m'y soutenir comme j'y suis monté par la gloire; qu'il faut que je monte sans cesse? si je reste stationnaire je suis perdu.* Aux observations de son oncle, le cardinal Fesch, il se contentait de répondre en ouvrant une fenêtre et en lui disant : *Voyez-vous cette étoile? — Non, Sire! — Regardez bien. — Sire, je ne la vois pas. — Eh bien, moi je la vois!* — Qu'il la vit, c'était possible; en tout cas, elle lui montrait un triste chemin, celui de Moscou.

Pourtant les avertissements ne lui manquèrent point, ses grands officiers osèrent pour la première fois parler avec franchise, soit dévouement, soit crainte de voir leurs positions compromises par la chute de l'empereur. Cambacérès lui conseilla d'en finir au moins avec l'Espagne, avant d'aller en Russie. Gaudin et Mollien lui prédisaient la ruine des finances françaises même après une victoire; mais nuls ne furent plus pressants que Duroc et Caulaincourt. Tous deux étaient excédés du rôle qu'ils avaient joué auprès de Napoléon. Ils avaient su conserver devant le souverain maître une attitude silencieuse et qui n'avait pas toujours été sans dignité; ils désapprouvèrent rudement et ne cachèrent pas qu'ils considéraient ce projet comme une folie. Caulaincourt interrompit brusquement l'empereur à plusieurs reprises. Napoléon essayait en effet d'entasser arguments sur arguments sans choix et au hasard. Le grand écuyer lui conseilla rudement de ne plus chercher à se tromper lui-même ni à tromper les autres. Le ministre Daru, désigné pour suivre l'expédition, se montra tout aussi récalcitrant; l'aide de camp Lobau fut plus énergique encore. Enfin le vieux major général Berthier, dont les facultés affaiblies appelaient un repos nécessaire, fit des objections larmoyantes et montra un désespoir qui aurait dû faire réfléchir l'empereur.

Il réfléchit d'ailleurs, et passa la fin de son séjour à Paris, dans une indécision cruelle, quoique au fond les objections, qui se dressaient dans son esprit contre la campagne de Russie, fussent étouffées par le fatalisme étrange, qui explique bien des succès comme bien des fautes de sa vie. Il défendit qu'on parlât autour de lui de la possibilité d'une rupture définitive avec la Russie. Cependant après l'ambassadeur russe Kourakin, il avait encore renvoyé le chargé d'affaires Czernicheff avec des propositions inacceptables. On obéit, et tout le monde eut bouche close. Napoléon s'irrita du silence général. A cette irritation, qui faisait le fond de son caractère depuis quelques années, s'ajoutait l'affaiblissement de sa santé que chacun remarquait. Son embonpoint blafard dénotait le trouble des voies digestives; l'assoupissement qui suivait ses repas étonnait les témoins de sa première activité, autrefois toujours en éveil. Les syncopes se multipliaient; enfin ce spartiate, qui dans sa jeunesse avait pour ainsi dire défié les besoins de la vie, avait désormais des recherches de gourmet et des délicatesses de petit-maître.

L'excitation nerveuse, devenue l'état le plus habituel de l'empereur, luttait difficilement contre l'engourdissement de ses forces physiques. Toute la journée, étendu sur un sopha, il parcourait d'un œil distrait les renseignements qu'il avait fait réunir sur la Russie. Il répétait fréquemment le nom de Charles XII, triste augure pour une expédition sur Moscou. L'obsession de son esprit arrivait jusqu'à l'hallucination. Il se dressait brusquement et s'écriait : « Qui m'appelle? Qui m'appelle? » puis il s'assoupissait de nouveau, et, reposé, il reprenait au réveil ses plans de conquête, interrompus par le cauchemar.

Dans ces conditions, les préparatifs s'avançaient lentement. Faute irréparable, car il devenait impossible de commencer immédiatement la guerre au printemps, et une campagne d'été, si voisin de l'hiver en Russie, devait fournir aux Russes deux auxiliaires invincibles, la neige et le froid. Cependant, quand on lui parlait de l'heure qui marchait, Napoléon écartait les importuns avec un geste d'impatience. Il n'avait besoin, disait-il, que d'une campagne de deux mois; peut-être même Alexandre se laisserait-il intimider avant le début des hostilités. Il comptait sur l'appui de la Suède et il en avait besoin; il somma Bernadotte de conclure avec lui une alliance offensive. Le prince royal de Suède posa ses conditions et conseilla la paix. Napoléon fut exaspéré. *Lui, le misérable! il me donne des conseils à moi! Bernadotte m'impose des conditions! Pense-t-il donc que j'aie besoin de lui?* Les pourparlers furent rompus, et la Suède signa un traité de neutralité avec la Russie. Combinaison fort heureuse, au moment où la Turquie vaincue signait la paix d'Iassy, et enlevait ainsi à Napoléon l'espérance d'une diversion vers le sud.

Même irritation contre les conseils des siens. Il pensait à Talleyrand pour organiser la Pologne et lui préparer ainsi une solide base d'opération, mais l'habile diplomate n'accepta qu'à condition qu'on rétablirait sans ambages le royaume des Jagellons. Sinon, il était convaincu qu'on ferait de la besogne inutile. Napoléon repoussa encore ce conseil avec mépris; il s'écria avec dédain : *Cet homme se croit donc si nécessaire? pense-t-il m'instruire?* Il le remplaça par un prélat de beaucoup d'esprit, mais absolument incapable comme diplomate et le plus brouillon des hommes, l'archevêque de Malines, de Pradt. Il lui donna pour instruction qu'il fallait pousser les Polonais *jusqu'au transport, mais non jusqu'au délire*, c'est-à-dire qu'il fallait leur demander le sacrifice de leurs vies, mais leur refuser le rétablissement de leur patrie.

D'autres conseils devaient encore être repoussés. Le financier Ouvrard, tripoteur assez peu scrupuleux, mais fort adroit, lui écrit que s'il ne se faisait précéder de convois de vivres, au lieu de s'en faire suivre, il souffrirait de la disette, dès le premier jour; que les gros équipages du train s'embourberaient dans les fondrières de la Lithuanie; qu'il fallait modifier entièrement l'administration, si l'on ne voulait périr de froid, de faim et de misère. Napoléon ne daigna pas s'arrêter à cet avis. Mais sa grande préoccupation lorsqu'il partit deux mois trop tard de Paris (le 9 mai 1812) fut de se préparer un triomphe à travers l'Allemagne jusqu'à Dresde, où il avait convoqué le ban et l'arrière-ban de tous les monarques du continent pour épouvanter la Russie de sa puissance.

A Dresde, il se plut à faire faire antichambre à son beau-père l'empereur François, à l'impératrice d'Autriche, qui en témoigna son mécontentement, au roi et à la reine de Saxe, qui lui montraient une admiration paternelle, mais surtout au roi de Prusse, qui venait offrir sa coopération militaire contre Alexandre. Après l'avoir tant humilié, Napoléon l'avait en horreur, parce que, disait-il, *en traitant autrefois avec la Révolution française, il avait compromis la cause des rois.*

Tous ces représentants des plus vieilles familles princières de l'Europe se voyaient coudoyer à la porte de l'empereur par les maréchaux et les généraux, hier encore tonneliers ou forgerons; mélange démocratique sans aucun doute et qui ne devait déplaire ni à un Junot ni à un Ney, mais qui faisait naître dans le cœur des rois humiliés des ressentiments, plus vifs encore peut-être, que leurs défaites et leurs désastres ne leur en avaient inspirés. Napoléon se plut beaucoup à Dresde et il y resta jusqu'au 29 mai.

Il semble avoir espéré un instant que la guerre n'aurait pas lieu, du moins cette année. Les hostilités n'étaient pas déclarées, et si le tsar avait accumulé ses forces sur la Duna, au camp de Drissa, il était encore temps de s'entendre. L'ambassadeur français, Lauriston, n'avait pu recevoir de lui une audience. L'empereur envoya son aide de camp, Narbonne, porter à Wilna un ultimatum sinon conciliant, du moins qui laissait la voie ouverte aux négociations.

Mais Alexandre, après avoir si longtemps résisté à la haine des Russes contre la France, se voyait menacé, s'il reculait encore, par les sourds grondements du parti vieux-russe, plus puissant que son autocratie. Il ne cacha pas à Narbonne qu'il s'attendait à être vaincu, mais il lui fit voir la carte de l'empire de Russie, et lui demanda où l'empereur compterait l'atteindre dans sa fuite à travers le steppe ; il se montra résolu à ne faire aucune concession, sans crainte comme sans jactance, selon l'expression du négociateur.

Alors seulement commença la campagne de Russie, que Napoléon s'obstinait à n'appeler que la deuxième guerre de Pologne. Fidèle au plan de ce travail, nous ne demanderons aux événements militaires que les éléments nécessaires pour analyser la pensée de l'empereur et chercher à pénétrer son caractère et son âme, à l'époque tragique de sa carrière où le progrès des dates nous a amenés.

Il traversa la Pologne le plus vite possible ; il était surtout soucieux d'éviter les patriotes polonais. Ils étaient de nouveau pleins d'espoir. Napoléon en quittant Paris avait dit : « Je vais mettre toute la Pologne à cheval. » Ils croyaient donc enfin que le moment était venu où leur patrie allait renaître.

Arrivé à Thorn, l'empereur donna le signal de l'invasion. Les 550 000 hommes qui s'étendaient de la Niémen à la Vistule, se composaient pour une moitié environ de contingents étrangers, Allemands, Westphaliens, Saxons, Bavarois, Wurtembergeois, Hollandais, Prussiens, Autrichiens, Italiens. Les Français comptaient pour près de 300 000 hommes. Parmi eux les jeunes recrues dominaient. La garde elle-même ne comprenait plus beaucoup de vieux soldats ; c'était déjà la jeune garde et, pour la former, il avait fallu choisir l'élite des troupes de ligne. Napoléon, qui lui-même prenait pour son bien-être des précautions inusitées jusqu'alors, concentrait tous ses soins sur cette troupe favorisée, l'écartait soigneusement du danger et veillait à ses aises avec des attentions infinies, comme si, prévoyant un échec, il eût résolu de se conserver précieusement cette dernière ressource.

C'était un grand sujet de jalousie pour les autres corps, d'autant plus que la campagne n'était pas encore commencée que l'on souffrait déjà. Les approvisionnements n'avaient été faits que sur le papier. L'intendant général, Mathieu Dumas, n'avait trouvé ni dans l'autorité de Berthier, ni dans celle de l'empereur le concours nécessaire pour préparer des magasins aussi immenses. Déjà les alliés étrangers que les Russes devaient bientôt baptiser du nom d' « armée sans pardon », s'étaient abattus sur la Pologne et, comme une nuée de sauterelles, les Allemands de la Confédération n'avaient laissé après eux que la désolation et le désert.

A Thorn, le dénûment était déjà évident; il n'y avait plus de fourrages; les chefs de corps durent faire couper les blés et les seigles en herbe pour trouver la nourriture de leurs chevaux. Napoléon s'irrita; il avait donné des ordres, il les avait même accumulés. Le général le plus méthodique de l'armée, le seul qui eût pris les précautions nécessaires et qui, depuis le début de sa carrière, s'était révélé administrateur habile autant que grand tacticien, Davout, accusa amèrement l'impéritie du major général Berthier. Napoléon se sentait atteint par ces reproches, car Berthier n'avait jamais été que son écho fidèle. Il se fit alors un système de s'en prendre de ses insuccès à quelqu'un de ses généraux. Il attribua désormais chaque erreur, chaque faute de calcul commise par lui à l'un ou l'autre de ses lieutenants. Il imposa silence à Davout, lui reprocha jusqu'à son zèle et à son exactitude et lui adressa cette apostrophe qui dévoilait le fond de sa pensée : *Il semble que ce soit vous qui commandiez l'armée.* Davout, qui devait se dévouer pendant toute la campagne, fut dès cet instant excommunié. Pour se tirer d'affaire, Napoléon ordonna de faire promptement, de tous côtés et par tous les moyens possibles, des réquisitions répétées. L'ordre donné, il n'y veilla pas, les réquisitions se transformèrent en maraude et la maraude devint bientôt du pillage; puis tout ce butin amoncelé, où dominaient les choses inutiles, cessa rapidement d'être transportable. Lorsqu'on arriva à la Niémen, dès le début de la campagne, il fallut en abandonner les deux tiers. Napoléon cependant passait des revues. Il faisait faire le carré autour de lui et adressait familièrement la parole aux soldats. « Êtes-vous contents de votre capitaine? » disait-il volontiers. Question bien imprudente et qui montrait chez lui jusqu'à l'affaiblissement de la notion de la discipline militaire.

Au moment où s'effectuait le passage de la Niémen, son cheval s'abattit. « *Ceci est de mauvais présage*, s'écria-t-il, *un Romain reculerait.* » Puis, fatigué par la chaleur de juin qu'il ne pouvait plus supporter comme autrefois, il s'arrêta brusquement pour regarder silencieusement le mouvement des troupes, courbé et tassé sur son cheval. Les Russes ne s'opposaient pas au passage du fleuve; Napoléon étonné lança alors son cheval en avant et galopa seul le long de la rive, comme poussé par une force irrésistible, puis il reprit sa place toujours sans mot dire. Près de Wilna la capitale de la Lithuanie, les Russes ne se montrèrent pas davantage, mais les ponts de la ville avaient été rompus. Ordre fut donné aux lanciers polonais de tâter un gué; ils se précipitèrent dans le fleuve. Leurs chevaux furent emportés par le courant, et bientôt le dernier d'entre eux fut submergé au cri de : Vive l'empereur! Napoléon détourna la tête et ne dit rien. Une seule pensée le hantait : la fuite de l'armée russe et, dans son irritation, il accusa le général Montbrun, le plus intrépide cavalier, d'avoir laissé échapper l'ennemi.

Il s'arrêta vingt jours à Wilna, tout en lançant devant lui Davout et Murat pour atteindre les troupes insaisissables d'Alexandre. Ce singulier arrêt s'expliquait par sa lassitude, il ne pouvait plus se tenir longtemps à cheval. Il lui fallait aussi dépouiller le volumineux portefeuille d'affaires qu'il exigeait qu'on lui envoyât de Paris. Enfin la grande armée était déjà tout à fait désorganisée, elle avait perdu 50 000 hommes, déserteurs, ou morts de faim et de fatigue; on ne vivait plus que de bouillie de seigle, à peine cuite, car on n'avait pas le temps d'apprêter les repas ; le vin, la bière, l'eau-de-vie avaient disparu. Dans tous les corps, sauf dans ceux de Davout et d'Eugène, on restait quelquefois deux jours sans distribution nouvelle. Les angoisses de la faim avaient, avec la dyssenterie, introduit dans les rangs une nouvelle épidémie, celle du suicide. Le maréchal Mortier se chargea de parler au nom de l'armée. Napoléon l'interrompit : « *C'est impossible*, dit-il; *où sont leurs vingt jours de vivres? Des soldats bien commandés ne meurent pas de faim.* » En parlant ainsi, il fixait sur le duc de Trévise un œil tellement égaré que le maréchal pâlit, changea de ton et balbutia qu'il fallait alors attribuer la mortalité à l'ivresse. Mais Napoléon ne put se tromper lui-même, il dut s'avouer l'horrible pénurie de son armée. Il ne s'en entêta que davantage dans ses idées, et si cette conviction le rendit plus hésitant dans l'exécution, elle ne l'empêcha pas d'écarter désormais violemment tous les porteurs de mauvaises nouvelles, et d'accepter au contraire avec une ardeur fébrile tout ce qui pouvait lui donner quelque créance que sa fortune était encore intacte; mais elle n'était plus servie par sa décision d'autrefois. A l'enthousiasme des Lithuaniens et des Polonais, il avait répondu en refusant de leur promettre la restauration de la Pologne, et il s'attardait de jour en jour, feignant de prendre au sérieux un négociateur sans instructions précises, envoyé par Alexandre pour gagner du temps et permettre à son armée de se retirer.

Cette retraite persistante exaspérait Napoléon, il précipitait la marche de Davout et de Murat, et le duc d'Auerstedt, ayant livré à Minsk au Russe Bagration un combat d'arrière-garde, l'empereur s'irrita contre son lieutenant qui avait laissé, disait-il, une fois de plus échapper les Russes. Il avait compté, il avait décidé qu'il n'y aurait qu'une bataille, qu'il la gagnerait et qu'Alexandre serait à ses pieds. La tactique adoptée par les Russes déjouait entièrement ses calculs, et lorsqu'il fallut se diriger plus avant de Wilna sur Witepsk, il était déjà fatigué de son entreprise. Les Russes lui échappèrent encore. Mais il eut un moment l'idée de prendre ses quartiers d'hiver dans cette ville; il fit tout préparer, abattre des maisons qui gênaient la vue du palais qu'il occupait, et dit à Mathieu Dumas : « *Pour vous, monsieur, songez à vous faire vivre ici ; nous ne ferons pas la folie de Charles XII.* »

Le lendemain, il avait changé d'avis, et accumulait des ordres contradictoires pour hâter la marche vers le Dniepr. Le surlendemain, il revenait à son premier projet, sans réussir à s'en tenir à une résolution. Duroc le voyait parcourir le palais sans pouvoir se fixer dans une chambre; rencontrait-il quelqu'un : « *Irons-nous*, lui disait-il, *resterons-nous? irons-nous plus avant?* » et sans attendre de réponse, il se jetait sur le lit de repos où il passait toutes ses journées. Alors les hallucinations le reprenaient, il rêvait tout éveillé, et laissait échapper à tous moments ces mots : *Moscou! Moscou la grande! Moscou la sainte!* il se levait, marchait avec agitation et avec égarement, effrayant tout le monde sur son passage, jusqu'à ce qu'enfin il eût pris sur lui de communiquer à son entourage son idée de marcher immédiatement sur Moscou : on était en juillet; il ne fallait compter sur la belle saison que jusqu'en septembre.

Il rencontra la même opposition qu'au départ, sèche et cassante chez Duroc, dure chez Daru, bourrue chez Lobau, violente chez Caulaincourt, larmoyante chez Berthier. Napoléon fut indigné de cette mauvaise humeur persistante; il les congédia avec cette parole : « *Vous êtes nés au bivouac; vous y mourrez.* »

Puis il pressa la marche de Davout, appelant de tous ses vœux un grand choc militaire, et ne comptant plus pour rien la perte des hommes : « *Si l'ennemi*, écrivait-il à ce maréchal, *tient à Smolensk, nous ne saurons être trop de monde; il nous faut donc des hôpitaux, il en faut à Orcha, Dombrovna, Mohilev, Rochanowo, Bobr, Borizov et Minsk.* » Il partit au commencement d'août pour le Dniepr : le passage du fleuve eut lieu sans ordre, sans que Berthier veillât à ce que les premiers corps ne gâtassent pas les gués pour ceux qui les suivaient ; aussi les maraudeurs, les déserteurs, devinrent-ils innombrables, et lorsque Napoléon à Krasnoé, un peu avant Smolensk, crut tenir sa bataille décisive, plus du tiers de la grande armée avait fondu. Smolensk fut conquise après une résistance meurtrière. Lorsque les Français y entrèrent, elle était déserte, fumante, abandonnée non seulement par l'armée russe, mais par ses habitants. Napoléon n'y trouva aucune des ressources sur lesquelles il comptait. Mais ce qui l'affectait bien davantage c'était de ne pas trouver encore l'occasion de cette bataille, si désirée, sur laquelle il avait échafaudé sa campagne. Il injuriait violemment le général russe, accusait sa lâcheté et sa fuite; mais autour de lui, on savait à quoi s'en tenir sur ces fureurs factices, et

Duroc disait quelques instants après : « Si Barclay avait eu tant de tort de refuser la bataille, l'empereur ne mettrait pas tant d'importance à nous le persuader. » L'empereur était alors jugé bien sévèrement par tous ces gens qu'il avait comblés. Maintenant qu'il paraissait compromis, on ne conservait à son égard que les formes indispensables. L'armée ne célébra pas la fête du 15 août. Seuls Eugène et Murat rappelèrent cet anniversaire à Napoléon.

L'empereur commençait à sentir toute la gravité de la situation; l'armée continuait à diminuer rapidement. Rapp, qui venait d'arriver de Danzig, Sebastiani, qui avec sa cavalerie battait la campagne, lui montraient l'effectif des alliés réduit de moitié, celui des Français réduit du quart. On parlait plus que jamais de se cantonner à Smolensk, mais Napoléon refusait obstinément les conseils. « *L'état de l'armée est affreux*, disait-il, *je le sais, dès Wilna, il en traînait la moitié; aujourd'hui ce sont les deux tiers, il n'y a donc plus de temps à perdre, il faut arracher la paix; elle est à Moscou.*

Alors pour éviter des contestations, il n'hésita pas à tromper les plus animés contre ses plans : Davoust crut longtemps qu'on s'arrêtait à Smolensk pendant que l'empereur avait déjà lancé en avant Ney et Murat. A Valoutina, on eût peut-être enfin atteint la bataille cherchée, si Napoléon avait été là; mais il était resté à Smolensk pour dépouiller son courrier, et quand on vint lui demander des secours, il se contenta de répondre à la stupéfaction générale : « *C'est donc une bataille?* » Ney ne put que remporter un succès insuffisant et l'empereur se consola en attribuant la chose à Junot qui tomba désormais en disgrâce. Il appelait à son secours une impassibilité, une insouciance affectées qui causaient autour de lui un désappointement amer et frondeur. Il restait toujours à Smolensk, lisant les histoires suédoises de Charles XII, laissant les hôpitaux manquer de linges et de charpie et se produire à côté de lui un fait auss... ...st...eux que celui-ci : pendant trois jours un baraquem... de 100 malades fut laissé sans secours et sans vivres, oubl... totalement, et l'eût été davantage encore, sans l'indignation de Caulaincourt.

Lorsqu'il se décida à partir de Smolensk pour rejoindre Davout et Murat, dont la mésintelligence violente achevait le peu de discipline qui restait encore, il publia un ordre du jour qui enjoignait aux soldats de prendre pour 15 jours de vivres; or il savait pertinemment que la ville n'en contenait pas pour un seul jour. D'ailleurs le découragement s'emparait de lui avec une rapidité croissante : il en était à envoyer des politesses à l'empereur Alexandre. Berthier écrivait par son ordre au nouveau général russe Kutusow, qui, disait-on, avait reçu la mission de combattre : « *L'empereur me charge de vous prier de faire ses compliments à l'empereur Alexandre; dites-lui que les vicissitudes de la guerre ne peuvent altérer l'amitié qu'il lui porte.* » Le seul résultat de cette politesse fut l'envoi au camp français d'un parlementaire, qui n'avait aucune mission réelle, mais qui remarqua, non sans joie, le désordre et le dénûment de la grande armée.

Le vieux Kutusow avait autrefois, en 1805, commandé l'armée russe contre l'empereur; il s'était opposé à la bataille d'Austerlitz et avait refusé d'en prendre la responsabilité. Il venait d'être porté au commandement en chef par la défiance qu'inspirait aux Russes le plan de retraite de Barclay de Tolly, que son origine écossaise ne rendait pas populaire. Kutusow résolut de tenter d'arrêter l'armée française sur la Moscowa, à Borodino. Dès le premier jour de septembre, il dut reculer, mais sans abandonner un seul prisonnier. « *Ma cavalerie n'a-t-elle donc pas donné à propos?* » demanda Napoléon qui n'y était pas. Dans la nuit du 6 au 7 l'empereur eut un accès de fièvre violente; il hésitait sur les dispositions à prendre, il refusait un plan de Davout qui lui proposait de tourner l'armée russe et de rendre sa fuite impossible. Sa grande préoccupation était de conserver sa garde. Pendant toute la campagne il veillait sur elle avec sollicitude, lui faisait distribuer de temps en temps de ce fameux vin qu'il avait fait apporter de France dans ses bagages et dont il ne pouvait plus se passer; quelquefois il parlait sous l'influence de sa surexcitation fébrile. *Sans doute*, disait-il, *la bataille sera sanglante, mais j'ai 80 000 hommes; j'en perdrai 20 000, j'entrerai avec 60 000 dans Moscou, les traînards me rejoindront et nous serons plus forts qu'auparavant.*

La bataille fut en effet très sanglante; à tout moment, on venait annoncer à l'empereur de nouvelles pertes. Rapp y reçut sa 22e blessure. Quoi! s'écria Napoléon, toujours Rapp! Le frère de Caulaincourt fut tué; les Russes résistaient avec acharnement. Davout blessé fit demander la garde qui entourait Napoléon : « *Je m'en garderai bien*, répondit-il, *je ne veux pas la faire démolir, je gagnerai la bataille sans elle.* » Même refus à Murat, à Belliard, à Daru, à Ney qui s'emporta et s'écria : « S'il ne veut plus se battre qu'il retourne aux Tuileries et qu'il nous laisse faire! » La bataille était terminée par la retraite encore menaçante de Kutusow et l'empereur prétendait que la véritable action ne commencerait que dans deux heures. Il s'était perpétuellement levé, rassis, promené, ne donnant plus d'ordres et montrant une extrême fatigue; le soir il monta à cheval avec une difficulté de plus en plus croissante, et parcourut ce champ de bataille couvert de morts et de mourants et d'où s'échappaient des hurlements horribles. Le pied de son cheval heurta un blessé qui poussa un cri affreux; jusqu'alors impassible, l'empereur tressaillit, et rentra dans sa tente; il s'abîma dans une méditation désolée. Bessières vint lui dévoiler les misères de l'armée et des blessés; mais Napoléon avait eu le temps de reprendre son sang-froid et il se contenta de répondre : « *Huit jours de Moscou et il n'y paraîtra plus.* »

Moscou même allait manquer; le gouverneur Rostopchine, après avoir abusé les Moscovites par l'annonce de fausses victoires, avait résolu d'abandonner la ville et de laisser aux vagabonds et aux criminels des prisons le soin de la livrer à l'incendie après l'arrivée des Français. Il l'avait fait évacuer presque entièrement; et lorsque Napoléon approcha, il apprit, par des rapports d'avant-garde, que les rues et les maisons étaient abandonnées. Il accepta ce renseignement avec une colère violente et refusa d'y croire. Effrayés de son état d'exaltation, les généraux rassemblèrent alors quelques misérables et les lui envoyèrent sous le nom de députation; mais il était impossible de se méprendre sur leur véritable caractère : c'étaient des bandits lâchés sur l'armée française, et, en voyant sa dernière espérance s'évanouir, Napoléon n'entra à Moscou que la nuit et se logea au palais du Kremlin. Là, parcourant lentement toutes ses salles si célèbres dans les traditions russes, il fit à son entourage un cours d'histoire rétrospective, s'enivrant de sa parole et se disant qu'après tout il était maître de la ville sainte. On le prévint que des rapports d'espions dénonçaient l'incendie qui couvait dans la ville; on avait été jusqu'à dire que le Kremlin était miné, Napoléon s'emporta violemment contre ce qu'il appelait des mensonges, et, après avoir nommé Mortier gouverneur de Moscou, il s'endormit profondément.

Au milieu de la nuit, de la maison du prince Troubetzkoï, partit une fusée enflammée, signal de l'incendie; aussitôt, de tous les coins de la ville, les maisons exhalèrent une épaisse fumée qui se colora bientôt de rouge, et toutes les rues de Moscou parurent en flammes : Mortier et les chefs de corps mirent autant que possible leurs troupes à l'abri; et essayèrent de circonscrire le feu jusqu'au moment où, dominés par l'incendie, ils se réunirent tous, désespérés et anéantis au Kremlin.

On réveilla Napoléon, dont on n'avait pas d'abord osé interrompre le sommeil. Aux premières paroles, qui lui apprirent le sinistre, il nia encore; mais ayant couru aux fenêtres, il se convainquit de la réalité. Ce fut une véritable lutte pour l'arracher à ce spectacle. Il allait d'une fenêtre à l'autre, sans pouvoir s'éloigner et cependant le danger pressait : des caissons de poudre étaient dans la cour du Kremlin; une étincelle suffisait pour déterminer une explosion qui eût coûté la vie à l'empereur. Le prince Eugène l'entraîna; on ne trouva pour sortir qu'une poterne qui donnait sur le quai de la Moskowa. Là, l'empereur rencontra Davout, qui, ayant appris le danger, venait tout seul pour lui porter secours. Il se jeta dans ses bras; mais Napoléon ne s'attendrit pas et il ne se départit pas, même en ce moment, de la froideur qu'il montrait depuis le début de la campagne au plus constamment et au plus utilement dévoué de ses maréchaux.

L'empereur gagna le château de Petrovski, à quelque distance de Moscou, et attendit que la violence de l'incendie fût calmée. Pour occuper les esprits dans l'armée il émit, pour la première fois, une idée qu'il savait impraticable alors, celle de marcher sur Saint-Pétersbourg, puis, quand la ville fut redevenue habitable, il y rentra et se réinstalla au Kremlin. Il affectait la plus grande sécurité, et, comme autrefois dans sa campagne d'Italie, il organisa des fêtes, un théâtre, et trouva un chanteur italien, égaré dans l'armée, et qui ne devait pas trouver grand plaisir à exercer ses talents, pas plus que ses auditeurs ne devaient en trouver à l'entendre. L'empereur rédigea même au Kremlin le décret qui organisait la Comédie-Française. Pour montrer sa liberté d'esprit, il parla tragédie à ses auditeurs silencieux. Parmi ces ruines, il posait à son entourage, avec une apparence de sérieux, cette question qui devait, dans un pareil moment, manquer d'intérêt : Pourquoi n'a-t-on pas encore fait une tragédie remarquable sur Pierre le Grand? Mais, au milieu de son développement littéraire, il lui échappait une apologie involontaire de la campagne de Russie, ce qui ne l'empêchait pas de rester à Moscou malgré l'hiver qui s'avançait. Il avait fait parvenir des propositions de paix au tsar, par Kutusow, et il avait signé par l'entremise de Lauriston un armistice, que le général russe avait eu l'adresse de faire restreindre aux deux corps d'armée principaux. Kutusow se réservait ainsi la faculté de détruire en détail la cavalerie française qui disparaissait tous les jours. L'empereur semblait compter sur le résultat de ces pourparlers; il attendait, prolongeant ses repas, lisant des romans, étendu la plupart du temps sur des coussins, et exigeant de Daru et de Duroc de passer la nuit à côté de lui, tant il était hanté par des cauchemars toujours renaissants. Pendant ce temps l'armée pillait et s'encombrait de toutes les richesses trouvées à Moscou. Alexandre n'avait même pas répondu, et l'armistice était expiré. Repoussant alors l'idée de Daru de se fortifier dans la ville et d'y passer l'hiver, l'empereur annonça non pas la retraite mais la marche vers les quartiers d'hiver de Smolensk. Il ordonna qu'on se préparât à partir. Pour la première fois, il ne dicta pas les détails de l'opération à Berthier, qui, faute d'initiative personnelle, ne prit aucune précaution. Le 13 octobre, le défilé commença. Les blessés furent évacués comme on put; puis les corps s'échelonnèrent, traînant avec eux d'innombrables voitures chargées de femmes et d'enfants, de dépouilles, et emportant la croix gigantesque de saint Ivan arrachée à la cathédrale de Moscou, trophée que l'empereur tenait à montrer à la France. Le 15 octobre, il faisait encore beau : *N'est-ce pas toujours mon étoile?* s'écria-t-il; parole imprudente : il apprenait au même instant que Kutusow l'avait prévenu sur la route à Malo Iaroslawetz! *Mon Dieu*, s'écria-t-il, *est-ce possible?* Eugène sacrifia son corps d'armée et écarta les Russes; mais il était décimé et il avait perdu son meilleur divisionnaire Delzons. Le frère de Delzons, en voulant le secourir, avait été tué aussi sur son corps. Napoléon tint un conseil de guerre solennel; une nouvelle querelle s'y éleva entre Murat et Davout. L'empereur, le front dans la main, écoutait à peine : il les congédia avec cette phrase : *C'est bien, je me déciderai;* ils étaient à peine sortis qu'il eut une crise nerveuse et qu'il perdit connaissance : aussi, le lendemain, avouait-il définitivement son mouvement rétrograde, et fatigué par le cheval, il se plaçait à pied au milieu de sa garde et s'avançait péniblement, courbé, silencieux, et appuyé sur un bâton.

Le 26 octobre, l'armée en marche entendit une explosion formidable : c'était Mortier qui, sur l'ordre de l'empereur, venait de faire sauter le Kremlin. Le maréchal rejoignit la Grande Armée près de la plaine de Borodino. Le froid était déjà très vif, et le givre, plus respectueux que les hommes, enveloppait d'un linceul les quarante mille victimes de la bataille de septembre. On devinait encore, aux ondulations de la plaine, les alignements des corps étendus. Dans ce cimetière que la nature s'était chargée d'improviser, un malheureux, les deux jambes fracturées, respirait encore : il avait vécu, en se traînant, depuis un mois, des provisions trouvées dans les sacs des morts. La tourmente de neige commença le 6 novembre. Après un nouveau combat à Wiazma, soutenu par Eugène, Davout et Ney, les seuls dont les caractères étaient restés intacts au milieu de la démoralisation générale, le froid était si intense que les congestions cérébrales tuèrent les soldats à chaque pas; la route était marquée des deux côtés par les corps qui tombaient; aux bivouacs, les sapins couverts de glace et de grésil refusaient de s'enflammer, et le lendemain des rangées entières ne répondaient pas à l'appel. Ceux qui étaient encore valides marchaient rapidement et sans ordre : les colonels sans régiment, les commandants sans bataillon, les capitaines sans compagnie, mêlés aux simples soldats; les troupes de Ney, de Davout et d'Eugène se plaignaient amèrement qu'on ne les soutînt pas dans leur lutte répétée contre les incursions des Cosaques : *Colonel*, dit Napoléon à l'officier chargé de se plaindre, *je ne vous demande pas tous ces détails*.

Quand on arriva à Smolensk, ces spectres hâves, affamés, épuisés, se précipitèrent dans la ville comptant y trouver du pain et du feu; rien n'avait été préparé, et le pillage ne put fournir aux premiers besoins. Napoléon s'y arrêta cependant jusqu'au 14 novembre, encore au moment de partir fut-il obligé de revenir sur ses pas pour dégager les trois corps d'arrière-garde coupés par Miloradovitch. Davout et Eugène passèrent : on ignora le sort

Ney pendant six jours. Des 150 000 hommes qui [av]aient marché sur Moscou, il en restait 13 800 dont [policy]0 de cavalerie.

Napoléon brûla alors tous ses papiers et se décida à [pa]sser au plus court par la Bérésina. Au moment cepen[da]nt de quitter la Russie, il n'eut de regret que pour son [pr]estige perdu : *Pourquoi n'ai-je*, disait-il, *aucun maga[si]n, aucun point d'appui qui me permette de m'arrêter et [de] montrer à l'Europe que je sais encore combattre et [va]incre?* Le seul point où l'on pût passer la Bérésina était [Bo]rizow et l'on savait que les Russes occupaient les deux [ri]ves de cet affluent du Dniepr. Heureusement on pou[va]it désormais disposer des armées d'Oudinot de Saint-[C]yr et de Victor, qu'il avait laissées derrière lui pour [ga]rder la route de Saint-Pétersbourg : toutefois la situa[ti]on était presque désespérée, et une nuit Napoléon [en]tendait Daru et Duroc discuter l'éventualité de la prise [de] l'empereur. Il se laissa ce jour-là entraîner au seul [av]eu qu'il fit de toute la campagne : *il faut en convenir, [no]us sommes dans une triste position*, et il eut une nou[ve]lle attaque d'épilepsie ; les aigles furent brûlées.

Le 26 novembre, commença le passage de la Bérésina [qu]e les Russes lui permirent d'abord d'effectuer tranquil[le]ment. Napoléon avait laissé de l'autre côté du fleuve la [m]asse des traînards, des enfants et des femmes sous la [pr]otection de Victor. Le maréchal fut bientôt attaqué par [K]utusow et, après une défense héroïque, dut précipiter le [pa]ssage sur les ponts. Ce fut une cohue indescriptible : les [m]alheureux se précipitaient tous ensemble, foulaient aux [pi]eds ceux qui encombraient le passage et les rejetaient [d]ans la Bérésina. Mais Napoléon était passé, et il répétait [en]core ce mot dont il ne pouvait se défaire : « Nous voilà [éc]happés, c'est toujours mon étoile » ; aussi écarta-t-il violemment l'officier qui venait à l'instant même lui apprendre le désastre, par cette phrase inouïe, répétée avec impassibilité : *Pourquoi, monsieur, voulez-vous m'ôter mon calme? pourquoi voulez-vous m'ôter mon calme?*

Arrivé le 6 décembre à Smorgoni, Napoléon était résolu à quitter l'armée pour se rendre à Paris avant que la connaissance pleine et entière de ses désastres eût ébranlé bien des fidélités chancelantes, encouragé bien des haines prêtes à éclater. Il réunit tous les maréchaux et, malgré l'avis de Daru, il leur arracha par ses caresses, par ses promesses, l'approbation de son départ. Il leur donnait pour raison principale cette phrase dont le sens n'apparaît pas clairement : *Si j'étais né sur le trône, si j'étais un Bourbon, il m'aurait été facile de ne point faire de faute.* A 10 heures du soir, avec Caulaincourt, Lobau et Duroc, sur une méchante voiture suivie d'un traîneau, il quitta son dernier quartier général après avoir fait partir son 29° bulletin. Il laissait le commandement à Murat.

Il contourna à Wilna pour ne point trouver de nouveaux spectacles de désolation, puis il arriva incognito à Varsovie. Devant l'ambassadeur de Pradt, il trahit sa préoccupation dominante. Dans la chaumière où il avait mandé l'archevêque de Malines pour s'enquérir de l'impression produite en Pologne par ses malheurs, il lui était impossible de suivre le cours de ses idées ou les réponses de son agent. Il coupait la conversation en se levant brusquement, arpentant la chambre misérable où il se trouvait, et à plusieurs reprises, il répéta cette phrase : « Du sublime au ridicule, il n'y a qu'un pas ». De Pradt, personnage assez énigmatique et peu charitable, essayait vainement de faire sentir à l'empereur les dangers de l'heure présente sur lesquels il insistait avec cruauté. Il ne pouvait arrêter l'œil errant de Napoléon qui, dans une

promenade nouvelle, répétait machinalement son refrain :
« Du sublime au ridicule, il n'y a qu'un pas. » Une fois
même, il accompagna ces mots d'un éclat de rire, ce qui
rendit l'archevêque très sérieux, lui qui, dans toute sa
carrière, l'avait toujours été le moins possible.

Napoléon n'était plus maître de lui-même; il ne trouvait
un peu d'apaisement que dans la rapidité de la course,
qui l'entraînait vers Paris. Il brûlait les étapes, et, après
avoir versé à Meaux, il arrivait, la nuit, sans avoir prévenu.
Un instant, la porte des Tuileries lui fut refusée par un
concierge étonné et incrédule. A l'instant même, après
avoir embrassé le roi de Rome, il faisait venir Savary
pour lui demander des explications sur la conspiration du
général Malet qui avait menacé son autorité pendant son
absence. Son retour lui avait rendu quelque peu de son
énergie. Il se préparait à demander encore de nouveaux
sacrifices pour réparer le désastre qu'il venait de subir.
Mais il ne devait plus rencontrer la même docilité. Les
murmures qui avaient accueilli, deux jours avant l'arrivée
de l'empereur, le 29e bulletin n'étaient pas encore éteints.
On devinait la catastrophe, sous les circonlocutions et les
guirlandes officielles. Cette fanfare, si malheureuse à ce
moment, se terminait par cette phrase mensongère que la
situation commandait sans doute, mais qui fit horreur à
tous ceux qui pleuraient un des leurs : « Jamais l'empereur ne s'est si bien porté. »

Le système napoléonien paraissait cependant encore
intact. L'absence de l'empereur n'avait pas empêché le gouvernement d'exercer son action d'aussi près. On ne fit
pas plus de concessions à la liberté de parler ou d'écrire
que pendant le séjour du maître. Seule la conspiration de
Malet avait détonné au milieu de la soumission générale.
Elle avait échoué rapidement; mais pour les esprits clair-

voyants, la facilité avec laquelle elle avait pu se produire montrait que le régime impérial avait peu de racines dans la nation. Pour la grande majorité des Français, la dictature bonapartiste pouvait paraître définitive. En lisant le *Journal de l'Empire de 1812,* on est frappé au premier abord, de l'apathie, de l'abandon de l'opinion publique. C'est tout au plus si, par quelques communications du quartier général, le journal communiquait à ses lecteurs les nouvelles, d'ailleurs fort en retard, de la campagne, nouvelles presque toujours excellentes. Pour remplir les colonnes, à défaut de polémique politique ou militaire, on trouve presque toujours un article sur l'Angleterre, conçu chaque jour dans le même esprit : « L'op-« position gagne sans cesse à Londres sur le prince « régent; les orateurs whigs reprochent au ministère la « prolongation de la guerre : la misère augmente dans « des proportions effrayantes ». On compare le sort prospère et le contentement des ouvriers français aux révoltes causées en Angleterre par l'établissement des machines industrielles. Enfin tandis que le rédacteur s'extasie sur la magnificence de la récolte qui se prépare sur le continent, il raconte gravement que les blés manqueront cette année en Angleterre, comme si la Providence dans la distribution des moissons avait évité de faire sa part habituelle à la perfide Albion.

Puis viennent les nouvelles de l'étranger fort intéressantes d'ailleurs : « L'impératrice en revenant de Dresde a passé par Wurzbourg : le grand-duc l'a reconduite jusqu'à sa voiture. Les Messins se demandent avec anxiété s'ils auront le bonheur de posséder l'impératrice à son départ. Le prince et la princesse Antoine de Saxe sont de retour à Dresde. Les eaux d'Aix-la-Chapelle ont réuni un grand nombre de personnes distinguées : la reine Hortense et sa cour, Mme de Montmorency, la princesse de la Tour et Taxis. » Ou encore : « Le roi de Westphalie a placé son quartier général à Pultusk, Sa Majesté (Jérôme Bonaparte) jouit d'une santé parfaite. »

Si l'on passe à la rubrique « Empire français », on y trouve des renseignements tout aussi intéressants : « S. M. le roi de Rome a passé la dentition du premier âge. L'auguste enfant tiendra toutes les promesses qui reposent sur sa tête. » Ou encore : « S. M. le roi de Rome est sorti hier en voiture découverte à la fête de Saint-Cloud. On l'acclame sur son passage et l'on bénit l'empereur qui a confié à la fidélité française ce qu'il avait de plus cher. »

« Sa Majesté l'impératrice n'est point sortie hier; on a fait pendant la soirée de la musique dans ses appartements, selon la coutume.

Le 15 août, la joie officielle est permise; « l'anniversaire de la naissance de Sa Majesté l'empereur et roi a été célébré avec l'enthousiasme qu'inspire à des cœurs français une fête si chère et si auguste », avec accompagnement de Te Deum, de discours, d'illuminations, de feu d'artifice, sans oublier l'opéra gratuit de Numa Pompilius; il en fut de même de l'anniversaire du couronnement du 6 décembre 1812.

En dehors de ces nouvelles fashionables, qui donnaient au journal, le plus sérieux de la France à cette époque, l'allure d'un almanach de cour, les rédacteurs avaient bien de la peine à remplir les huit colonnes nécessaires pour contenter l'abonné. Ils en étaient réduits à décrire minutieusement le cérémonial, qui avait accueilli au sénat l'archi-chancelier Cambacérès lorsqu'il avait à faire quelque communication impériale : tant de sénateurs avaient été au-devant de lui, il s'était placé à tel endroit, et Son Altesse Sérénissime avait été reconduite de telle manière.

Ou bien encore il fallait accepter les yeux fermés les récits communiqués par Savary dans lesquels on affirmait que, à Moscou, Napoléon avait encore 120 000 hommes, et que la cavalerie seule avait un peu souffert; ou encore que : la marche de Moscou à Wilna n'était qu'une manœuvre nouvelle destinée à achever la déroute des Russes.

Lorsque ces informations étaient épuisées, les journaux se rabattaient sur les expériences scientifiques. Les directeurs du *Journal de l'Empire*, les frères Bertin, feignaient de porter le plus vif intérêt à la question du vol aérien; les deux tiers du journal étaient occupés par de graves discussions sur l'art de diriger les ballons et surtout sur les appareils destinés à transformer les hommes en volatiles. Les Parisiens paraissaient eux-mêmes oublier ceux des leurs dont ils ne recevaient plus de nouvelles de Russie, et se préoccuper surtout de cette question essentielle de la possibilité de voler en l'air. On allait applaudir au Vaudeville une charge, où l'inventeur de ce nouveau moyen de locomotion était l'apprenti d'un pâtissier et portait le nom caractéristique de *Vol-au-vent*.

Au fond, le *Journal de l'Empire* n'était point si dupe qu'il voulait bien le paraître : c'était dans ses articles littéraires qu'il fallait chercher le fond de sa pensée : il s'obstinait à donner des éloges répétés à Chateaubriand et à Lacretelle; et quoiqu'il affectât de ne considérer en eux que le mérite littéraire, le choix de ces deux noms, odieux à l'empereur et hostiles au régime impérial, n'était pas sans fournir un symptôme assez précis de l'opinion des lecteurs du *Journal de l'Empire*. Ajoutons la violente et injuste guerre que le critique Geoffroy, avec toutes les rudesses du cuistre et du pédant, faisait, à Talma, le favori du maître, en soutenant à ses dépens, à la Comédie-Française, des artistes dont la postérité a oublié les noms. Geoffroy même avait poussé la chose si loin, qu'il s'était attiré une correction publique de Talma. Ce scandale appela l'attention générale sur la hardiesse du feuilletoniste, qui osait s'attaquer à une gloire que l'empereur avait consacrée.

Au début de la campagne de Russie, l'opposition avait donc cherché les moyens les plus détournés pour se manifester. Les premiers désastres de la campagne de Russie ne purent échapper entièrement à la connaissance du public; mais on n'osait encore en parler tout haut. A partir du mois d'octobre et de l'incendie de Moscou, l'opinion se montra moins réservée. Les républicains et les royalistes pensèrent à profiter des circonstances. Deux séries d'intrigues, auxquelles furent mêlés Talleyrand et Fouché, furent nouées par les fortes têtes des deux partis. Mais, comme il arrive ordinairement, les chefs véritables du complot réussirent à rester dans l'ombre. Ils laissèrent le soin de tenter un soulèvement contre l'empereur absent, aux casse-cou qui rôdent habituellement autour des conspirations. Napoléon venait précisément de quitter Moscou, pour la retraite que nous connaissons, lorsqu'éclata la conjuration du général Malet.

On sait à peu près aujourd'hui les détails et les tendances du complot, quoique l'empereur ait tout fait pour obtenir le silence et l'oubli sur cette échauffourée qui prouvait d'une manière irréfutable que le système impérial n'était pas à l'abri d'un coup de main. Les royalistes avaient formé deux projets : le premier consistait à recommencer en Angleterre leurs tentatives du consulat, à provoquer encore un soulèvement général de la Vendée et une chouannerie bretonne ; le second était de s'unir aux débris mutilés du parti républicain, de profiter de l'influence que les chefs jacobins disgraciés pouvaient encore avoir sur quelques soldats pour soulever une révolution militaire et en profiter après, en éliminant les auxiliaires ou plutôt les seuls auteurs de la révolution. Ce procédé, qui sera éternellement employé, tendait à rapprocher deux éléments opposés pour une commune victoire, au lendemain de laquelle les alliés redeviendraient de mortels ennemis. Les royalistes comptaient sur la naïveté des foules qui ne s'aperçoivent jamais de la duperie que quand il est trop tard.

Il y avait alors à Paris un personnage éminemment propre à tirer les marrons du feu au nom du parti républicain : c'était le général Malet, prisonnier dans une maison de santé et qui depuis l'époque consulaire, membre de la société secrète des Philadelphes, avait rêvé de renverser l'empire. Malet était un ancien officier de Moreau, et par conséquent plein de haine pour Napoléon. Sans être un caractère absolument méprisable, il avait cependant une certaine souplesse, qui permet aujourd'hui de douter de ses convictions républicaines. Conspirateur ignoré en 1800, réformé en 1808, il avait préparé une révolution dès cette époque, comptant, après le succès, sur l'adhésion de Fouché; celui-ci encore ministre de la police, craignit de se compromettre prématurément en fermant les yeux et fit arrêter Malet et ses deux principaux complices, Demaillot et Bazin. De 1808 à 1812, Malet vécut en prison, mais sut obtenir cependant, grâce à Savary, dont il avait été le camarade à l'armée d'Allemagne, des adoucissements à sa captivité. Il finit par être enfermé dans la maison de santé du docteur Dubuisson, sans pouvoir recouvrer toutefois la liberté qu'il réclamait, en protestant du zèle et du dévouement qu'il avait toujours mis à servir Sa Majesté.

Un peu plus tard il entra en relations avec l'abbé

Lafon, agent de l'émigration. Ils pensèrent à lier l'opposition républicaine et royaliste dans une tentative contre le gouvernement impérial. Napoléon était à plus de 1000 lieues de la France : que le général Malet s'échappât de prison et qu'il réussît à faire croire à la mort de l'empereur pendant quelques jours et l'empire tombait, raisonnement qui ne manquait pas de vraisemblance : le tout était d'obtenir le premier point : la créance à la mort de l'empereur.

Avant de risquer sa tentative, Malet prit toutes ses précautions en cas de succès, refusant de prévoir un échec possible. Il dressa la liste d'un gouvernement provisoire qui comprenait d'une part tous les chefs républicains probables ou possibles : Moreau, alors aux États-Unis, Carnot, Augereau, Destutt de Tracy, Frochot, Lambrecht, Volney, Garat, l'amiral Truguet, Malet (il ne s'était pas oublié) et enfin deux royalistes, Mathieu de Montmorency et Alexis de Noailles. Ce gouvernement devait assurer le fonctionnement des ministères, traiter avec la Russie et l'Angleterre, évacuer l'Espagne, abandonner la Hollande et l'Italie, préparer une constitution et supprimer toutes les classes de proscrits. Pie VII serait ramené de Fontainebleau, où il résidait alors, à Rome; enfin toutes ces propositions devaient être portées à la connaissance du peuple sous forme d'un sénatus-consulte. La dernière disposition au sujet de Pie VII appartenait à l'initiative de l'abbé Lafon.

Malet savait trouver des complices dans deux de ses camarades de l'armée du Rhin, en prison aussi, les généraux Guidal et Lahorie. Il comptait sur leurs uniformes pour imposer dans le premier moment, et sur une proclamation rédigée par lui et qui débutait ainsi : « Citoyens, Bonaparte n'est plus; le tyran est tombé sous les coups des vengeurs de l'humanité : grâces leur soient rendues ! Ils ont bien mérité de la patrie et du genre humain; travaillons tous à la régénération publique; pénétrons-nous de ce grand œuvre, qui lavera la nation aux yeux de l'Europe des infamies commises par ce tyran. »

Outre ses complices conscients auxquels Malet avait tracé d'avance, dans des paquets cachetés, des instructions détaillées et précises, il espérait, après s'être substitué, dans le premier moment de surprise, au commandant de la place de Paris, le général Hulin, obtenir l'appui inconscient des officiers généraux ou supérieurs, qui, convaincus de la mort de l'empereur, obéiraient au nouveau gouverneur de Paris par esprit de discipline militaire : c'étaient les généraux Desnoyers, Lecomte, Dériot, les colonels Doucet, Soulier et Kabbe.

Toutes les nominations de ses futurs lieutenants avaient été rédigées sur l'avis de l'abbé Lafon, par un agent inférieur du docteur Dubuisson, le caporal de la garde nationale, Rateau. Celui-ci devait se procurer un costume tel quel pour jouer le rôle d'officier d'ordonnance de Malet.

Le général, dans la nuit du 22 au 23 octobre, s'échappa de la maison du docteur Dubuisson en compagnie de l'abbé Lafon, et alla s'habiller place Royale; mais pour un conspirateur, il n'était pas assez indifférent à ses aises; et, comme il pleuvait, il resta dans la maison de la rue Royale jusqu'à trois heures du matin à boire du punch.

Il se rendit alors à la caserne Popincourt (faubourg du Temple), réveilla le colonel Soulier, lui dit que l'empereur était mort, et se présenta sous le nom du général Lamotte, envoyé par le nouveau commandant de Paris, Malet, pour prendre possession de la caserne. Le colonel Soulier, dans son chagrin d'apprendre la mort de Napoléon, perdit la tête, accepta les assertions du prétendu général Lamotte comme articles de foi, et lui laissa prendre le commandement des troupes casernées à Popincourt. Lui-même se prépara à occuper la place de l'Hôtel-de-Ville, ainsi que le lui avait ordonné son nouveau chef.

Malet se rendit à la Force, où étaient détenus Guidal et Lahorie. Ils crurent réellement à la mort de l'empereur, quoiqu'ils eussent été préparés depuis longtemps à voir Malet jouer le rôle de conspirateur. Les deux généraux reçurent l'ordre de marcher sur la préfecture de police, où ils s'emparèrent de Savary, qu'ils firent conduire à la prison qu'ils venaient de quitter. Même succès à la préfecture de police, que le baron Pasquier céda aux conjurés sans faire l'ombre d'une résistance.

A la préfecture de la Seine, les choses marchèrent encore mieux ; le préfet Frochot, qui avait passé la nuit à la campagne, fut mandé précipitamment le matin ; et dans sa voiture une main inconnue lança un billet où on avait écrit ces mots : *Fuit imperator*, l'empereur a vécu. Frochot lut : *fecit imperator*, l'empereur a fait. Il ne comprit pas, et arriva à l'hôtel de ville, fort émerveillé, quand il apprit de quoi il s'agissait. Il ne s'émut pas beaucoup ; avec la plus grande politesse, il fit préparer à l'hôtel de ville un salon pour les séances du nouveau Gouvernement provisoire.

Là s'arrêta la fortune des conjurés. Malet s'était réservé la tâche la plus difficile, celle de persuader Hulin, le commandant de la place de Paris. Le général Hulin, l'un des vainqueurs de la Bastille, avait l'expérience des émeutes et des révoltes ; et il était probable que Malet allait passer à la place Vendôme un quart d'heure difficile. Il ne se troubla pas cependant, entra presque dans la chambre de Hulin, et lui dit : « Je viens vous annoncer une triste nouvelle, l'empereur est mort; un sénatus-consulte, en date d'hier au soir, a aboli le gouvernement impérial et je suis chargé de vous remplacer. J'ai même le devoir pénible de vous mettre provisoirement en état d'arrestation. » La femme de Hulin dit à ce moment : « Si monsieur doit vous remplacer, il a des ordres écrits à vous donner. — Certainement, ajouta Hulin, où sont ces ordres ? — Les voilà », répondit Malet : il abattit le général à ses pieds, d'un coup de pistolet, qui ne fut pas mortel d'ailleurs.

Malet se sauvait dans l'escalier, lorsqu'il fut appréhendé par deux officiers qu'il avait espéré tromper aussi, Doucet et Laborde; il fut terrassé, garrotté et mis en lieu sûr. Alors Laborde se dirigea sur la préfecture de police et trouva Lahorie revêtu de la défroque de Savary et qui signait des pièces officielles. Il lui apprit l'état des choses; et le malheureux général comprit pour la première fois qu'il avait conspiré sans le savoir. Le général Guidal fut arrêté dans un restaurant, Rovigo délivré, et Frochot, très honteux d'avoir été pris, se hâta d'expulser de l'hôtel de ville les intrus qui s'y étaient glissés.

Pasquier, Savary et Frochot n'étaient pas sans inquiétude sur les suites de cette conspiration qu'un hasard seul avait fait avorter. Aussi, après avoir prévenu Cambacérès, ils essayèrent de donner le change à l'opinion et se contentèrent à l'*Officiel* de mentionner cette affaire le plus brièvement possible. Le 27 septembre, une commission militaire présidée par le général Dejean eut à juger Malet et vingt-trois de ses complices. La culpabilité de Malet et de Rateau était évidente, ainsi que celle d'un certain Boutreux, qui avait joué le rôle d'un commissaire de police. Mais pour les autres accusés, la question était plus délicate. Le conseil de guerre n'en prit pas moins sur lui d'entraver la défense; et de ne point laisser aux accusés le temps de trouver des avocats. Le seul qui se présenta par hasard n'obtint que deux heures pour préparer une plaidoirie dont allait dépendre la vie de vingt-quatre personnes.

La partialité du tribunal était bien évidente, et il refusa de faire une distinction entre le colonel Soulier, qui n'avait été coupable que d'imprudence, et le général Malet, le seul chef du complot, puisque les autres auteurs véritables de la conspiration avaient réussi à ne pas paraître. L'abbé Lafon avait passé la frontière. Malet fit ressortir avec énergie cette attitude suspecte du tribunal, écrasa de son mépris ces dévouements bruyants qui auraient été les premiers à profiter de la catastrophe impériale, et répondit à la question de Dejean qui le sommait de nommer ses complices : « Vous-même, monsieur, et la France entière si j'avais réussi ». Il tomba d'ailleurs avec courage et garda en cette occasion sur ses compagnons de malheur cette supériorité incontestable; quatorze accusés furent condamnés et exécutés, sauf Rateau et le colonel Kabbe qui obtinrent des sursis et furent plus tard graciés par l'empereur. Napoléon reprocha plus tard injustement à Cambacérès d'avoir précipité les exécutions et répandu ainsi le sang de soldats innocents, car il avait d'abord approuvé cette sévérité, mais il la regretta lorsque la lecture du procès l'eut convaincu de l'innocence du colonel Soulier.

Quel jugement peut-on porter sur la tentative du général Malet? pouvait-elle réussir? la chose est douteuse; trop d'intérêts étaient encore attachés à l'existence de l'empereur, pour que, le premier moment de surprise passé, on n'eût pas demandé à attendre la confirmation de sa mort. Ce qui est évident c'est que l'empire était lié à Napoléon, et que ses espérances dynastiques lui semblaient à lui-même mal établies, lorsqu'il revint de la campagne de Russie. Il avait suffi de la simple annonce de sa mort pour décider des officiers, dévoués à sa personne, à reconnaître un nouveau gouvernement.

Quant à Malet lui-même, qu'il fût un républicain convaincu, c'était possible ; mais il avait employé des moyens qui ne réussiront jamais pour longtemps, à cause de leur immoralité même.

Victorieux d'ailleurs, il n'eût été que l'instrument des royalistes. L'abbé Lafon, qui avait disparu au moment opportun, a avoué dans son récit de la conspiration qu'il agissait pour le comte de MM. de Puyvert et de Polignac, qui naturellement songeaient à exploiter le mouvement au profit du comte de Provence. Le général Guidal, que Malet croyait jacobin, avait autrefois déjà, sous le Consulat, conspiré avec le chef chouan Frotté, et sa veuve reçut de Louis XVIII une pension pour les services rendus à la cause royale.

Les esprits absolus du parti du prétendant affectaient de voir dans cette alliance monstrueuse avec les républicains la cause de l'échec de la conspiration. Ils préparèrent de leur côté en Angleterre une expédition sur laquelle ils comptaient davantage. L'*Armide*, vaisseau anglais, débarqua quelques jours plus tard sur la côte du Morbihan trois chouans, Debar, Dron et Laguerne, connus pour les violences et les excès commis par eux en Bretagne en 1799. Ils n'obtinrent qu'à force de menaces d'être cachés par les habitants de Belle-Ile, mais furent bientôt découverts et fusillés.

L'échec de Malet et des royalistes était donc complet, mais Napoléon n'en était pas plus rassuré, et son irritation tomba sur tout le monde. Il bouscula Cambacérès, Savary, le Sénat, le Conseil d'État. Il s'en prit surtout à Frochot pour les politesses qu'il avait faites à Malet. Il reçut l'ordre de ne pas paraître au Conseil d'État, le jour où Napoléon voulait l'invectiver devant ses collègues. Il ne put se tenir d'aller écouter à la porte. Lorsque l'empereur fit allusion à la fermeté des vieux parlementaires, qu'on ne trouvait plus chez leurs successeurs, le préfet dit aussitôt : « Ceci me regarde ». Quelques jours plus tard, après un rapport du conseiller Berruyer, où il s'en fallait de peu que le rapporteur ne traitât son collègue de complice de Malet, Frochot fut destitué, et remplacé par M. de Chabrol.

Mais l'empereur n'entendait pas que la pénitence s'arrêtât au préfet de la Seine. Il exigea que les grands corps de l'État : Sénat, Corps législatif, Conseil municipal de Paris, Cour de cassation, Cour des comptes, vinssent tous protester devant lui contre « l'horrible attentat de Malet ». Il provoqua un mouvement semblable dans toutes les grandes villes de l'Empire, et parmi les régiments qui y tenaient garnison et qui durent envoyer des adresses de dévouement. Puis il reparut peu à peu en public : d'abord à une fenêtre des Tuileries, puis au spectacle ; enfin il multiplia les occasions d'aller à la chasse, pour démentir les journaux anglais, qui prétendaient que le dépérissement de sa santé était visible.

Mais, en dépit du bruit fait autour de lui, il sentait bien qu'il avait été accueilli très froidement. L'insuccès de la campagne de Russie était percé à jour. Il éprouvait sans pouvoir saisir un fait précis, qui lui permît de sévir, une résistance latente, qu'il ne savait de quel côté attaquer.

La presse était toujours aussi respectueuse; cependant il était blessé des éloges dont elle accablait Chateaubriand et Mme de Staël, ses ennemis avérés. « *L'audace des écrits séditieux*, disait-il, *la complicité du beau monde s'accroît incessamment, depuis nos malheurs. Ce n'est plus même le sarcasme, le misérable jeu de mots qu'emploient vos salons. Il ne s'agit plus d'équivoquer sur ce qu'on appelle le commencement de la fin; c'est l'insulte grossière, l'anathème fanatique, on interpole de vieux livres pour outrager le vengeur, le défenseur, le chef de la France j'en rougis; pour la nation.* »

Napoléon montrait alors à son interlocuteur, un passage d'un soi-disant pamphlet, où la tyrannie de l'empereur était dénoncée en des termes les plus flétrissants. La police secrète avait appris qu'on lisait ce libelle d'une violence inouïe, dans les cercles opposants du faubourg Saint-Germain.

Mais, s'écria l'un des personnages présents, c'est une page empruntée à Guez de Balzac, le contemporain de Voiture, et qui a rapport à Richelieu. On vérifia, et le fait se trouva vrai. Merson, qu'on croyait l'auteur de cette odieuse brochure, n'était que l'éditeur de Balzac. L'empereur relut le passage; mais alors son indignation se retourna contre la censure, qui lui avait fait l'injure de le reconnaître immédiatement dans la description de la plus abjecte tyrannie.

Si Napoléon était un être de raison, on pourrait, comme Taine par exemple, simplifier à l'extrême les traits caractéristiques de son âme. Mais, malgré la prédominance, dans son histoire, du fatalisme, de la croyance dans l'étoile, de l'idée fixe, de l'égoïsme, de l'immoralité et du mensonge, il était sujet à des retours subits sur lui-même, à des sincérités inattendues, à des attendrissements nerveux, qui expliquent le charme que cette nature, répulsive à tant d'égards, exerçait parfois sur son entourage.

En cette circonstance, ses interlocuteurs surpris l'entendirent se demander si la désaffection ne céderait pas à l'abandon de son système despotique. Les derniers événements avaient dû lui faire sentir cruellement sa mortalité; pourtant il ne put se résoudre à descendre du piédestal qu'il avait perpétuellement exhaussé depuis sept ans. Il revint bien vite à cette idée cent fois répétée, que le système constitutionnel était bon pour son successeur.

CHAPITRE XIII

LE SOULÈVEMENT DE L'EUROPE. — LEIPZIG [1]

Napoléon, le pape et l'Espagne. — L'opposition en 1813. — Napoléon à Dresde. — L'armistice de Pleswitz. — Napoléon et Metternich. — Le congrès de Prague. — Leipzig.

Napoléon a été toute sa vie un acteur sur la grande scène de l'Europe. Sauf en de rares occasions, ses paroles, ses serments, ses violences même n'avaient rien de sincère; et bien qu'il parlât beaucoup et en apparence au hasard, au milieu même des incohérences de sa conversation, il était toujours au service de l'attitude qu'il s'était donnée, et soucieux de déguiser sa pensée vraie. Aussi ne faut-il admettre ce qu'il dit, que lorsque les actes sont d'accord avec les paroles. En 1813, Napoléon pouvait, devant Narbonne, esprit essentiellement modéré, regretter la rudesse de son gouvernement; il n'en est pas moins vrai qu'il était résolu à traiter sans ménagements les questions les plus délicates, et qu'il eût fallu aborder avec le plus de prudence.

---

1. BIBLIOGRAPHIE. — **Duvergier de Hauranne**, Histoire du régime parlementaire, t. I. — **Metternich**, Mémoires. — **Klindworth**, L'entrevue de Dresde au printemps de 1812 (Rev. de France). — **Von Frieden**, Napoléon Ier à Dresde (8 mai 1813, Rev. hist., vol. XVIII). — **Du Casse**, L'affaire de Kulm (Rev. des questions historiques). — **Villemain**, Souvenirs de Narbonne.

Il avait fait venir le pape à Fontainebleau, craignant un coup de main des Anglais sur Savone. Il alla l'y trouver au mois de janvier 1813; il s'agissait d'obtenir de Pie VII un nouveau concordat qui liât les mains au Saint-Siège et laissât à la disposition de l'empereur la nomination exclusive des évêques ainsi que la résidence future du pontife. Il se heurta d'abord à cette volonté patiente et sûre d'elle-même que le pape lui opposait depuis 1808. S'il fallait en croire une légende heureusement controuvée, dans son état constant d'irritabilité, Napoléon aurait un jour levé la main sur le malheureux vieillard. En réalité, la persécution dont il l'entoura n'en fut pas moins cruelle et d'ailleurs inutile. Pie VII signa bien le concordat de Fontainebleau, mais il rétracta son consentement presque aussitôt et l'empereur se retrouva embarrassé par les mêmes difficultés. Il eut un moment l'idée d'aller jusqu'au schisme, de créer un patriarche de l'Église gallicane. Il renonça bientôt à cette chimère. Il s'assura qu'il n'avait à espérer que l'approbation du cardinal Maury, prélat décrié, et que le pape refusait de reconnaître comme archevêque de Paris. Il fallut donc se contenter de l'état de guerre actuel, et maintenir Pie VII à Fontainebleau.

L'autre question brûlante était celle d'Espagne. Napoléon avait compris la faute commise, et pour s'arracher cette épine du pied, il était disposé à jeter Joseph par-dessus bord. Il n'admettait pas qu'il pût trouver la moindre résistance chez son frère. Les velléités d'abdication du roi d'Espagne étaient d'ailleurs bien connues. Mais, lorsqu'il sut clairement les intentions de Napoléon, il s'accrocha comme un noyé à sa couronne. Au lieu de revenir en France, comme il en avait manifesté l'intention, il resta avec Jourdan à Burgos. L'empereur fut surpris de cette opposition inattendue; et cependant il devait bien connaître les Bonapartes. Mais que la convention de Tauroggen et le traité de Kalisch par lesquels la Prusse quittait l'alliance française pour se lier avec la Russie, que l'attitude de Bernadotte, qui faisait adhésion à la coalition, que l'abandon de la Bavière l'aient étonné, c'est encore plus difficile à croire. Si cet étonnement n'était pas simulé, c'est que la clarté de son esprit avait subi une éclipse bien extraordinaire. Ses agents l'avertissaient en vain des défections qui se préparaient, soit par un aveuglement inconcevable, soit pour se faire illusion, il s'obstinait à faire jouer jusqu'au bout à ses alliés le rôle qu'il leur avait destiné dans son histoire. En vain lui annonçait-on que tous les Allemands, faits prisonniers par Kutusow, avaient formé un corps, passé au service de la Russie. Reinhardt, Beugnot, Bignon, Otto, ses envoyés en Allemagne, dénonçaient inutilement la fatigue et le mécontentement en Saxe, en Bavière, en Westphalie, en Hesse, en Wurtemberg; l'empereur ne voulait pas arrêter sa pensée sur les trahisons possibles de ceux qu'il avait faits rois. Il comptait d'ailleurs les peuples pour peu de chose. Il eût refusé bien plus encore de croire au complot que Murat formait alors avec Metternich. Il est vrai que cette intrigue fut nouée si secrètement qu'elle échappa d'abord aux regards les plus perspicaces; mais son aveuglement ne fut jamais plus complet que dans la question autrichienne.

L'Autriche était liée par un traité défensif et offensif avec la France depuis le 14 mars 1812. Dans le fait, les opérations du feld-maréchal Schwarzenberg en Pologne pendant la campagne de Russie avaient eu pour double but de conserver l'alliance française en cas d'un nouveau triomphe de l'empereur, sans gêner les Russes dans leur action contre la grande armée.

Depuis les désastres de la retraite et la concentration

des débris des troupes françaises à Dresde, Metternich avait rassuré les Russes sur les intentions de l'Autriche pour l'avenir. Enfin il prit habilement et graduellement une attitude nouvelle à l'égard de Napoléon.

D'abord la coopération du corps de Schwarzenberg à la campagne de Russie avait cessé tout à coup. Mais les forces autrichiennes étaient restées concentrées en Bohême, entre Prague et les défilés de l'Elbe, qui séparaient la Saxe des possessions de l'empereur François. Ce qu'il fallait avant tout, c'était gagner du temps. Aux 200 000 Prussiens de Frédéric-Guillaume, aux 500 000 Russes d'Alexandre, il fallait que Metternich apportât au moment précis l'appoint de 300 000 Autrichiens; or on était bien certain que Napoléon ne pourrait réunir plus de 180 000 soldats de troupes neuves, non exercées, et mal disposées. Metternich prétendait donc agir à coup sûr et en attendant faire croire au moins à la neutralité de l'Autriche.

L'ambassadeur autrichien à Paris fut chargé d'expliquer à Napoléon que si l'attitude belliqueuse de l'Autriche était modifiée, l'empereur François proposait à son gendre en vertu des liens de famille qui les unissaient, une médiation toute favorable. Quand Metternich se fut assuré du désarroi et du mécontentement qui entourait Napoléon, il modifia encore le ton de sa politique d'une manière indéfinissable; et de médiateur bienveillant qu'il était d'abord, il prit l'attitude de protecteur inévitable.

Malgré la résolution que Napoléon avait prise de courir sa destinée, un bandeau sur les yeux, ces évolutions savantes, qu'il connaissait pour les avoir pratiquées maintes fois, l'inquiétèrent; mais il ne s'avoua pas toute l'étendue de ce nouveau danger.

Il résolut de remplacer son ambassadeur à Vienne, Otto, par le conseiller diplomatique de ses mauvaises années, M. de Narbonne, très pénétrant, et aussi franc qu'il est permis de l'être à un courtisan émérite. Il lui disait, en le congédiant, ces paroles bizarres qui prouvent combien les esprits les plus profonds et les plus désabusés peuvent se laisser prendre à la naïveté de leurs propres conceptions. « *Faites vibrer à Vienne la corde de famille; l'empereur, mon beau-père, est sage, modéré, sensé* (nous avons vu si cette opinion était sincère). *Il veut m'adhérer fidèlement aujourd'hui, je n'en doute pas; mais les intrigues de cour, les vanités de salon, les belliqueuses fantaisies de grandes dames conspirent tout bas.* »

Narbonne, aussi fin que Metternich, eut bientôt pénétré le sentiment de haine profonde, et à peine dissimulée d'ailleurs, qui animait l'opinion viennoise contre la France. Il mit Metternich au pied du mur et le força à reconnaître que la réunion d'une grande armée en Bohême indiquait chez l'empereur d'Autriche l'intention de parer aux éventualités d'une guerre probable avec la France; ainsi la médiation d'abord bénévole, puis protectrice, allait devenir menaçante.

M. de Narbonne était un excellent Français; il espéra arrêter Napoléon, et faciliter l'ouverture de négociations sérieuses en lui dévoilant l'état des esprits à Vienne et les négociations entamées depuis longtemps entre l'Autriche et la Russie. Mais il entrait dans les combinaisons naïvement machiavéliques de l'empereur de rester dupe. Il espérait ainsi prolonger les agissements secrets de Metternich, retarder une crise définitive et comptait sur le hasard qui devenait désormais son suprême auxiliaire. Il sut mauvais gré au plénipotentiaire français de sa perspicacité et de sa franchise.

Cependant il avait dû abandonner la réserve qu'il avait d'abord montrée au sujet de la guerre nouvelle qui s'annonçait; il réclama du Sénat sur les conscriptions de 1814 et sur les conscriptions antérieures 180 000 hommes et fit passer une nouvelle loi de régence en faveur de Marie-Louise. Malgré les formes respectueuses, que les commissions des deux Chambres employèrent encore, et l'unanimité avec laquelle elles votèrent le budget et une adresse complimenteuse, il était évident que les sénateurs et les députés devenaient nerveux. Le Sénat parlait, dans sa réponse, de la paix qu'il était temps de conquérir. Le Corps législatif laissait entendre que les budgets n'étaient plus aussi clairs, et auraient mérité, dans d'autres temps, une discussion plus approfondie. On sentait désormais, dans les deux chambres, une opposition régulière, et dont les votes défavorables se retrouvaient à chaque scrutin. Malgré le secret apparent des votes, le public savait, de source certaine, que Garat, Volney, De Bonald, Destutt de Tracy, les idéologues, selon le mot méprisant de Napoléon, montraient une défiance de plus en plus accentuée contre le régime impérial. Dans le Corps législatif, deux esprits de trempe différente, l'avocat girondin Laîné et le député Dumolard, dirigeaient une véritable campagne de résistance.

Napoléon avait fait tenir la session de 1813 en onze jours, du 14 au 25 mars; l'écho des discussions des bureaux était venu cependant jusqu'à ses oreilles. « *La raison de cette opposition*, disait-il, *il faut la chercher dans nos malheurs.* » Les désastres de Russie avaient évidemment dessillé les yeux de beaucoup d'admirateurs aveugles. Mais l'agitation des esprits remontait à une cause plus générale. Depuis 1789, la liberté était devenue une condition essentielle pour la France; elle a survécu et elle survivra à tous les régimes et à tous les systèmes. Un nouveau gouvernement despotique, quel que soit son origine, organisé même d'une manière plus savante que la tyrannie impériale, si c'était possible, ne pourra jamais faire disparaître la liberté que pour un temps. L'opposition de 1813 était donc inspirée par un besoin de liberté, plus puissant que les souvenirs glorieux et que la discipline sociale et politique imposée par Napoléon. Malheureusement cet accès de dignité s'emparait des représentants de la France, à un moment où ils auraient dû réserver toute leur attention à la situation militaire.

Les hostilités, que la concentration des forces coalisées avait interrompues, n'étaient suspendues par aucune convention. Avec le printemps, les négociations n'ayant pas commencé, il fallait reprendre la guerre. Le 13 avril 1813, l'empereur partit pour la Saxe; il avait 170 000 hommes de qualité très inégale, et ses meilleurs généraux. Les chefs étaient ou désespérés ou mécontents. Ney, Oudinot, Macdonald, Saint-Cyr, Vandamme, n'étaient plus soutenus que par leurs habitudes militaires. Le major général Berthier était dans un état de décadence intellectuelle, qui nuisit sans cesse à l'exécution des ordres de l'empereur.

Napoléon avait soin, dans toutes les communications officielles ou officieuses, d'affirmer le parfait état de sa santé. En réalité, il était atteint de somnolences invincibles. Il s'endormit au bruit du canon, dans la tranchée, le jour de la bataille de Bautzen; un sommeil semblable s'empara de lui pendant la bataille de Leipzig.

Le génie militaire survivait en lui cependant. Il livra encore des combats heureux. Il se raidissait contre l'improbation générale. Jamais il n'avait exigé plus impérieusement l'obéissance aveugle à ses ordres. Plus il se sentait hésitant et engourdi, plus il mettait son orgueil à imposer la soumission servile, qui l'avait jusqu'alors entouré. Les conseilleurs le mettaient hors de lui. Il s'endurcissait dans le mépris des hommes, que l'habitude de la servilité pliait encore aux caprices de son vouloir. Il se hâtait d'épuiser cette toute-puissance sans limites, dont l'abus était devenu indispensable au fonctionnement de son intelligence et presque à l'exercice de ses forces physiques.

Au milieu de torpeurs inexplicables, son activité furieuse se réveillait par soubresauts inattendus. Il était trop fait aux battements précis de la machine politique qu'il avait construite depuis dix ans, pour renoncer à la conduire à sa façon. Son génie militaire n'aurait eu que trop à faire sur les champs de bataille. Napoléon n'en voulait pas moins recommencer les tours de force de Finkenstein et d'Osterode. Lorsque, en 1813, ses décrets, partis du jardin Marcolini à Dresde, réorganisaient les lycées de l'Empire, ou conféraient une décoration à quelque président de collège électoral bien obscur, il s'imaginait revenir au temps où il trouvait partout, en Europe, une capitale et un centre de gouvernement. Le fidèle Maret, l'homme des écritures officielles et de l'adoration perpétuelle, l'entretenait dans cette illusion. Celui-là n'admettait pas les récents échecs ; il annonçait de futurs et plus éclatants triomphes.

L'empereur ne visait nettement qu'un seul but. Ce n'était pas le salut de la France, ce n'était pas même le salut de la dynastie, qui dominait dans sa pensée : c'était l'idée fixe, indestructible, irréductible à toute réalité, de conserver tout ce qu'il pourrait des conquêtes d'outre-Rhin. Il n'accepta l'extrémité d'une négociation qu'avec la résolution de disputer l'Allemagne, pied à pied, ville par ville. Encore avait-il prononcé ce mot malheureux : « *Je ne céderai pas un pouce du territoire conquis!* »

Après la bataille de Bautzen (juin), Metternich résolut de presser le dénouement qu'il préparait depuis 1812.

Napoléon n'avait pu recueillir ses idées que sur deux points : jouer dans une négociation prolongée toutes les puissances alliées les unes par les autres; se défaire de la Russie par l'Autriche, de l'Autriche par la Russie, ou bien mettre toute sa fortune dans une dernière bataille décisive : un Austerlitz ou un Friedland. Mais, cette mémoire, autrefois si puissante, oubliait les malheurs d'hier, pour se rappeler seulement les triomphes passés. Il oubliait les mécomptes de sa diplomatie personnelle depuis Tilsitt, il oubliait que les derniers soldats d'Austerlitz étaient restés dans les champs de neige de Borodino, et sur les plateaux brûlés de la Nouvelle-Castille. Napoléon accepta le 4 juin 1813 l'armistice proposé par Metternich. Il comptait bien réunir, pendant les négociations, 280 000 hommes pour écraser la coalition en détail.

Ce calcul était faux; on a dit avec raison que l'armistice de Pleswitz devait amener aux alliés plus de régiments que Napoléon ne trouverait de compagnies en France. Il devenait aussi évident que l'Autriche, si les négociations n'aboutissaient pas, passerait aux ennemis de l'empereur. C'étaient 600 000 hommes qui allaient menacer la Saxe. Mais la résolution de Napoléon était irrévocable. Il y avait dans cette décision autre chose que le souci de son orgueil. Maret, chargé de diriger les négociations, laissa comprendre aux envoyés de l'empereur, qu'il se sentait perdu à Paris, s'il ne détruisait pas la coalition en Allemagne.

Toutes ces inquiétudes étaient dissimulées avec soin. Si on n'étudiait la campagne d'Allemagne que sur les pièces officielles on ne saurait pas grand'chose de la vérité. Les dépêches de l'armée étaient en retard, les dates embrouillées à dessein; les succès sont exagérés, les chiffres grossis; enfin le *Journal officiel* en revenait toujours à son refrain : « La santé de l'empereur est excellente; Sa Majesté se porte bien. » C'était précisément alors que les vomissements étaient plus fréquents et que l'affaissement physique devenait chaque jour plus effrayant.

On comprend bien l'intérêt de Napoléon à faire le silence sur la situation terrible dans laquelle il se trouvait; on se prend même à partager les angoisses de ce malheureux, qui n'osait plus soulever un coin de la vérité. On la devinait bien; mais la terreur était d'autant plus grande à Paris, qu'on ne savait pas d'une manière certaine jusqu'à quel point la France était compromise avec l'empereur. Cette oppression explique le soulagement, autrement inconcevable, qui, l'année suivante, accueillit la chute de Napoléon.

Au moment où l'empereur haletant, épuisé même par ses succès, se heurtait aux masses profondes et toujours renouvelées des alliés, Marie-Louise recevait à Paris ou à Saint-Cloud. Elle assistait aux fêtes de Cherbourg, au milieu des félicitations officielles, des discours, enthousiastes du grand Napoléon. On y voyait aussi la petite fille obligée de ces cérémonies, habillée en bergère, et qui offrait un bouquet à l'impératrice, en lui récitant ces vers de mirliton qui nous semblent, à distance, terriblement ironiques :

> Tandis qu'à son puissant génie
> Napoléon sait asservir
> Le terrible océan indigné d'obéir,
> La pieuse et douce Marie
> Aux maux de ses sujets se plait à compatir.

Or, à ce moment, il n'y avait plus d'espoir pour Napoléon. Le 25 juillet, au milieu de l'armistice, il était venu trouver l'impératrice à Mayence et lui avait sinon dévoilé toute la gravité de la situation, du moins lui avait-il fait entendre qu'il n'accepterait jamais les conditions posées par l'Autriche. A son retour, Marie-Louise avait dit devant le Sénat : « qu'associée aux pensées les plus intimes de son époux, elle avait entrevu de quels sentiments il serait agité sur un trône flétri et sous une couronne sans gloire. »

Quelle avait donc été la nature des négociations qui avaient un moment suspendu cette horrible guerre et avaient fait espérer au monde la paix si passionnément souhaitée? Lorsque M. de Metternich proposa la médiation de l'Autriche en juin 1813, il était déjà, nous le savons aujourd'hui par ses Mémoires d'une façon certaine, comme du reste on le soupçonnait depuis longtemps, engagé avec la Prusse et la Russie.

A l'entrevue d'Opoçno sur la frontière de Bohême, il avait proposé à Alexandre de jouer une de ces comédies atroces, dont on doit lui faire porter, de moitié avec Napoléon, la responsabilité dans ces tristes années de 1813 et de 1814.

Il refusa péremptoirement de s'engager avec Alexandre à faire entrer les forces autrichiennes dans la coalition avant qu'on eût proposé à Napoléon des conditions raisonnables en elles-mêmes, mais qu'il affirmait ne devoir jamais être acceptées par l'empereur des Français.

Le ministre de François II connaissait admirablement Napoléon; aussi, tout en faisant cette réserve, prépara-t-il d'avance avec le ministre russe Nesselrode les détails de l'alliance future. Il fut décidé que pour permettre à Schwarzenberg de réunir son armée, on prolongerait les négociations jusqu'en août, vers le 10; que pendant les pourparlers qui prendraient le nom pompeux de Congrès de Prague, tout serait disposé pour joindre, à l'heure même de la rupture, les troupes autrichiennes à l'armée russe et à l'armée prussienne de Silésie. Pour plus de précautions, Metternich posa des vedettes entre Prague et le quartier général russe. Il rédigea, Alexandre voulut servir de secrétaire, le traité d'alliance, et la déclaration de guerre de l'Autriche à Napoléon. Il fut enfin décidé qu'on traînerait les choses sur des discussions de forme et qu'au moment des propositions sérieuses, les négociations seraient interrompues brusquement sous un prétexte ou sous un autre.

Metternich eut cependant un instant d'inquiétude, Napoléon avait eu vent de l'entrevue d'Opoçno. Il essaya d'en prévenir les résultats en s'adressant personnellement à Alexandre; mais le tsar refusa de recevoir Caulaincourt. L'empereur pria alors Metternich de venir le trouver à Dresde. Le ministre autrichien put croire encore que Napoléon était prêt à discuter sur les bases proposées par l'Autriche. C'était l'abandon de l'Allemagne, de la Hollande, de l'Espagne, de l'Italie. La France garderait les limites du Rhin. En acceptant cet ultimatum, l'empereur compromettait peut-être sa dynastie, mais il enlevait aussi, à coup sûr, à la coalition son principal prétexte. « Dans ce cas, disait Metternich, il ne restait plus pour rompre les négociations qu'à redemander la Belgique, en prétextant que c'était une exigence de l'Angleterre. »

Le ministre de François II fut confirmé dans ses craintes par l'attitude des généraux de l'empereur. Lorsqu'il fut introduit chez Napoléon, Berthier à bout de forces, et alors fort malade, se glissa jusqu'à lui et lui dit à l'oreille : « N'oubliez pas que l'Europe exige la paix; la France surtout, qui ne veut pas autre chose. »

Napoléon reçut le ministre autrichien avec une de ces boutades qui lui étaient familières. *Vous voulez la guerre?*

c'est bien, vous l'aurez. Je vous donne rendez-vous à Vienne. Puis pour étourdir Metternich, il entra dans une foule de détails techniques, discutant les forces de l'Autriche et accusant l'empereur François de ne pas connaître les liens de famille. *J'ai épousé sa fille,* s'écria-t-il; *je me disais alors : tu fais une folie; mais elle est faite; je la regrette aujourd'hui;* puis, entraîné dans les divagations qui devenaient chez lui de plus en plus fréquentes, il en vint à parler de l'expédition de Russie, pour prouver que son prestige militaire était encore intact : *C'était une rude épreuve,* disait-il, *mais je m'en suis parfaitement tiré.*

Metternich écoutait froidement ce flux de paroles. Il se contenta de montrer la France épuisée, et n'ayant plus qu'une armée, une seule armée d'adolescents. *Vous n'êtes pas soldat,* repartit Napoléon, *et vous ne savez pas ce qui se passe dans l'âme d'un soldat. J'ai grandi sur les champs de bataille; et un homme comme moi se soucie peu* (il se servit d'une expression moins correcte) *de la vie d'un million d'hommes* : et en disant ces paroles, il jeta au bout du salon son chapeau, qu'il avait alors à la main : il criait plutôt qu'il ne parlait.

Metternich contemplait, non sans une certaine satisfaction, cet accès de frénésie; mais l'empereur était lancé et il continua encore longtemps sur ce ton, puis il revint de nouveau à la question du mariage autrichien, au sujet duquel il se répandit en véritables vociférations.

Malgré son sang-froid diplomatique, Metternich fut abasourdi par l'exaspération de son interlocuteur. Il laissa l'empereur l'user pendant plus de deux heures, sans faire autre chose que de placer un mot au hasard. Quand cette exaltation fut tombée, Napoléon qui dans son emportement avait laissé échapper une accusation assez maladroite contre la probité du ministre en prétendant qu'il s'était vendu à l'Angleterre, essaya de revenir, à la fin de l'entrevue, à des relations plus acceptables; mais Metternich, la main sur la porte, lui lança cette flèche du Parthe : « Vous êtes perdu, sire. J'en avais le pressentiment en venant ici, mais maintenant que je m'en vais, j'en ai la certitude. » Toutefois il consentit à rester encore à Dresde pour une seconde entrevue.

Lorsqu'il descendit du palais, Berthier lui demanda d'une voix anxieuse s'il avait été content de l'empereur. « Oui, répondit-il, il m'a donné tous les éclaircissements désirables; c'en est fait de lui. »

Cependant Napoléon pouvait faire pis encore, car le lendemain, après avoir pris conseil de Maret qui l'engagea à poursuivre sa voie, il accorda à Metternich un nouvel armistice de vingt jours, qui ne devait finir qu'au 10 août, et qui était justement le temps précis que demandait Schwarzenberg pour compléter ses armements.

Restait à faire échouer le Congrès de Prague. Napoléon qui protestait dans le *Moniteur*, pour flatter l'opinion parisienne, de son désir sincère de la paix, n'était pas non plus désireux de le voir aboutir; il venait de parcourir le pays de Magdebourg à Wurzbourg, et de presser la marche des dernières ressources de la France. Murat était arrivé au quartier général, quoique déjà lié secrètement avec l'Autriche. L'empereur allait avoir sous sa main les 280 000 hommes qu'il croyait suffisants pour vaincre.

Ce fut donc lui qui se chargea d'empêcher les négociations de devenir sérieuses. Ses deux plénipotentiaires, Narbonne et Caulaincourt, étaient de bonne foi et croyaient prêter leur concours à une œuvre de pacification. Mais l'empereur laissa longtemps Narbonne seul à Prague, et Metternich, sautant sur ce prétexte, refusa de conférer avec lui. Puis, lorsque Caulaincourt fut arrivé, Napoléon lui fit attendre ses pouvoirs. Metternich refusa encore de passer outre; il était appuyé par le négociateur prussien Humboldt et surtout par le plénipotentiaire russe Anstetten, Français renégat, dont Napoléon considérait, non sans raison, la nomination comme une injure.

Ensuite Metternich (on était au début d'août) souleva des difficultés sur les formes du congrès : traiterait-on par écrit comme au congrès de Teschen ou verbalement comme au congrès de Rysvvick? Les choses n'avançaient pas, et pour comble de douleur et d'humiliation, les négociateurs français apprenaient que Napoléon suivait une négociation latérale avec Metternich, lui proposait heure par heure et disputait pied à pied des concessions qui nécessitaient, à chaque modification, l'envoi d'estafettes et la perte d'un jour. On atteignit ainsi le matin du 11 août, et lorsque Caulaincourt voulut enfin ce jour-là attaquer les discussions importantes, Metternich lui apprit que l'armistice était rompu et le congrès de Prague dissous avant d'avoir été ouvert. Caulaincourt supplia vainement. Le soir même, arriva à minuit la nouvelle que Napoléon acceptait toutes les conditions de l'Autriche, quand tout était rompu. Metternich et l'empereur qui jouèrent le même jeu, sans le savoir, avaient réussi à rendre inutiles des négociations que l'Europe entière attendait avec impatience. D'ailleurs tous deux ils se donnaient auprès des leurs l'apparence de la modération et de la bonne foi.

Rien ne saurait exprimer la satisfaction intime de Napoléon à la reprise des hostilités. Il eut l'air d'ignorer, qu'avec l'armée de Schwarzenberg et celle de Bernadotte, 600 000 hommes menaçaient ses corps épars sur l'Oder, sur l'Elbe, vers la Bohême, et que des partisans interceptaient déjà la route de France derrière Leipzig.

Il eut l'air d'ignorer que ses magasins s'épuisaient, que ses recrues fatiguées de la marche forcée, du Rhin sur l'Elbe, ne savaient pas manœuvrer, que l'hostilité des populations allemandes grandissait. Le général Thielmann et des régiments saxons tout entiers avaient passé à l'ennemi, le roi de Bavière allait signer la convention de Ried, qui mettait l'armée du général de Wrede à la disposition de la coalition.

Napoléon de son camp de Dresde voyait, sans paraître ému, se resserrer le cercle de ses ennemis. Il donnait des fêtes au bon roi de Saxe, qui restait l'ami des mauvais jours. Fleury jouait la comédie devant l'empereur, qui semblait prendre plaisir à braver la catastrophe, devenue inévitable.

Cependant il lui fallait soutenir Macdonald qui pouvait à peine contenir Blucher; puis il se sépara d'Oudinot qu'il lança sur le Brandebourg et annonça d'avance dans le *Moniteur* qu'il était entré à Berlin. Schwarzenberg, pendant ce temps, traversait le défilé de l'Elbe, refoula Saint-Cyr et attaqua Dresde, qu'avec un peu plus de décision un bombardement aurait livré à la coalition. Napoléon accourut (27 août) et gagna celle de ses dernières victoires qui rappellent le plus ses grands succès. Schwarzenberg dut reculer en désordre : à cette bataille avaient pris part dans le rang de la coalition deux transfuges, l'un le Suisse Jomini, qui se crut méconnu par l'empereur; l'autre, le général Moreau, qui finissait une belle vie par un acte abominable. Le malheureux en combattant dans le rang des alliés eut les deux jambes emportées par un boulet. Le *Moniteur* insista cruellement sur les souffrances et les cris que la douleur lui aurait arrachés.

Mais l'empereur avait compromis les résultats de ce beau fait d'armes. Dans la poursuite, pris de vomissements, il se crut empoisonné, et abandonnant les Autrichiens, revint à Dresde, démoralisé, découragé, repris par ses somnolences et, comme Frédéric II, se consolant de sa disgrâce avec des vers de Corneille :

> J'ai servi, commandé, vaincu quarante années,
> Du monde, dans mes mains, j'ai vu les destinées.
> Et j'ai toujours connu qu'à chaque événement,
> Les destins des États dépendaient d'un moment.

Désormais son activité s'éteignit. L'hésitation reprit possession de son âme et l'engourdit comme elle ne l'avait jamais encore fait. Il abandonna ses lieutenants sans ordres et au hasard, et apprit coup sur coup les désastres d'Oudinot et de Ney en Brandebourg, la capitulation de Vandamme en Bohême, la défaite de Macdonald en Silésie. Jusqu'au début d'octobre, il resta sans bouger à Dresde, puis il songea à se retirer pour gagner une meilleure ligne d'opérations. Pendant ce temps, sans autre plan que de se réunir, entourant les 120 000 hommes harassés de marche et de privations qui restaient à l'empereur, 600 000 ennemis débouchaient dans la plaine de l'Elbe saxon, dédaignant les forteresses de Torgau ou de Wittenberg où Napoléon avait encore immobilisé des forces importantes. Alors traqué, il se porta sur Magdebourg et proposa tout à coup une marche sur Berlin. Ney et les autres maréchaux s'y opposèrent et, en réalité, c'était courir vers une perte irréparable. Il se décida à gagner le Mayn par Leipzig. Mais, pendant ces fausses marches, Schwarzenberg menaçait cette dernière ville encore occupée par les Français.

Il fallait conquérir la retraite par une dernière et formidable bataille. Le premier jour, 16 octobre 1813, Napoléon se maintint au sud de Leipzig à Waschau ; le second jour, 17, Schwarzenberg eut 350 000 hommes contre les 80 000 soldats français; l'empereur cependant essayait encore de négocier, et le général autrichien Meerweldt, fait prisonnier, portait l'acceptation de l'ultimatum de Prague à François II. Napoléon ne reçut pas de réponse. Au milieu de la journée du 18, les Français tenaient encore lorsque Bernadotte fit un appel au reste du contingent saxon qui passa à l'ennemi et tourna ses canons contre les Français; puis peu après, on apprit à l'empereur qu'après avoir tiré 9500 coups, l'artillerie n'avait plus de munitions. Il ne restait plus que la retraite. Napoléon, laissant le roi de Saxe dans Leipzig, traversa la ville sous les canons ennemis, et fit jeter un pont sur l'Elster. 20 000 hommes restaient encore sur la rive droite, quand sur un ordre mal compris (l'empereur s'était endormi au milieu de la mitraille), le génie fit sauter le pont. Les cosaques précipitèrent les Français dans le fleuve, comme en 1812, dans la Bérézina. Macdonald se sauva à la nage et Poniatowski, qui avait arrêté pendant trois heures l'effort des alliés, périt dans l'Elster.

L'impression causée par la bataille de Leipzig, en France, fut terrible. Elle suscita un mouvement d'opposition, cette fois ouverte et générale. Napoléon fut, pour la première fois, injurié publiquement et sans allégorie.

Si un historien s'exprimait en ces termes : « La France ne doit s'en prendre qu'à elle de ses malheurs de 1814. Elle a bien voulu subir l'influence la plus désastreuse. C'est par égoïsme et par faiblesse qu'elle s'est remise entre les mains d'un seul; ce sont les Français qui ont été les artisans de leurs désastres », il n'y aurait pas d'épithète dans notre langue pour qualifier l'imprudent écrivain.

Lorsqu'on cherche cependant à faire la part des responsabilités dans cette triste aventure de l'Empire, il n'est pas possible de ne pas en attribuer beaucoup à la nation. L'excuse est évidemment dans le sentiment d'admiration et de reconnaissance, inspiré par la réorganisation bienfaisante du Consulat. Si peu généreux qu'aient été, alors même, les mobiles de Napoléon, son ambition servait la France tout entière. Mais plus tard l'action de l'empereur sur le peuple français fut réciproque. En 1812, Napoléon n'était pas seul à désirer les jouissances du luxe et de l'autorité. Il avait fondé sa puissance sur la satisfaction de convoitises, clairement exprimées. Le bonapartisme avait peut-être des intérêts moins élevés encore que ceux de Bonaparte. Sa situation personnelle exigeait toujours de nouveaux sacrifices et de nouveaux combats, tandis que ses serviteurs désiraient jouir en paix des biens acquis; ce fut la cause la plus certaine de la résistance instinctive, dont il éprouva les effets dès 1810, et qui se déchaîna en 1814.

CHAPITRE XIV

LA FRANCE EN 1814 [1]

La levée en masse de 1814. — La déclaration de Francfort. — Napoléon en Champagne. — Caulaincourt et le congrès de Châtillon. — Le traité de Chaumont. — Napoléon à Fontainebleau. — L'île d'Elbe. — Les projets des alliés sur Napoléon.

L'opposition du Corps législatif devint, dans les derniers jours de 1813, presque violente. Une adresse plaça sous les yeux de Napoléon la véritable situation de la France, et sembla le mettre en demeure d'ouvrir des négociations immédiates pour la paix. L'empereur s'emporta contre les députés, accusa leur exposé d'être menteur et les congédia. Il est certain que ce courage venait un peu tard aux représentants des collèges électoraux. S'ils croyaient dans les promesses bienveillantes des alliés, ils devaient y mettre beaucoup de bonne volonté : s'ils n'y croyaient pas, ils commettaient une singulière méprise, pour ne pas dire plus, en suscitant des difficultés nouvelles au seul pouvoir militaire organisé qui pût défendre le territoire français.

---

1. BIBLIOGRAPHIE. — **Metternich**, Mémoires. — **H. Houssaye**, 1814. — **Schlitter**, Les Napoléonides et l'Autriche (all.). — **Gervinus**, Histoire du xix° s., t. I. — **Duvergier de Hauranne**, ouvrage cité, t. I. — **De Viel Castel**, Histoire de la Restauration, t. I. — **E. Daudet**, Les conspirations dans le Midi.

Les forces de la France étaient dans un tel état, que c'était un crime que d'en distraire la moindre partie. Les documents sont si contradictoires sur ces temps malheureux, qu'on a pu dire que, dans les masses profondes de la nation, Napoléon avait retrouvé, en 1814, le même enthousiasme qu'autrefois. S'il en avait été ainsi, au lieu de procéder par à-coups brillants, il aurait gagné des victoires décisives et repoussé l'invasion : car, malgré la fatigue de son génie, aucun des généraux alliés ne pouvait lui être comparé. Mais en réalité, il lui fut impossible de retrouver en France les ressources qui avaient, vingt ans auparavant, triomphé de la première coalition.

Le sénateur chargé, à l'École de médecine (novembre 1813), de lire le décret qui appelait 300 000 célibataires sous les armes, et de commencer l'appel nominal, fut accueilli par un silence significatif. Le premier nom qui fut appelé était celui d'un certain Goujon. Aussitôt un lugubre plaisant de s'écrier : « Il est frit! » Ces jeunes gens, qui n'auraient dû penser qu'au salut commun, se mirent à huer le représentant du pouvoir impérial, et à le reconduire à coups de pierres.

Dans bien des coins de la France la levée des 300 000 hommes eut le même sort. En Provence les réfractaires reparurent dans leurs familles, non seulement impunis, mais menaçants. En Bretagne, en Vendée, le chouan rebelle reprit le chemin des Landes. Aussi, en Champagne, l'empereur n'eut avec lui qu'une armée variant de 40 000 à 60 000 hommes, composée en partie de paysans résolus à défendre la vente des biens nationaux, et le sol qu'ils avaient acquis au prix de vingt ans de révolution.

De la grande armée, attachée, par l'intérêt comme par l'admiration, à la fortune de son chef, il restait bien peu de chose; quant à la nation française, elle avait déjà trop donné de son sang, pour s'offrir encore en sacrifice, à l'appel suivant :

« *Tous les citoyens français sont non seulement autorisés à courir aux armes, mais requis de le faire, de sonner le tocsin, aussitôt qu'ils entendront le canon de nos troupes s'approcher d'eux, de se rassembler, de fouiller les bois, de couper les ponts, d'intercepter les routes, de tomber sur les flancs et d'intercepter les derrières de l'ennemi. Tout citoyen français, pris par l'ennemi, et qui serait mis à mort, sera sur-le-champ vengé par la mort d'un prisonnier ennemi; tous les maires et fonctionnaires publics, qui ralentiraient l'élan patriotique, seront considérés comme traîtres et traités comme tels.* » C'était le style de la Convention, mais à une époque où le système impérial avait tué la conviction et l'enthousiasme.

Tout était changé; les journaux osaient le constater. Le *Censeur* disait en 1815 : « Lorsque les armées coalisées sont entrées à Paris, les Français étaient réduits à un tel état d'oppression, d'avilissement et de misère, qu'ils n'ont pas senti d'abord ce qu'avait d'humiliant la présence de leurs ennemis dans le sein de la capitale. » Guizot, qui était là, a écrit cette phrase : « C'était une nation de spectateurs harassés, qui avaient perdu toute habitude d'intervenir eux-mêmes dans leur propre sort, et qui ne savaient quel dénouement ils pouvaient espérer ou craindre de ce drame terrible, dont ils étaient l'enjeu ».

Ce sentiment de répulsion pour le système impérial ne s'étendait pas toujours à la personne de Napoléon. Il était surtout odieux au monde officiel, dont il avait compromis la situation, à ceux qu'il avait grandis avec lui, et qui étaient désespérés de disparaître avec lui, à une partie de sa famille, qui le trahissait. Il avait contre lui la bourgeoisie des villes, les paysans de l'Ouest et du Midi, les derniers royalistes. Mais pour les ouvriers, pour les énergiques habitants des campagnes de l'Est, il restait la personnification de l'égalité révolutionnaire. Leur patriotisme était plus intact et plus clairvoyant. Ils avaient souffert moins directement du despotisme impérial. Ils lui fournirent ses derniers soldats, et il gagna auprès d'eux, à ce moment surtout, cette popularité qui resta vivante pendant près d'un demi-siècle.

Mais ils n'étaient pas suffisants à le sauver. Les alliés agissaient habilement. La Prusse, la plus durement traitée, et longtemps la plus servilement soumise, poussait à un démembrement de l'ancienne France. Blücher et Gneisenau parlaient de lui réclamer la Flandre, la Champagne, la Lorraine, l'Alsace, le Dauphiné, la Provence. Les Prussiens espéraient prendre Paris, le piller au besoin, faire sauter au moins les ponts d'Iéna et d'Austerlitz. Le fameux cri de Blücher : « Vorvort! » était bien pour eux le mot d'ordre de la destruction.

Mais, ni le tsar Alexandre, ni Metternich, ni les hommes d'État anglais, Aberdeen et Castlereagh, n'avaient des intentions aussi meurtrières. Comme maint souverain absolu, Alexandre jugeait le gouvernement constitutionnel excellent hors de chez lui. Il était entretenu dans ces idées par son ancien précepteur, le républicain suisse La Harpe, qui ne désespérait pas d'obtenir du tsar la faculté pour les Français de décider librement, par un plébiscite, de la forme de leur gouvernement.

Metternich, sans admettre d'autre régime que la royauté, n'entendait pas démembrer la France au profit de la Prusse, dont il se défiait. Wellington voulait qu'on imposât aux Français un gouvernement faible, pour les rendre impuissants, mais aussi qu'on leur donnât des frontières possibles, dans la crainte de renverser l'équilibre, en faveur d'un des vainqueurs de l'heure présente.

Metternich l'emporta dans les conférences qui eurent lieu à Francfort avant l'invasion. Il réagit contre les tendances libérales du tsar; mais, d'autre part, il rédigea la déclaration dans laquelle il promettait la frontière du Rhin au peuple français, tout en séparant sa cause de celle de Napoléon.

Metternich s'est vanté de l'habileté avec laquelle il avait comprimé l'élan patriotique de la France par cette promesse décevante des frontières du Rhin. Combien, en effet, y en eut-il qui refusèrent de verser leur sang, pour combattre des ennemis si généreux, pour soutenir la cause du tyran, du « Tigre », comme l'appelait déjà l'un de ses divisionnaires, Dessoles?

Napoléon eut-il réellement l'espoir de lutter victorieusement, avec des forces aussi insuffisantes contre les 500 000 hommes de la coalition? Il est difficile de démêler ses pensées au milieu de cette crise suprême. Ses dispositions furent prises à la hâte, mais avec sa compétence ordinaire : Augereau à Lyon, Maison en Belgique; Marmont, Victor, Mortier, Ney avec lui au centre. Il laissa à Paris sa femme et son fils avec Talleyrand, dont il avait pénétré l'hostilité secrète, le timide Cambacérès, et ses deux frères, Louis et Joseph, dont il se défiait, à cause du mal qu'il leur avait fait, et qui ne valaient rien pour les cas extrêmes. Ses instructions étaient naturellement vagues. Une seule paraît bien précise : Au cas où les Alliés prendront Paris, sera considéré comme traître, quiconque y retiendra l'impératrice et le roi de Rome, qui devront échapper surtout à l'Autriche.

Sauf cette précaution, l'empereur était obligé de compter sur le hasard. Le hasard fit que Metternich avait sous la main un diplomate français, M. de Saint-Aignan. Il le chargea de prévenir Napoléon qu'on traiterait avec lui, sur la base de la frontière du Rhin. Grande inquiétude parmi les Alliés. S'il allait accepter, que faire? Mais Metternich connaissait bien son homme. La paix, pour Napoléon, c'était ou la déchéance, ou le régime constitutionnel, ce qui pour lui était la même chose. Il traîna les négociations en longueur, puis, quand il se crut prêt, il les rompit.

Le 26 janvier, il était à Châlons-sur-Marne, le plus souvent silencieux, avec cette attitude impassible, qu'il quittera rarement jusqu'à Sainte-Hélène. Ses traités avec Ferdinand VII et l'Espagne à Valençay, avec le pape à Fontainebleau n'avaient pas eu l'effet désiré. Murat le trahissait en Italie; Napoléon attacha peu d'importance à tout cela. Il n'était plus qu'un joueur, dominé par une partie absorbante, prêt à risquer sur une case quelconque de l'échiquier un coup d'éclat et peut-être décisif. Mais il avait perdu nombre de pièces, et l'adversaire disposait d'un jeu presque intact. Ses troupes étaient en sabots : « Bah, disait-il, quand ils les ont cassés, ils marchent aussi bien que les autres! »

Cependant les Alliés avaient résolu de ne pas lui offrir une victoire facile; ils craignaient les retours de son génie. Leurs généraux, dans toute leur vigueur, ne valaient pas l'empereur dans sa décadence. En janvier, Napoléon les arrêta sur la Marne et sur l'Aube. Ses succès, plus brillants et plus étonnants qu'utiles, gonflèrent son âme de soldat; sa passion lui revint plus forte. Il se voyait déjà vainqueur, et se préoccupait de rendre invasion pour invasion, de rentrer dans Vienne et dans Berlin.

Mais à Paris on jugeait les choses plus froidement. Joseph et Louis appelaient de tous leurs vœux la reprise de négociations sérieuses : « Si Votre Majesté, écrivait

Louis, ne signe pas la paix, qu'elle soit bien convaincue que son gouvernement n'a guère plus que deux mois d'existence. Il ne faut que du sang-froid et un peu de bon sens pour juger l'état des choses en ce moment. »

Napoléon, tout exalté par ses succès, ne fut pas convaincu. « *Louis a l'esprit faux* », répondit-il. Toutefois il reparla de la paix. Les princes alliés étaient alors à Châtillon-sur-Seine. Ils avaient modifié les conditions de Francfort. Ils n'accordaient plus que la France de 1792. Ils reprenaient donc la Belgique, Aix-la-Chapelle, Cologne et Mayence. Encore l'empereur devait-il accepter immédiatement. Napoléon refusa d'abord de laisser la France plus petite qu'il ne l'avait reçue; mais il envoya à Châtillon Caulaincourt, dont la droiture était connue et estimée des gouvernements étrangers.

L'empereur fit parvenir à son plénipotentiaire la fameuse carte blanche, pour accepter les propositions de Metternich et de Castlereagh; mais il ne donna aucune instruction précise, ne voulut pas prévoir les modifications, qui se produisirent au cours des pourparlers.

Caulaincourt fit tout au monde pour obtenir des délais afin d'arracher à Napoléon une approbation définitive. Mais l'empereur courait la Champagne, démantibulait York, Sacken, Blücher, par l'admirable campagne du Petit-Morin, sans s'apercevoir que ces victoires merveilleuses, inespérées, ne pouvaient avoir de lendemain, ni user l'invasion (fév. 1814).

Il affectait de croire au triomphe final, il y croyait peut-être. Il retira à Caulaincourt la carte blanche, lui ordonna de prendre un ton moins conciliant, d'exiger le Rhin, l'Italie, le duché de Berg. Devant le tolle général, qui accueillit ses prétentions, il recula un peu, rendit la carte blanche, mais sauf ratification. C'est-à-dire qu'il se réservait d'exiger ou de plier, selon les chances de la guerre, espérant qu'il y trouverait sa bataille décisive.

Les alliés ne demandaient qu'à faire la preuve de la duplicité de l'empereur, pour masquer leurs propres hypocrisies. Ses finasseries du mois de février 1814 leur permirent de se déclarer fatigués de négocier avec lui. Napoléon avait atteint les Wurtembergeois à Montereau; il les arrêta sans les détruire, et s'en prit à Victor de ce demi-succès. Il n'en écrivit pas moins à François II, lui parla en vainqueur; nouveau prétexte pour rompre les négociations de Châtillon. Il fut battu à Laon, il s'en prit à Marmont, et le congrès déclara refuser de traiter avec l'Empereur.

Les Alliés venaient de recevoir un aigre-fin assez adroit, agent de Talleyrand, M. de Vitrolles. Il apportait un gouvernement à la France, celui des Bourbons, dont le nom n'avait pas encore été prononcé tout haut. Les souverains avaient jusqu'alors tenu à distance le comte d'Artois, qui faisait assez piteuse mine en Franche-Comté. Wellington interdisait au duc d'Angoulême, débarqué à Bordeaux, d'agir au nom de la coalition. Cependant Metternich fut favorable à cette combinaison. Il essaya de provoquer un mouvement royaliste dans l'Est, sans obtenir autre chose que quelques manifestations de drapeaux blancs à Troyes et à Dijon. Encore Napoléon, arrivant inopinément à Troyes, fit-il fusiller le malheureux ci-devant qui avait pris l'initiative de ce pavoisement.

Les alliés étaient eux-mêmes si étonnés de leurs succès, que, devant la petite armée de l'empereur, Schwarzenberg avait reculé de Troyes sur l'Aube. Napoléon crut tenir enfin sa grande bataille. Ses généraux opposèrent une résistance invincible au massacre de leurs derniers soldats, les uns parce qu'ils étaient convaincus de l'inutilité d'un dernier effort, les autres parce qu'ils étaient las ou déjà traîtres dans leur pensée. Il fallut néanmoins gagner la retraite par la sanglante affaire d'Arcis-sur-Aube. Napoléon se vit enfin perdu, et on dit qu'il voulut se faire tuer. Les boulets l'épargnèrent. Il essaya d'une dernière négociation, renvoya aux Alliés M. de Saint-Aignan, trop tard. Le jour même il était rejoint entre la Marne et l'Aube, dans une masure par Caulaincourt. Il apprenait de lui la signature du traité de Chaumont, qui liait pour vingt ans les puissances à la cause des Bourbons.

Napoléon écouta sans mot dire, puis, se secouant brusquement, ordonna un mouvement en arrière, vers la frontière du Rhin. Espérait-il, en menaçant sur ses communications Schwarzenberg, alors en marche sur Paris, l'attirer à lui? Mais les Alliés le savaient désormais impuissant et prirent sur eux de le négliger. Il ne put que voir filer sur la Marne les Russes qui suivaient Blücher. Le 26 mars, il se retrouvait à Saint-Dizier, comme au début de la campagne. Il oublia un moment son parti pris d'indifférence stoïque, et il pensa à livrer un dernier combat, non plus pour son intérêt personnel, mais pour épargner à la France l'humiliation de la capitulation de Paris. Il était exténué, ses généraux n'en pouvaient plus, et l'armée était dans un piteux état. C'était peut-être le moment de n'espérer que dans le désespoir, selon l'expression du poète latin. Napoléon en eut la pensée, et la France lui en a su gré, en se prêtant, pendant plus d'un siècle, à la légende la plus extraordinaire et la plus éloignée de la vérité. Dans les « Souvenirs du peuple », Béranger a donné une forme saisissante à cette double émotion de l'empereur et des populations de la Champagne, et il a suffi d'un moment d'attendrissement pour que sa cause et celle du patriotisme aient été si longtemps confondues.

Mais les événements furent inexorables; la rapidité de la marche de Napoléon de Saint-Dizier sur Fontainebleau ne put prévenir les Alliés. Marmont et Mortier disputèrent le terrain du mieux qu'il leur fut possible. Ils durent reculer sous Paris. L'impératrice, Cambacérès, Joseph affolés, et d'ailleurs obéissant aux ordres péremptoires de l'empereur, se retirèrent à Blois. Talleyrand était d'avis de rester. Il profita de la débandade, pour se débarrasser de ses derniers scrupules s'il en avait jamais eu. Il alla au-devant de la coalition, et prépara son hôtel de la rue Saint-Florentin pour le tsar.

Pendant ce temps, Mortier et Marmont livraient une dernière et héroïque bataille sous Paris. Le manque d'armes, la difficulté de défendre une immense ville ouverte, les craintes que l'exaltation des Prussiens au cas d'une entrée des alliés par la force, que l'accumulation de matières explosibles dans les faubourgs et l'agitation du parti royaliste à l'intérieur faisaient concevoir, entraînèrent la capitulation, signée le 30 mars 1814.

Le général Belliard apporta ces nouvelles à Napoléon debout et prêt à partir, au relais de Fromenteau. L'empereur l'écouta à peine : « Eh bien! dit-il, allons à Paris, j'y trouverai la garde nationale, mon armée m'y rejoindra demain ou après; j'y rétablirai les affaires. » Tout à sa pensée, et dans son trouble, l'empereur n'avait pas compris qu'il s'agissait d'une convention signée; il fallut que Belliard le lui rappelât.

Il revint sur ses pas, s'établit à Fontainebleau pour voir venir les événements, sans s'y mêler d'ailleurs activement. Le tsar, Schwarzenberg, Frédéric-Guillaume étaient à Paris. Talleyrand avait formé un gouvernement provisoire; il s'entourait des personnages les plus importants compromis dans l'intrigue royaliste, Beurnonville,

Jaucourt, Dalberg, Montesquiou. Il fallut quelque temps pour convaincre Alexandre de la nécessité de rétablir les Bourbons. Le tsar revenait volontiers sur son idée de consulter la nation. Il aurait préféré Bernadotte à Louis XVIII. Talleyrand prépara habilement un mouvement d'opinion ; Alexandre céda, tout en protestant.

Le 1er avril, un sénatus-consulte déclara Napoléon déchu du trône, le droit d'hérédité aboli dans sa famille, le peuple et l'armée déliés envers lui du serment de fidélité.

L'empereur accepterait-il le décret de ce sénat, dont il était le créateur et le bienfaiteur? Les alliés signifièrent à Caulaincourt que Napoléon devait abdiquer avant toute négociation. Marie-Louise, de son côté, séparait sa cause de celle de son mari, et dans une proclamation datée de Blois, revendiquait indirectement les droits de son fils et de sa régence. Napoléon n'acceptait d'abord ni la régence ni l'abdication. Il eût volontiers essayé de se servir de son influence sur les troupes. Le corps de Marmont, à Essonne, était fatigué de la guerre et chancelant dans sa fidélité. Aussi, à l'arrivée de Caulaincourt (4 avril), l'empereur se décida à abdiquer, mais en faveur du roi de Rome. Ney, Macdonald, Caulaincourt et Marmont furent les porteurs de l'abdication. A leur arrivée à Paris, ils apprirent que les alliés repoussaient la régence de Marie-Louise. Ils voulaient une abdication sans condition. Le tsar lui-même, après une courte hésitation, se montra inflexible sur ce point. « Nous ne pouvons admettre, dit-il, que l'abdication absolue de Napoléon. A cette condition, vous pouvez regarder la paix comme faite ; nous nous engageons à faire assurer à l'empereur Napoléon une existence indépendante et convenable sous tous les rapports. »

Or Napoléon avait alors un sursaut d'espoir. « *Pendant*

que vous négocierez, avait-il dit à Caulaincourt, *je leur tomberai dessus avec mes braves, je pars demain.* » Mais le jour même, il apprit que le corps de Marmont avait capitulé. Le 5 avril, il signait une abdication précise, rédigée en termes mélancoliques, et dont la tristesse était bien légitime.

Ce n'était pas encore fini : l'empereur apprit l'acte qui appelait au trône Louis XVIII (6 avril). Aussitôt il pensa à un coup de main. Il ordonna à Oudinot de se préparer à marcher. Oudinot, Berthier, Ney et Macdonald, qui revenaient de Paris, s'insurgèrent contre cette véritable hallucination. Napoléon voulut leur prouver que l'offensive était encore possible. Ils alléguèrent les négociations pendantes ; Ney lui reprocha brutalement le sang versé, et lui mit littéralement sur la gorge la nécessité de la retraite. L'empereur répondait par des divagations. Il parlait de se retirer en Italie, de se défendre derrière les Alpes. Cette proposition fut accueillie par des haussements d'épaules et l'empereur rédigea enfin une troisième abdication, celle qui devait compter (11 avril). Ney, Macdonald et Caulaincourt se hâtèrent de l'apporter à Paris. Alexandre tint alors sa promesse ; par un traité en date du même jour, et malgré les craintes de l'Angleterre et de l'Autriche, il faisait donner à Napoléon la souveraineté de l'île d'Elbe, 2 millions et demi de pension, une garde d'honneur de 400 hommes. La situation des Bonapartes était aussi réglée avec une certaine générosité.

Malgré l'impuissance où se trouvait l'empereur, la signature de cette convention causa un soulagement général. On ne savait pas jusqu'alors où pouvaient l'entraîner son désespoir et ses instincts aventureux. Dès ce moment il sembla qu'on voulût s'empresser de faire le silence autour de lui, et Napoléon se vit bientôt abandonné à Fontainebleau par ceux qui avaient jusqu'alors tout attendu de lui. Le sentiment de l'ingratitude et de l'isolement, l'humiliation de sa situation présente triomphèrent du calme étrange qu'il montrait depuis l'expédition de Russie. Il s'empoisonna avec du laudanum, mais l'estomac rejeta le poison, et il ne renouvela pas cette tentative désespérée. Il se résigna sans doute à subir sa destinée. Avec un homme habitué comme lui à jouer un rôle, on se demande quelquefois s'il avait voulu sérieusement en finir avec la vie. Elle ne paraissait pas cependant devoir lui apporter désormais de grandes consolations. Tous ses lieutenants faisaient une soumission empressée; les moins indignes étaient ceux qui se contentaient de l'oublier; d'autres, comme le misérable Augereau, l'injuriaient bassement : « Napoléon, disait-il, dans sa proclamation aux Lyonnais, n'a pas su mourir en soldat. » Marie-Louise et le roi de Rome se rendaient en Autriche et non à l'île d'Elbe. Cette volonté de François II était d'autant plus cruelle, que Napoléon, sur le tard, était devenu un mari affectueux, et que son amour paternel ne saurait être mis en doute. Les quelques fidèles qui lui restaient ne savaient comment le servir; ils en étaient réduits à rêver comme lui des choses impossibles. Montholon songea un instant à l'enlever, pendant le passage de la voiture qui l'emmenait à l'île d'Elbe, et à faire, sous ses ordres, la guerre de partisans dans les Cévennes.

Le temps marchait, Napoléon dut partir pour le lieu de son exil; il prononça, le 20 avril, les adieux dont la sincérité évidente et émue s'explique par le sentiment qu'avait l'empereur de fermer ainsi sa carrière de soldat, à laquelle il avait dû sa gloire la plus grande et la plus pure. Il n'y eut pas d'incident dans son voyage jusqu'à Valence. Mais il eut dans cette ville une entrevue avec Augereau, qui n'hésita pas à employer le tutoiement républicain envers un homme qu'il traitait de Majesté, six semaines auparavant.

La traversée du Midi s'annonçait mal. Un aventurier royaliste, de réputation douteuse, Maubreuil, et ce qui est plus étonnant, Vitrolles, avaient précédé l'empereur en Provence, et y avaient facilement excité les passions contre Napoléon. Sa voiture était accueillie par des vociférations et des menaces. A Orgon, une épouvantable manifestation avait été organisée; un mannequin sanglant et qui rappelait la silhouette impériale avait été pendu à une potence. L'exaltation était si grande que Napoléon, habillé déjà en bourgeois, mit à son chapeau la cocarde blanche et monta sur le siège, comme un courrier. Le grand maréchal Bertrand voulut rester dans la voiture pour détourner sur lui l'attention populaire. Un peu plus loin, à Saint-Cannat, la voiture fut attaquée, et les commissaires des alliés eurent grand'peine à sauver leur prisonnier.

L'empereur avait toujours eu horreur des foules, mais dans la situation tout particulièrement affreuse où il se trouvait, les cris et les menaces de cette ignoble populace avaient quelque chose de plus odieux. Napoléon se mit à pleurer. L'expression de la haine des populations provençales était inspirée par un mouvement de lâcheté qui n'aurait dû causer à l'empereur que du dégoût. Mais il était à bout de forces. Il se disait, non sans raison peut-être, qu'il allait être massacré sur le grand chemin. Soit égarement, soit pour détourner davantage l'attention, un émeutier s'étant écrié qu'il fallait noyer Bonaparte, il applaudit. Ce mauvais pas franchi, il fut quelque temps à recouvrer son sang-froid; dans son cerveau flottant, les mots et les idées se pressaient avec incohérence. Le commissaire autrichien, le général Kohler, fut saisi de pitié; il pria l'empereur de monter dans sa voiture, et par des égards qu'il n'avait pas rencontrés depuis longtemps, lui rendit peu à peu la possession de lui-même.

Napoléon trouva un grand repos à l'Ile d'Elbe; au début de son séjour, il répétait à satiété qu'il entendait s'y fixer pour toujours. Son rôle politique était fini, disait-il; il pensait bien que les Bonapartes reviendraient un jour sur l'eau; mais il se sentait malade, et il avait certainement assez de la toute-puissance, qu'il avait exercée pendant dix ans, sans jamais paraître s'en lasser. Au début de son séjour, il semblait encore tenir beaucoup à ses titres, et à l'appellation de souverain de l'Ile d'Elbe, puis lorsque la fièvre tomba, quand, avec un retour de santé physique, la santé morale s'améliora, il se montra moins préoccupé de sauvegarder les qualifications officielles, auxquelles il avait tenu jusqu'alors avec beaucoup d'insistance. Dans les premiers moments, il avait organisé sa petite souveraineté, comme l'empire de 1804. Bientôt il se soucia plutôt des améliorations économiques qui pouvaient augmenter la prospérité de l'île; il pensait certainement, selon son expression, à vivre en « juge de paix », il semblait prendre un grand intérêt à l'agriculture, et son grand plaisir était la promenade à travers le petit domaine qui lui avait été laissé. Cet état d'apaisement aurait-il duré longtemps? Peut-on concevoir un Napoléon devenu berger et inoffensif?

Ce n'était pas l'opinion des puissances réunies au congrès de Vienne. On ne connaît pas encore très bien le rôle joué par les Anglais en cette circonstance. Le fait qu'ils se chargèrent plus tard de garder Napoléon en dehors de toute communication possible avec l'Europe, permet de croire que, tout au moins le ministre, lord Castlereagh, le jugeait trop près de la France et du théâtre de ses victoires. Cependant l'empereur ne montrait pas rigueur à ses ennemis les plus acharnés. Avec leur curiosité habituelle, les touristes anglais, privés de leurs voyages en Europe depuis longtemps, affluaient à Porto-Ferrajo. Ils y recevaient bon accueil, et éprouvaient la douce surprise d'entendre l'auteur du blocus continental faire un éloge très vif des institutions politiques de l'Angleterre. Les whigs n'étaient pas seuls à admirer Napoléon. Leur admiration n'était d'ailleurs qu'une plate-forme électorale. Mais l'agent du ministère anglais à Porto-Ferrajo, Campbell, vivait dans la meilleure intelligence avec l'empereur, et, dans ses souvenirs, il ne paraît pas admettre que les velléités de retraite définitive de l'empereur fussent feintes. Enfin, étant donné que l'escadre britannique surveillait de très près l'île d'Elbe, on est fondé à croire que l'évasion de mars 1815 n'a pu s'accomplir qu'avec sa connivence au moins tacite. Lord Castlereagh, mécontent de la marche du congrès de Vienne, voulait-il donner ainsi un suprême avertissement à ses alliés, ou, ce qui serait la plus odieuse des combinaisons, trouver un prétexte de déporter Napoléon dans une île d'Afrique?

Les intentions de la France et de l'Autriche étaient plus claires. Les Bourbons pensaient que Napoléon était trop près. Maubreuil, qui s'était chargé, depuis le mois d'avril 1814, de toutes les vilaines besognes, si nombreuses en temps de révolution, avait proposé d'enlever l'empereur pour le transporter dans une île de l'Océan. L'Autriche avait une autre préoccupation, celle de réduire, d'anéantir au besoin les liens de famille, qui l'unissaient à Bonaparte. Le caractère de Marie-Louise se prêtait à cette combinaison. Elle était faible d'esprit, et avait besoin d'être dominée. Il fut facile de lui souffler une véritable répulsion pour son mari. Puis on fit semblant d'ignorer l'influence que prit sur elle le comte de Neipperg, comme plus tard le comte de Bombelles. L'immoralité des procédés de François II en cette occasion passe toute imagination. Il eût été facile d'en arriver au divorce. Mais la piété de la cour d'Autriche reculait devant cet éclat; et l'empereur préféra laisser sa fille s'avilir publiquement par ses mariages morganatiques. Lorsque Marie-Louise cessa de lui écrire, Napoléon se montra très affecté. On a insisté tout récemment sur cette singulière transformation de sa vie privée. Passionné, mais indélicat et presque grossier dans les choses de l'amour jusqu'en 1810, il avait, à partir du mariage autrichien, brusquement tourné au mari modèle, un peu tatillon même. Sa femme, son fils avaient été pour lui autre chose que des instruments de sa politique. Il ressentit donc leur perte amèrement. Le commissaire anglais Campbell paraît bien convaincu de la sincérité du chagrin de Napoléon, lorsqu'il se vit séparé pour toujours de l'impératrice et du roi de Rome. La présence de sa mère, de la princesse Pauline, et de la comtesse Walewska, qui s'ingéniaient à le consoler, ne semble pas lui avoir fait oublier cette douleur.

Bientôt la crainte précise d'une déportation en Afrique lui conseilla un changement d'attitude. Les amis des mauvais jours, qui n'avaient joué qu'un rôle secondaire à l'époque de sa plus grande prospérité, Fleury de Chaboulon, Lavalette, Regnault de Saint-Jean d'Angely, couraient les plus grands risques pour communiquer secrètement avec l'île d'Elbe. Grâce à leur activité, et à un dévouement très intelligent, ils avaient réussi à connaître un protocole secret du congrès de Vienne, auquel il ne manquait encore que l'approbation d'Alexandre, et qui décidait (c'était le projet Maubreuil) le transport de Napoléon dans une île d'Afrique.

L'empereur se montra très alarmé. Il insista auprès de Campbell pour repousser toutes les accusations qu'on pourrait porter à Vienne contre lui; il affecta de s'occuper plus que jamais de son tout petit royaume, mais il fit entendre qu'il ne se laisserait jamais déporter. Il vécut désormais dans des inquiétudes continuelles; il en arrivait à croire que les corsaires d'Alger pourraient tenter un coup de main sur l'île d'Elbe, pour se faire les agents des puissances alliées. Il arma Porto-Ferrajo, et se tint prêt à tout. Sa santé était meilleure, son énergie revenait, il est tout naturel que, dans de pareilles circonstances, il ait écouté la voix de ses partisans, qui l'appelaient à Paris.

La politique des émigrés semblait faite pour lui préparer les voies. La Restauration avait été acceptée volontiers par les classes moyennes, dans les villes surtout, parce qu'on espérait d'elle la liberté. La charte, malgré bien des imperfections et quelques phrases ridicules, donnait satisfaction aux aspirations libérales. Les paysans et les nouveaux propriétaires fonciers, acquéreurs de biens nationaux, se montrèrent plus défiants, en dépit des articles complémentaires de la constitution, qui leur assurait la possession définitive de leurs terres. L'état-major du comte d'Artois, composé de la fine fleur de l'émigration, fit tout pour justifier cette réserve.

Ils répétèrent tout haut que la restitution était prochaine et que la charte était une plaisanterie. Sismondi écrivait en 1814 : « Je ne passe pas un jour sans trouver quelque royaliste qui me dise que la Constitution n'est qu'une œuvre postiche, pour endormir le peuple, mais que le roi est bien décidé à la supprimer; et les journaux qui tiennent le même langage, la *Quotidienne* et le *Journal royal*, sont ceux à qui le roi fournit des articles. »

Dans ces conditions, la moindre atteinte aux principes

de 1789, les cérémonies expiatoires des souvenirs révolutionnaires, les mauvais procédés à l'égard des généraux sortis de la révolution, étaient interprétés comme autant de signes précurseurs de la destruction de la charte, et de la spoliation des acquéreurs des biens nationaux. La cour, qui n'était plus faite à l'air de la France, semblait grotesque à la majorité de la nation, et le couplet suivant exprimait bien le sentiment que la Restauration inspirait à beaucoup de Français après un an de gouvernement :

> On a beau faire, on a beau dire,
> Les lys me causent de l'effroi :
> J'ai vu le roi, le pauvre Sire!
> J'ai vu Monsieur! vive le roi!

CHAPITRE XV

WATERLOO [1]

Les Cent jours. — L'acte additionnel. — Fouché. — Waterloo. — Napoléon à la Malmaison. — Napoléon sur le *Bellérophon*. — Le ministère anglais. — Voyage du *Northumberland*.

Lorsqu'on apprit au congrès de Vienne que Napoléon avait débarqué au 1er mars dans le golfe Juan, on était en train de représenter un tableau vivant, l'entrée de Maximilien et de Marie de Bourgogne à Bruxelles. Dès que la nouvelle eut circulé tout bas, ce fut une inattention générale, puis quand chacun l'eut apprise, ce fut un silence stupide, au milieu duquel le tremblement dominait. Enfin les principaux hommes d'État se retirèrent à part, et l'on put voir dans cette réunion un spectacle de confusion bien curieux. Metternich se désolait, il l'avait bien dit; qu'allait-on donc devenir? Il était si simple d'éloigner sous un climat de fièvre jaune l'ennemi du

---

1. BIBLIOGRAPHIE. — Le Mémorial de Sainte-Hélène. — **O' Méara**, Napoléon à Sainte-Hélène. — **Saint-Cère**, Napoléon à Sainte-Hélène. — **Charras**, La Campagne de 1815. — **H. Houssaye**, 1815. — **Sismondi**, Notes sur les Cent jours (Rev. hist.). — **Villari**, Conversation inédite entre Napoléon Ier et Sismondi (Rev. hist.). — **Marcellin-Pellet**, Napoléon à l'île d'Elbe (Rev. politique et littéraire). — **Garnet Wolseley**, Quatre-bras, Ligny et Waterloo (anglais) et en français (Rev. de Paris). Pièces relatives au séjour de Napoléon à Rochefort en 1815 (Rev. des documents historiques). **Le prince Lucien Bonaparte et sa famille.**

genre humain; il s'en prenait surtout au tsar Alexandre, avec qui il était d'ailleurs fort en froid, depuis qu'il avait été pris par lui en flagrant délit de mensonge, tout récemment, au sujet de la Saxe. Le tsar était tout penaud, il avouait volontiers l'imprudence dont il avait été le principal auteur. Pour se décharger de cette lourde responsabilité, il se tourna vers Talleyrand tout d'un coup, et il lui reprocha d'avoir rappelé les Bourbons qui, par leur incapacité, avaient compromis les affaires. Le prince de Bénévent ne s'émut pas de cette sortie, et, en homme maître de lui et qui n'a plus qu'une planche de salut, soutint qu'en dépit de leurs fautes, il fallait encore que les Bourbons continuassent de régner. Son sang-froid, véritablement remarquable, au milieu de l'agitation des énergumènes qui l'entouraient, ramena un peu de calme. On se remit à délibérer avec plus de tranquillité, et on considéra bientôt que l'événement en lui-même ne pouvait avoir d'issue funeste que pour le souverain de l'île d'Elbe.

À Paris, on était loin d'être aussi sage. Dans le premier moment, alors qu'on apprit le débarquement de l'empereur, on feignit de ne pas prendre la tentative au sérieux.

Mais la panique la plus inexplicable suivit ce moment de calme. Le roi seul, bien qu'il ne fût pas trop rassuré, garda un peu de sens. Son discours aux chambres, convoquées à la hâte, fut habile et digne. Mais il ne s'agissait pas seulement de parler, il eût fallu agir. Or les seuls conseils énergiques étaient ceux de Chateaubriand, qui proposait à tous les serviteurs du trône, et au roi lui-même, de se faire tuer à Paris, pour provoquer par leur martyre un mouvement royaliste triomphant. Ce moyen héroïque ne parut pas pratique. Malgré l'appui des journaux libéraux qui préféraient tout à Napoléon, malgré un article ultra-royaliste et insultant pour l'empereur que l'influence de Mme Récamier avait arraché à Benjamin Constant, les Bourbons comprirent combien leur dynastie avait jeté peu de racines en France depuis le mois d'avril 1814. On fit donc les malles pour retourner en exil, avec une précipitation et un effarement qui donnent à cette nouvelle émigration quelque chose d'irrésistiblement grotesque.

Le 19 mars, Louis XVIII céda la place à celui qu'il avait appelé lui-même devant Metternich et assez spirituellement *son locataire*; le 20, Napoléon arrivait aux Tuileries et le pavillon tricolore remplaçait le drapeau blanc.

Du 1er au 6 mars, l'empereur n'avait trouvé que peu d'enthousiasme dans les populations de Provence, mais on n'avait eu garde de l'arrêter. Il eût fallu engager la lutte avec les vieux soldats de Cambronne. Personne n'avait assez apprécié le gouvernement des Bourbons pour se faire casser les os à leur service. En Dauphiné, Napoléon eut plus de succès. Les Dauphinois, libéraux et frondeurs, avaient pris une grande part à la Révolution. Les dîmes, les corvées, la restitution des biens nationaux dont ils se croyaient menacés, les rendaient très hostiles à la monarchie. Les villes de garnison y étaient nombreuses. A Briançon, un premier bataillon, après avoir un peu hésité, acclama l'empereur. A Grenoble, le général Marchand ne put retenir les troupes, et le jeune colonel Labédoyère amena à Napoléon tout son régiment.

Louis-Philippe d'Orléans et Monsieur, qui devaient défendre Lyon, jugèrent prudent de rentrer au plus vite à Paris. A partir de ce moment les paysans et les soldats se montrèrent plus enthousiastes. Les ouvriers des villes accueillaient l'empereur avec satisfaction. La haine de l'émigré lui donnait un regain de popularité. Il put croire au retour de ses années de triomphe, et il data de là ses premières proclamations. Il était déjà résigné à subir le régime constitutionnel, mais il ne pouvait oublier d'un coup son système d'autrefois, et le vieil homme perçait encore lorsqu'il menaçait du châtiment des traîtres, Talleyrand, Augereau et tous ceux qu'il se plaisait à considérer comme ayant trahi son autorité légitime. Près de Dijon, il devait rencontrer Ney, parti après avoir promis à Louis XVIII de lui livrer l'empereur pieds et poings liés; mais ses troupes avaient couru à Napoléon, et lui-même, quoique accueilli froidement, soit faiblesse de caractère, soit force des souvenirs, avait violé sa promesse et s'était jeté dans les bras de celui qu'il se vantait d'avoir forcé à abdiquer. Dès ce moment Bonaparte était maître de la situation, son armée grossissait. En arrivant à Fontainebleau il parlait de nouveau en maître (18 mars). Il pouvait entrer à Paris le 19, mais il s'arrêta; l'hésitation le prenait toujours au seuil de la grande ville, pour laquelle il éprouvait une véritable répugnance.

Le lendemain, 20 mars, sur le soir, il entra dans une voiture ordinaire et se dirigea vers les Tuileries, laissant sa garde derrière lui. Il fut à peine salué par les gardes nationaux que la curiosité avait amenés aux Tuileries. Dans les salons cependant il trouva réunies les familles des fidèles serviteurs qui avaient préparé son retour, et ce fut le seul signe apparent que son arrivée ait causé quelque sensation. Le lendemain, la curiosité était un peu plus mêlée d'enthousiasme. Il passa une revue dans les Tuileries, sans être accueilli par des cris ou par des applaudissements. Dans le jardin, on voyait aller et venir les promeneurs habituels des jours de fête; les uns avaient déjà la cocarde tricolore, les autres n'avaient pas encore pensé à enlever la cocarde blanche.

Villemain, témoin oculaire, et qui parcourut Paris, n'entendit qu'un seul cri de vive l'empereur! Quelques jeunes gens même trouvant l'occasion de s'amuser un peu, se répandaient dans la ville en criant : « Vive le roi! » et comme on les entourait avec plus d'étonnement que de colère, ils corrigeaient leur premier cri en répétant : « Vive le roi de Rome et son papa! »

Toutes ces nuances de l'indifférence et de l'ironie n'échappaient pas à l'empereur. Quand on lui faisait compliment de son facile triomphe, il s'empressait de démentir l'allégresse de ses bulletins, et ne parlait plus du vol de l'aigle impériale depuis Grenoble jusqu'aux tours Notre-Dame. « Ils m'ont laisser arriver, disait-il tristement, comme ils ont laissé partir les Bourbons. »

Pour Napoléon, au retour de l'île d'Elbe, l'indifférence était un terrible mal. Les masses populaires se contentaient d'admirer et de s'étonner. Ceux qui s'appelaient modestement la partie éclairée de la nation étaient malveillants. Dans les salons qui n'avaient pas été dépeuplés par la fuite, on discutait froidement la durée du nouvel état de choses. Les libéraux, La Fayette, Ramond, le poète Lemercier, Voyer d'Argenson, qui connaissaient Napoléon, ou pour lui avoir résisté, ou pour avoir coopéré à son œuvre de reconstitution et s'être bientôt fatigués de sa tyrannie, prédisaient déjà une nouvelle chute plus retentissante encore, et s'en réjouissaient par avance. Il y avait bien quelques esprits aveuglés par leur vanité, comme Benjamin Constant, qui se préparait à faire du despote récemment injurié par lui un souverain constitutionnel. D'autres étaient faciles aux illusions, comme Sismondi, qui préconisait le libéralisme imprévu de l'empereur. Ceux-là croyaient l'occasion favorable pour fonder la liberté sur des bases plus solides que la monarchie traditionnellement absolue des Bourbons. Mais Lemercier énumérait tristement à Sismondi les mille causes qui devaient empêcher Napoléon de revêtir sérieusement la défroque parlementaire de la restauration. Il montrait en lui le démon incarné de la guerre; il prouvait que sa chute définitive, dans une dernière bataille, devait compromettre encore l'indépendance nationale, tandis que sa victoire peu probable donnerait le dernier coup à la liberté. C'était aussi l'opinion de Mme de Staël qui, ruinée par la journée du 20 mars, se désolait d'avance, soit du succès, soit de l'échec de la nouvelle aventure napoléonienne.

Napoléon comprit tout d'abord ces difficultés. Il se voyait avec peine forcé de finir en libéral; cette nouvelle attitude le gênait; il ne la prenait pas au sérieux et savait qu'on n'y croyait pas autour de lui. Mais ce n'était pas le moment de gouverner en maître absolu, lorsqu'une voix aussi dévouée que celle de Labédoyère, comme on parlait autour de l'empereur de vengeances et de proscriptions, disait tout haut : « Ah! si l'on recommence le système des persécutions, ça ne durera pas longtemps. »

L'empereur se résigna, et, se résignant, c'était un homme à la mer. Il appela Benjamin Constant, qui n'était plus sous le charme de Mme Récamier. Il le chargea de rédiger l'acte additionnel aux constitutions de l'Empire. Le théoricien du parti libéral essaya de faire pousser sur le tronc impérial des greffes parlementaires. Il refit la Charte, mais en cherchant à déguiser ce qu'elle avait de trop incompatible avec les procédés de gouvernement chers à l'empereur. Chaque fois qu'il s'agissait de liberté : liberté de la presse, liberté des opinions, liberté électorale, liberté individuelle, liberté de pétition, inviolabilité des Chambres, Napoléon poussait un cri douloureux. Il semblait qu'on l'amputât de tous les pouvoirs arbitraires qu'on lui retranchait. « *Vous m'avez lié les bras, on ne me reconnaîtra plus* », disait-il. Les partisans du régime constitutionnel, qui s'étaient ralliés à lui, par répugnance pour la politique de l'émigration, l'espéraient bien ainsi, et c'était une grande naïveté de leur part. Les Bonapartistes étaient indignés de ces exigences des libéraux. Lucien qui s'était réconcilié avec son frère, et avait immédiatement fait constater sa situation de prince français, était plus ému que l'empereur. Le Brutus de Saint-Maximin trouvait qu'on lui enlevait quelque chose de ses droits, en limitant le pouvoir impérial.

Napoléon avait annoncé que la nouvelle constitution serait soumise aux collèges électoraux réunis au Champ de mai, à Paris, et qu'elle serait ratifiée par un plébiscite. Le plébiscite eut lieu, mais au milieu de l'indifférence et de l'engourdissement général de l'opinion. Sur 5 millions d'électeurs, il y eut 1 300 000 oui, 3 000 non et plus de 3 millions d'abstentions.

Au Champ de mai, les choses se passèrent avec un apparat qui ne trompa personne. L'empereur avait hâte d'en finir avec cette comédie constitutionnelle. Il se savait étroitement surveillé par la Chambre des députés, où son frère Lucien n'avait pas été choisi pour président, mais qui lui avait renvoyé ses vieux ennemis de 1814 : Flaugergues, Dupin, Lainé, Lafayette. Au sénat il avait autant que possible nommé ses plus chauds partisans, pour parer aux dangers de l'hérédité. Cependant il avait dû y appeler bien des gloires hostiles; et la dure et sombre figure de Masséna, irréconciliable depuis 1811, n'était pas faite pour le rassurer sur les dispositions de la Chambre haute.

La difficulté de trouver des hommes devint surtout évidente dans les choix forcés qu'il avait faits pour son ministère. Il y avait bien introduit des amis dévoués comme Caulaincourt. D'autre part il lui avait fallu donner des gages aux républicains, en appelant Carnot au ministère de l'Intérieur, à l'opinion militaire, en confiant le ministère de la guerre à Davout, dont le caractère, la gloire et les talents l'offusquaient. Enfin et surtout, il lui avait fallu subir Fouché, maître de tous les secrets impériaux, seul capable d'organiser la police, dont il connaissait tous les agents, et qui avait réussi à imposer sa coopération. Cependant Napoléon était convaincu que le duc d'Otrante traitait déjà du prix auquel il le livrerait. Il devait regretter amèrement d'avoir employé les moyens de gouvernement dont Fouché avait été l'organisateur et le confident, puisque cette complicité le livrait pieds et poings liés à l'un des personnages les plus cyniques de ce temps. Le ministre de la police cachait à peine ses intentions, et l'un de ses interlocuteurs, venu pour obtenir de lui un passeport, recevait, tout ébahi, et sans l'avoir demandée, la confidence de ses projets de trahison.

Le duc d'Otrante avait mis le marché à la main à l'empereur, lui avait fait valoir son influence sur Masséna, sur les généraux mécontents, sur le groupe dirigé par le député libéral Manuel. En même temps il faisait prévenir les alliés qu'il avait résolu d'aveugler la police impériale, et préparait, par des intrigues, dont sa position officielle lui permettait d'avoir seul la clé, le second retour des Bourbons.

Fouché fut en relations constantes avec le congrès de Vienne, alors qu'un cordon sanitaire de troupes avait été établi par les puissances, pour empêcher toute communication avec l'usurpateur. Napoléon avait essayé de rouvrir, en son nom, les voies diplomatiques. Dès Lyon, il avait chargé son frère Joseph de répandre partout qu'il acceptait le traité de Paris du 30 mai, et qu'il demandait le maintien de la paix avec le *statu quo*. Il se faisait, sur le tard, plein de bonhomie. Lui qui avait passé sa vie à violer, au mépris des traités, les frontières des autres, il insistait sur cette idée que la meilleure des sauvegardes pour les États était la bonne foi mutuelle. Mais, quoiqu'il parlât du repos en des termes tout à fait bucoliques, appelant de tous ses vœux la paix universelle et la félicité des peuples, on refusa de recevoir ses messages. Il ne put faire parvenir à l'impératrice Marie-Louise une lettre, où il manifestait l'espérance, qu'il n'avait pas d'ailleurs, de la voir revenir auprès de lui avec son fils. Son retour serait, lui disait-il vainement, l'aurore de la pacification générale.

Il essayait encore d'autres moyens. Il profitait d'un traité entre les Bourbons et l'Angleterre, oublié sur le bureau de Louis XVIII, dans lequel Talleyrand et Castlereagh préparaient une alliance de l'Occident contre l'ambition russe. Il le dévoila au chargé d'affaires Boudiakine encore à Paris, lequel se fâcha contre l'allié infidèle, mais qui ne put faire passer sa colère dans le cœur d'Alexandre décidé, devant l'ennemi commun, à tout pardonner à ses alliés. Le baron de Vincent, ministre d'Autriche, reçut aussi avant son départ une mission diplomatique, auprès de l'empereur François, mais elle n'eut aucun résultat.

Lorsque, vers le mois d'avril, Napoléon connut la diplomatie secrète de Fouché et ses relations avec Talleyrand, il fit saisir sa correspondance, et lui-même dressa une contre-mine, en envoyant deux agents, l'un à Vienne, l'autre sur le Rhin. Le premier était un intrigant politique, fort adroit aux petites choses, peu recommandable dans une mission importante, le comte de Montrond. Il devait séduire Talleyrand, faire impression sur l'empereur François et persuader à Marie-Louise de revenir auprès de son mari.

Montrond, que Talleyrand connaissait et qu'il avait déjà employé, fut reçu par lui d'une manière fort ironique. Le prince de Bénévent se donna le plaisir d'étaler aux yeux de l'ambassadeur improvisé, toutes les chances de catastrophe qui se dressaient contre Bonaparte. Connaissant parfaitement son homme, et quoique Montrond fût l'agent spécial de Napoléon, il n'hésita pas à lui confier des instructions pour Fouché. Puis il lui procura une entrevue avec Marie-Louise, à Schœnbrunn. Montrond lui fut présenté comme un botaniste passionné, mais à chaque échappée vers la politique, Marie-Louise le ramenait à ses fleurs, dont elle prenait un soin extrême. Il comprit qu'il avait été deviné, et se dit avec assez de logique que cet amour de l'horticulture attacherait l'impératrice en Autriche. Il revint donc, confia à Napoléon l'insuccès de sa mission, et à Fouché les encouragements de Talleyrand.

Le second envoyé, Fleury de Chaboulon, fut adressé par l'empereur au diplomate allemand Werner, à Bâle. Werner s'était installé à la porte de la France, dans l'intention de correspondre secrètement avec Fouché. Mais l'empereur prit les devants : Fleury put se convaincre, dans les différents rendez-vous qu'il eut avec Werner, que la résolution des alliés était immuable. Malgré son dévouement, on s'aperçoit bientôt que l'unique préoccupation du jeune conseiller d'État, avant même le combat, est de savoir quelle sécurité on donnera à l'empereur après la chute. Les plus zélés bonapartistes n'avaient pas l'espoir de voir durer le nouveau gouvernement. Ainsi les résolutions prises dès le 13 mars par le congrès de Vienne pour mettre Napoléon hors de la loi de l'Europe, celles du 13 mai, qui avaient répondu à ses tentatives de conciliation par un refus brutal, étaient considérées même par les amis de l'empereur comme les menaces de sa ruine prochaine.

Jamais gouvernement en effet ne sembla plus profondément découragé, plus certain de disparaître que celui des Cent jours. Napoléon lui-même, après l'effort du premier moment, qui lui avait rendu, sur la route de Grenoble à Paris, un peu de son entrain d'autrefois, commençait à être ressaisi par ses somnolences. Au milieu du mouvement général, qui précédait la dernière lutte, pendant les mois de mai et d'avril, on le trouvait sans cesse assoupi sur un livre. Il dormait jusqu'à quinze heures de suite; les bains de deux heures devenaient de plus en plus fréquents et sa lourdeur physique se compliquait d'une impassibilité sourde, et d'une tristesse croissante, qui décourageaient les derniers dévouements.

Davout a été le véritable artisan de cette reconstitution en deux mois, d'une armée de 200 000 hommes. Soldat et patriote avant tout, il avait déploré le retour de Bonaparte; mais il avait vu dans son maintien le seul moyen de repousser l'étranger. On ne saurait trop rendre hommage à l'activité de ce soldat froid et silencieux, que la calomnie de Sainte-Hélène a tenté d'atteindre pour toujours.

Cependant Napoléon, malgré les pressentiments qu'il n'avait pu secouer depuis son entrée à Paris, espérait quelque bien d'une campagne offensive; mais son espoir était sans enthousiasme. « *Je prévois*, disait-il à Benjamin Constant, *une guerre longue, difficile; je ne veux pas vous donner d'espérances.* »

Lorsqu'il partit pour la campagne de Flandre, on remarqua combien les discussions politiques des trois mois écoulés l'avaient fatigué : le général Haxo a constaté que dans les journées de Charleroy, de Ligny, il paraissait agir par coups de tête, et que ses plans n'avaient point la suite et la cohérence nécessaires.

Nous ne sommes pas qualifiés pour traiter ici la question de Waterloo. Napoléon a refait sa campagne, après coup, en allant à Sainte-Hélène, et à Sainte-Hélène même. Il a voulu prouver qu'il avait pris telle précaution, qu'il avait fait tel calcul, qu'enfin il aurait dû vaincre. Nous n'aurions qu'à le plaindre de cette obsession, qui le poussait à se révolter contre la dure leçon des faits accomplis, si l'empereur, fidèle à son intention bien arrêtée de tromper l'histoire, n'avait cherché à faire retomber la responsabilité du désastre sur autrui. Les plus grands comme les plus modestes n'ont pas échappé à ces récriminations exagérées : ni Soult, son major général, qui paraît cependant s'être montré à peu près suffisant bien que plus hésitant qu'autrefois; ni le maréchal Ney, fatigué sans doute, mais qui poussa l'opiniâtreté au delà des forces humaines; ni Drouot, qui dans sa modestie a assumé sur lui une faute qui n'était pas la sienne; ni enfin Grouchy, qui fut choisi pour être le bouc émissaire, et qui, sans être un officier remarquable, était un soldat d'une intrépidité à toute épreuve. Mais il fut impossible à Grouchy, avec des forces insuffisantes, de contenir à la fois et de prévenir Blücher sur la route de Waterloo, et avec son caractère indécis et craintif, de désobéir à Napoléon, dans son intérêt même. La trahison de Bourmont, si odieuse qu'elle fut, ne suffirait pas à pallier les fautes et, disons le mot, la défaillance de l'empereur, le 18 juin 1815. Si Wellington eût dû être battu, selon les règles de l'art, et c'est un peu l'opinion de Sir Garnet Wolseley, il semble bien que Napoléon les observa mal ce jour-là.

Malgré les brillants récits de la bataille de Waterloo, où l'empereur nous est représenté comme présent partout et toujours, jamais, depuis la Russie, son affaissement moral n'avait été si grand. Il eût fallu pour prévenir l'arrivée de

Bülow et de Blücher commencer dès l'aube. A huit heures, il déjeunait tranquillement pâle et silencieux. Le général Petiet qui l'observait disait quelques jours après : « En voyant ce visage de suif, nous conçûmes un mauvais augure. » Pendant la bataille Napoléon fut saisi à plusieurs reprises de faiblesses et dut se reposer. Lorsque Ney lui demanda de l'infanterie pour forcer les masses de Wellington avant la concentration des pressions, il répondit avec humeur : « *Veut-il donc que j'en fasse?* » et il ne lança la garde qu'à la dernière extrémité. A l'arrivée de Bulow, puis enfin à celle de Blücher, il désespéra, et loin qu'on ait été obligé de l'arracher du champ de bataille, son aide de camp Bernard nous apprend qu'il fila tout d'une traite sur un cheval persan jusqu'à Philippeville, à quinze heures de là. Il songea à peine à continuer la résistance armée. Il avait joué son va-tout à Waterloo. Il était de nouveau malade, et l'échec définitif de sa fortune ramenait, assez naturellement d'ailleurs, le trouble dans sa pensée. Le vide se faisait autour de lui plus rapidement qu'en 1814. Ney accourait, tout poudreux encore du champ de bataille, pour prononcer contre lui un réquisitoire amer devant la Chambre des pairs. Caulaincourt l'accueillait aux Tuileries par de violents reproches. Davout, qui s'était réservé 60 000 hommes, pour défendre Paris, était bien résolu à ne pas confier à l'empereur cette dernière ressource. Cet abandon, cette désapprobation universelle l'oppressait; il se taisait le plus souvent, ou ne parlait que par mots entrecoupés, sa mémoire semblait très affaiblie. Il étouffait, et ne trouvait quelque soulagement que dans le bain. Le gouvernement provisoire dirigé par Fouché, exigeait de lui une seconde abdication. Il se retira à l'Élysée et de là à la Malmaison. De tous les personnages dont il avait fait des princes et des ducs,

Maret seul, à son grand honneur, lui était resté fidèle. Il cherchait encore à prédire à l'empereur un retour de fortune, mais Napoléon n'avait plus d'illusion, il se voyait considéré comme l'ennemi commun, il croyait qu'on voulait se débarrasser de lui à tout prix, il craignait à tout moment d'être empoisonné. Sur le conseil de quelques amis, il signa enfin son abdication. Puis il demanda au gouvernement, un passeport pour se rendre à Rochefort.

Joseph et un certain nombre de bonapartistes espéraient pouvoir l'enlever aux États-Unis, sur un vaisseau américain. Mais Napoléon aurait voulu que le gouvernement provisoire se chargeât de le conduire en Amérique, sur deux frégates de l'État. Fouché sentait qu'une pareille résolution irriterait profondément les puissances alliées, il atermoyait, et l'empereur profita de ce délai pour demander à être mis à la tête de l'armée à titre de simple général, se faisant fort de repousser Blücher. Ces offres furent refusées, et elles ne paraissent pas avoir été sérieuses. Davout signa à ce moment la capitulation de Paris et Napoléon n'eut plus qu'à partir; le gouvernement le plaça sous la responsabilité et la surveillance du général Becker. Il arriva à Rochefort, au moment où le port était bloqué par l'escadre de l'amiral Keith. On a dit qu'il eût pu s'échapper néanmoins, s'il avait voulu se séparer du grand-maréchal Bertrand; il semble bien que les dispositions étaient prises par la flotte anglaise, pour empêcher son départ sur un vaisseau américain.

Lorsqu'il monta, le 15 juillet 1815, à bord du *Bellérophon*, il était traqué comme un animal dangereux. Il passa en quelques instants de l'agitation fébrile à l'insensibilité la plus complète. Il comprenait bien qu'il était désormais entre les mains de l'Angleterre. Sa lettre au prince régent était un appel désespéré et inutile. Ni le capitaine du *Bellérophon*, ni l'amiral Keith ne crurent pouvoir s'engager à rien. Napoléon se sentait bien prisonnier, et il renvoya le général Becker en lui disant : « Je ne veux pas qu'on puisse croire qu'un général français soit venu me livrer à mes ennemis. »

C'était un captif embarrassant, et le souvenir tout récent de l'île d'Elbe n'était point fait pour rendre une décision facile. Bonaparte demandait bien à vivre en simple particulier en Angleterre, jurant que chez lui l'ambition était morte, et qu'il se contenterait du plaisir de l'équitation et de la société de quelques savants. Mais les ministres du Régent n'étaient que trop fondés à se défier de ses promesses. Ils auraient pu cependant ne pas revendiquer, comme ils l'avaient fait au congrès de Vienne, l'honneur de tenir leur ennemi en prison, et ils auraient pu lui chercher une autre demeure que Sainte-Hélène. En séparant le vaincu de Waterloo du monde entier, on s'évitait les tracas inévitables, qu'auraient fait naître les questions, qui se seraient élevées subsidiairement, et surtout on tirait d'un grand embarras l'empereur François et celle que Bonaparte appelait sa bonne Louise. Napoléon résidant en Angleterre, il eût été bien difficile de lui refuser son fils. De là des complications diplomatiques, et l'impossibilité de faire le silence autour de lui. Au fond le sentiment qui dominait le ministère anglais, c'était celui d'une peur folle de son prisonnier. Le parti tory, qui gouvernait alors, était dirigé par des esprits étroits et timorés, auxquels la haine de la France avait tenu lieu de talent et d'intelligence. Ce gouvernement de loques et de haillons, comme l'avait appelé le chef du parti whig, Fox, ne pouvait concevoir que Napoléon, alors affaibli de corps et d'esprit, était fini pour toujours; il ne se sentait point en sûreté, tant qu'il ne pourrait suivre tous les mouvements du général Bonaparte. Castlereagh se décida à le reléguer à Sainte-Hélène, croyant imposer au monde l'oubli de l'empereur Napoléon, tandis qu'il préparait à sa mémoire une consécration définitive, celle du martyre.

Castlereagh et le secrétaire d'État Bathurst ajoutèrent aux malheurs de Napoléon ce que les faibles et les impuissants ont toujours en réserve aux jours d'une victoire inespérée, les injures. Gourgaud, le porteur de la lettre au prince régent, ne fut pas reçu, et l'on affecta de ne retenir dans les rapports avec l'empereur aucune des formes qu'il était puéril de lui refuser. Napoléon, qui paraissait accepter sa chute avec un certain stoïcisme, ne put supporter ce manque d'égards. Ce fut là pendant les cinq ans et demi de sa captivité, son plus vif sujet de doléances. Rien n'est plus étonnant que cette lutte d'étiquette entre ce gouvernement victorieux, qui s'obstinait à n'avoir affaire qu'avec le général Bonaparte, et le vainqueur de Rivoli et d'Austerlitz, qui refusait plus tard de se soigner et de monter à cheval, parce que Hudson Lowe lui déniait le titre d'empereur.

Le style de la lettre, par laquelle le ministère anglais signifiait à Napoléon son départ pour Sainte-Hélène, est mêlé d'inquiétude et d'insolence. L'empereur tira parti de cette première maladresse. Il sut grossir les mauvais traitements qu'il devait subir, et donner créance à des accusations exagérées, en s'appuyant sur la brutalité et l'inconvenance du langage. Il dénonça d'abord la décision du ministère, dans une lettre pleine d'emphase, qui s'adressait plutôt à la France, qu'à l'opinion anglaise. Il n'avait à compter à Londres que sur les whigs, que les torys écartaient du pouvoir depuis la fin du xviiie siècle. Les hommes d'État du parti, Brougham, lord Holland, fils de Fox, et même un frère du régent, le duc de Sussex, se faisaient une arme de la cause de Napoléon. Ils mettaient en avant un argument très puissant en sa faveur, « la légalité ». Ils y ajoutaient un raisonnement, qui réussit toujours outre-Manche, grâce au dédain des Anglais pour les puissances du continent.

Qu'importait, disaient-ils, que Bonaparte eût été mis hors la loi par le congrès de Vienne? Les décrets de la Sainte-Alliance avaient-ils donc cours en Angleterre? Avait-on demandé aux chambres un bill d'*attainder* contre le fugitif? Si on lui appliquait l'Alien-bill, c'est-à-dire le décret contre les étrangers suspects, la seule décison qu'on pût prendre contre lui était l'expulsion. Malgré le dévouement de la majorité tory, le ministère craignit avec raison l'influence de ces arguments sur la nation. Napoléon fort bien conseillé, probablement par quelque officier de marine, honteux du rôle qu'on lui imposait, faisait réclamer sa mise en liberté en vertu de la loi anglaise d'Habeas Corpus. L'amiral Keith tout à coup reçut l'ordre de quitter la rade de Plymouth, de croiser dans la Manche, jusqu'à ce qu'il eût rencontré le *Northumberland*, vaisseau de haut-bord qui devait transporter le captif à Sainte-Hélène.

Lorsque, le 4 août, le *Northumberland*, portant le pavillon du vice-amiral sir Georges Cockburn, fut enfin prêt, les dernières résolutions des ministres furent lues à l'empereur. En dépit de la forme, plus que dure, employée par les rédacteurs officiels, les amiraux Keith et Cockburn apportèrent tous les ménagements possibles dans l'accomplissement de leur mission. Ainsi Napoléon ne fut pas désarmé malgré les termes précis des instructions. On éprouve un véritable serrement de cœur quand on voit avec quelle précaution tout avait été prévu dans les ordres de Castlereagh, jusqu'à la possibilité de la mort du prisonnier. Au moins lui promettait-on qu'en cas de décès sa dépouille mortelle pourrait être transportée dans l'endroit qu'il désignerait par son testament.

Si préparé qu'il fût aux coups de la fortune, et quoiqu'il sût bien qu'il était devenu l'ennemi public de l'Europe, il n'est pas étonnant que lorsqu'il traversa l'Atlantique pour gagner l'île, qu'un pressentiment invincible, lui indiquait comme sa dernière demeure, Napoléon ait conservé pendant de longues heures cette impassibilité et ce visage de pierre, qu'il s'efforçait de se donner depuis 1812. Pour cette âme impérieuse et épuisée, profondément altérée par l'accumulation des prospérités, battue par une infortune si rapide et si complète, il n'y avait point de mesure entre l'insensibilité voulue et la folie irrémédiable.

La sentence définitive prononcée par l'Europe venait de parvenir à l'amiral Keith. La Sainte-Alliance l'avait rédigée à Paris, sous une forme dont la légalité douteuse dissimulait mal la crainte et l'esprit de vengeance, qui inspiraient Alexandre, Frédéric-Guillaume et même François II.

L'empereur pouvait emmener avec lui son grand-maréchal Bertrand; ses aides de camp, Montholon et Gourgaud; son ancien chambellan le comte de Las Cases, ses valets de chambre Marchand, Saint-Denis, Novarraz, le maître d'hôtel Cipriani, ses autres serviteurs, Archainbaud, Saintini. Le comte Bertrand était accompagné de sa femme et de ses trois enfants, Montholon de sa femme et de son fils, Las Cases de son fils Emmanuel âgé de quinze ans. Enfin l'empereur avait fait choix sur le *Bellérophon* du chirurgien O'Meara, Irlandais de naissance, bon homme, que la familiarité de Napoléon séduisit, homme d'honneur et d'une loyauté scrupuleuse, que Napoléon enrôla à son insu, dans son parti, en lui laissant entendre qu'une attitude neutre lui ferait croire qu'il était au nombre des espions chargés de l'observer.

Le comte Bertrand était, de l'aveu de Napoléon, d'esprit borné et étroit; mais il était l'un des derniers hommes de l'empire qui eût conservé pour lui une admiration convaincue. Il vivait en Napoléon et sentait avec une vivacité soldatesque les griefs dont l'empereur le faisait confident journalier. Il fut l'instrument souvent inconscient du plan de conduite que Bonaparte crut devoir adopter, dès 1816.

Montholon et Gourgaud étaient plus fins; leur éducation première les rendait fort précieux à Napoléon, qui reprit, après les premiers jours de découragement, l'idée d'écrire, à sa manière, l'histoire de l'empire; mais ils ne s'entendaient que fort peu. Montholon, esprit très délié, savait admirablement entrer dans les vues de l'empereur. Gourgaud, plus violent, avait davantage l'âme d'un soldat; son dévouement était absolu; mais quand il rédigeait sous la dictée de l'empereur, il n'admettait point qu'on fît trop d'accrocs à la vérité. De là une certaine résistance aux procédés employés autour de lui, et son départ avant la mort du prisonnier.

Quant à Las Cases, c'était sur lui que Napoléon comptait surtout. D'une instruction supérieure, diplomate éprouvé, ce fut lui qui inspira à Napoléon les moyens de résistance qu'il employa. Il est à peu près certain que, si la surveillance anglaise s'était ralentie un instant, Las Cases, après son départ de Sainte-Hélène, eût fait réussir une évasion ou provoqué un mouvement d'opinion contre l'Angleterre. Le 10 août 1815, le *Northumberland* quitta les côtes anglaises. L'empereur évitait autant que possible la société de ses compagnons de voyage, et pendant quelques jours ni Montholon, ni Gourgaud, ni Las Cases, ne purent obtenir de lui une conversation suivie ni vaincre son désespoir. Cependant, quoique les officiers anglais ne l'appelassent jamais que le général Bonaparte, il était environné d'un respect sincère, auquel se mêlaient une curiosité avide et l'étonnement très vif de tenir prisonnier cet homme extraordinaire. Napoléon passait ses journées sur le pont, à cheval sur un canon, et regardant la mer. Il était dans une de ces périodes d'anéantissement de la pensée, que justifiait suffisamment l'invraisemblance de sa destinée. Peu à peu, il se laissa gagner aux soins de ses amis. Gourgaud, Montholon, Las Cases et Bertrand, par délicatesse et par politique, s'entendirent pour le traiter avec plus de déférence encore qu'au temps de sa domination. Napoléon, dépouillé de toutes les réalités du pouvoir absolu, était plus que jamais exigeant sur l'étiquette. Lorsqu'il se remit à jouer aux échecs, il vit, avec un plaisir qui vainquit sa tristesse, que sa suite l'entourait respectueusement, le chapeau sous le bras. Montholon et Gourgaud évitaient de sortir avant d'avoir reçu congé, d'entrer sans être annoncés par un domestique. Napoléon, qui avait craint un moment que la communauté de malheurs rapprochât trop les distances, se sentit soulagé d'une inquiétude qui primait alors chez lui toutes les autres. Sûr du respect d'autrefois, il reprit avec son entourage ce ton de supériorité familière, qui avait été l'une de ses séductions pendant l'Empire. Il redevint gai et causeur; depuis le 15 août, à bord du *Northumberland*, jusqu'à la veille de sa mort, on peut dire qu'il ne cessa point de parler de tout, sur tout et à tous. Il plaisanta souvent, rit beaucoup, jusqu'à ce qu'il fût vaincu par la douleur physique. Il recouvra enfin presque jusqu'à la dernière heure cet instinct de combativité, qui avait été l'essence de sa nature, comme la cause de sa fortune et de sa chute.

Il fut loin de tenir rigueur aux Anglais. Il causait art militaire avec les officiers du 53°, et leur chef sir George Bingham, qui devait commander le régiment gardien de sa personne; médecine et physiologie, avec le chirurgien Warden, qui trouva le moyen de faire un gros volume des entretiens qu'il eut avec l'empereur pendant les dix semaines de la traversée. Enfin, il discutait sur le mérite respectif des marins des deux nations avec l'amiral Cockburn, à la table duquel il dînait le plus souvent. Mais Napoléon ne pouvait se plier aux manières anglaises; quoique, dans les derniers temps de son règne, il fût devenu plus gourmet que dans sa jeunesse, il avait l'horreur la plus profonde pour les excès de table. Après chaque repas, l'amiral Cockburn et son état-major avaient l'habitude nationale de boire du vin jusqu'à la limite de l'ivresse; encore la frontière qui séparait l'état de raison de l'état d'ébriété était quelquefois très contestée. Napoléon se levait alors de table et montait sur le pont, à la grande indignation de S. George Cockburn, qui disait, aussi clairement qu'il lui était possible alors, qu'il n'était point d'un gentleman de quitter la table avant l'amphitryon. Opinion pour opinion d'ailleurs. Napoléon était persuadé, en quittant le *Northumberland*, que l'oligarchie anglaise, selon son expression, était une corporation d'ivrognes incorrigibles.

Sur le pont du vaisseau, devant sa suite, il se reprenait à parler du passé. Sa grande préoccupation surtout était Waterloo. Comment avait-il perdu la bataille? Il prouvait sur la carte que Wellington avait commis les fautes les plus grossières; que lui, au contraire, avait pris les précautions les plus minutieuses; comment donc la chose avait-elle tourné contre lui? Alors arrivait la conclusion habituelle : c'est Grouchy, il y avait Grouchy!...

Ah! sans Grouchy!... Puis de sa dernière défaite, il remontait d'un bond à ses premières années : l'Italie! quelles victoires! quelle fortune! L'Égypte, il aurait dû rester en Égypte, se faire musulman au besoin; l'Arabie attendait un homme; il eût été cet homme providentiel.

Gourgaud et Las Cases furent effrayés de l'exaltation subite de l'empereur. Ils craignirent l'incohérence de ses récits. A ces accès d'enthousiasme, succédaient des heures de silence et d'affaissement. Ils lui persuadèrent de leur dicter sa campagne de Waterloo et sa campagne d'Italie, s'engageant pour ne point arrêter le débordement de son improvisation à refaire après coup le récit et à le lui soumettre. Aussi, éloquentes parfois, bizarres plus souvent, ces pages si vantées seraient-elles un piège perpétuel pour l'historien qui les prendrait au pied de la lettre.

Le *Northumberland* toucha à Funchal, la capitale des îles Madère; Napoléon, qui avait pris goût au métier d'auteur, y envoya Bertrand pour faire en Europe la commande d'une bibliothèque immense. Pendant le séjour du vaisseau, une tempête épouvantable ravagea les vignes de l'île; aussitôt les Portugais de Funchal d'attribuer le fléau à la présence du démon du Midi. Lorsqu'on raconta la chose à Napoléon, il poussa de grands éclats de rire, qui n'étaient pas sans amertume. Du reste, il prit le parti de rire avec affectation, chaque fois qu'on lui présenta quelque affreux libelle, où il était chargé des crimes les plus horribles.

CHAPITRE XVI

SAINTE-HÉLÈNE [1]

L'île de Sainte-Hélène. — Séjour de Napoléon aux Briars. — Le *Mémorial*. — Longwood. — Sir Hudson Lowe. — Las Cases et O' Meara. — Antommarchi. — Les derniers moments de Napoléon. — Le testament.

L'île de Sainte-Hélène est un rocher volcanique, situé à 16 degrés au sud de l'équateur, à 475 lieues de la terre la plus rapprochée. L'île est composée de deux vallées profondément encaissées entre des pitons élevés, dont les plus hauts, ceux de Diane et de Flagstaff, dépassent 800 mètres. Dans la partie sud-est de l'île s'étend le plateau de Longwood, qui communique avec la rade de Jamestown, la seule ville de l'île, par une route sinueuse et à peine tracée. La faible couche d'humus qui recouvre le tuf y rend la végétation rare et pauvre. Les gommiers sont les seuls arbres qui y poussent en bouquet, les chênes n'y viennent qu'isolément; cependant les arbres délicats de la famille des myrtacées, comme l'eucalyptus, paraissent devoir s'y acclimater rapidement. A l'époque où

---

[1]. BIBLIOGRAPHIE. — **Antommarchi**, Mémoires sur Napoléon à Sainte-Hélène. — **Schlitter**, Rapports de l'Autriche et des Napoléonides (all.). **Le testament** de Napoléon, **Le Mémorial**. — **O'Meara**, Napoléon à Ste Hélène. — **Molesworth** Bonaparte à Longwood (the Athenæum). — **Montholon**, Récits de la captivité de Sainte-Hélène.

Napoléon y fut débarqué, l'aspect général était nu, et l'œil, fatigué par les teintes uniformes et grisâtres du flanc des montagnes, était blessé plus vivement encore par les taches ardentes que formaient des champs de géraniums, aux fleurs éclatantes, de couleur rouge, vive et crue. Le ministère Castlereagh avait jugé officiellement que le climat de l'île était sain. Pour un Anglais, peut-être. Pour un Corse abattu par la maladie et évidemment hépatique, assurément non. La moyenne isothermique était de 16°, le climat des pays tempérés, d'Ajaccio en apparence; en fait, l'écart de la température, étant de 12°, donnait à Sainte-Hélène le double désavantage d'être ou trop chaude ou trop froide. Il faut dire aussi que le plateau de Longwood où Napoléon résida pendant cinq ans, était exposé tour à tour à une humidité souterraine, et à l'influence d'un vent desséchant, qui devait singulièrement altérer les conditions de la température normale.

Pour en finir avec cette éternelle question de l'influence de Sainte-Hélène sur la vie de Napoléon, il est évident que son séjour n'eût pas suffi pour déterminer l'ulcère de l'estomac qui l'emporta, mais qu'il n'ait pas eu une influence mauvaise sur sa santé, il serait puéril de l'affirmer.

Le 17 octobre, Napoléon débarqua à Jamestown; il fut, dès son arrivée, l'objet d'une curiosité fatigante et excessive. Les préparatifs n'étaient pas achevés; la maison de Longwood, qui lui était destinée, était hors d'état de le recevoir; il demanda, après avoir visité sa demeure future, à habiter provisoirement le pavillon de la maison des Briars, à une heure de Jamestown, où il fut accueilli chaleureusement par la famille d'un résident anglais, M. Balcombe.

L'amiral George Cockburn avait été chargé d'assurer l'installation de son prisonnier; il s'acquitta le plus vite possible de sa tâche, dans l'espérance de transmettre rapidement au gouverneur, qui serait désigné par le ministère, le soin de surveiller Napoléon. Rude et franc, l'amiral ne se sentait pas le courage de suivre de l'œil toutes les démarches de Bonaparte, et il fermait les yeux, en dépit de ses instructions formelles, sur les communications journalières du prisonnier avec les personnes de l'île. Tant que Napoléon fut aux Briars, quoiqu'il n'eût qu'une chambre et que sa suite fût dispersée dans des masures isolées, quoique Las Cases et les gens de service eussent un véritable dortoir dans un grenier au-dessus de lui, il mena une existence relativement heureuse. Il recevait, causait avec tous, se rendait populaire, assistait aux bals donnés par son hôte en son honneur. Aussi les premiers mois de son séjour furent-ils pour lui un repos et un répit. C'est alors qu'il eut avec Las Cases ces fameux entretiens qui, publiés sous le nom de *Mémorial de Sainte-Hélène*, ont fait tant de bruit, froissé tant de susceptibilités légitimes et contribué à établir, comme vérités de l'Évangile, tant de calomnies et d'erreurs.

Les conversations que Napoléon eut tour à tour avec Las Cases, O'Meara, Antommarchi, dénotent dans l'art de préparer l'histoire, la même dissimulation profonde qui avait marqué toute la carrière politique de l'empereur. Détachons de ces récits de Napoléon quelques points longtemps restés obscurs et voyons si les faits concordent avec son récit. Et d'abord il repousse avec indignation l'idée qu'il ait été protégé par Barras à Toulon, et au 13 vendémiaire. Il a suffi de publier sa correspondance pour démentir cette assertion. Nous avons vu au début de cette étude que de nouveaux documents, pris au ministère de la guerre, ont mis hors de doute l'intervention de Barras dans la destinée du jeune officier d'artillerie.

Suivons l'ordre des temps. Napoléon a tenté à Sainte-Hélène de se justifier du meurtre du duc d'Enghien. Il a choisi avec soin son bouc émissaire. C'est Talleyrand, l'homme détesté, méprisé par tous les partis pour les avoir tour à tour trahis et leur avoir été tour à tour nécessaire. Talleyrand aurait retenu une lettre du duc d'Enghien où le jeune prince s'offrait à Bonaparte. Jamais mensonge n'a été plus surabondamment démenti; Talleyrand, dont l'histoire est suffisamment lourde à porter, loin de pousser au meurtre du duc d'Enghien, semble avoir déconseillé ce crime. Les *Mémoires* de Mme de Rémusat ne laissent plus que peu de doute à ce sujet. Napoléon reste donc responsable du meurtre du duc d'Enghien aussi bien que de la guerre d'Espagne, dont les révélations de l'abbé de Pradt déchargent encore Talleyrand.

Moreau a été naturellement le but des accusations mensongères de Napoléon, et là, il avait beau jeu : Moreau n'est-il pas mort traître à sa patrie? Mais l'histoire proteste contre l'acharnement avec lequel l'empereur cherche à démontrer l'incapacité du vainqueur d'Hohenlinden; lorsqu'il lui reproche, en 1797, cette admirable retraite, dans laquelle il se retourna sans cesse pour battre les Autrichiens, Napoléon donne la mesure de son audace à changer les faits; car il oublie de dire que ce sont ses négociations illégales avec les États d'Italie, ses exigences financières qui ont arrêté la marche victorieuse de Moreau. Et d'ailleurs, le grand général d'Austerlitz, d'Iéna, de Friedland se refuse à admettre d'autres talents militaires que les siens. Davout n'est qu'un soldat, Masséna un imprudent heureux, bientôt sur le déclin, Soult un bon major général, Oudinot un ignorant, Kléber insuffisant à sa tâche, Ney un homme brave, comme Murat, et rien de plus, Berthier un imbécile. Il en est pourtant un dont il admire le talent : c'est Gérard ! Ah ! Gérard eût fait un grand général, seulement il n'a jamais, ajoute Napoléon, commandé en chef. Certes Gérard, quoiqu'il ait plus tard dirigé heureusement le siège d'Anvers, a dû être fort étonné de se voir préférer à Soult et à Davout.

Puis Napoléon passe à sa famille : Joseph, il en fait un bonhomme tout au plus; Lucien, il le lapide, Jérôme, il le ridiculise, Louis, il l'accable de son mépris; nul n'est épargné, comme autrefois aux Tuileries et à Saint-Cloud il se plaisait à jeter à la figure des gens leurs secrets scandales et leurs hontes inconnues. Dans ces entretiens décousus du *Mémorial*, on sent qu'il dégorge sa bile et qu'il se plait à penser à l'effet de ces révélations terribles et où se mêlent si habilement le vrai et le faux, où l'erreur volontaire prend l'apparence de la vraisemblance. Aussi quiconque n'a pas le courage d'examiner de près toutes ces flétrissures finit par les admettre en bloc. La lecture du *Mémorial* a pour résultat d'inspirer au lecteur un dégoût irrésistible. De tous les hommes qui ont joué un rôle à l'époque de l'empire, il en serait à peine quelques-uns, s'il fallait en croire Napoléon, qui n'aient pas été des misérables ou des idiots.

Heureusement l'œuvre de la vérification a été entreprise. Il existe bien assez de hontes véritables, dévoilées dans ce triste livre, pour qu'on songe avec humiliation à l'abaissement des caractères qui s'est produit pendant la domination napoléonienne.

Mais lorsque l'on arrive à rendre la justice qui lui est due à un héros comme Davout, à atténuer les défaillances attribuées à Ney ou à Masséna, on ne regrette pas d'avoir remué la boue que le *Mémorial de Sainte-Hélène* a fait remonter à la surface de l'Empire. Il y a au moins deux hommes auxquels Napoléon a rendu un continuel hommage : l'un est le chirurgien Larrey; l'autre Drouot, deux stoïques qui ne connurent que leur devoir et qui furent sur le point de se sacrifier pour expier les fautes de l'empereur.

Le *Mémorial de Sainte-Hélène* est-il une œuvre d'entière mauvaise foi? Il serait difficile de l'affirmer. M. de Las Cases paraît avoir écrit avec la conviction qu'il servait la gloire de l'empereur. Quant à Napoléon, une fois poussé par le désir de se dresser un piédestal, aux dépens de ses serviteurs, il est assez naturel qu'il ait fini par se mentir à lui-même, et par croire peut-être que le véritable meurtrier du duc d'Enghien a été Talleyrand.

Cependant, au milieu de ses occupations et de ses relations avec les insulaires de Sainte-Hélène, les jours s'écoulaient; on était installé à Longwood. Malgré la défense de laisser Bonaparte communiquer avec les gens de l'île et malgré l'ordre d'interner Napoléon et sa suite, dans ce domaine de près de trois lieues carrées, l'amiral laissait à son successeur le soin d'appliquer les règlements, et ne se pressait point de faire sentir à l'empereur sa captivité. Il lui envoyait des journaux, le visitait souvent, et regardait peu sa correspondance. Napoléon se mit alors à son aise, adressa des reproches à l'administration anglaise au sujet d'un travailleur malais qui aurait été maltraité et correspondit avec ses amis de Rome, sa mère, son oncle Fesch, sa sœur Pauline, sans que sa correspondance eût passé par le ministère anglais. On sait aujourd'hui pertinemment que Madame mère apprêta une expédition pour faire échapper le prisonnier, et qu'il y eut certainement des complices anglais dans l'île; mais il n'était point possible d'aborder Sainte-Hélène autre part qu'à Jamestown; et l'arrivée de sir Hudson Lowe, le nouveau gouverneur, mit fin à toute espérance d'évasion.

Par une singulière fatalité, sir Hudson Lowe était de

tous les officiers anglais peut-être celui pour lequel la tâche de garder Napoléon était le plus difficile. Loin d'être flegmatique, à la mode britannique, il s'emportait violemment lorsqu'on doutait de sa loyauté, et il était fort brutal. Il avait pour les Français une haine qui s'augmentait encore de ses insuccès militaires : enfin il était pénétré de cette idée que Napoléon cherchait à s'échapper, et il eût regardé sa fuite comme le pire des malheurs pour l'Angleterre et pour sa carrière personnelle.

D'autre part Hudson Lowe était instruit et honnête, fidèle à sa parole, et charitable à sa manière, et en dehors du service.

Au dire même de Napoléon, les combats les plus extraordinaires se livraient dans son cœur, entre le respect qu'il avait pour sa consigne, la crainte de laisser fuir son prisonnier, et la pitié qu'il ressentait malgré lui pour le sort lamentable du général Bonaparte. Cette hésitation perpétuelle entre les devoirs de sa charge et ceux de l'humanité, l'étroitesse de son intelligence, et les scrupules de sa conscience, lui imposaient à chaque instant, les pires maladresses de langage, les démarches les plus fausses, non pas seulement à l'égard de son prisonnier, mais envers le baron Sturmer, représentant de l'Autriche, envers Montchenu, l'ambassadeur de Louis XVIII, surtout à l'égard de l'envoyé du tsar, le comte de Balmany, qui avait été chargé de veiller sur les traitements qu'on ferait subir à l'empereur.

Napoléon s'amusait de ces contradictions. Il soulevait, tous les jours, de nouvelles difficultés, il exprimait d'ailleurs son désir de n'avoir pas affaire au gouverneur, dont il disait tout haut, de façon à ce qu'on le lui reportât, qu'il avait la face d'un bourreau, d'un *boja*, car il employait désormais la langue italienne presque aussi souvent que le français. Hudson allait et venait de Longwood à Plantation-House, sa résidence. Aujourd'hui il accordait une liberté, refusée depuis longtemps, puis sur la nouvelle que Napoléon avait parlé à une sentinelle, il flairait une évasion et revenait sur sa permission. On a dit que la flétrissure imprimée au nom de Hudson Lowe par Las Cases et les docteurs avait été une juste expiation. Le malheureux! la vie qu'il mena à Sainte-Hélène eût suffi pour satisfaire la vengeance la plus raffinée.

Lorsque Hudson débarqua dans l'île avec lady Lowe, sa femme, il trouva que les ordres donnés par le ministère avaient été transgressés par Cockburn. L'amiral, certain de sa capture, se souciait peu d'entrer dans des détails désagréables. Lowe, tout à sa consigne, résolut de remettre les choses dans l'ordre, et débuta par une proclamation très explicable d'ailleurs, en ce sens qu'il appliquait ses instructions; mais le caractère comminatoire de ce document donnait plus de force au plan que Napoléon, Montholon et Las Cases venaient d'imaginer. Las Cases en a tracé les grandes lignes dans une lettre écrite en 1815; et Montholon expliquait longuement son système à un officier anglais de ses amis, qui avait sollicité vainement de faire partie du corps chargé de surveiller Sainte-Hélène. Il s'agissait d'exagérer les moindres difficultés pour attirer l'attention de l'Europe sur le captif. On pouvait compter sur les Napoléonides pour faire valoir ces réclamations.

La guerre commença aussitôt. On peut dire qu'elle devint bientôt pour Napoléon une nécessité journalière. Ce fut d'abord au sujet des correspondances. Las Cases, qui parlait admirablement et qui écrivait l'anglais, fit passer en Angleterre des lettres fréquentes, où il qualifiait la conduite de Hudson Lowe en des termes blessants. Le gouverneur, tenu de lire cette correspondance, demanda des explications à Napoléon, qui le fit attendre plusieurs jours de suite, sous prétexte qu'il était dans son bain. Hudson s'excusa d'être obligé de surveiller les lettres françaises et de circonscrire les promenades du général. C'est, ajoutait-il, d'ailleurs ce qui avait déjà lieu avant mon arrivée. Napoléon lui répondit en des termes presque grossiers. Hudson essaya plusieurs fois de s'humaniser; il fut reçu avec une progression d'insultes, jusqu'au jour où, poussé à bout, il se retira en lançant à l'empereur, qui ne fit qu'en rire, le mot anglais : « Vous n'êtes pas un gentleman. »

Las Cases se chargea de mener les choses plus loin. Sa correspondance en Angleterre prit un ton de plus en plus outrageant. Le gouverneur qui avait exigé, d'après les ordres du secrétaire d'État lord Bathurst, que les compagnons de Napoléon s'engageassent sous serment à ne communiquer avec les gens de l'île que par son intermédiaire, le fit enlever parce qu'il avait contrevenu à cette obligation à la fin de 1816. Lorsque Napoléon eut refusé de recevoir Las Cases, s'il se soumettait à certaines conditions nouvelles, Hudson le fit embarquer pour le Cap.

Le plan de Napoléon en fut d'autant mieux suivi avec la même rigueur. Un jour Hudson Lowe était accusé d'avoir soustrait de l'argent envoyé aux prisonniers. Une autre fois, Bertrand le traitait en domestique, et lui reprochait d'avoir retenu le buste du roi de Rome pour faire souffrir Napoléon dans son amour paternel. En réalité Hudson n'avait arrêté l'envoi, que parce qu'il n'avait pas été autorisé par son gouvernement. Il soupçonnait d'ailleurs qu'il dissimulait une correspondance secrète, ce qui a été prouvé plus tard.

Cette lutte devenait de jour en jour plus nécessaire à Napoléon, c'était la principale occupation de sa journée.

Bien que la maladie fît des progrès réguliers, d'autant plus qu'il refusait de se soigner sérieusement, et que l'abus des bains prolongés était une nouvelle cause de faiblesse, il avait encore parfois des gaietés exubérantes et qui détonnaient dans sa situation; et puis il parlait sans cesse, il parlait toujours et ses interlocuteurs recueillaient pieusement toutes ses paroles sans distinction, sans se douter qu'ils auraient mieux servi la gloire de l'empereur, en oubliant la plupart de ses improvisations. Il lisait aussi beaucoup, cherchant dans ses lectures des applications à sa situation présente. Il faisait remarquer que ces vers de Racine dans *Andromaque* :

Je passais près des lieux où l'on garde mon fils, etc.,

se rapportaient assez bien à son histoire et à celle du roi de Rome. En résumé, dès 1817, l'état de Napoléon paraissait très grave. Il se savait atteint d'un ulcère héréditaire de l'estomac, mais les médecins, d'après les symptômes extérieurs, pronostiquaient une hépatite très sérieuse. Napoléon préférait avouer cette dernière maladie, qu'on pouvait attribuer complètement au climat de Sainte-Hélène. Il avait fini par persuader O'Meara. Le médecin irlandais jugeait d'abord l'empereur moins atteint que ne le pensaient Hudson Lowe et les commissaires européens, excepté Montchenu, qui croyait la maladie feinte, et dont les rapports à Louis XVIII traitaient légèrement les souffrances du prisonnier. François II, profitant des brutalités d'Hudson, avait rappelé Sturmer, pour ne pas avoir à faire une manifestation de deuil, à la mort de son gendre, jugée prochaine. En 1818, le gouverneur fut effrayé par les progrès évidents du mal; il s'en ouvrit à O'Meara, qui cette fois confirma ses craintes, mais refusa sur l'ordre, de l'empereur, d'accepter une consultation, et préféra quitter l'île, et rentrer en Angleterre. Le chirurgien anglais Stokoë vit alors Napoléon qu'il jugea condamné irrémédiablement. Les parents et les amis de l'empereur s'occupèrent de lui trouver un médecin. Quant au malade, il restait enfermé, se refusait à tout soin et à tout exercice. Il ne retrouvait quelque gaîté, que lorsqu'il apprenait que Hudson Lowe, inquiet du silence de Longwood, rôdait autour de la maison pour chercher à s'assurer de la présence de son prisonnier. Souvent aussi il arrivait à l'empereur de penser à sa fin, mais elle se présentait à lui trop horrible dans sa prison, pour qu'il pût l'envisager tranquillement.

Il y a peu d'âmes assez fortes pour attendre de sang-froid une mort lente et déjà fixée, pour rester sincères avec elles-mêmes, devant la dernière et la plus rude épreuve humaine.

On a peur et l'on cherche à se tromper. En 1819, Napoléon se sentait bien malade, mais les retours de santé qu'il devait à la vigueur de sa constitution, l'excitation que sa lutte avec Hudson Lowe entretenait dans son système nerveux, l'amenait encore à douter de ses inquiétudes. De même, la vivacité croissante de son antipathie, comme l'ingéniosité toujours nouvelle de sa haine, inspirait à Hudson Lowe, après une période de crainte, des dépêches rassurantes, où il affirmait témérairement que le docteur O'Meara s'était exagéré l'état du captif.

Si Napoléon, en se regardant tous les matins dans la glace, en se tâtant le pouls avec une attention toute médicale, en se soignant à sa manière, se disait souvent, selon son expression, que sa vie voulait encore vivre, il s'exaspérait de voir le Calabrais [1] (c'était pour lui l'un des

---

1. Hudson Lowe avait eu des mésaventures militaires en Calabre en 1807.

petits noms d'Hudson Lowe) croire fermement que la santé revenait au général Bonaparte et affirmer la salubrité de l'île.

Alors, non seulement il s'obstina à continuer de rester enfermé dans les chambres humides de Longwood; mais, en attendant Antommarchi, il renvoya tous les médecins, cessa d'arpenter ce qu'il appelait les cabanes de sa retraite, et se cacha à tous les yeux. Il apprit bientôt avec délices l'horrible anxiété du gouverneur. Napoléon était-il donc mort, sans qu'on l'eût prévenu? quelle trame cachaient ce silence et ce mystère? Hudson se reprocha d'avoir accepté un compromis avec ses instructions. Les ordres de lord Bathurst avaient prescrit qu'un officier d'ordonnance s'assurerait tous les jours de la présence de Napoléon Bonaparte. Le gouverneur avait consenti que ce fût comme par hasard et à travers la fenêtre de la salle à manger que l'officier s'acquittât de ce soin. Lorsque Napoléon ne sortit plus de sa chambre, la constatation devint impossible. Après avoir patienté les vingt premiers jours du mois d'août 1819, cédant à ses inquiétudes, Hudson Lowe se dirigea vers Longwood avec ses officiers, Gorrequer et Thomas Reade; il demanda à entrer, à voir le prisonnier.

Napoléon fit répondre que le premier qui entrerait serait accueilli à coups de pistolet, et, en réalité, il avait armé toute la colonie de Longwood, des armes et des fusils de chasse qu'on avait trouvés dans tous les coins, et s'était préparé à soutenir un siège en règle comme autrefois Charles XII à Bender. Hudson, certain que l'inspirateur de ce langage et de ces mesures violentes était là bien vivant, se retira, accompagné par les grands éclats de rire de l'empereur. Le lendemain, Reade et Gorrequer demandèrent de nouveau à constater par eux-mêmes la santé du malade. Ils furent accueillis par les mêmes menaces : et s'ils se retirèrent, en criant : « Nous voulons voir Napoléon Bonaparte », c'est que les éclats de voix du défenseur de Longwood étaient parvenus jusqu'à eux. Le jour suivant, Hudson reçut une protestation, adressée à lord Bathurst, dans laquelle l'empereur se plaignait qu'on eût violé son domicile.

Ces escarmouches rompaient la monotonie des journées passées dans la petite chambre où Napoléon se confinait, sans qu'il parût attendre avec impatience le jour où serait achevée la maison nouvelle qu'on lui construisait et qui fut prête seulement quelques jours avant sa mort. La maladie en faisait plus vite ses progrès, et la colère feinte de la lutte se confondait désormais étroitement avec l'exacerbation de la fièvre et les douloureuses secousses de l'hépatite. Mais surtout lorsque le docteur Antommarchi arriva au mois de septembre 1819, la maladie d'estomac, dont nous avons reconnu les premiers symptômes dès le début de l'époque impériale, était devenue incurable par le manque de soins, l'obstination du patient, et l'influence du climat.

Les défaillances de l'intelligence étaient fréquentes. Tous les médecins, italiens ou anglais, consultés, avant son départ, par le docteur Antommarchi, en avaient affirmé l'affaiblissement rapide, d'après les symptômes inconsciemment caractéristiques d'O'Meara, quoique le bon Irlandais eût cru devoir conclure son pronostic par une phrase admirative.

La vie de Napoléon se réduit désormais à des bulletins médicaux, à des formules pharmaceutiques au milieu desquelles flottent encore de moins en moins distinctes, de moins en moins suivies, des idées vagues, des souvenirs infidèles, dernières lueurs d'une imagination épuisée et prête à s'éteindre.

Pourquoi l'histoire, qui se contente le plus souvent d'inscrire sans détails et froidement dans son nécrologe l'acte de décès de tant d'hommes illustres, s'est-elle appesantie dans les moindres détails sur la fin de Napoléon? N'est-ce pas la loi commune que cette lutte désespérée de la vie contre la mort, pourquoi faut-il que les angoisses de l'empereur aient été communiquées aux générations futures, comme si, aux douleurs qui peuvent nous toucher personnellement, nous devions ajouter l'horreur insurmontable, le serrement de cœur, qui nous saisit au récit de cette agonie devenue célèbre, légende dernière qui n'a pas voulu que Napoléon mourût comme le commun des hommes?

A tout prendre, la décomposition physique fut beaucoup plus lente que l'anéantissement moral. Il luttait avec une énergie inconsciente contre la dislocation suprême, se laissant guider à son insu par l'instinct de la conservation. Son esprit bégayant et ébranlé au contraire fut désormais, sauf quelques moments d'accalmie, aux prises avec des tortures physiques d'une intensité constante, que la nature refusait d'épargner à ses muscles et à son organisme de bronze.

Lorsque le cardinal Fesch avait envoyé le docteur Antommarchi, il avait pris le soin pieux de lui adjoindre deux préfets apostoliques, deux missionnaires : l'un, l'abbé Bonavita, plein de zèle et de charité, mais malheureusement perclus et à demi paralysé de la langue, et qui ne resta pas jusqu'au dernier moment; l'autre, plus jeune, plus actif et fort dévoué, l'abbé Vignali.

L'oncle de Napoléon avait eu deux idées en envoyant à Napoléon ces deux vénérables prêtres : d'abord, de mettre à sa portée les consolations de la religion catholique; puis il espérait (ce qui était moins heureux) que tous deux, habitués à soigner les sauvages, qu'ils avaient catéchisés au Mexique et en Afrique, pourraient au besoin remplacer Antommarchi, qui passait pour incrédule, si la confiance avait manqué à l'empereur : singulière précaution, quand on songe que le docteur était prosecteur à l'Université de Pise et l'une des célébrités de l'époque dans l'anatomie, bien que sa probité scientifique ait laissé beaucoup à désirer.

Ce qu'il y eut de plus bizarre encore, c'est que Napoléon qui se défiait des anatomistes, fut sur le point de confier sa santé physique aux deux aumôniers plutôt qu'à Antommarchi. Lorsque le jeune docteur (il avait trente ans), qui était encore dans cet heureux âge où l'enthousiasme ne tient pas toujours compte des intérêts, it échappé aux visites de prudence de sir Hudson Lowe, et s'en fut indigné d'ailleurs comme il était convenable, il eut à subir un autre interrogatoire qui l'étonna bien davantage. Bertrand et Montholon lui demandèrent de la part de l'empereur quel pouvait bien être le motif qui l'avait amené à Sainte-Hélène. Il eut beau répondre qu'un noble orgueil l'avait seul conduit dans l'île, qu'il avait eu l'ambition d'être utile au plus grand homme du siècle. On doutait; il fallut trois visites pour décider Napoléon à recevoir son nouveau médecin; et s'il se relâcha quelque peu de sa première défiance, ce ne fut que lorsqu'Antommarchi eut fait savoir à Longwood que le vaisseau, qui l'avait amené, avait pu introduire dans l'île en contrebande des ouvrages d'O'Meara contre Hudson Lowe, qui avait eu un moment de violente colère.

Arrivé à Longwood le 19 septembre 1819, Antommarchi n'était agréé définitivement comme médecin que le 22 et en ces termes :

Monsieur Antommarchi,

L'empereur Napoléon vous agrée pour son chirurgien, avec les appointements de 9 000 francs par an; vous entrerez en fonctions dès le moment que vous aurez prêté votre serment. Je vous prie à cet effet de vous rendre chez moi à 2 h. 1/4.

J'ai l'honneur....

Le comte Bertrand.

Le docteur s'engagea, par serment, à ne point communiquer aux Anglais le moindre détail de la maladie de Napoléon. A la première entrevue, Napoléon était dans son lit : il adressa la parole à Antommarchi en italien, et parut désormais trouver plus facilement ses idées dans la langue de ses premières années. Il lui parla de la Corse, de Cap-Corse, ville natale du docteur, de la difficulté des chemins dans l'île. — *Le croiriez-vous? Je me rendais un jour à Bastia; j'eus toutes les peines du monde de trouver un cheval.* Puis : *Vit-elle toujours votre mère?* — Elle est morte que j'étais encore enfant. — *Était-elle jolie?* — Jolie et excellente mère. — *Eh bien, si je l'avais connue, je serais allé faire la cour à une charmante Capo-Corsina, à Mme Antommarchi... Quel âge a votre père?* — Il approche de soixante-dix ans. — *Il est notaire? fait-il quelquefois, comme ses bons confrères, de faux actes et des testaments supposés?* — C'étaient des plaisanteries, soit; mais des plaisanteries assez désagréables pour celui qui en était l'objet.

Revenant tout à coup à sa défiance, il essaya vainement de faire avouer à Antommarchi, que s'il avait été renvoyé sans indemnité et sans fortune assurée, il aurait été médiocrement flatté, ce qui était peut-être vrai, d'ailleurs.

Brusquement enfin il vint à parler de Rome et s'informa des membres de sa famille que le docteur y avait vus. *Madame Letizia allait-elle dans le monde? Lucien a-t-il société? Louis tombe dans la dévotion, dit-on. Pauline est-elle toujours belle? Que dit-on de moi en Italie? à Londres? Londres est-il aussi grand que Paris?* De sa maladie, pas un mot; à peine une allusion à O'Meara. — Une seconde conférence eut lieu le même jour; Napoléon était levé au grand étonnement du docteur, auquel il fit passer un examen scientifique, et dont il tira les oreilles, ce qui était une grande marque d'amitié.

Le lendemain, 23 septembre, commencèrent les véritables consultations. Antommarchi ne nous fera grâce d'aucun détail, son bulletin quotidien est d'une minutie que nous n'imiterons pas. Il se rendit d'abord compte de l'état très inquiétant de son malade. Napoléon condescendit à donner quelques indications sur ses souffrances et sur ses habitudes; mais bientôt devant le médecin émerveillé et béant, qui oubliait sa visite, pour recueillir les oracles de la bouche impériale, il se jeta sur le sujet habituel de ses préoccupations.

Le bourreau (Hudson Lowe) *trouve mon agonie trop lente; il la hâte, il la presse, il appelle ma mort de tous ses vœux; croyez-vous que ses tentatives ont été prolongées, ouvertes, que j'ai failli tomber sous le poignard anglais?* Alors il raconta, à Antommarchi, qui en conçut désormais le plus profond mépris pour Hudson, l'essai fait en août dernier par l'état-major anglais, pour s'assurer de la présence du prisonnier.

Tout en parlant, Napoléon s'exaltait; et l'exaltation amenait une rapide élévation de la température. Antommarchi essayait vainement de le calmer. Dans une improvisation véhémente l'empereur repassait tous les arguments et tous les griefs qu'il avait accumulés depuis le premier jour de la captivité. Quand il eut usé sa colère, le médecin lui conseilla l'exercice, et n'obtint qu'un refus péremptoire, quoique l'immobilité générale, qu'il s'imposait depuis dix-huit mois, eût causé un état de faiblesse si grand, que la jambe droite pliait sous le corps.

Cette inaction, si contraire à son inquiète activité d'autrefois, le laissait plus sensible aux douleurs déchirantes de la maladie : il lui devenait impossible de fixer sa pensée; tantôt c'étaient des discussions anatomiques, des préoccupations médicales et toujours cette conviction de supériorité universelle, cette persistance de défiance, qui lui inspira l'idée de dicter lui-même son bulletin de santé ; tantôt c'étaient des lectures fiévreuses : il faisait défoncer les caisses de livres, et étendu sur un canapé, les parcourait de l'œil rapidement, lançant au hasard devant lui l'ouvrage abandonné, au point de joncher complètement la chambre de volumes de tous les formats. Il ne s'arrêtait pour se recueillir, que devant les souvenirs ou les portraits qui lui rappelaient son fils.

Lorsqu'il ouvrit la caisse où le cardinal Fesch avait fait placer les ornements sacerdotaux, il eut quelques moments de tristes réflexions; puis il ordonna à l'abbé Bonavita de prendre les insignes de la prélature, son aumônier devant nécessairement porter les bas violets. Enfin il s'occupa avec une ardeur, qui ne souffrait pas les difficultés, à faire construire un autel portatif, pour dire la messe; veillant avec un soin scrupuleux à ce que son entourage assistât régulièrement à l'office.

Cependant il se plaignait tous les jours de douleurs plus profondes et, sur l'insistance de ses amis, il se décida à faire quelques pas dans le jardin; l'air lui fit grand bien ; ses pensées se formulèrent plus nettement dans son esprit;

il revenait sans cesse aux années de son enfance et se rappelait la Corse avec un sentiment d'affection filiale. Mais là encore, il employait cet art de se tromper lui-même qu'il avait poussé si loin depuis quelques années. Il s'étendait sur l'affection que Paoli, qui l'avait maudit cependant, lui avait conservée, à l'époque du Consulat. En parlant des grandes familles corses, il disait : *J'y étais fêté, bienvenu, on s'y fût sacrifié pour moi.* Il oubliait l'anathème, qui l'avait accueilli dans sa patrie même, lorsqu'il avait voulu dominer et lorsqu'il avait quitté tour à tour tous les partis, jusqu'au moment où la proscription lui avait fait abandonner pour toujours le rêve d'une royauté en Corse.

Ces épanchements rétrospectifs cédaient toujours au rôle de souverain, qu'il continuait à jouer, et au soin, qui primait tous les autres, de conserver la hiérarchie et l'étiquette.

Un jour qu'Antommarchi désirait questionner l'empereur, auquel la marche rendait quelque force physique, l'un des valets de chambre l'arrêta avec une sainte horreur : « N'allez pas, s'écria-t-il, monsieur le docteur, ne voyez-vous pas que Sa Majesté est dans son incognito? — Dans son incognito? — Oui, toutes les fois que Sa Majesté endosse cette longue redingote verte, qu'il prend ce grand chapeau rond, c'est qu'elle ne veut être abordée par qui que ce soit; M. le grand maréchal lui-même s'abstient de l'interrompre. »

Avec les forces apparentes, la parole revint à l'empereur plus abondante que jamais; ses discours étaient un singulier mélange de vérités et d'erreurs, qui, rapportés et acceptés comme articles de foi, ont si longtemps égaré l'histoire. Il revenait avec complaisance sur les liens qui l'attachaient à l'antique maison florentine des Bonaparte de San-Miniato, liens qui n'existaient que dans son imagination ; il se faisait tout gratuitement l'héritier du dernier représentant de cette maison ; enfin il s'étendait sur les succès littéraires de sa jeunesse, et affirmait avoir remporté à Lyon le prix Raynal sur la fameuse question : « Quels sont les sentiments qu'il est bon d'inculquer aux hommes pour le bonheur ? » Se flattait-il donc que son affirmation prévaudrait contre les registres de l'Académie, où son discours est classé le dernier, avec une appréciation peu flatteuse ? Après tout il serait difficile de décider si cette accumulation d'erreurs ne doit pas être attribuée en partie au besoin irrésistible de parler.

Ce regain de forces et de gaîté fut encore augmenté par une nouvelle escarmouche avec Hudson Lowe, qui s'était inquiété, pour la foi anglicane de ses subordonnés, des visites de propagande des abbés de Longwood aux colons de Jamestown. Napoléon protesta violemment contre les injures possibles qu'aurait à supporter la religion catholique de la part du gouverneur, et, se retournant en riant du côté de ses amis, s'écria qu'on ne pourrait pas l'accuser de n'avoir pas défendu l'Église jusqu'à son dernier soupir.

Il avait été mis en belle humeur par cette nouvelle campagne, et un matin, il fut surpris par le docteur, à sa toilette, poursuivant ses deux valets de chambre Marchand et Noverraz, pour leur distribuer des taloches, genre de joyeuseté qu'on avait toujours considéré comme indiquant chez lui le plus haut point de la gaîté.

Mais cette accalmie ne devait point durer ; dès octobre 1819, les douleurs hépatiques avaient repris, et alors il était devenu sombre tout à coup. S'il parlait, c'était de l'ingratitude de Kléber, de la trahison de Marmont, de la bassesse des agents qui l'avaient livré, contre Bernadotte, qui s'était fait battre quand il combattait pour la France; qui s'était réservé la victoire pour le temps où il devint prince de Suède. Un sursaut de la nature lui rendait-il quelques forces : c'était une explication triomphante du 18 Brumaire, c'étaient des plaisanteries contre les médecins, comme quoi par exemple Desgenettes avait voulu le droguer pour un bobo, tandis que Corvisart l'avait guéri en deux jours avec un sinapisme.

Là était la grande question du jour, ne pas prendre des pilules ou des potions. Il est impossible d'imaginer les ruses, les arguments captieux, les impatiences souveraines de Napoléon pour échapper aux drogues d'Antommarchi. On dirait d'un enfant gâté : « Ça sent si mauvais, ça lui reste dans la gorge, ça ne peut pas passer. »

En désespoir de cause et toujours renvoyé avec son julep et sa préparation dans les mains, le docteur conseille un exercice violent : faire le jardinier par exemple. A la bonne heure, s'écrie Napoléon, et à l'œuvre! voilà le grand maréchal, Montholon, le médecin armés d'une bêche; les coolies chinois, qui se sont engagés dans l'île, sont réquisitionnés; c'est tout au plus si Mme Bertrand, atteinte elle-même gravement, est dispensée de la corvée. Napoléon, vêtu de blanc, coiffé d'un grand chapeau, dirige les travaux et se vante surtout de son adresse : on construit des épaulements, on élève des grottes et des cascades, on creuse des viviers, on transplante les arbres, on sème des pois et des haricots. Napoléon oublie tout un instant; il est devenu le parfait jardinier, et le pauvre Antommarchi, qui n'est pas soutenu par la fièvre, s'épuise à suivre son malade, pour semer des fèves dans le sillon tracé par l'empereur.

Ces travaux poussés avec une pareille activité effrayèrent Hudson Lowe, il fit venir Antommarchi, et lui conseilla de ménager le général Bonaparte. Le docteur de retour répondit dans une lettre insolente, que lui dicta Napoléon, qu'il n'avait pas répondu au gouverneur d'une manière satisfaisante la veille, « parce que le général Bonaparte avait disparu ». Justement Napoléon, déguisé en Chinois avec l'abbé Vignali, avait paru à cheval au sommet du plateau de Longwood. Hudson Lowe, quoiqu'il fût sûr de ses précautions, fut dans une inquiétude effrayante. Il accourt, mande Antommarchi. « Le général Bonaparte a disparu... — Oui, répondit froidement le docteur, depuis l'an 1804, depuis qu'il a été nommé empereur. »

Cette petite scène, qui se passait dans les premiers mois de 1820, avait valu à l'empereur quelques semaines de calme et de répit; mais de juillet à septembre les symptômes alarmants se multiplièrent : l'inflammation, la fièvre, les nausées, l'inappétence, les cauchemars, l'affaissement moral. Napoléon fit alors ses dernières tentatives pour monter à cheval; mais les muscles étaient amollis par l'abus des bains chauds; et désormais les mauvais jours furent de beaucoup les plus nombreux. L'image de sa fin prochaine le quittait rarement : « *L'art de guérir*, disait-il avec découragement, *n'est autre que celui de calmer et d'endormir l'imagination.* » A de rares intervalles il parlait de guérison : « *Une fois rétabli, je vous rends à vos études* »; mais bientôt le sentiment de la réalité le dominait : « *Ma santé ne se rétablira jamais* », s'écriait-il; au moins voulait-il mourir de la maladie qu'il avait choisie : « *Que parlez-vous d'estomac, jamais je n'en ai éprouvé le moindre mal; qu'il n'en soit plus question, entendez-vous ?* »

Dans cet état de va-et-vient entre l'excès de la maladie et les alternatives de mieux, la tête devenait plus faible; il oubliait le monde entier pour les poissons de son vivier; par malheur des plaques de cuivre avaient servi à blinder la cuve, enfouie dans terre, où on les avait placés. Les poissons s'en trouvèrent fort mal. Ce fut un désespoir : « *Vous voyez bien, il y a une fatalité sur moi; tout ce que j'aime, tout ce qui m'attache est aussitôt frappé; le ciel et les hommes se réunissent pour me poursuivre.* » Il ordonna au docteur de voir s'il n'y avait pas moyen de les secourir, ce qu'Antommarchi fit sans sourciller. Il analysa l'eau, découvrit la présence du cuivre fatal, et fit transporter les poissons survivants dans une eau plus saine.

Désormais la somnolence fut l'état le plus habituel à Napoléon : les conversations sont rares, les souvenirs disparaissent, la marche redevient plus difficile; lorsque la douleur lui laisse une heure, une journée de répit, il ne connaît plus que le repos. « *Quelle douce chose que le repos! le lit est devenu pour moi un lieu de délices! je ne l'échangerais pas pour tous les trônes du monde, il faut que je fasse un effort pour soulever les paupières.* »

Il ne sortit de cette torpeur que pour recevoir un coup terrible. En ouvrant un journal d'Europe, il apprit la mort de sa sœur Élisa Bacciochi. Cette nouvelle détermina une crise. Pendant quelques instants, l'empereur ne put proférer aucune parole et fut saisi par une oppression qui aurait pu lui être funeste. Lorsqu'il fut remis, il parla longtemps et avec sang-froid de sa sœur : il rappela sa haute intelligence, son ambition, ses actes en Toscane, puis il termina par un retour sur lui-même : « *Élisa vient de nous montrer le chemin, et la première personne qui doit la suivre dans la tombe, c'est ce grand Napoléon qui plie sous le faix et pourtant tient encore l'Europe en alarmes.* »

Les crises se succédèrent alors rapidement et Antommarchi crut devoir proposer le sirop d'éther que l'empereur refusa à cause de son arrière-goût. Dans le commencement de janvier 1821, il eut un moment d'exaspération contre sa faiblesse; il voulut se traiter par les remèdes violents, secouer la léthargie qui le paralysait, et par un dernier effort de volonté, il monta à cheval, y resta deux heures; mais fut presque incapable de mouvement le lendemain; alors il s'avoua vaincu : « *Je suis malade,* disait-il, le 25 janvier, *bien malade* »; puis tous les jours à l'arrivée du docteur : « *Est-ce pour aujourd'hui? c'est pour bientôt?* »

En février, les anxiétés commencèrent, l'ingestion des aliments devint difficile; il ne quitta presque plus une toux sèche et fatigante, les sorties en calèche le fatiguaient; quand il pouvait penser, ses souvenirs se reportaient presque exclusivement à sa vie militaire et surtout à ses premières campagnes : les noms d'Italie et d'Égypte revenaient le plus souvent sur ses lèvres : Stengel, Caffarelli, Belliard, Desaix; puis des grands moments de silence, des résolutions de triompher du mal, suivies d'une nouvelle prostration.

Le 17 mars 1821, il sortit pour la dernière fois en voiture, l'humeur devint presque uniformément sombre; un froid glacial s'empara des extrémités; les dents grinçaient involontairement; quand il parlait, il faisait partager à tous les angoisses qui le déchiraient; il disait à Mme Bertrand, abattue ainsi que sa fille par la maladie : « *Il faut nous préparer à la sentence fatale, vous, votre fille Hortense et moi; j'irai le premier, vous viendrez ensuite; Hortense suivra, nous nous retrouverons dans les Champs Élysées* »; puis, se levant tout à coup, il récitait ces vers de *Zaïre* :

> Non, à revoir Paris, je ne dois plus prétendre,
> Vous voyez qu'au tombeau je suis prêt à descendre.
> Je vais au roi des rois demander aujourd'hui
> Le prix de tous les maux que j'ai soufferts pour lui.

Au milieu de la fièvre, des étourdissements, des anxiétés continuelles, il chantait des chansons italiennes; il était saisi de vertiges, il étouffait.

Hudson apprit l'état désespéré de Napoléon, il proposa une consultation et un médecin anglais. « *Songe-t-il donc déjà à l'autopsie?* » Telle fut la seule réponse de l'empereur. Cependant il consentit à ce qu'Antommarchi consultât le chirurgien militaire Arnott. Le résultat fut qu'on offrirait à Napoléon une potion selon la formule : il refusa d'abord. « *Quod scriptum est, scriptum est!* » dit-il. Il se résolut cependant à la prendre sur la prière de la comtesse Bertrand, de Montholon et de tout son entourage.

Cependant Hudson était de plus en plus inquiet et était persuadé qu'on lui cachait déjà la mort de Napoléon; il obtint, par des menaces, qu'on userait d'un stratagème pour faire voir Napoléon à un de ses officiers; d'ailleurs il renonça à toute mesure administrative, dès qu'il eut obtenu qu'Arnott vît Napoléon de concert avec Antommarchi.

Le chirurgien anglais constata les derniers symptômes; la tête solide vers le milieu de la journée n'y était plus le matin et le soir. Le 2 avril, les domestiques rapportèrent qu'ils avaient vu une comète. « *Une comète,* s'écria l'empereur avec émotion, *ce fut le signe précurseur de la mort de César.* » *J'arrivais au milieu du trouble,* dit Antommarchi, *où ce rapport l'avait mis.* « *Vous avez vu, docteur? — Non, sire? — La comète? — On n'en aperçoit pas. — On l'a vue. — On s'est mépris. — Peine perdue, docteur! je suis à bout; tout me l'annonce, vous seul vous obstinez à me le cacher.* »

Le 3 avril, Hudson revint encore; la nouvelle maison de Longwood avait été achevée rapidement, il proposait d'y transporter le malade; Antommarchi s'y opposa avec violence : « J'entends, dit-il; après l'avoir fait vivre dans une masure, vous voulez qu'il meure dans un palais, l'artifice est trop grossier. »

Les journées se passèrent pendant le mois d'avril entre la fièvre, le délire, l'assoupissement et la douleur; il repoussait les remèdes, il se contentait de répondre aux instances : « *Laissez, ne troublez pas le repos dont je jouis.* »

Du 7 au 11 avril cependant il put se lever. « *Eh bien! docteur, ce n'est pas encore pour cette fois.* » Mais les douleurs reprirent presque aussitôt; et Montholon et Bertrand prirent sur eux de le prévenir du verdict des médecins. Alors, profitant d'un reste de forces du 13 avril au 27, il écrivit son testament, soit avec Marchand et Montholon, soit seul; mais il restait inflexible pour les médicaments. Un jour il accepte, voit l'anxiété de Marchand qui lui présente les pilules prescrites, part d'un grand éclat de rire et lui dit : « *Prends, toi* ». Marchand n'hésita pas, mais l'empereur refusa de se montrer aussi docile. Quoique la fatigue devînt de jour en jour plus grande, après les longues heures qu'il passait enfermé avec ses exécuteurs testamentaires, il semblait plus résigné, jusqu'au moment où la plus petite cause amenait chez lui une irritation violente. On lui présentait de la limonade qu'il avait demandée, mais on n'avait trouvé que des citrons de Sainte-Hélène qui étaient fort amers. L'empereur se crut empoisonné. Quand on se fut expliqué il s'écria : « *Malheureux que je suis, rassasié d'outrages, en butte à toutes les privations! dans quelles mains je suis tombé!* » Le soir même, il dictait la fameuse protestation dans laquelle il léguait à la maison régnante d'Angleterre l'opprobre de sa mort.

Il se hâtait d'achever ses dispositions; il avait eu une longue conversation avec l'abbé Vignali pour l'établissement de la chambre ardente, où il devait être exposé, et donné ses instructions pour l'autopsie, puis ses pensées s'étaient tournées vers la religion : « *J'ai voulu réunir tous les cultes*, disait-il; *du moins j'ai rétabli la religion, service dont on ne saurait calculer les suites, car enfin si les hommes n'en avaient pas, ils s'égorgeraient pour la meilleure poire.* »

Le 27, il ne put plus écrire et le délire commença; le 28, dans un moment lucide, il recommanda à Antommarchi d'étudier avec soin sa maladie d'estomac, qu'il avait niée cependant autrefois; il affirma qu'il était atteint d'un squirre du pylore. Le 29, il eut quelques moments de repos dus à l'eau limpide d'une source, où l'on puisait pour lui; il se reprit à espérer : « *Si la destinée voulait que je me rétablisse, j'élèverais un monument dans le lieu où elle jaillit, je couronnerais sa fontaine en mémoire du soulagement qu'elle m'a donné. Si je meurs et s'il ne m'est pas permis de reposer où je naquis, eh bien! qu'on m'ensevelisse là où coule cette eau si douce et si pure.* »

Ce fut la dernière lueur d'espoir et de vie; depuis le 1ᵉʳ mai son visage était convulsé, il avait, selon l'expression médicale, la face hippocratique. Les anxiétés, les hoquets, l'oppression, le soulèvement spasmodique des muscles de la poitrine étaient constants; le délire cessait à peine : « *Stengel, Desaix, Masséna, oh! la victoire se décide, allez, courez, pressez la charge, ils sont à nous.* » Bientôt à tous les symptômes précédents s'ajoutèrent le rire sardonique et la fixité des yeux; le 5 mai, il ne prononça plus que deux mots : « *tête, armée* ». Hudson Lowe imposa une nouvelle consultation inutile. Lorsque Bertrand, sa famille, lorsque tous les serviteurs de l'empereur se trouvèrent dans sa chambre, il avait perdu connaissance, l'adynamie était complète; à 6 heures moins 11 minutes, une légère écume couvrit sa bouche : il était mort.

On ouvrit aussitôt le codicille dans lequel il demandait à ce que son corps fût transporté en France. Hudson montra les ordres de lord Bathurst, qui s'y opposaient. Il vint en grand deuil; avec son état-major et le résident français Montchenu, constater la mort de l'empereur, puis on procéda à l'autopsie. Antommarchi constata l'hépatite, mais aussi vers la région du pylore un engorgement squirreux, une perforation de l'estomac et un ulcère cancéreux dans le même organe. Il s'éleva alors avec les médecins anglais présents à l'opération une discussion sérieuse : ils avaient réclamé le droit de dresser le procès-verbal, où ils attribuaient la mort de Napoléon à l'affection de l'estomac, tandis qu'Antommarchi réclamait pour l'hépatite; il refusa de signer lorsque les praticiens anglais l'eurent emporté.

Hudson présenta aux serviteurs de l'empereur ses regrets sans faire aucune allusion à l'état d'hostilité violente qui avait existé entre lui et Longwood jusqu'au dernier moment. Il exprima l'idée que Napoléon était mort au moment où le gouvernement anglais s'apprêtait à lui rendre la liberté. « Il est mort, tout est fini, ajouta-t-il, nous lui rendrons demain les derniers devoirs; les troupes ont reçu l'ordre de prendre le deuil dès la pointe du jour. » Les funérailles de Napoléon furent en effet aussi solennelles qu'elles pouvaient l'être à Sainte-Hélène; Hudson Lowe en laissa la disposition aux serviteurs de Napoléon et suivit le cortège à cheval, avec son état-major en grand deuil, en évitant de se mêler aux amis de l'empereur et de choquer ainsi leur douleur; lorsque la pierre fut scellée, l'artillerie de l'île tira trois salves de 15 coups de canon, et Napoléon dormit provisoirement sous le saule de Longwood.

Quelques jours après, ses compagnons s'embarquaient pour l'Angleterre; si grands que soient les griefs qu'ils aient accumulés plus tard contre le gouverneur de Sainte-Hélène, dans le premier moment ils avaient accepté ses explications. Quand le vaisseau qui les emmenait en Europe, eut quitté les eaux africaines, ils ouvrirent le testament de l'empereur, selon ses instructions. Ils y trouvèrent d'abord un grand nombre de legs, qui montaient à la somme de huit millions, déposée entre les mains de Laffitte. Ce premier chiffre se trouva faux, et Laffitte prouva victorieusement que le dépôt confié par l'empereur ne dépassait pas six millions. A la rigueur Napoléon avait pu manquer de mémoire. Mais que penser des autres legs à prélever sur le reliquat du domaine privé, retenu par la Restauration? Ce domaine privé, dont Napoléon croyait devoir s'attribuer la possession, n'était pas à lui. Il est difficile de croire que c'était une plaisanterie suprême. Admettons plutôt que c'était un moyen de citer dans son testament ceux de ses serviteurs qu'il avait le plus aimés. Remarquons aussi avec quel ordre, digne d'un parfait notaire et d'un commissaire-priseur expert, il faisait l'inventaire de ses objets mobiliers, insistant sur les plus secrets, comme si la postérité devait tout admirer sans exception de l'empereur Napoléon.

Mais il y a un numéro du codicille du 24 avril 1821, qui a une tout autre signification et que voici : « *Dix mille francs au sous-officier Cantillon, qui a essuyé un procès, comme prévenu d'avoir voulu assassiner lord Wellington, dont il a été déclaré innocent. Cantillon avait autant de droit d'assassiner cet oligarque, que celui-ci de m'envoyer pour y périr sur le rocher de Sainte-Hélène. Wellington, qui a proposé cet attentat, cherchait à le justifier par l'intérêt de la Grande-Bretagne. Cantillon, s'il avait assassiné le lord, se serait couvert et aurait été justifié par les mêmes motifs.* »

On comprend qu'un historien ait cru pouvoir écrire sur ce codicille cette phrase : « Nous le demandons aux honnêtes gens de tous les partis, poussa-t-on jamais plus loin l'oubli de toutes les notions du bien et du mal? »

D'ailleurs tel qu'il avait été rédigé, le testament de Napoléon devait être le prétexte de contestations peu édifiantes. Les luttes qu'entraînèrent les déceptions de plusieurs légataires furent un triste épilogue à cette histoire; il avait commis la même erreur qu'autrefois : de même qu'il avait cru s'affermir dans son pouvoir en achetant les consciences, il crut pouvoir acheter les souvenirs des siens par des libéralités d'outre-tombe. En dépit de ces débats scandaleux, quelques hommes se sont montrés meilleurs qu'il ne le croyait; car son souvenir, entouré de l'auréole du martyre, est longtemps resté gravé dans le cœur d'un certain nombre de ceux que l'empereur avait cru pouvoir oublier dans ses dernières volontés.

La vie de Napoléon n'avait pas duré cinquante-deux ans, il avait occupé la première place dans l'attention des peuples de l'Europe depuis près de vingt-cinq ans. Toute sa destinée s'était écoulée dans ce court laps de temps. Poussé par un vertige inexplicable, il avait lui-même pressé sa vie. Au début, il avait devancé l'époque normale du succès, comme il s'était précipité au-devant de sa chute avec une fureur aveugle.

Né dans la plus mauvaise époque du xviiie siècle, et dans une patrie malheureuse et pleine du ressentiment de sa pauvreté, il avait été élevé au milieu de la pire des misères, celle qui ne s'avoue pas à elle-même et qui tend la main avec orgueil. Victime dans son enfance des inégalités choquantes de condition et de fortune, il se pénétra, dans les années de la jeunesse, où les premières impressions creusent un sillon ineffaçable, des idées de Rousseau, au fond desquelles on retrouve l'envie et la convoitise, érigées en dogmes sociaux.

La supériorité de son intelligence, la puissance de son imagination, la netteté de son but l'élevèrent rapidement en temps de bouleversement. Avec un aussi puissant moyen que son génie militaire, il se sentit appelé, comme il le disait, à tirer pour lui seul les conséquences de la Révolution : de là son impatience de la discipline, quand il fut en sous-ordre; ses exigences envers les subordonnés, quand il commanda.

Pour arriver au pouvoir rien ne lui coûta, ni les services rendus, ni la dissimulation, ni la souplesse. Pour dominer seul, il n'hésita pas à se lancer dans des expéditions invraisemblables comme celle d'Égypte, quitte à abandonner cette partie, pour en jouer une plus profitable.

Devenu le maître, il paya les dévouements et les complicités; il eut un moment le souci de la France; et l'administration du Consulat fut pour beaucoup dans l'erreur de ceux qui ne voyaient en lui qu'un sauveur, chargé d'assurer les résultats de la Révolution.

L'œuvre accomplie, il devenait inutile; il chercha une nouvelle raison d'être dans la guerre : de là c tte lutte sans fin contre l'Europe, et les conquêtes ajoutées aux conquêtes.

Mais l'excès du pouvoir et des combinaisons politiques fatigua rapidement cette imagination sans bornes; les idées s'obscurcirent avec les défaillances du tempérament physique; de là le machiavélisme naïf de sa diplomatie, les maladresses de l'immoralité politique, l'impuissance à réprimer les impatiences de son esprit dominateur, et à résister aux suggestions dangereuses d'une vanité, toujours trop bien servie et jamais satisfaite.

Alors le génie se lassa : les projets vagues et indécis se multiplièrent; le cerveau toujours surexcité de l'empereur travailla sur une trame de moins en moins solide, les expéditions les plus imprudentes furent entreprises sur des données plus vaines encore. Le premier échec détermina une décomposition rapide, et il n'y eut plus rien bientôt que les derniers efforts d'une ardeur fiévreuse et d'une grande intelligence qui battait la campagne.

La destinée de Napoléon a été si extraordinaire, que c'est à peine, si nous pouvons croire, que le siècle n'est pas achevé, qui l'a vu s'élever au plus haut point de la grandeur humaine, et finir dans la prison de Sainte-Hélène.

Depuis les écrivains qui ont admiré en lui la force du succès et de l'audace, en passant par les historiens étrangers, hostiles ou enthousiastes, jusqu'aux adversaires politiques, quiconque s'est occupé de cette destinée extraordinaire s'est arrêté presque exclusivement à la contemplation de l'homme étonnant, unique, que fut Napoléon.

Pour les uns il a été le génie du mal, et, malgré les réformes du Consulat, le mauvais génie de la France. Pour les autres, pour M. Thiers, pour les écrivains bonapartistes, pour tous ceux enfin qui acceptent la légende, ou qui considèrent l'histoire de sa vie comme un exercice littéraire, c'est presque un demi-dieu. Ses vices eux-mêmes deviennent sous leur plume prétexte à admirer. Ceux-là oublient que son ambition a coûté plus de 3 000 000 d'hommes à l'Europe; ils comptent pour rien l'immoralité privée de Bonaparte, et son hypocrisie et le mensonge, devenus un système politique, et ses violences et le mépris du droit, dont il se faisait un jeu. N'est-il pas étrange qu'on veuille imposer à notre temps, si exigeant pour ses hommes d'État, où la critique s'attaque si amèrement et avec raison aux défaillances des gouvernants, qu'on veuille nous imposer le regret et l'admiration de celui, dont Thiers disait lui-même, qu'il n'avait rien de ce qu'on appelle la vertu? Ne serait-on pas plus près de la vérité si, en reconnaissant que Napoléon a été le plus grand soldat de l'histoire, et un administrateur de premier ordre, on voit en lui l'un des hommes les plus malhonnêtes, et l'un des génies les plus malfaisants, dont un peuple ait supporté la domination?

Ou plutôt ne vaut-il pas mieux chercher autre part des responsabilités sur lesquelles on n'insiste pas toujours assez? Pourquoi les Français, pourquoi l'Europe ont-ils supporté le despotisme de l'empereur pendant près de dix ans? Certainement en France, et nous l'avons dit au cours de cette étude, l'affaiblissement des caractères, et la détente, qui ont suivi la terrible période révolutionnaire, ont été pour beaucoup dans cette patience de la nation tout entière, dans la servilité de l'entourage impérial. Mais aussi, en dépit de ses prétentions de parvenu, Bonaparte est resté, en face de la politique des émigrés et des ci-devant, le représentant de l'égalité révolutionnaire, et le défenseur de l'acquéreur des biens nationaux. En ce sens, il n'avait pas tout à fait tort, lorsqu'il se disait l'empereur des paysans et du peuple. Malgré sa tyrannie, c'est lui qui avait assuré les intérêts nouveaux, nés en 1789, et sans discuter ici, ce qui serait oiseux, si le même résultat n'aurait pas pu se produire par des voies meilleures, il a bénéficié, aux yeux des générations, menacées dans leurs droits par les ultras, du Code civil et du plébiscite. Enfin il a donné aux Français une gloire militaire, telle qu'aucun autre peuple n'en a jamais connue. Or la monarchie guerrière des Bourbons avait habitué la France à mettre son patriotisme dans l'esprit de conquête, et l'empereur avait donné à ce sentiment les satisfactions les plus complètes. Lorsqu'il fallut payer ces succès, trop extraordinaires pour être durables, par des catastrophes accumulées, ce fut encore Napoléon qui chercha à arrêter l'invasion. Le cynisme avec lequel il fut abandonné par ceux qu'il avait élevés avec lui, et cela au moment le plus avouable de sa carrière, les sursauts extraordinaires de son génie de soldat, enfin la cruelle expiation de Sainte-Hélène, ont identifié ses malheurs avec ceux de la patrie. On a oublié tout ce qu'il y avait de pis dans l'homme et dans le maître, ou plutôt on n'a pas voulu le savoir, et il s'est formé, autour de son nom et en sa faveur, des traditions pleines de larmes. Lequel de nos contemporains n'a pas vu un des grognards de 1814 pleurer à la lecture du *Mémorial*? Les Français ont donc subi Napoléon, et ils l'ont pleuré. Ceux d'entre eux qui ont approché l'empereur, lui ont fait trop souvent connaître ce qu'il y a de plus bas et de plus vil dans l'âme humaine, et il était trop naturel que, n'ayant lui-même aucune conscience morale, et cédant à l'égoïsme de sa pensée, qui ne connaissait pas de limites, il ait voulu éprouver jusqu'où il pouvait pousser le mépris des hommes.

L'Europe, qui a si longtemps tremblé devant Napoléon, et le tsar, qui a vécu familièrement avec ce grand aventurier, et les Bourbons d'Espagne, qui l'ont adulé platement, et François II, qui lui a donné sa fille, et le roi de Prusse, qui a sollicité de coopérer à la guerre de Russie, et les princes allemands, qui ont fait tapisserie à sa cour, pour l'abandonner, au moment du désastre final, paraissent moins excusables que les Français, pour la part qu'ils ont prise à l'histoire de Napoléon. Cependant en Allemagne, comme en Italie, on sentait vaguement, qu'en se livrant aux jeux des provinces, en remaniant la carte de l'Europe, Bonaparte aplanissait, inconsciemment peut-être, les difficultés du particularisme, et préparait ainsi de nouvelles unités nationales, au nord, et à l'est de la France, qui jusqu'alors avait été, dans l'ancien continent européen, la seule grande patrie. Au fond, l'empereur a bien mérité de l'Europe centrale et de l'Italie, et leurs historiens le savent bien.

Ce n'est certes pas une raison pour que la légende napoléonienne, que les documents ont percée à jour, nous poursuive encore aujourd'hui. Mais lorsque l'histoire exprime l'horreur que cette période de tyrannie inspire aux hommes épris de liberté et de moralité politiques, elle ne doit pas oublier que les Français pouvaient en finir plus vite avec ce système de gouvernement, et il faut se souvenir de cette vérité : Un peuple n'a que le gouvernement qu'il mérite.

FIN

INDEX ALPHABÉTIQUE

A

Aberdeen (lord), 360.
Aboukir, 98, 105, 109.
Abrial, 154.
Acre (St-Jean d'), 105, 108.
Adda, 66, 74.
Addington, 134, 135.
Adige, 77.
Ahmed-Djezzar, 105, 108.
Aix, 7, 8, 12, 34.
Ajaccio, 2, 3, 5, 7, 9, 14, 20, 23, 25, 26, 27, 28, 29.
Albitte, 42.
Alexandre (tsar), 126, 180, 182, 189, 203, 205, 206, 212, 215, 219, 226, 227, 228, 236, 238, 259, 260, 262, 270, 271, 272, 273, 301, 304, 306, 310, 311, 314, 318, 344, 349, 360, 366, 367, 368, 377, 393.
Alexandrie, 90, 110.
Algarves, 245.
Allemagne, 27, 76, 85, 186, 189, 203, 205, 211, 218, 253, 257, 258, 267, 275, 287, 295, 297, 307, 340, 345, 349.
Alpon (l'), 77.
Alquier, 289.
Altenbourg, 260.
Alvinzi, 77, 78.
Amiens, 126, 131, 134, 158, 184, 217.
Amsterdam, 280, 281, 282.
André (d'), 181, 182.
Andreossy, 90, 110.
Angleterre et Anglais, 27, 34, 72, 75, 89, 90, 175, 178, 179, 186, 204, 209, 216, 217, 219, 224, 225, 227, 241, 244, 247, 260, 261, 264, 280, 286, 296, 298, 299, 223, 327, 329, 334, 349, 368, 371 384.
Angoulême (duc d' et duchesse d'), 364.
Anne (grande-duchesse), 271.
Anstetten, 352.
Antommarchi, 400, 409, 410, 411 412, 413, 414, 416, 418, 419, 420, 422, 424, 425.
Antonio (don), 248.
Antraigues (comte d'), 84.
Anvers, 86, 260, 261.
Arabes, 91.
Aranjuez, 247, 248.
Arcole, 77, 78.
Arena, 23, 122, 124, 128, 129.
Arish (el.), 105, 106.
Arkhangelsk, 227.
Arnaud, 92.
Arnott, 422.
Arras, 38.
Arrighi, 4, 5, 193.
Artois (comte d'), 136, 364, 374.
Aubry, 44, 48.
Auerstædt, 210, 211.
Augereau, 57, 61, 62, 64, 69, 74, 78, 84, 93, 119, 122, 123, 168, 329, 361, 369, 379.
Auguste (princesse), 199.
Austerlitz, 182, 183, 184, 187, 194, 199, 200, 203, 207.
Autriche, 24, 27, 34, 42, 65, 70, 73, 76, 78, 81, 82, 85, 91, 126, 178, 181, 182, 186, 193, 202, 203, 224, 253, 254, 255, 256, 259, 260, 262, 263, 264, 273, 283, 288, 307, 310, 311, 312, 361, 365, 372.
Autun, 7, 9, 10, 12.
Auxonne, 18, 19.
Avignon, 33.
Azhar (mosquée el), 104.

B

Bade, 183, 199, 200, 202, 203, 235, 274.
Badine, 6.
Bagration, 311.
Balmany, 404.
Baour-Lormian, 292, 293.
Baraguey d'Illiers, 82, 83, 90.
Barante, 293, 294.
Barbé-Marbois, 143.
Barbets, 75.
Barclay de Tolly, 219, 313, 314.
Barras, 33, 35, 43, 44, 46, 49, 51, 53, 58, 84, 85, 113, 117, 118, 121, 122.
Bartenstein, 223.
Bastia, 28, 29.
Bathurst (lord), 410, 425.
Bausset (de), 267, 268.
Bautzen, 314, 315.
Bavière, 181, 183, 200, 202, 203, 206, 224, 252, 253, 254, 274.
Baylen, 252.
Bayonne, 248.
Beaucaire, 33.
Beauharnais (comte de), 244, 245, 246.
Beauharnais (général de), 52.
Beaulieu, 65, 66, 70, 71.
Becker (général), 389, 390.
Bekri (el), 102.
Belliard, 90, 285, 315, 366.
Benningsen, 219, 222.
Bérésina, 321.
Bergame, 81, 82.
Berg-op-Zoom, 280.
Berlin, 203, 204, 206, 213, 214, 215, 216, 217, 219, 224, 353.
Bernadotte, 93, 119, 127, 164, 168, 193, 195, 255, 260, 261, 288, 289, 304, 352, 355, 367.
Bernard, 388.
Berne, 92.
Bernier, 127, 160.
Berruyer, 50.
Berry (duc de), p. 434, 436.
Berthier, 63, 66, 90, 92, 94, 110, 120, 126, 168, 191, 193, 197, 253, 273, 285, 286, 303, 308, 312, 314, 319, 344, 349, 368.
Berthollet, 72, 88, 91, 99, 103, 110.
Bertin (frères), 326.
Bertrand, 370, 389, 393, 394, 395, 397, 406, 412, 424.
Beslier, 154.
Bessières, 90, 168, 192, 214, 244, 316.
Beugnot, 153, 288, 340.
Beurnonville, 346.
Bignon, 213, 214, 340.
Bingham, 396.
Biron, 39.
Bleschamps (Alexandrine de), 241.

Blücher, 204, 206, 258, 353, 360, 363, 365, 387, 388, 389.
Bohême, 258, 260, 262.
Bologne, 67, 72, 73, 79.
Bombelles (de), 373.
Bon (général), 63, 90, 97.
Bonaparte (Caroline), 6, 17, 29, 83, 131, 165, 170, 172, 196, 233, 235, 265, 274.
Bonaparte (Charles), 2, 3, 5, 6, 7, 8, 9, 12, 14, 17.
Bonaparte (Élisa), 6, 12, 14, 26, 29, 40, 132, 172, 197, 420.
Bonaparte (Jérôme), 6, 17, 29, 165, 197, 201, 211, 235, 238, 258, 286, 287.
Bonaparte (Joseph), 5, 7, 8, 12, 14, 15, 17, 23, 25, 36, 42, 47, 51, 54, 65, 109, 114, 119, 126, 131, 132, 160, 165, 166, 167, 169, 173, 193, 194, 195, 244, 251, 265, 277, 283, 284, 285, 286, 287, 289, 339, 361, 362, 383, 389.
Bonaparte (Louis), 6, 17, 29, 36, 74, 77, 91, 131, 165, 166, 168, 169, 173, 193, 198, 236, 268, 277, 278, 279, 280, 281, 282, 283, 287, 301, 362, 363.
Bonaparte (Lucien), 6, 12, 14, 17, 23, 36, 42, 47, 51, 59, 74, 108, 114, 122, 123, 124, 130, 132, 239, 244, 245, 286, 382.
Bonaparte (archiprêtre Lucien), 2, 8, 18, 23.
Bonaparte (Pauline), 6, 17, 40, 51, 83, 132, 170, 172, 197, 266, 373, 403.
Borghèse (prince), 132.
Borghetto, 70.
Borizov, 321.
Borodino, 314.
Bottot, 121.
Boudiakine, 384.
Boulay de la Meurthe, 110, 117, 125, 154.
Boulogne, 175, 179.
Bourbaki, 109.
Bourgoing (de), 283.
Bourmont, 387.
Bourrienne, 10, 25, 85, 110.
Boyer (Mlle), 36.
Brabant, 279, 280, 281.
Brancas, 170.
Brandebourg, 228.
Braunau, 274.
Brescia, 82.
Brest, 86.
Briars (les), 399, 400.
Brienne, 5, 7, 9, 10, 12, 13, 14, 15, 17, 18.
Brignoles, 35.
Broussais, 254.
Brueys, 93, 98.
Bruix, 180.
Brune, 50, 115, 127, 153, 168.

INDEX ALPHABÉTIQUE

Brunswick (duc de et de Brunswick-Oels), 210, 211, 258.
Bubna, 262.
Bucharest, 305.
Bülow, 388.
Buttafuoco, 4, 19, 20.

C

Cabanis, 117, 157.
Cacault, 160.
Cadet de Gassicourt, 257.
Cadoudal, 127, 135, 136, 139.
Caffarelli-Dufalga, 90, 102, 108.
Cagliari, 27.
Cairo, 44.
Caldiero, 77.
Calvi, 4.
Cambacérès, 125, 131, 154, 155, 166, 167, 189, 191, 261, 266, 302, 325, 332, 333, 334, 361.
Cambon, 142.
Cambronne, 378.
Campan (Mme), 169, 266.
Campbell, 372, 374.
Campo-Formio, 56, 85, 126.
Caprara (cardinal), 170, 190.
Caraman, 135, 139.
Carbon, 129.
Carinthie, 260, 262.
Carlos, 248, 249.
Carniole, 260, 262.
Carnot, 44, 48, 51, 52, 54, 67, 70, 84, 127, 150, 151, 165, 329, 383.
Carrier, 38.
Carteaux (général), 33, 35, 36, 50.
Caselli, 160.
Cassel, 287.
Castiglione, 74, 75.
Castlereagh, 216, 237, 360, 371, 372, 384, 391, 392.
Castries, 16.
Catherine (grande-duchesse), 271.
Catherine (reine), 201, 235, 287.
Caulaincourt, 137, 138, 193, 238, 271, 303, 312, 314, 315, 322, 351, 352, 363, 365, 367, 388.
Cazotte (de), 35.
Ceracchi, 128, 129.
Cerbeer, 60.
Cervoni, 5.
Cevallos, 249.
Chabrillant (de), 38.
Chabrol, 147, 335.
Chalier, 32.
Champagny, 192, 223, 245, 250, 260, 271, 273, 289.
Champollion, 91.
Chantereine (rue), 115, 117, 120.
Chaptal, 158.

Charles IV, 189, 242, 243, 246, 247, 248, 250.
Charles XIII, p. 288, 289.
Charles (archiduc), p. 81, 183, 252, 256, 262.
Charles-Frédéric de Bade, 201.
Charlier, 32.
Chateaubriand, 133, 293, 326, 335, 371.
Châtillon, 363.
Chaumont, 365.
Chauvelin, 150.
Chauvelin (marquis de), 5.
Chauvet, 51.
Chénier (M.-Joseph), 120, 150, 177, 202.
Cherasco, 65.
Choiseul, 4, 19, 89.
Choiseul (comte de), 170.
Cintra, 252.
Cispadane (république), 159.
Clarke, 78, 80, 81, 82, 193, 280.
Clary, 35, 36.
Clary (Désirée), 35, 36, 54.
Clary (Julie), 35, 36, 42, 172, 195.
Clèves, Juliers et Berg, 196, 203, 278, 289.
Cobenzl, 85, 126, 171.
Cockburn, 292, 296, 390.
Colbert, 170.
Colbert de Maulévrier, 48.
Collot (banquier), 46, 60, 62.
Collot d'Herbois, 38.
Cologne, 82.
Colonna, 4, 27.
Comminges, 10.
Compiègne, 274.
Condé (prince de), 136.
Consalvi (cardinal), 160, 170, 175.
Constant (Benjamin), 86, 127, 149, 150, 293, 294, 378, 380, 381.
Constantinople, 89, 94, 105, 225, 227.
Conté, 91, 101.
Copenhague, 237.
Coptes, 91, 103.
Corazza (café), 89.
Corse, 1, 3, 4, 6, 7, 9, 19, 23, 24, 25, 26, 27, 28, 29, 39, 43, 66, 74, 77.
Corte, 4, 5, 26, 29.
Corvisart, 263.
Courcelles, 274.
Courier (P.-L.), 184.
Couthon, 43.
Cretet, 159.
Croatie, 260.
Cronstadt, 226.
Curée, 165.
Custines, 39.
Cuvier, 89.
Czartoryski, 220.
Czernicheff, 303.

D

Dalberg, 203, 367.
Dalmatie, 183, 193, 262.
Damas (Mme de), 181.
Dampierre, 10.
Danemark, 237.
Danzig, 219, 221.
Danubiennes (provinces), 227.
Daru, 213, 303, 312, 318, 321, 322.
Daunou, 120, 150.
David, 169.
Davidovitch, 77.
Davout, 90, 168, 191, 210, 212, 220, 253, 308, 310, 311, 313, 314, 315, 317, 319, 320, 383, 386, 388, 389.
Decaen, 135.
Decrès, 93, 180.
Defermon, 153, 154.
Dego, 65.
Dejean (général), 332, 333.
Delalot, 48.
Delavigne (Casimir), 291.
Delmas, 160.
Delzons, 319.
Demerville, 128.
Denon, 92, 100, 110.
Derval, 129.
Desaix, 90, 98.
Desgenettes, 91, 106, 109.
Des Mazis, 16.
Desmoulins (Camille), 47.
Despinoy (général), 63.
Dessoles, 161, 285, 361.
Destrem, 122, 123, 128, 129.
Destutt de Tracy, 157, 329, 343.
Dolomieu, 91.
Dombrowsky, 220, 259.
Donmartin, 35, 90.
Doppet, 36.
Douai, 18.
Doulcet de Pontecoulant, 48.
Drake, 29.
Dresde, 212, 305, 306, 345.
Drissa, 306.
Drouot, 387.
Dubois, 152.
Dubois (général), 90.
Duchesnois (Mlle), 131, 233.
Dugommier, 36, 37.
Duhesme (général), 241.
Dumas (général Alexandre), 90.
Dumas (Mathieu), 93, 308.
Dumerbion, 39, 40, 43.
Dupont de Nemours, 48, 142.
Dupont (général), 241.
Dupuis (général), 63, 83, 96, 104.
Dupuy (le père), 10.
Duroc, 64, 90, 130, 166, 169, 174, 192, 214, 226, 245, 250, 303, 311, 312, 318, 321, 322.
Dusseldorf, 196.
Duteil (général), 33, 36.
Duval, 129.

E

Eckmühl, 254.
Egypte, 76, 86, 88, 89, 92, 93, 110, 111, 126.
Elbe (île d'), 75, 369.
Emilie (république d'), 76.
Enghien (duc d'), 136, 137, 138, 139, 163, 170, 180, 238.
Escoïquiz, 243, 244, 246, 249, 250.
Espagne, 27, 34, 196, 197, 237, 239, 242, 243, 244, 245, 246, 247, 248, 250, 251, 252, 253, 255, 278, 284, 285, 286, 329, 339, 349.
Essling, 255, 256, 257, 259.
États de l'Église, 58.
Etrurie, 211 215, 248.
Eugène (prince), 52, 91, 108, 110, 115, 124, 131, 168, 179, 199, 200, 242, 265, 267, 268, 269, 273, 310, 313, 317, 319, 320.
Eylau, 191, 222, 223, 225, 226, 228, 242.

F

Fellahs, 95.
Ferdinand VII, 243, 244, 245, 246, 247, 248, 249, 250, 275, 362.
Ferdinand (archiduc), 259.
Ferrare, 73, 76.
Fesch, 7, 8, 15, 26, 35, 168, 170, 172, 269, 302, 403, 411.
Feth-Ali, 225.
Finkenstein, 223, 224, 225, 226.
Finlande, 227, 238.
Flachat, 60, 72, 75, 78.
Flessingue, 261.
Fleury, 176, 353.
Fleury (cardinal), 4.
Fleury de Chaboulon, 378, 385.
Florence, 2, 72, 75.
Floret (de), 271.
Fontainebleau, 245, 267, 330, 362, 366.
Fontanes, 132, 133, 215, 240.
Foscolo (Ugo), 85.
Fouché, 38, 110, 122, 128, 129, 136, 148, 158, 177, 181, 193, 225, 236, 237, 261, 266, 267, 327, 329, 383, 385, 388, 389.
Fourcroy, 88, 158.
Fournier, 128.

INDEX ALPHABÉTIQUE

Fourrier, 91, 99.
Fox, 204.
Français de Nantes, 148.
Francfort, 203, 364.
Francisco, 218.
François II, 171, 182, 189, 259, 262, 264, 270, 271, 272, 274, 296, 311, 318, 350, 355, 369, 384, 390, 393.
Franconie, 207.
Frédéric II, 288.
Frédéric-Guillaume III, 203, 204, 206, 212, 223, 257, 366, 393.
Frédéric de Wurtemberg, 201.
Fréjus, 112, 114.
Fréron, 33, 35, 44, 51.
Friant, 90.
Friedland, 226, 228.
Frioul, 85.
Frochot, 147, 152, 329, 331, 332, 335.
Frotté, 127.
Fürstenstein (comte de), 287.

G

Gabarti, 98.
Galicie, 221, 259, 262.
Gallo (de), 82.
Ganilh, 150.
Gantheaume, 93, 110, 153, 180.
Gardanne (général), 225.
Gareau, 59, 72, 73, 75.
Gasparin, 34, 35.
Gaudin, 126, 143, 144, 145, 302.
Gênes et Génois, 2, 3, 4, 29, 41, 42, 58, 67, 69, 73, 74, 80.
Genève, 218.
Gentili (général), 77.
Geoffroy, 326, 327.
Geoffroy Saint-Hilaire, 88, 91.
Georges III, 204.
Georges (Mlle), 134.
Géra, 206.
Gérard (général), 402.
Gibraltar, 247.
Girondins, 31, 32.
Gneisenau, 360.
Godoï, 242, 243, 244, 245, 246, 247.
Goethe, 211, 212.
Goguel, 198.
Gohier, 112, 113, 116, 117, 118, 119, 121, 122, 123.
Golo (le), 5.
Gontaut, 170.
Gortzakof, 259.
Gourgaud, 391, 393, 394, 392, 397.
Gouvion Saint-Cyr, 62, 152, 321, 344.
Goy (de), 35.
Gramont, 170.
Grandmaison, 122, 123.
Grégoire, 160.

Grenoble, 26, 264.
Grétry, 176.
Gros, 107, 223.
Grouchy, 387.
Gudin, 10.
Guidal, 329, 331, 332, 334.
Guillaume (prince), 204.
Guyane, 128.
Guizot, 359.

H

Haller, 46, 60.
Hambourg, 180, 210, 211.
Hanovre, 179, 182, 196, 203, 204, 228, 258, 290.
Hardenberg, 180.
Harel, 128.
Harlem, 198.
Hassenfratz, 91.
Hatzfeld (de), 211.
Haugwitz, 180, 203, 204.
Hawkesbury (lord), 180.
Haye (la), 198, 278.
Hédouville, 117, 118.
Henri (prince), 204.
Hesse-Cassel, 211.
Hesse-Darmstadt, 201, 203.
Hoche, 29, 44, 47, 57, 82.
Hofer (Andréas), 253.
Hohenlinden, 126.
Hohenlohe, 210.
Hollande, Hollandais, 89, 115, 179, 189, 197, 198, 219, 224, 236, 278, 279, 280, 281, 282, 283, 289, 296, 297, 329, 349.
Hongrie, 260, 262.
Hormayr, 253.
Hortense (reine), 52, 115, 131, 135, 165, 170, 199, 236, 267, 268, 278, 281, 283.
Hudson Lowe, 391, 403, 404, 405, 406, 407, 408, 409, 410, 412, 414, 418, 419, 422, 424, 425.
Hullin (général), 138, 330, 331.
Hulot (Mme), 135.
Humboldt, 352.

I

Brahim-Bey, 96, 103, 105.
Iéna, 184, 210, 211, 228, 258.
Imbert (d'), 35.
Inde, 89, 90, 226.
Infantado (marquis de l'), 246.
Isabey, 169.
Istrie, 262.
Italie, 41, 46, 54, 57, 58, 59, 62, 66, 73, 76, 79, 80, 82, 83, 84, 85, 93, 116,

141, 175, 183, 189, 193, 194, 197, 198, 200, 238, 239, 241, 262, 298, 307, 329, 349.
Iung (général), 11.
Izquierdo, 245.

J

Jaffa, 106, 109.
Jaucourt, 367.
Jean de Portugal, 213.
Jean Bon Saint-André, 147.
Jomard, 91, 100.
Jomini, 353.
Joséphine (impératrice), 52, 54, 66, 75, 83, 84, 115, 116, 121, 124, 130, 132, 137, 169, 170, 172, 176, 207, 236, 265, 266, 267, 268, 269.
Joubert, 114.
Jouberthon (Mme), 132.
Jourdan, 57, 119, 164, 168, 284, 339.
Jourdeuil, 128.
Judenburg, 81.
Junot, 37, 43, 65, 83, 90, 106, 192, 244, 313.
Junot (Mme), 41.

K

Kalisch, 310.
Kamensky, 219.
Katt, 258.
Keith (amiral), 390, 392, 393.
Kellermann, 48, 66, 67, 69, 285.
Keralio (de), 15.
Kilmaine, 79.
Klagenfurth, 81.
Kléber, 90, 96, 106, 110.
Koënigsberg, 212, 214.
Kosciuscko, 219, 221.
Kourakine, 228, 303.
Krasnoë, 312.
Kutusow, 314, 315, 318, 319, 321, 340.

L

Labédoyère, 378, 381.
Laborde (général), 37.
Lacépède, 269.
Lacombe-Saint-Michel, 28, 43.
Lacretelle, 48, 50, 326.
Lacuée, 154, 224.
La Fayette, 142, 170, 380, 382.
La Fère, 18.
La Feuillade, 170.
Laffitte, 426, 432.
Lefond, 48.

La Harpe, 48.
Laharpe (général), 63.
Lahorie, 329, 331, 332.
Lainé, 343, 382.
Lallement, 71, 81.
La Mecque, 97, 101, 102.
Lance (chevalier), 49.
Lancival (L. de), 292.
Lanjuinais, 241.
Lannes, 63, 77, 90, 106, 110, 160, 168, 191, 255, 256, 257.
Lanusse, 90.
Laplace, 88.
Lapoype (général), 37, 39.
La Reveillère, 51, 59, 67, 84, 93, 113.
La Rochefoucauld, 282.
Larrey, 91.
Las Cases, 393, 394, 395, 397, 400, 403, 405, 406.
Latouche-Tréville, 180.
Lauderdale (lord), 149, 204.
Lauriston, 306.
La Valette, 29, 138, 373.
Lavoisier, 88.
Lebon, 38.
Lebrun, 125, 131, 168, 193.
Le Caire, 86, 89, 96, 99, 101, 102, 103, 104, 105.
Leclerc (général), 69, 114, 132.
Lefebvre, 119, 120, 121, 124.
Légations (les), 159, 161, 171, 238.
Leibnitz, 89.
Leipzig, 181, 344, 354, 355.
Lemercier, 133, 380.
Léoben, 82, 171.
Lepère, 92.
Letourneur, 51, 65.
Ligurie, 40, 44.
Limoëlan, 129.
Linglet, 123.
Lisbonne, 214.
Livourne, 209, 211.
Loano, 51.
Lobau (Mouton, comte), 303, 312, 322.
Locré, 154.
Lodi, 66, 71.
Londres, 216.
Longwood, 399, 403, 405, 408, 409, 410, 417, 419.
Louis XVIII (comte de Provence), 35, 71, 127, 136, 334, 367, 368, 378, 379, 384, 407.
Louis (prince), 204.
Louis-Philippe, 378.
Louise (reine), 180, 204, 206, 207, 223.
Louise de Bourbon (reine), 242, 247.
Luçay (de), 225.
Lunéville, 126.
Lyon, 18, 33, 38, 114.

M

Mably, 10.
Macdonald, 164, 193, 285, 314, 353, 354, 355, 367, 368.
Madeleine (la), 27.
Madrid, 248, 284, 285.
Magallon, 89.
Magdebourg, 228, 258, 287.
Maison (général), 279, 361.
Malet, 323, 327, 328, 329, 330, 331, 332, 333, 334, 335.
Maleville (de), 154.
Malo-Jaroslavetz, 319.
Malte, 94, 126.
Mamelucks, 89, 95, 97, 98, 103, 106.
Manini (doge), 85.
Mantoue, 70, 73, 76, 78, 79, 82, 85.
Manuel, 383.
Marbeuf (comte de), 5, 6, 7.
Marbeuf (monseigneur de, évêque d'Autun), 8, 13.
Marcel, 92, 100.
Marchand (général), 378.
Marengo, 126, 179, 184.
Maret, 126, 129, 133, 143, 144, 167, 193, 215, 266, 345, 346, 351, 389.
Marie-Caroline, 194.
Marie-Louise (impératrice), 270, 272, 275, 343, 347, 348, 367, 369, 372, 373, 384, 385, 390.
Marmont, 37, 41, 60, 64, 90, 110, 193, 361, 363, 366, 367, 368.
Maronites, 108.
Marrao, 248, 249.
Marseille, 7, 33, 34, 35, 39, 51, 59, 74.
Masséna, 40, 44, 54, 61, 62, 63, 64, 66, 91, 92, 93, 115, 116, 160, 164, 168, 183, 191, 256, 285, 290, 382.
Mattei (cardinal), 75.
Maubreuil, 370, 372, 373.
Maury, 215, 269.
Maximilien (archiduc), 256.
Maximilien (Joseph), 199.
Mayence, 207.
Mecklembourg (ducs de), 235.
Meerweldt, 81, 82, 355.
Mehemet Ali, 101.
Melzi, 67.
Menou, 49, 51, 96, 98, 106, 110.
Minsk, 311.
Mercier, 45.
Merlin de Douai, 92, 152, 160.
Metternich, 253, 260, 261, 262, 272, 275, 340, 341, 342, 345, 346, 348, 349, 350, 351, 352, 360, 361, 363, 376, 378.
Michelet, 10, 19, 45.
Milan et Milanais (Lombardie), 66, 67, 68, 69, 70, 71, 73, 75, 76, 78, 83, 84, 179, 193, 239, 241.
Milleli, 6.
Millesimo, 65.
Miloradovitch, 320.
Miollis (général), 238, 264.
Miot de Mélito, 75, 152, 168, 194.
Modène, 76.
Modhy (El), 109.
Mollendorf, 210.
Mollien, 143, 144, 145, 152, 239, 302.
Moncey, 149, 168, 191, 193.
Mondovi, 65.
Monge, 16, 72, 88, 91, 99, 101, 110.
Montagnards, 31.
Montalivet, 147.
Montbrun (général), 310.
Montchenu, 404, 407, 425.
Montebello, 84.
Montebello (duchesse de), 274.
Montenotte, 57, 65.
Montesquiou, 367.
Monthabor, 108.
Montholon, 369, 393, 394, 395, 405, 412, 418.
Montmorency, 170, 329.
Montpellier, 15, 17, 34.
Montrond, 384, 385.
Moravie, 260.
Moreau (général), 57, 81, 91, 93, 114, 119, 122, 126, 135, 136, 139, 328, 329, 353.
Morellet, 48, 133.
Morner (de), 288.
Mortier, 168, 192, 244, 240, 317, 319, 361, 366.
Moscou, 302, 304, 311, 312, 316, 317, 319, 321.
Moulins (général), 113, 116, 121, 122.
Mourad-Bey, 96, 103.
Muiron, 37, 77.
Munich, 199, 262, 264.
Murat, 63, 90, 106, 110, 119, 124, 131, 137, 165, 168, 169, 193, 196, 197, 220, 247, 248, 250, 264, 265, 288, 310, 311, 313, 314, 315, 319, 322, 340.
Murati, 24.

N

Nakoula, 97, 110.
Nancy, 274.
Nancy, 38.
Naples, 58, 67, 69, 80, 189, 194, 195, 196, 197, 198, 250, 284, 288.
Napoléon-Louis, 278.
Narbonne (de), 149, 260, 272, 302, 306, 338, 342, 351.

Narew, 222.
Nasica (abbé), 24.
Nassau, 211.
Necker, 7.
Neipperg, 273.
Nelson, 94.
Nesselrode, 348.
Neufchâtel, 196.
Neuhoff (Théodore Ier), 3.
Ney, 168, 191, 223, 285, 313, 315, 320, 321; 344, 354, 361, 367, 368, 379, 387, 388.
Nice, 29, 33, 34, 36, 39, 40, 41, 42, 59, 60, 62, 65, 83.
Niemcevitch, 219.
Noailles, 329.
Novi, 114.
Nuremberg, 205.

O

Odone, 3, 7, 9, 12.
Oglio, 70, 85.
Oldenbourg, 289.
O'Méara, 393, 400, 407, 408, 410, 412.
Opoçno, 348.
Ordener (général), 137, 138.
Ornano, 4.
Oscar Bernadotte, 195.
Osterode, 223.
Otto, 283, 340, 341.
Oudinot, 103, 282, 321, 344, 353, 354, 368.
Ouvrard, 46, 305.

P

Pacca (colonel), 264.
Pache, 27.
Palestine, 106.
Palm, 205, 206, 214.
Paoli (Hyacinthe), 4.
Paoli (Pascal), 4, 5, 9, 24, 26, 27, 28, 29, 416.
Paravicini, 5.
Paris, 14, 25, 39, 44, 65, 66, 68, 82, 86, 115, 171, 178, 185, 224, 225, 253, 271, 274, 275, 278, 279, 286, 303, 305, 322, 323, 346, 347, 366, 367, 377.
Parme, 58, 66, 76, 80.
Parseval-Grandmaison, 92, 110.
Pasquier, 331, 332.
Passeriano, 85.
Patrault (le père), 10.
Patterson (Mlle), 165, 197, 238.
Paul (tsar), 126, 220, 226.
Pavie, 70.
Pelet (de la Lozère), 152.
Peraldi, 24, 77.

Permon (Mme), 17.
Perrégaux, 144, 145.
Perse, 224.
Peschiera, 71, 81.
Pétiet, 152, 388.
Petit-Gibraltar, 38.
Phélypeaux, 10, 108.
Pichegru, 10, 135, 139.
Pie VI, 72, 79, 80.
Pie VII, 127, 159, 161, 171, 172, 175, 264, 269, 329, 339.
Piémont, 27, 58, 65, 69, 74, 75, 80, 179.
Pisans, 2.
Pitt, 31, 94, 183, 204, 205.
Plaisance, 66.
Pleswitz, 346.
Polignac, 135, 136, 139, 334.
Pologne, 215, 219, 220, 221, 222, 223, 259, 271, 273, 305, 307, 308, 311, 322.
Poméranie, 228, 258.
Poniatowsky, 231, 355.
Ponte-Nuovo, 5.
Porentzel, 198.
Portalis, 152, 154, 160, 175.
Porto, 245.
Portugal, 210, 245.
Posen, 219, 221.
Potsdam, 203, 212.
Poussielgue, 91, 103, 104.
Pozzo di Borgo, 23, 24, 77.
Pradt (de), 150, 161, 172, 174, 242, 246, 250, 305, 322.
Prague, 348, 349, 351.
Préameneu (B. de), 152, 153, 154.
Précy (comte de), 32.
Presbourg, 182, 183, 188, 193, 201, 207, 210, 239.
Prina, 67.
Prusse, 27, 34, 114, 180, 182, 196, 202, 203, 204, 205, 207, 209, 211, 212, 213, 214, 216, 219, 222, 225, 226, 228, 257, 258, 283, 287, 306, 307, 310, 341, 348, 360, 366.
Pultusk, 254.

Q

Quatremère de Quincy, 68.
Quenza, 24.
Quinette, 147.

R

Raab, 260.
Radet (général), 264.
Radstadt, 91, 93.
Ramel, 142.
Ramolino (Lœtitia, Madame-Mère), 3, 6, 7, 8, 18, 280, 373, 403.

INDEX ALPHABÉTIQUE

Rampon, 90.
Rapp, 263, 313, 315.
Raynouard, 292.
Ré (île de), 129.
Réal, 117.
Redouté, 92, 100.
Récamier (Mme), 294, 378, 381.
Reggio, 76.
Regnault de Mons, 15.
Regnault de Saint-Jean d'Angely, 92, 153, 269, 373.
Régnier, 117, 121, 126, 154, 193.
Rémusat (M. et Mme de), 133, 169, 173, 184, 299.
Reynier, 97.
Rewbell, 51, 59, 67, 84, 86, 113.
Richer de Sérizy, 49.
Ricord, 34, 39, 41.
Ried, 353.
Rigel, 92.
Rioufte, 142.
Rivers Wilson, 109.
Rivière (de), 135, 136, 139.
Rivoli, 63, 78.
Robespierre (Charlotte de), 40.
Robespierre Jeune, 34, 38, 39, 41.
Robespierre (Maximilien), 43, 46, 52.
Rœderer, 152, 153, 154, 158.
Roger-Ducos, 113, 121, 125.
Rohan, 275.
Roi de Rome, 273, 291, 323, 325, 367, 369, 373, 400.
Romain (de), 21, 22.
Romagne, 76, 79.
Romantsoff, 238.
Rome, 79, 80, 92, 94, 238, 264.
Rouget de l'Isle, 50.
Rousseau (J.-J.), 10, 12, 17.
Royal-Corse, 4.
Royal-Italien, 4.
Royer-Collard, 157.
Ruchel, 204.
Ruffo, 284.
Rulhière, 293.
Russie, 178, 209, 210, 221, 222, 296, 301, 302, 303, 304, 305, 307, 308, 309, 321, 329, 310, 311, 342, 365.

S

Sablons (les), 50.
Sahuguet (général), 63.
Saint-Aignan (de), 362, 363.
Saint-Cloud, 50.
Saint-Cyr, 12, 14, 26.
Saint-Domingue, 132.
Sainte-Hélène, 8, 138, 152, 251, 291, 391, 398.
Saint-Jean (fort), 39.
Saint-Just, 43.
Saint-Leu, 279.
Saint-Maximin, 36.
Saint-Pétersbourg, 209, 216, 220, 238, 281, 317, 321.
Saint-Quentin, 158.
Saint-Régent, 129.
Salicetti, 4, 28, 29, 35, 38, 39, 42, 43, 59, 60, 69, 72, 73, 75.
Saragosse, 255.
Sardaigne, 27, 205.
Sarzane, 2.
Sauret (général), 63.
Savary, 90, 128, 136, 137, 138, 149, 181, 182, 193, 215, 238, 245, 248, 249, 250, 280, 293, 323, 326, 328, 331, 332, 334.
Savoie, 65, 264, 265.
Savone, 238.
Saxe (électeur et roi de), 212, 221, 224, 227, 236, 254, 258, 260, 306, 314, 353, 355.
Saxe-Weimar (Charles-Auguste de), 211, 212.
Scherer, 43, 44, 48, 60, 64.
Schill, 258.
Schimelpenninck, 198.
Schmettau, 210.
Schoderer, 205.
Schœnbrunn, 196, 204, 259, 262, 264, 271, 275.
Schwarzenberg, 271, 275, 340, 341, 348, 351, 352, 353, 354, 364, 365, 366.
Sebastiani, 37, 43, 119, 225, 238, 313.
Ségur (comte), 276.
Selim III, 95, 103, 225, 238.
Septèmes, 34.
Serbelloni, 67.
Serrurier, 61, 63, 191.
Seychelles (les), 128.
Sieyès, 110, 113, 114, 116, 117, 120, 121, 124, 125, 140, 141, 160.
Silésie, 228.
Sismondi, 263, 293, 294, 380.
Six, 198.
Smith (Sidney), 105, 108, 110.
Smolensk, 312, 313, 314, 319, 320.
Smorgoni, 322.
Sœmmering, 57.
Souabe, 183, 202.
Souiris, 7.
Soult, 168, 193, 285, 387.
Spina (cardinal), 160.
Stadion, 253.
Staël (Mme de), 85, 149, 218, 225, 293, 335, 381.
Staps, 263.
Stein, 204, 206.
Stéphanie (princesse), 202, 235.
Stockoe, 408.
Stralsund, 237, 258, 288.
Strasbourg, 274.

Stürmer, 404, 407.
Styrie, 260, 262.
Suard, 48, 215.
Suède, 219, 227, 237, 288, 301.
Suez, 104, 105.
Suisse, 92, 179, 297.

T

Talleyrand, 63, 86, 89, 105, 110, 117, 122, 126, 128, 130, 136, 141, 143, 150, 160, 171, 173, 178, 183, 193, 196, 198, 203, 207, 215, 220, 223, 228, 233, 236, 237, 244, 245, 251, 266, 305, 327, 361, 363, 366, 367, 377, 379, 384, 385.
Tallien, 46, 92.
Tallien [Mme] (Thérèse Cabarrus), 46, 47, 52, 53.
Talma, 176, 233, 234, 326, 327.
Taranne (rue), 88.
Tarascon, 33.
Tauroggen, 340.
Ternaux, 298.
Thibault, 129.
Thielmann, 353.
Thiers, 37, 216, 429.
Thomé, 124.
Thorn, 307, 308.
Thouin, 72.
Tilly, 41.
Tilsitt, 184, 226, 228, 230, 231, 237, 238, 239.
Tolentino, 80.
Topino-Lebrun, 128, 129.
Toscane, 58, 72, 74, 75, 80, 236, 264.
Toulon, 29, 32, 34, 35, 36, 38, 43, 54, 59, 64, 77, 89, 90, 92, 93.
Trafalgar, 183.
Treilhard, 152, 240.
Tripoli, 97.
Trogoff (amiral), 32.
Tronchet, 152, 154.
Truguet, 152, 329.
Tunis, 97.
Turenne, 170.
Turin, 80.
Turquie, 224, 227, 305.
Tyrol, 67, 76, 183, 252, 253.

U

Udine, 85.
Ulm, 204, 210.
Utrecht, 282.

V

Valais, 290.
Valençay, 251, 275.
Valence, 18, 21, 23.
Valoutina, 313.
Vandamme, 344, 354.

Van Styrum, 198.
Varennes, 21.
Varsovie, 220, 221, 222, 227, 260, 262, 322.
Vaublanc, 49.
Vaubois (général), 63, 90.
Vaux (maréchal de), 5.
Vendée, 41, 47, 127, 295, 327.
Venise et Vénitiens, 2, 58, 67, 69, 71, 73, 74, 78, 80, 81, 82, 83, 85, 183, 193, 238.
Verdier, 90.
Verhuell, 198.
Vérone, 71, 77, 81, 83.
Versailles, 9.
Victor, 37, 82, 192, 321, 361.
Vienne, 58, 81, 181, 182, 214, 253, 256, 259, 262, 264, 272, 273, 279, 281, 312, 371, 373, 374, 376, 385.
Vignali, 411, 423.
Villemain, 379.
Villeneuve, 51.
Villeneuve (amiral), 93, 180.
Villeneuve (comte de), 33.
Villetard, 82.
Vincent (de), 384.
Vitebsk, 344.
Vitrolles (de), 364, 370.

W

Wagram, 255, 259, 260, 264, 266, 273.
Walewska (comtesse), 222, 373.
Warden, 396.
Waterloo, 387, 388.
Wellesley (lord), 280.
Wellington, 280, 290, 360, 364, 387, 388.
Werner, 385.
Wesel, 197.
Westphalie, 106, 201, 206, 227, 228, 254, 258, 287, 288, 290.
Wiazma, 320.
Wilson (Robert), 216, 237.
Wilna, 306, 309, 310, 322.
Wolseley, 387.
Wrede (de), 353.
Würmser, 73, 76, 78, 79.
Würtemberg, 183, 203, 224, 254, 274.

Y

Yarmouth (lord), 204.

Z

Zaïontchek, 224.
Zélande, 279, 280, 281.
Zurich, 110, 115, 116.

TABLE DES MATIÈRES

INTRODUCTION
L'ENFANCE ET LA JEUNESSE DE NAPOLÉON

L'origine de Napoléon. — Charles de Bonaparte. — Les Français en Corse. — Les premières années de Napoléon. — Son séjour à Autun, à Brienne et à l'école de Paris. — Bonaparte en Corse. — Bonaparte au camp de Nice. 1

CHAPITRE PREMIER
NAPOLÉON ET LA FRANCE CONVENTIONNELLE

Les Girondins et les montagnards en 1793. — Bonaparte et les constitutionnels. — Le souper de Beaucaire. — Le siège de Toulon. — Bonaparte général de brigade. — Sa destitution. — La société thermidorienne. — Bonaparte à Paris. — Le 13 vendémiaire. — Le mariage de Napoléon. 31

CHAPITRE II
LA CONQUÊTE DE L'ARMÉE. — BONAPARTE ET LES SOLDATS D'ITALIE

Bonaparte et le Directoire. — L'armée d'Italie. — Généraux et soldats. — L'indépendance de Bonaparte. — Ses rapports avec les Italiens. — Le siège de Mantoue. — Négociations avec l'Autriche. — Le 18 fructidor. — Origine de l'expédition d'Égypte. 56

CHAPITRE III
LA CONQUÊTE DE L'ARMÉE. — BONAPARTE ET LES SOLDATS D'ÉGYPTE

Bonaparte et l'Égypte. — Composition de l'expédition. — Les généraux et les savants. — Bonaparte au Caire. — L'institut d'Égypte et l'administration française. — Expédition de Syrie. — Bonaparte quitte l'Égypte. 87

CHAPITRE IV
LA SOCIÉTÉ FRANÇAISE SOUS LE CONSULAT ET LA DICTATURE MILITAIRE

Impuissance du Directoire. — Sieyès et Bonaparte. — Le complot de Brumaire. — Le 18 Brumaire. — Les chouans et les jacobins. — La cour de Saint-Cloud. — La littérature en 1802. — La morale de Bonaparte. — La mort du duc d'Enghien. 112

CHAPITRE V
L'ORGANISATION CONSULAIRE

La Constitution de l'an VIII. — Organisation financière et administrative. — La police. — L'opposition. — Le conseil d'État. — Le Code. — La Légion d'honneur. — L'instruction publique. — Le système économique de Napoléon. — Le Concordat. 140

CHAPITRE VI
L'ÉTABLISSEMENT DE L'EMPIRE. — L'EMPEREUR ET SA FAMILLE

L'Empire. — La cour impériale. — L'étiquette. — Le sacre. — Napoléon et le pape. — Le ménage impérial. — Le théâtre en 1804. — La Prusse et l'empereur. — La divinité Impériale. — Austerlitz. 163

CHAPITRE VII
L'EUROPE VASSALE

Les projets de Napoléon. — La noblesse impériale. — Les rois-préfets. — L'Allemagne et Napoléon. — Rupture avec la Prusse. . . 185

CHAPITRE VIII
NAPOLÉON ET LE TSAR ALEXANDRE Ier

Iéna; Davout. — Napoléon à Berlin. — L'affaire Hatzfeld. — Le gouvernement de Napoléon dans les quartiers généraux. — Le blocus continental. — Napoléon et la Pologne. — La France et la bataille d'Eylau. — Napoléon à Finkenstein. — Alexandre Ier. — Tilsitt. 209

CHAPITRE IX
NAPOLÉON CHEZ LUI ET EN ESPAGNE

Napoléon après Tilsitt. — Napoléon maître de maison. — Fontainebleau. — Le spectacle à la cour. — Les chasses impériales. — Les rois chez l'empereur. — La question du divorce. — Premières difficultés avec la Russie. — Napoléon et l'Italie. — Les Bourbons d'Espagne. — L'intrigue d'Espagne. 230

CHAPITRE X
LE DIVORCE

La grande armée en 1809. — Lannes. — Essling. — L'Allemagne en 1809. — L'Autriche après Wagram. — Paris en 1809. — Le pape à Savone. — Le divorce. — Le mariage autrichien. 252

TABLE DES MATIÈRES

CHAPITRE XI
LA FRANCE ET L'EUROPE EN 1811

Louis en Hollande. — Joseph en Espagne. — Jérôme en Westphalie. — Bernadotte en Suède. — Extension anormale de l'Empire français. — Le roi de Rome. — Mme de Staël et le livre de l'*Allemagne.* — Les prisons d'État. — La conscription en 1811. — Les garnisaires. — Les paysans français en 1811. — Les mesures économiques.......................... 276

CHAPITRE XII
LA DÉCADENCE. — MOSCOU. — LA CONSPIRATION DE MALET

L'empereur en 1812. — Préparatifs de l'expédition de Russie. — Napoléon à Dresde, à Wilna, à Smolensk, à Moscou. — La retraite. — Napoléon à Varsovie. — La conspiration de Malet. — L'opinion en 1812. 300

CHAPITRE XIII
LE SOULÈVEMENT DE L'EUROPE. — LEIPZIG

Napoléon, le pape et l'Espagne. — L'opposition en 1813. — Napoléon à Dresde. — L'armistice de Pleswitz. — Napoléon et Metternich. — Le congrès de Prague. — Leipzig............... 338

CHAPITRE XIV
LA FRANCE EN 1814.

La levée en masse de 1814. — La déclaration de Francfort. — Napoléon en Champagne. — Caulaincourt et le congrès de Châtillon. — Le traité de Chaumont. — Napoléon à Fontainebleau. — L'île d'Elbe. — Les projets des alliés sur Napoléon.......... 357

CHAPITRE XV
WATERLOO

Les Cent jours. — L'acte additionnel. — Fouché. — Waterloo. — Napoléon à la Malmaison. — Napoléon sur le *Bellérophon*. — Le ministère anglais. — Voyage du *Northumberland*......... 376

CHAPITRE XVI
SAINTE-HÉLÈNE

L'île de Sainte-Hélène. — Séjour de Napoléon aux Briars. — Le *Mémorial.* — Longwood. — Sir Hudson Lowe. — Las Cases et O'Meara. — Antommarchi. — Les derniers moments de Napoléon. — Le testament.................... 398

Coulommiers. — Imp. PAUL BRODARD.

Librairie FÉLIX ALCAN, 108, boulevard Saint-Germain, Paris.

BIBLIOTHÈQUE D'HISTOIRE CONTEMPORAINE

HISTOIRE DIPLOMATIQUE

DE

L'EUROPE

DEPUIS L'OUVERTURE DU CONGRÈS DE VIENNE
JUSQU'A LA CLÔTURE DU CONGRÈS DE BERLIN (1814-1878)

PAR

A. DEBIDOUR

Ancien doyen de la Faculté des lettres de Nancy,
Inspecteur général de l'Instruction publique.

2 forts volumes in-8 de la *Bibliothèque d'histoire contemporaine*.... 18 fr.

EXTRAIT DE LA PRÉFACE DE L'AUTEUR

Je ne me suis pas donné pour but, en écrivant le récit qu'on va lire, de retracer a vie diplomatique de l'Europe dans la variété presque infinie de ses manifestations. J'ai recherché simplement, dans les relations des cabinets, tout ce qui, depuis le congrès de Vienne jusqu'au congrès de Berlin, a pu avoir pour effet l'établissement, la consolidation ou l'ébranlement de l'équilibre politique dans cette partie du monde. Tout ce qui ne m'a pas paru se rapporter — de près où de loin — à cette grande question, je l'ai laissé de côté. Cette histoire a donc été entreprise pour retracer, dans un enchaînement raisonné, non tout ce que la diplomatie a fait, de 1814 à 1878, mais ce en quoi elle a contribué, durant cette période, à restaurer, à affermir ou à compromettre la paix générale de l'Europe.

ANCIENNE LIBRAIRIE GERMER BAILLIÈRE ET Cie
FÉLIX ALCAN, Éditeur

PHILOSOPHIE — HISTOIRE

CATALOGUE
DES
Livres de Fonds

	Pages.		Pages.
Bibliothèque de philosophie contemporaine.		Publications historiques illustrées	14
Format in-12	2	Recueil des instructions diplomatiques	15
Format in-8	4	Inventaire analytique des archives du ministère des affaires étrangères	15
Collection historique des grands philosophes	7		
Philosophie ancienne	7		
Philosophie moderne	7	Revue philosophique	16
Philosophie écossaise	8	Revue historique	16
Philosophie allemande	8	Annales de l'école libre des sciences politiques	17
Philosophie allemande contemporaine	9	Revue mensuelle de l'école d'anthropologie	17
Philosophie anglaise contemporaine	9		
Philosophie italienne contemporaine	10	Annales des sciences psychiques	17
Ouvrages de philosophie pour l'enseignement secondaire	11	Bibliothèque scientifique internationale	18
Bibliothèque d'histoire contemporaine	12	Par ordre d'apparition	18
		Par ordre de matières	21
Bibliothèque internationale d'histoire militaire	14	Ouvrages divers ne se trouvant pas dans les collections précédentes	24
Bibliothèque historique et politique	14	Bibliothèque utile	31

On peut se procurer tous les ouvrages qui se trouvent dans ce Catalogue par l'intermédiaire des libraires de France et de l'Étranger.

On peut également les recevoir franco par la poste, sans augmentation des prix désignés, en joignant à la demande des TIMBRES-POSTE FRANÇAIS *ou un* MANDAT *sur Paris.*

PARIS
108, BOULEVARD SAINT-GERMAIN, 108
Au coin de la rue Hautefeuille.

FÉVRIER 1895

A LA MÊME LIBRAIRIE

HISTOIRE DE L'EUROPE
PENDANT LA RÉVOLUTION FRANÇAISE
Par H. DE SYBEL
Directeur des archives royales, membre de l'Académie des sciences de Berlin.
Traduit de l'allemand par Mlle Marie DOSQUET.

6 volumes in-8, chaque volume séparément............... 7 fr.
L'ouvrage complet, **42 fr.**

HISTOIRE DE DIX ANS
(1830-1840)
Par Louis BLANC

5 volumes in-8, chaque volume séparément............... 5 fr.
L'ouvrage complet, **25 fr.**

HISTOIRE DE HUIT ANS
(1840-1848)
Par Élias RÉGNAULT

3 volumes in-8, chaque volume séparément............... 5 fr.
L'ouvrage complet, **15 fr.**

HISTOIRE DU SECOND EMPIRE
(1848-1870)
Par TAXILE DELORD

6 volumes in-8, chaque volume séparément............... 7 fr.
L'ouvrage complet, **42 fr.**

RECUEIL DES INSTRUCTIONS
DONNÉES
AUX AMBASSADEURS ET MINISTRES DE FRANCE
DEPUIS LES TRAITÉS DE WESTPHALIE JUSQU'À LA RÉVOLUTION FRANÇAISE
Publié sous les auspices de la Commission des archives diplomatiques
au Ministère des affaires étrangères.

Beaux volumes in-8 raisin, imprimés sur papier de Hollande :

I. — **AUTRICHE**, avec Introduction et notes, par M. Albert Sorel, de l'Académie française........................ 20 fr.
II. — **SUÈDE**, avec Introduction et notes, par M. A. Geffroy, membre de l'Institut........................ 20 fr.
III. — **PORTUGAL**, avec Introduction et notes, par le vicomte de Caix de Saint-Aymour........................ 20 fr.
IV et V. — **POLOGNE**, avec Introduction et notes, par M. Louis Farges, chef du bureau historique au ministère des Affaires étrangères, 2 vol........................ 30 fr.
VI. — **ROME**, avec Introduction et notes, par M. G. Hanotaux, ministre des Affaires étrangères, 1 vol. in-8........................ 20 fr.
VII. — **BAVIÈRE, PALATINAT ET DEUX-PONTS**, avec Introduction et notes, par M. André Lebon, député, 1 vol. in-8........................ 25 fr.
VIII et IX. — **RUSSIE**, avec Introduction et notes, par M. Alfred Rambaud, professeur à la Sorbonne, 2 vol. in-8. Le 1er volume, 20 fr. Le second volume........................ 25 fr.
X. — **NAPLES ET PARME**, avec Introduction et notes, par M. Joseph Reinach, député........................ 20 fr.
XI. — **ESPAGNE** (1649-1700), avec Introduction et notes, par MM. Morel-Fatio et Léonardon........................ 20 fr.

ANCIENNE LIBRAIRIE GERMER BAILLIÈRE ET Cie
FÉLIX ALCAN, Éditeur

PHILOSOPHIE — HISTOIRE

CATALOGUE
DES
Livres de Fonds

	Pages.		Pages.
BIBLIOTHÈQUE DE PHILOSOPHIE CONTEMPORAINE.		PUBLICATIONS HISTORIQUES ILLUSTRÉES	14
Format in-12	2	RECUEIL DES INSTRUCTIONS DIPLOMATIQUES	15
Format in-8	4		
COLLECTION HISTORIQUE DES GRANDS PHILOSOPHES	7	INVENTAIRE ANALYTIQUE DES ARCHIVES DU MINISTÈRE DES AFFAIRES ÉTRANGÈRES	15
Philosophie ancienne	7	REVUE PHILOSOPHIQUE	16
Philosophie moderne	7	REVUE HISTORIQUE	16
Philosophie écossaise	8	ANNALES DE L'ÉCOLE LIBRE DES SCIENCES POLITIQUES	17
Philosophie allemande	8		
Philosophie allemande contemporaine	9	REVUE MENSUELLE DE L'ÉCOLE D'ANTHROPOLOGIE	17
Philosophie anglaise contemporaine	9	ANNALES DES SCIENCES PSYCHIQUES	17
Philosophie italienne contemporaine	10	BIBLIOTHÈQUE SCIENTIFIQUE INTERNATIONALE	18
OUVRAGES DE PHILOSOPHIE POUR L'ENSEIGNEMENT SECONDAIRE	11	Par ordre d'apparition	18
BIBLIOTHÈQUE D'HISTOIRE CONTEMPORAINE	12	Par ordre de matières	21
BIBLIOTHÈQUE INTERNATIONALE D'HISTOIRE MILITAIRE	14	OUVRAGES DIVERS NE SE TROUVANT PAS DANS LES COLLECTIONS PRÉCÉDENTES	24
BIBLIOTHÈQUE HISTORIQUE ET POLITIQUE	14	BIBLIOTHÈQUE UTILE	31

On peut se procurer tous les ouvrages qui se trouvent dans ce Catalogue par l'intermédiaire des libraires de France et de l'Étranger.

On peut également les recevoir franco par la poste, sans augmentation des prix désignés, en joignant à la demande des TIMBRES-POSTE FRANÇAIS *ou un* MANDAT *sur Paris.*

PARIS
108, BOULEVARD SAINT-GERMAIN, 108
Au coin de la rue Hautefeuille.

FÉVRIER 1895

Les titres précédés d'un *astérisque* sont recommandés par le Ministère de l'Instruction publique pour les Bibliothèques des élèves et des professeurs et pour les distributions de prix des lycées et collèges.

BIBLIOTHÈQUE DE PHILOSOPHIE CONTEMPORAINE
Volumes in-12, brochés, à 2 fr. 50.

Cartonnés toile, 3 francs. — En demi-reliure, plats papier, 4 francs.

(Quelques-uns de ces volumes sont épuisés, et il n'en reste que peu d'exemplaires imprimés sur papier vélin; ces volumes sont annoncés au prix de 5 francs.)

ALAUX, professeur à la Faculté des lettres d'Alger. **Philosophie de M. Cousin.**
ALLIER (R.). **La Philosophie d'Ernest Renan.**
ARRÉAT (L.). **La Morale dans le drame, l'épopée et le roman.** 2ᵉ édition.
— **Mémoire et imagination** (Peintres, Musiciens, Poètes, Orateurs). 1895.
AUBER (Ed.). **Philosophie de la médecine.**
BALLET (G.), professeur agrégé à la Faculté de médecine. **Le Langage intérieur et les diverses formes de l'aphasie**, avec figures dans le texte. 2ᵉ édit.
BARTHÉLEMY-SAINT-HILAIRE, de l'Institut. * **De la Métaphysique.**
BEAUSSIRE, de l'Institut. * **Antécédents de l'hégélianisme dans la philosophie française.**
BERSOT (Ernest), de l'Institut. * **Libre philosophie.**
BERTAULD, sénateur. * **L'Ordre social et l'Ordre moral.**
— **De la Philosophie sociale**
BERTRAND (A.), professeur à la Faculté des lettres de Lyon. **La Psychologie de l'effort et les doctrines contemporaines.**
BINET (A.), directeur du lab. de psych. physiol. de la Sorbonne. **La Psychologie du raisonnement**, expériences par l'hypnotisme.
— Avec la collaboration de MM. Philippe, Courtier et V. Henri. **Introduction à la psychologie expérimentale.** 1894.
BRIDEL (Louis), professeur à la Faculté de droit de Genève. **Le Droit des Femmes et le Mariage.**
BOST. **Le Protestantisme libéral.** Papier vélin. 5 fr.
BOUTMY (E.), de l'Institut. * **Philosophie de l'architecture en Grèce.**
CARUS (P.). * **Le Problème de la conscience du moi**, avec gravures, traduit de l'anglais par M. A. Monod.
COIGNET (Mᵐᵉ). **La Morale indépendante.** 5 fr.
CONTA (B.).* **Les Fondements de la métaphysique**, trad. du roumain par D Tescanu.
COQUEREL FILS (Ath.). **Transformations histor. du christian.** Papier vélin. 5 fr.
— **Histoire du Credo.** Papier vélin. 5 fr.
— **La Conscience et la Foi.**
COSTE (Ad.). **Les Conditions sociales du bonheur et de la force.**
DELBŒUF (J.), prof. à l'Université de Liège. **La Matière brute et la Matière vivante.**
DANVILLE (Gaston). **Psychologie de l'amour.** 1894.
DUMAS (G.), agrégé de philosophie. **Les états intellectuels dans la Mélancolie.** 1894.
DUNAN, prof. au collège Stanislas. **La théorie psychologique de l'Espace.** 1895.
DURKHEIM (Émile), prof. à la Faculté des lettres de Bordeaux. **Les règles de la méthode sociologique.** 1895.
ESPINAS (A.), doyen de la Faculté des lettres de Bordeaux. * **La Philosophie expérimentale en Italie.**
FAIVRE (E.). **De la Variabilité des espèces.**
FÉRÉ (Ch.). **Sensation et Mouvement.** Étude de psycho-mécanique, avec figures.
— **Dégénérescence et Criminalité**, avec figures. 2ᵉ éd.
FONSEGRIVE, professeur au lycée Buffon. **La Causalité efficiente.** 1893.
FONTANES. **Le Christianisme moderne.** Papier vélin. 5 fr.
FONVIELLE (W. de). **L'Astronomie moderne.**
FRANCK (Ad.), de l'Institut. * **Philosophie du droit pénal.** 4ᵉ édit.
— **Des Rapports de la Religion et de l'État.** 2ᵉ édit.
— **La Philosophie mystique en France au XVIIIᵉ siècle.**
GAUCKLER. **Le Beau et son histoire.**
GREEF (de). **Les Lois sociologiques.**
GUYAU. * **La Genèse de l'idée de temps.**
HARTMANN (E. de). **La Religion de l'avenir.** 4ᵉ édit.
— **Le Darwinisme**, ce qu'il y a de vrai et de faux dans cette doctrine. 5ᵉ édit.
HERBERT SPENCER. * **Classification des sciences.** 4ᵉ édit.
— **L'Individu contre l'État.** 4ᵉ édit.
JANET (Paul), de l'Institut. * **Le Matérialisme contemporain.** 5ᵉ édit.
— * **Philosophie de la Révolution française.** 5ᵉ édit.
— * **Saint-Simon et le Saint-Simonisme.**

Suite de la *Bibliothèque de philosophie contemporaine*, format in-12, à 2 fr. 50 le vol.

JANET (Paul), de l'Institut. **Les Origines du socialisme contemporain**. 2ᵉ édit. 1892.
— La Philosophie de Lamennais.
LAUGEL (Auguste). * **L'Optique et les Arts**.
— * **Les Problèmes de la nature**.
— * **Les Problèmes de la vie**.
— * **Les Problèmes de l'Âme**.
— * La Voix, l'Oreille et la Musique. Papier vélin. 5 fr.
LEBLAIS. Matérialisme et Spiritualisme. Papier vélin. 5 fr.
LE BON (le Dʳ G.). Les lois psychologiques de l'évolution des peuples. 1894.
LEMOINE (Albert). * **Le Vitalisme et l'Animisme**.
LEOPARDI. Opuscules et Pensées, traduit de l'italien par M. Aug. Dapples.
LEVALLOIS (Jules). Déisme et Christianisme.
LEVÊQUE (Charles), de l'Institut. * **Le Spiritualisme dans l'art**.
— La Science de l'invisible.
LIARD, directeur de l'Enseignement supérieur. * **Les Logiciens anglais contemporains**. 3ᵉ édit.
— Des définitions géométriques et des définitions empiriques. 2ᵉ édit.
LOMBROSO. L'Anthropologie criminelle et ses récents progrès. 2ᵉ édit. 1891.
— Nouvelles recherches d'anthropologie criminelle et de psychiatrie. 1892.
— Les Applications de l'anthropologie criminelle. 1892.
LUBBOCK (Sir John). * **Le Bonheur de vivre**. 2 volumes.
LYON (Georges), maître de conférences à l'École normale. * **La Philosophie de Hobbes**. 1893.
MARIANO. La Philosophie contemporaine en Italie.
MARION, professeur à la Sorbonne. * **J. Locke, sa vie, son œuvre**. 2ᵉ édit.
MAUS (I.), avocat à la Cour d'appel de Bruxelles. De la Justice pénale.
MOSSO. La Peur. Étude psycho-physiologique (avec figures).
— * La fatigue intellectuelle et physique, traduit de l'italien par P. Langlois. 1894, avec grav.
PAULHAN (Fr.). Les Phénomènes affectifs et les lois de leur apparition.
— * Joseph de Maistre et sa philosophie. 1893.
PILO (Mario), prof. au lycée de Bellune. La psychologie du beau et de l'Art. 1895.
PIOGER (Dʳ Julien). Le Monde physique, essai de conception expérimentale. 1893.
QUEYRAT (Fr.), professeur de l'Université. * **L'imagination et ses variétés chez l'enfant**. 1893.
— L'abstraction, son rôle dans l'éducation intellectuelle. 1894.
RÉMUSAT (Charles de), de l'Académie française. * **Philosophie religieuse**.
RIBOT (Th.), professeur au Collège de France, directeur de la *Revue philosophique*. La Philosophie de Schopenhauer. 6ᵉ édition.
— * **Les Maladies de la mémoire**. 9ᵉ édit.
— Les Maladies de la volonté. 9ᵉ édit.
— Les Maladies de la personnalité. 5ᵉ édit.
— La Psychologie de l'attention. 2ᵉ édit.
RICHET (Ch.), Essai de psychologie générale (avec figures). 2ᵉ édit.
ROBERTY (E. de). L'Inconnaissable, sa métaphysique, sa psychologie.
— L'Agnosticisme. Essai sur quelques théories pessimistes de la connaissance.
— La Recherche de l'Unité. 1 vol. 1893.
— Auguste Comte et Herbert Spencer, contribution à l'histoire des idées philosophiques au XIXᵉ siècle. 1894.
ROISEL. De la Substance.
SAIGEY. La Physique moderne.
SAISSET (Émile), de l'Institut. * **L'Âme et la Vie**.
— * Critique et Histoire de la philosophie (fragm. et disc.).
SCHMIDT (O.). Les Sciences naturelles et la Philosophie de l'inconscient.
SCHŒBEL. Philosophie de la raison pure.
SCHOPENHAUER. * **Le Libre arbitre**, traduit par M. Salomon Reinach. 6ᵉ édit.
— * Le Fondement de la morale, traduit par M. A. Burdeau. 5ᵉ édit.
— Pensées et Fragments, avec intr. par M. J. Bourdeau. 12ᵉ édit.
SELDEN (Camille). La Musique en Allemagne, étude sur Mendelssohn.
SICILIANI (P.). La Psychogénie moderne.
SIGHELE. La Foule criminelle, essai de psychologie collective.
STRICKER. Le Langage et la Musique, traduit de l'allemand par M. Schwiedland.
STUART MILL. * **Auguste Comte et la Philosophie positive**. 4ᵉ édit.
— L'Utilitarisme. 2ᵉ édit.
TAINE (H.), de l'Académie française. **L'Idéalisme anglais**, étude sur Carlyle.
— * **Philosophie de l'art dans les Pays-Bas**. 2ᵉ édit.
TARDE. **La Criminalité comparée**. 3ᵉ édition.

Suite de la *Bibliothèque de philosophie contemporaine*, format in-12,
à 2 fr. 50 le volume.

TARDE. * Les Transformations du Droit. 2ᵉ édit. 1894.
THAMIN (R.), prof. à la Faculté des lettres de Lyon. * Éducation et positivisme.
  2ᵉ éd. 1895. Ouvrage couronné par l'Académie des sciences morales et politiques.
THOMAS (P. Félix), prof. au lycée de Versailles. La suggestion, son rôle dans
  l'éducation intellectuelle. 1895.
TISSIÉ. * Les Rêves, avec préface du professeur Azam.
VIANNA DE LIMA. L'Homme selon le transformisme.
WUNDT. Hypnotisme et suggestion. Étude critique, traduit par M. Keller.
ZELLER. Christian Baur et l'École de Tubingue, traduit par M. Ritter.
ZIEGLER. La Question sociale est une Question morale, traduit par M. Palante.
  2ᵉ éd. 1894.

BIBLIOTHÈQUE DE PHILOSOPHIE CONTEMPORAINE
Volumes in-8.

Br. à 5 fr., 7 fr. 50 et 10 fr.; Cart. angl., 1 fr. en plus par vol.; Demi-rel. en plus 2 fr. par vol.

ADAM (Ch.), professeur à la Faculté des lettres de Dijon. **La Philosophie en France** (première moitié du XIXᵉ siècle). 1 vol. — 7 fr. 50
AGASSIZ.* De l'Espèce et des Classifications. 1 vol. — 5 fr.
ARRÉAT. *Psychologie du peintre. 1 vol. — 5 fr.
AUBRY (le Dʳ P.). La contagion du meurtre. 1894. 2ᵉ édit., préface de M. le docteur CORRE. — 5 fr.
BAIN (Alex.). * La Logique inductive et déductive. Traduit de l'anglais par M. G. Compayré. 2 vol. 2ᵉ édition. — 20 fr.
— * Les Sens et l'Intelligence. 1 vol. Traduit par M. Cazelles. 2ᵉ édit. — 10 fr.
— Les Émotions et la Volonté. Trad. par M. Le Monnier. 1 vol. — 10 fr.
BARNI (Jules). * La Morale dans la démocratie. 1 vol. 2ᵉ édit. — 5 fr.
BARTHÉLEMY SAINT-HILAIRE, de l'Institut. La Philosophie dans ses rapports avec les sciences et la religion. 1 vol. — 5 fr.
BERGSON, docteur ès lettres, professeur au lycée Henri IV. **Essai sur les données immédiates de la conscience.** 1 vol. — 3 fr. 75
BLONDEL, docteur ès lettres. L'Action. Essai d'une critique de la vie et d'une science de la pratique. 1 vol. 1893. — 7 fr. 50
BOIRAC (Émile), docteur ès lettres. L'idée du Phénomène. 1894. — 5 fr.
BOURDEAU (L.). Le Problème de la mort, ses solutions imaginaires, d'après la science positive. 1 vol. 1893. — 5 fr.
BOURDON, docteur ès lettres. * L'expression des émotions et des tendances dans le langage. 1 vol. 1892. — 7 fr. 50
BRUNSCHWIG (E.), agrégé de philosophie. Spinoza. 1894. — 3 fr. 75
BUCHNER. Nature et Science. 1 vol. 2ᵉ édit. Trad. de l'allemand par M. Lauth. 7 fr. 50
CARRAU (Ludovic), professeur à la Sorbonne. La Philosophie religieuse en Angleterre, depuis Locke jusqu'à nos jours. 1 vol. — 5 fr.
CLAY (R.). * L'Alternative, *Contribution à la psychologie.* 2ᵉ édit. — 10 fr.
COLLINS (Howard). La Philosophie de Herbert Spencer. 1 vol., avec préface de M. Herbert Spencer, traduit par H. de Varigny. 2ᵉ éd. 1895. — 10 fr.
CONTA (B.). Théorie de l'ondulation universelle. Traduction du roumain et notice biographique par D. Rosetti Tescanu, préface de Louis Buchner. 1894. — 3 fr. 75
CRÉPIEUX-JAMIN, L'Écriture et le Caractère. 3ᵉ édit. 1895. — 7 fr. 50
DELBOS, professeur de philosophie au lycée Michelet. * Le Problème moral dans la philosophie de Spinoza et dans l'histoire du spinozisme. 1 vol. 1894. — 10 fr.
DEWAULE, docteur ès lettres. *Condillac et la Psychologie anglaise contemporaine. 1 vol. 1892. — 5 fr.
DURKHEIM, professeur à la faculté des lettres de Bordeaux. *De la division du travail social. 1 vol. 1893. — 7 fr. 50
EGGER (V.), professeur à la Faculté des lettres de Nancy. La Parole intérieure. 1 vol. — 5 fr.
FERRERO (G.). Les lois psychologiques du symbolisme. 1895. — 5 fr.
FERRI (Louis), professeur à l'Université de Rome. La Psychologie de l'association, depuis Hobbes jusqu'à nos jours. 1 vol. — 7 fr. 50
FLINT, professeur à l'Université d'Édimbourg. La Philosophie de l'histoire en Allemagne. 1 vol. — 7 fr. 50
FONSEGRIVE, professeur au lycée Buffon. *Essai sur le libre arbitre. Ouvrage couronné par l'Académie des sciences morales et politiques. 1 vol. 2ᵉ éd. 1895. 10 fr.
FOUILLÉE (Alf.). * La Liberté et le Déterminisme. 1 vol. 2ᵉ édit. — 7 fr. 50
— Critique des systèmes de morale contemporains. 1 vol. 2ᵉ éd. — 7 fr. 50
— *La Morale, l'Art, la Religion, d'après Guyau. 1 vol. 2ᵉ édit. — 3 fr. 75

Suite de la *Bibliothèque de philosophie contemporaine*, format in-8.

FOUILLÉE (Alf.). **L'Avenir de la Métaphysique fondée sur l'expérience.** 1 vol. 5 fr.
— * **L'Évolutionnisme des idées-forces.** 1 vol. 7 fr. 50
— * **La Psychologie des idées-forces.** 2 vol. 1893. 15 fr.
FRANCK (A.), de l'Institut. **Philosophie du droit civil.** 1 vol.
GAROFALO, agrégé de l'Université de Naples. **La Criminologie.** 1 vol. 3ᵉ édit. 7 fr. 50
GREEF (de), prof. à la nouvelle Université libre de Bruxelles. **Le transformisme social.** Essai sur le progrès et le regrès des sociétés. 1895. 7 fr. 50
GODFERNAUX (A.), docteur ès lettres. **Le sentiment et la pensée et leurs principaux aspects physiologiques.** 1894. 5 fr.
GURNEY, MYERS et PODMORE. **Les Hallucinations télépathiques,** traduit et abrégé des « Phantasms of The Living » par L. MARILLIER, préf. de CH. RICHET. 1 vol. 2ᵉ éd. 7 fr. 50
GUYAU (M.). * **La Morale anglaise contemporaine.** 1 vol. 4ᵉ édit. 7 fr. 50
— **Les Problèmes de l'esthétique contemporaine.** 1 vol. 5 fr.
— **Esquisse d'une morale sans obligation ni sanction.** 1 vol. 2ᵉ édit. 1893. 5 fr.
— **L'Irréligion de l'avenir,** étude de sociologie. 1 vol. 3ᵉ édit. 7 fr. 50
— * **L'Art au point de vue sociologique.** 1 vol. 7 fr. 50
— * **Hérédité et Education,** étude sociologique. 1 vol. 2ᵉ édit. 5 fr.
HERBERT SPENCER. * **Les Premiers principes.** Traduit par M. Cazelles. 1 vol. 10 fr.
— **Principes de biologie.** Traduit par M. Cazelles. 2 vol. 20 fr.
— * **Principes de psychologie.** Trad. par MM. Ribot et Espinas. 2 vol. 20 fr.
— * **Principes de sociologie.** 4 vol., traduits par MM. Cazelles et Gerschel :
Tome I. 10 fr. — Tome II. 7 fr. 50. — Tome III. 15 fr. — Tome IV. 3 fr. 75
— * **Essais sur le progrès.** Traduit par M. A. Burdeau. 1 vol. 5ᵉ édit. 7 fr. 50
— **Essais de politique.** Traduit par M. A. Burdeau. 1 vol. 3ᵉ édit. 7 fr. 50
— **Essais scientifiques.** Traduit par M. A. Burdeau. 1 vol. 2ᵉ édit. 7 fr. 50
— * **De l'Education physique, intellectuelle et morale.** 1 vol. 9ᵉ édit. 5 fr.
(Voy. p. 2, 18 et 19.)
HIRTH (G.). * **Physiologie de l'Art.** Trad. et introd. de M. L. ARRÉAT. 1 vol. 5 fr.
HUXLEY, de la Société royale de Londres. * **Hume, sa vie, sa philosophie.** Traduit de l'anglais et précédé d'une introduction par M. G. COMPAYRÉ. 1 vol. 5 fr.
IZOULET (J.). **La Cité moderne,** métaphysique de la sociologie. 1895. 10 fr.
JANET (Paul), de l'Institut. * **Les Causes finales.** 1 vol. 3ᵉ édit. 10 fr.
— * **Histoire de la science politique dans ses rapports avec la morale.** 2 forts vol. 3ᵉ édit., revue, remaniée et considérablement augmentée. 20 fr.
— * **Victor Cousin et son œuvre.** 1 vol. 3ᵉ édition. 7 fr. 50
JANET (Pierre), professeur au collège Rollin. **L'Automatisme psychologique,** essai sur les formes inférieures de l'activité mentale. 1 vol. 2ᵉ édit. 1894. 7 fr. 50
JAURÈS (J.). **De la réalité du Monde sensible.** 1 vol. 1892. 7 fr. 50
LAUGEL (Auguste). **Les Problèmes** (Problèmes de la nature, problèmes de la vie, problèmes de l'âme). 1 vol. 7 fr. 50
LAVELEYE (de), correspondant de l'Institut. * **De la Propriété et de ses formes primitives.** 1 vol. 4ᵉ édit. revue et augmentée. 10 fr.
— * **Le Gouvernement dans la démocratie.** 2 vol. 2ᵉ édit. 15 fr.
LÉVY-BRUHL. **La Philosophie de Jacobi.** 1894. 5 fr.
LIARD, directeur de l'enseignement supérieur. **Descartes.** 1 vol. 5 fr.
— * **La Science positive et la Métaphysique.** 1 vol. 2ᵉ édit. 7 fr. 50
LOMBROSO. **L'Homme criminel** (criminel-né, fou-moral, épileptique), précédé d'une préface de M. le docteur LETOURNEAU. 2ᵉ éd. 2 vol. (sous presse).
— **L'Homme de génie,** traduit sur la 8ᵉ édition italienne par FR. COLONNA D'ISTRIA, et précédé d'une préface de M. CH. RICHET. 1 vol. avec 11 pl. hors texte. 10 fr.
LOMBROSO et LASCHI. **Le Crime politique et les Révolutions.** 2 vol. avec planches hors texte. 15 fr.
LYON (Georges), maître de conférences à l'École normale supérieure. * **L'Idéalisme en Angleterre au XVIIIᵉ siècle.** 1 vol. 7 fr. 50
MARION (H.), professeur à la Sorbonne. * **De la Solidarité morale.** Essai de psychologie appliquée. 1 vol. 3ᵉ édit. 5 fr.
MARTIN (Fr.), docteur ès lettres. **La perception extérieure et la science positive,** essai de philosophie des sciences. 1894. 5 fr.
MATTHEW ARNOLD. **La Crise religieuse.** 1 vol. 7 fr. 50
MAUDSLEY. **La Pathologie de l'esprit.** 1 vol. Trad. de l'ang. par M. Germont. 10 fr.
MILHAUD (G.), docteur ès lettres. **Essai sur les conditions et les limites de la certitude logique.** 1894. 3 fr. 75
NAVILLE (E.), correspond. de l'Institut. **La physique moderne.** 1 vol. 2ᵉ édit. 5 fr.
— **La Logique de l'hypothèse.** 2ᵉ édit. 5 fr.
— **La définition de la philosophie.** 1894. 5 fr.
NORDAU (Max). * **Dégénérescence,** traduit de l'allemand par Aug. Dietrich. 3ᵉ éd. 1895. Tome I. 7 fr. 50. Tome II. 10 fr.

Suite de la *Bibliothèque de philosophie contemporaine*, format in-8.

NOVICOW. *Les Luttes entre Sociétés humaines et leurs phases successives. 1 vol. 1893. 10 fr.
— Les gaspillages des sociétés modernes. 1894. 5 fr.
OLDENBERG, professeur à l'Université de Kiel. *Le Bouddha, sa Vie, sa Doctrine, sa Communauté, trad. par P. Foucher. Préf. de Lucien Lévy. 1 vol. 1894. 7 fr. 50
PAULHAN (Fr.). L'Activité mentale et les Éléments de l'esprit. 1 vol. 10 fr.
— *Les Caractères, 1 vol. 1894. 5 fr.
PAYOT (J.), agrégé de philosophie. *L'Éducation de la volonté. 1 vol. 3ᵉ édit. 1895. 5 fr.
PÉREZ (Bernard). Les Trois premières années de l'enfant. 1 vol. 5ᵉ édit. 5 fr.
— L'Enfant de trois à sept ans. 1 vol. 3ᵉ édit. 5 fr.
— L'Éducation morale dès le berceau. 1 vol. 2ᵉ édit. 5 fr.
— L'Art et la Poésie chez l'enfant. 1 vol. 5 fr.
— Le Caractère, de l'enfant à l'homme. 1 vol. 5 fr.
PICAVET (F.), maître de conférences à l'École des hautes études. *Les Idéologues, essai sur l'histoire des idées, des théories scientifiques, philosophiques, religieuses, etc., en France, depuis 1789. 1 vol. (Ouvr. couronné par l'Académie française.) 10 fr.
PIDERIT. La Mimique et la Physiognomonie. Trad. de l'allemand par M. Girot. 1 vol., avec 95 figures dans le texte. 5 fr.
PILLON (F.), ancien réd. de la *Critique philosophique*. *L'Année philosophique, 1ʳᵉ, 2ᵉ, 3ᵉ, 4ᵉ et 5ᵉ années, 1890, 1891, 1892, 1893 et 1894. 5 vol. Chaque vol. séparément. 5 fr.
PIOGER (J.). La Vie et la Pensée, essai de conception expérimentale. 1894. 1 v. 5 fr.
— La vie sociale, la morale et le progrès. 1894. 5 fr.
PREYER, prof. à l'Université de Berlin. Éléments de physiologie. 5 fr.
— L'Ame de l'enfant. Observations sur le développement psychique des premières années. 1 vol., traduit de l'allemand par M. H. C. de Varigny. 10 fr.
PROAL. *Le Crime et la Peine. 1 vol. 2ᵉ édit. 1894. Ouvrage couronné par l'Académie des sciences morales et politiques. 10 fr.
— La criminalité politique. 1895. 5 fr.
RAUH (F.), professeur à la Faculté des lettres de Toulouse. Essai sur le fondement métaphysique de la morale. 1 vol. 5 fr.
RIBOT (Th.), prof. au Collège de France, dir. de la *Revue philosophique*. L'Hérédité psychologique. 1 vol. 5ᵉ édit. 7 fr. 50
— *La Psychologie anglaise contemporaine. 1 vol 3ᵉ édit. 7 fr. 50
— *La Psychologie allemande contemporaine. 1 vol. 2ᵉ éd. 7 fr. 50 (Voy. p. 3, 16.)
RICARDOU (A.), docteur ès lettres. De l'Idéal, étude philosophique. 1 vol. Ouvrage couronné par l'Académie des sciences morales et politiques. 5 fr.
RICHET (Ch.), professeur à la Faculté de médecine de Paris. L'Homme et l'Intelligence. Fragments de psychologie et de physiologie. 1 vol. 2ᵉ édit. 10 fr.
ROBERTY (E. de). L'Ancienne et la Nouvelle philosophie. 1 vol. 7 fr. 50
— *La Philosophie du siècle (positivisme, criticisme, évolutionnisme). 1 vol. 5 fr.
ROMANES. *L'Évolution mentale chez l'homme. 1 vol. 7 fr. 50
SAIGEY (E.). Les Sciences au XVIIIᵉ siècle. La Physique de Voltaire. 1 vol. 5 fr.
SCHOPENHAUER. Aphorismes sur la sagesse dans la vie. 3ᵉ édit. Traduit par M. Cantacuzène. 1 vol. 5 fr.
— De la Quadruple racine du principe de la raison suffisante, suivi d'une *Histoire de la doctrine de l'idéal et du réel*. Trad. par M. Cantacuzène. 1 vol. 5 fr.
— *Le Monde comme volonté et comme représentation. Traduit par M. A. Burdeau. 3 vol. Chacun séparément. 7 fr. 50
SÉAILLES, maître de conf. à la Sorbonne. Essai sur le génie dans l'art. 1 v. 5 fr.
SERGI, professeur à l'Université de Rome. La Psychologie physiologique, traduit de l'italien par M. Mouton. 1 vol. avec figures. 7 fr. 50
SOLLIER (Dʳ P.). *Psychologie de l'idiot et de l'imbécile. 1 vol. 5 fr.
SOURIAU (Paul), professeur à la Faculté des lettres de Nancy. L'Esthétique du mouvement. 1 vol. 5 fr.
— *La suggestion dans l'art. 1 vol. 5 fr.
STUART MILL. *La Philosophie de Hamilton. 1 vol. 10 fr.
— *Mes Mémoires. Histoire de ma vie et de mes idées. 1 vol. 3ᵉ édit. 5 fr.
— *Système de logique déductive et inductive. 3ᵉ édit. 2 vol. 20 fr.
— *Essais sur la religion. 2ᵉ édit. 1 vol. 5 fr. (Voy. p. 3.)
SULLY (James). Le Pessimisme. Traduit de l'anglais par MM. Bertrand et Gérard. 1 vol. 2ᵉ édit. 7 fr. 50
TARDE (G.). La logique sociale. 1895. 7 fr. 50
VACHEROT (Et.), de l'Institut. Essais de philosophie critique. 1 vol. 7 fr. 50
— La Religion. 1 vol. 7 fr. 50
WUNDT. Éléments de psychologie physiologique. 2 vol. avec figures. 20 fr.

COLLECTION HISTORIQUE DES GRANDS PHILOSOPHES
PHILOSOPHIE ANCIENNE

ARISTOTE (Œuvres d'), traduction de J. Barthélemy-Saint-Hilaire, de l'Institut.
— **Psychologie** (Opuscules), avec notes. 1 vol. in-8...... 10 fr.
— **Rhétorique**, avec notes. 2 vol. in-8............... 16 fr.
— **Politique**. 1 v. in-8.... 10 fr.
— **La Métaphysique d'Aristote**. 3 vol. in-8.......... 30 fr.
— **Traité de la production et de la destruction des choses**, avec notes. 1 v. gr. in-8..... 10 fr.
— **De la Logique d'Aristote**, par M. Barthélemy-Saint-Hilaire. 2 vol. in-8............. 10 fr.
— **Table alphabétique des matières de la traduction générale d'Aristote**, par M. Barthélemy-Saint-Hilaire, 2 forts vol. in-8. 1892.......... 30 fr.
— **L'Esthétique d'Aristote**, par M. Bénard. 1 vol. in-8. 1889. 5 fr.
SOCRATE. *La Philosophie de Socrate, par Alf. Fouillée. 2 vol. in-8............. 16 fr.
— **Le Procès de Socrate**. Examen des thèses socratiques, par G. Sorel. 1 vol. in-8......... 3 fr. 50
PLATON. **Études sur la Dialectique dans Platon et dans Hegel**, par Paul Janet. 1 vol. in-8. 6 fr.
— **Platon et Aristote**, par Van der Rest. 1 vol. in-8....... 10 fr.
PLATON. *Platon, sa philosophie, précédé d'un aperçu de sa vie et de ses œuvres, par Ch. Bénard. 1 vol. in-8. 1893........... 10 fr.
ÉPICURE *La Morale d'Épicure et ses rapports avec les doctrines contemporaines, par M. Guyau. 1 volume in-8. 3e édit...... 7 fr. 50
ÉCOLE D'ALEXANDRIE. * Histoire de l'École d'Alexandrie, par M. Barthélemy-St-Hilaire. 1 vol. in-8............... 6 fr.
BÉNARD. **La Philosophie ancienne**, histoire de ses systèmes. 1re partie : La Philosophie et la Sagesse orientales. — La Philosophie grecque avant Socrate. — Socrate et les socratiques. — Etudes sur les sophistes grecs. 1 v. in-8..... 9 fr.
FABRE (Joseph). *Histoire de la philosophie, antiquité et moyen âge. 1 vol. in-18..... 3 fr. 50
FAVRE (Mme Jules), née Velten. **La Morale des stoïciens**. 1 volume in-18............. 3 fr. 50
— **La Morale de Socrate**. 1 vol. in-18............. 3 fr. 50
— **La Morale d'Aristote**. 1 vol. in-18............. 3 fr. 50
OGEREAU. **Essai sur le système philosophique des stoïciens**. 1 vol. in-8............ 5 fr.
RODIER (G.), docteur ès lettres. *La Physique de Straton de Lampsaque. 1 vol. in-8...... 3 fr.
TANNERY (Paul), professeur suppléant au Collège de France. **Pour l'histoire de la science hellène** (de Thalès à Empédocle). 1 v. in-8. 1887............. 7 fr. 50
BROCHARD (V.), professeur à la Sorbonne. *Les Sceptiques grecs (couronné pour l'Académie des sciences morales et politiques). 1 vol. in-8............... 8 fr.
MILHAUD (G.). *Les origines de la science grecque. 1 vol. in-8. 1893............... 5 fr.

PHILOSOPHIE MODERNE

LEIBNIZ. * Œuvres philosophiques, avec introduction et notes par Paul Janet. 2 vol. in-8.... 16 fr.
— **Leibniz et Pierre le Grand**, par Foucher de Careil. 1 vol. in-8. 2 fr.
— **Leibniz et les deux Sophie**, par Foucher de Careil. in-8. 2 fr.
DESCARTES, par L. Liard. 1 v. in-8. 5 fr.
— **Essai sur l'Esthétique de Descartes**, par Krantz, doyen de la Faculté des lettres de Nancy. 1 v. in-8............... 6 fr.
SPINOZA. Benedicti de Spinoza opera, quotquot reperta sunt, recognoverunt J. Van Vloten et J.-P.-N. Land. 2 forts vol. in-8 sur papier de Hollande.......... 45 fr.
— Inventaire des livres formant sa bibliothèque, publié d'après un document inédit avec des notes biographiques et bibliographiques et une introduction par A.-J. Servaas van Rooijen. 1 v. in-4 sur papier de Hollande....... 15 fr.
GEULINCX (Arnoldi). **Opera philosophica** recognovit J.-P.-N. Land, 3 volumes, sur papier de Hollande, gr. in-8. Chaque vol... 17 fr. 75
GASSENDI. **La Philosophie de Gassendi**, par P.-F. Thomas, docteur ès lettres, professeur au lycée de Versailles. 1 vol. in-8. 1889. 6 fr.

LOCKE. *Sa vie et ses œuvres, par Marion, professeur à la Sorbonne. 1 vol. in-18. 3ᵉ édition. 2 fr. 50

MALEBRANCHE. *La Philosophie de Malebranche, par Ollé-Laprune, maître de conférences à l'École normale supérieure. 2 vol. in-8............ 16 fr.

PASCAL. Études sur le scepticisme de Pascal, par Droz, professeur à la Faculté des lettres à Besançon. 1 vol. in-8... 6 fr.

VOLTAIRE. Les Sciences au XVIIIᵉ siècle. Voltaire physicien, par Em. Saigey. 1 vol. in-8. 5 fr.

FRANCK (Ad.), de l'Institut. La Philosophie mystique en France au XVIIIᵉ siècle. 1 volume in-18............ 2 fr. 50

DAMIRON. Mémoires pour servir à l'histoire de la philosophie au XVIIIᵉ siècle. 3 vol. in-8. 15 fr.

PHILOSOPHIE ÉCOSSAISE

DUGALD STEWART. *Éléments de la philosophie de l'esprit humain, traduits de l'anglais par L. Peisse. 3 vol. in-12... 9 fr.

HAMILTON. *La Philosophie de Hamilton, par J. Stuart Mill. 1 vol. in-8............ 10 fr.

HUME. *Sa vie et sa philosophie, par Th. Huxley, trad. de l'angl. par G. Compayré. 1 vol. in-8. 5 fr.

BACON. Étude sur François Bacon, par J. Barthélemy-Saint-Hilaire, de l'Institut. 1 vol. in-18............ 2 fr. 50

— *Philosophie de François Bacon, par Ch. Adam, professeur à la Faculté des lettres de Dijon (ouvrage couronné par l'Institut). 1 volume in-8.. 7 fr. 50

BERKELEY. Œuvres choisies. Essai d'une nouvelle théorie de la vision. Dialogues d'Hylas et de Philonoüs. Traduit de l'anglais par MM. Beaulavon (G.) et Parodi (D.), agrégés de l'Université. 1895. 1 vol. in-8°............ 5 fr.

PHILOSOPHIE ALLEMANDE

KANT. *La Critique de la raison pratique, traduction nouvelle avec introduction et notes, par M. Picavet. 1 vol. in-8........ 6 fr.

— Critique de la raison pure, trad. par M. Tissot. 2 v. in-8. 16 fr.

— Éclaircissements sur la Critique de la raison pure, trad. par M. J. Tissot. 1 vol. in-8. 6 fr.

— Principes métaphysiques de la morale, augmentés des Fondements de la métaphysique des mœurs, traduct. par M. Tissot. 1 vol. in-8............ 8 fr.

— Même ouvrage, traduction par M. Jules Barni. 1 vol. in-8... 8 fr.

— *La Logique, traduction par M. Tissot. 1 vol. in-8..... 4 fr.

— *Mélanges de logique, traduction par M. Tissot. 1 v. in-8. 6 fr.

— *Prolégomènes à toute métaphysique future qui se présentera comme science, traduction de M. Tissot. 1 vol. in-8... 6 fr.

— *Anthropologie, suivie de divers fragments relatifs aux rapports du physique et du moral de l'homme, et du commerce des esprits d'un monde à l'autre, traduction par M. Tissot. 1 vol. in-8..... 6 fr.

— Traité de pédagogie, trad. J. Barni; préface et notes par M. Raymond Thamin. 1 vol. in-12. 2 fr.

KANT. Principes métaphysiques de la science de la nature, trad. pour la 1ʳᵉ fois en français et accompagnés d'une introduction sur la Philosophie de la nature dans Kant, par Ch. Andler et Ed. Chavannes, anciens élèves de l'École normale supérieure, agrégés de l'Université. 1 vol. grand in 8. 1891. 4 fr. 50

FICHTE. *Méthode pour arriver à la vie bienheureuse, trad. par M. Fr. Bouillier. 1 vol. in-8. 8 fr.

— Destination du savant et de l'homme de lettres, traduit par M. Nicolas. 1 vol. in-8. 3 fr.

— *Doctrines de la science. 1 vol. in-8............ 9 fr.

SCHELLING. Bruno, ou du principe divin. 1 vol. in-8....... 3 fr. 50

HEGEL. *Logique. 2ᵉ édit. 2 vol. in-8............ 14 fr.

— *Philosophie de la nature. 3 vol. in-8............ 25 fr.

— *Philosophie de l'esprit. 2 vol. in-8............ 18 fr.

— *Philosophie de la religion. 2 vol. in-8............ 20 fr.

— La Poétique, trad. par M. Ch. Bénard. Extraits de Schiller, Gœthe, Jean-Paul, etc., 2 v. in-8. 12 fr.

— Esthétique. 2 vol. in-8, trad. par M. Bénard......... 16 fr.

HEGEL. Antécédents de l'hégélianisme dans la philosophie française, par E. BEAUSSIRE. 1 vol. in-18............ 2 fr. 50
— *La Dialectique dans Hegel et dans Platon, par M. Paul JANET. 1 vol. in-8............ 6 fr.
—*Introduction à la philosophie de Hegel, par VÉRA. 1 vol. in-8, 2ᵉ édit.............. 6 fr. 50
HUMBOLDT (G. de). Essai sur les limites de l'action de l'État. in-8................ 10 fr.
HUMBOLDT (G. de) * La Philosophie individualiste, étude sur G. de HUMBOLDT, par M. CHALLEMEL-LACOUR. 1 v. in-18.... 2 fr. 50
RICHTER (Jean-Paul-Fr.). Poétique ou Introduction à l'Esthétique, trad. par ALEX. BUCHNER et LÉON DUMONT. 2 vol. in-8. 1862. 15 fr.
SCHILLER. L'Esthétique de Schiller, par Fr. MONTARGIS. 1 v. in-8. 4 fr.
STAHL. * Le Vitalisme et l'Animisme de Stahl, par M. Albert LEMOINE. 1 vol. in-18.... 2 fr. 50

PHILOSOPHIE ALLEMANDE CONTEMPORAINE

BUCHNER (L.). Nature et Science. 1 vol. in-8. 2ᵉ édit...... 7 fr. 50
— * Le Matérialisme contemporain, par M. Paul JANET. 4ᵉ édit. 1 vol. in-18........ 2 fr. 50
CHRISTIAN BAUR et l'École de Tubingue, par M. Ed. ZELLER. 1 vol. in-18......... 2 fr. 50
HARTMANN (E. de). La Religion de l'avenir. 1 vol. in-18... 2 fr. 50
— Le Darwinisme, ce qu'il y a de vrai et de faux dans cette doctrine. 1 vol. in-18, 3ᵉ édition.. 2 fr. 50
HERBART. Principales œuvres pédagogiques, trad. et fondues par A. PINLOCHE. 1 v. in-8. 1894. 7 fr. 50
O. SCHMIDT. Les Sciences naturelles et la Philosophie de l'inconscient. 1 v. in-18. 2 fr. 50
PIDERIT. La Mimique et la Physiognomonie. 1 v. in-8. 5 fr.
PREYER. Éléments de physiologie. 1 vol. in-8........ 5 fr.
— L'Ame de l'enfant. Observations sur le développement psychique des premières années. 1 vol. in-8. 10 fr.
SCHŒBEL. Philosophie de la raison pure. 1 vol. in-18. 2 fr. 50
SCHOPENHAUER. Essai sur le libre arbitre. 1 vol. in-18. 5ᵉ éd. 2 fr. 50
— Le Fondement de la morale. 1 vol. in-18............ 2 fr. 50
— Essais et fragments, trad. et précédé d'une Vie de Schopenhauer, par M. BOURDEAU. 1 v. in-18. 12ᵉ éd. 2 f. 50
— Aphorismes sur la sagesse dans la vie. 1 vol. in-8. 3ᵉ éd. 5 fr.
— De la quadruple racine du principe de la raison suffisante. 1 vol. in-8........ 2 fr. 50
— Le Monde comme volonté et représentation. 3 vol. in-8 ; chacun séparément...... 7 fr. 50
— La Philosophie de Schopenhauer, par M. Th. RIBOT. 1 vol. in-18. 5ᵉ édit......... 2 fr. 50
RIBOT (Th.). * La Psychologie allemande contemporaine. 1 vol. in-8, 2ᵉ édit........ 7 fr. 50
STRICKER. Le Langage et la Musique. 1 vol. in-18....... 2 fr. 50
WUNDT. Psychologie physiologique. 2 vol. in-8 avec fig. 20 fr.
— Hypnotisme et Suggestion. 1 vol. in-18.......... 2 fr. 50
OLDENBERG. Le Bouddha, sa vie, sa doctrine, sa communauté. 1 vol. in-8............ 7 fr. 50

PHILOSOPHIE ANGLAISE CONTEMPORAINE

STUART MILL. * La Philosophie de Hamilton. 1 fort vol. in-8. 10 fr.
— * Mes Mémoires. Histoire de ma vie et de mes idées. 1 v. in-8. 5 fr.
— * Système de logique déductive et inductive. 2 v. in-8. 20 fr.
— * Auguste Comte et la philosophie positive. 1 vol. in-18. 2 fr. 50
— L'Utilitarisme. 1 v. in-18. 2 fr. 50
— Essais sur la Religion. 1 vol. in-8, 2ᵉ édit............ 5 fr.
— La République de 1848 et ses détracteurs, trad. et préface de M. SADI CARNOT. 1 v. in-18. 1 fr.
— La Philosophie de Stuart Mill, par H. LAURET. 2 v. in-8. 6 fr.
HERBERT SPENCER. * Les Premiers Principes. In-8 . 10 fr.
— Principes de biologie. 2 forts vol. in-8. 20 fr.
— * Principes de psychologie. 2 vol. in-8............. 20 fr.
—* Introduction à la science sociale. 1 v. in-8, cart. 6ᵉ édit. 6 fr.
— * Principes de sociologie. 4 vol. in-8........... 36 fr. 25
— * Classification des sciences. 1 vol. in-18. 2ᵉ édition. 2 fr. 50
—* De l'éducation intellectuelle, morale et physique. 1 vol. in-8. 5ᵉ édit............. 5 fr.

HERBERT SPENCER. *Essais sur le progrès. 1 vol. in-8. 2ᵉ éd. 7 fr. 50
— Essais de politique. 1 vol. in-8, 2ᵉ édit. .... 7 fr. 50
— Essais scientifiques. 1 volume in-8.. .... 7 fr. 50
— Les Bases de la morale évolutionniste. 1 v. in-8, 5ᵉ édit. 6 fr.
— L'Individu contre l'État. 1 vol in-18. 4ᵉ édit. .... 2 fr. 50
BAIN. *Des sens et de l'intelligence. 1 vol. in-8.... 10 fr.
— Les Émotions et la Volonté. 1 vol. in-8. .... 10 fr.
— *La Logique inductive et déductive. 2 v. in-8. 2ᵉ éd... 20 fr.
— *L'Esprit et le Corps. 1 vol. in-8, cartonné. 4ᵉ édit .... 6 fr.
— *La Science de l'éducation 1 v. in-8, cartonné. 6ᵉ édit. 6 fr.
COLLINS (Howard). La Philosophie de Herbert Spencer. 1 vol. in-8. 2ᵉ édit. .... 10 fr.
DARWIN. *Descendance et Darwinisme, par Oscar SCHMIDT. 1 vol. in-8, cart. 5ᵉ édit.. 6 fr.
— Le Darwinisme, par E. DE HARTMANN. 1 vol. in-18.. 2 fr. 50
FERRIER. Les Fonctions du Cerveau. 1 vol. in-8 .... 3 fr.
CHARLTON BASTIAN. *Le Cerveau, organe de la pensée chez l'homme et les animaux. 2 vol. in-8. 12 fr.
CARLYLE. L'Idéalisme anglais, étude sur Carlyle, par H. TAINE. 1 vol. in-18. .... 2 fr. 50
BAGEHOT. *Lois scientifiques du développement des nations.
1 vol. in-8, cart. 4ᵉ édit... 6 fr.
DRAPER. Les Conflits de la science et de la religion. In-8. 7ᵉ éd. 6 fr.
HOBBES. La Philosophie de Hobbes par G. LYON. 1 vol. in-18, 2 fr. 50
MATTHEW ARNOLD. La Crise religieuse. 1 vol. in-8... 7 fr. 50
MAUDSLEY. *Le Crime et la Folie. 1 vol. in-8, cart. 5ᵉ édit... 6 fr.
MAUDSLEY. La Pathologie de l'esprit. 1 vol. in-8..... 10 fr.
FLINT. * La Philosophie de l'histoire en Allemagne. 1 vol in-8.............. 7 fr. 50
RIBOT (Th.). La Psychologie anglaise contemporaine. 3ᵉ édit. 1 vol. in-8........... 7 fr. 50
LIARD. * Les Logiciens anglais contemporains. 1 vol. in-18. 2ᵉ édit............. 2 fr. 50
GUYAU*. La Morale anglaise contemporaine. 1 vol. in-8. 4ᵉ édit. 7 fr. 50
HUXLEY. * Hume, sa vie, sa philosophie. 1 vol. in-8...... 5 fr.
JAMES SULLY. Le Pessimisme. 1 vol. in-8. 2ᵉ éd....... 7 fr. 50
— Les Illusions des sens et de l'esprit. 1 vol. in-8, cart.. 6 fr.
CARRAU (L.). La Philosophie religieuse en Angleterre, depuis Locke jusqu'à nos jours. 1 volume in-8.............. 5 fr.
LYON (Georges). L'Idéalisme en Angleterre au XVIIIᵉ siècle. 1 vol. in-8............ 7 fr. 50
— La Philosophie de Hobbes. 1 vol. in-18............ 2 fr. 50

PHILOSOPHIE ITALIENNE CONTEMPORAINE

SICILIANI. La Psychogénie moderne. 1 vol. in-18..... 2 fr. 50
ESPINAS. * La Philosophie expérimentale en Italie, origines, état actuel. 1 vol. in-18. 2 fr. 50
MARIANO. La Philosophie contemporaine en Italie, essais de philosophie hégélienne. 1 vol. in-18. 2 fr. 50
FERRI (Louis). La Philosophie de l'association depuis Hobbes jusqu'à nos jours. In-8. 7 fr. 50
LEOPARDI. Opuscules et pensées. 1 vol. in-18........ 2 fr. 50
MOSSO. La Peur. 1 vol. in-18. 2 fr. 50
— La fatigue intellectuelle et physique. 1 vol. in-18. 2 fr. 50
MARIO PILO. Psychologie du beau et de l'art. 1 vol. in-18. 2 fr. 50
LOMBROSO. L'Homme criminel. 2 vol. in-8. Sous presse.
LOMBROSO. L'Homme de génie, in-8................ 10 fr.
— L'Anthropologie criminelle, ses récents progrès. 1 volume in-18. 2ᵉ édit. .... 2 fr. 50
— Nouvelles observations d'anthropologie criminelle et de psychiatrie. 1 v. in-18. 2 fr. 50
— Les Applications de l'anthropologie criminelle. 1 vol. in-18. 2 fr. 50
LOMBROSO et LASCHI. Le Crime politique et les révolutions. 2 vol. in-8, avec pl. hors texte. 15 fr.
MANTEGAZZA. La Physionomie et l'expression des sentiments. 2ᵉ édit. 1 vol. in-8, cart... 6 fr.
SERGI. La Psychologie physiologique. 1 vol. in-8... 7 fr. 50
GAROFALO. La Criminologie. 1 volume in-8. 3ᵉ édit..... 7 fr. 50

OUVRAGES DE PHILOSOPHIE
PRESCRITS POUR L'ENSEIGNEMENT DES LYCÉES ET DES COLLÈGES

*COURS ÉLÉMENTAIRE DE PHILOSOPHIE
Suivi de Notions d'histoire de la Philosophie
et de Sujets de Dissertations donnés à la Faculté des lettres de Paris
Par Émile BOIRAC
Professeur de philosophie au lycée Condorcet.

1 vol. in-8, 8ᵉ édition, 1895. Broché, 6 fr. 50. Cartonné à l'anglaise, 7 fr. 50.

*LA DISSERTATION PHILOSOPHIQUE
Choix de sujets — Plans — Développements
PRÉCÉDÉ D'UNE INTRODUCTION SUR LES RÈGLES DE LA DISSERTATION PHILOSOPHIQUE
PAR LE MÊME

1 vol. in-8, 4ᵉ édit. 1894. Broché, 6 fr. 50. Cartonné à l'anglaise, 7 fr. 50.

AUTEURS DEVANT ÊTRE EXPLIQUÉS DANS LA CLASSE DE PHILOSOPHIE
AUTEURS FRANÇAIS
Ces auteurs français sont expliqués également dans la classe de première (lettres) de l'enseignement moderne.

CONDILLAC. — **Traité des Sensations**, livre I, avec notes, par Georges LYON, maître de conférences à l'Ecole normale supérieure, docteur ès lettres. 1 vol. in-12...... 1 fr. 40
DESCARTES. — **Discours sur la Méthode**, avec notes, introduction et commentaires, par V. BROCHARD, directeur des conférences de philosophie à la Sorbonne. 1 vol. in-12, 4ᵉ édition............ 1 fr. 25
DESCARTES. — **Les Principes de la philosophie**, livre I, avec notes, par LE MÊME. 1 vol. in-12, broché............ 1 fr. 25
LEIBNIZ. — **La Monadologie**, avec notes, introduction et commentaires, par D. NOLEN, recteur de l'Académie de Besançon. 1 vol. in-12. 2ᵉ édit............ 2 fr.
LEIBNIZ. — **Nouveaux essais sur l'entendement humain**. Avant-propos et livre I, avec notes, par Paul JANET, de l'Institut, professeur à la Sorbonne. 1 vol. in-12............ 1 fr.
MALEBRANCHE. — **De la Recherche de la vérité**, livre II (*de l'Imagination*), avec notes, par Pierre JANET, ancien élève de l'Ecole normale supérieure, professeur au collège Rollin. 1 vol. in-12............ 1 fr. 80
PASCAL. — **De l'Autorité en matière de philosophie.** — **De l'Esprit géométrique.** — **Entretien avec M. de Sacy**, avec notes, par ROBERT, professeur à la Faculté des lettres de Rennes. 1 vol. in-12. 2ᵉ édit............ 1 fr.

AUTEURS LATINS
CICÉRON. — **De natura Deorum**, livre II, avec notes, par PICAVET, agrégé de l'Université, professeur au collège Rollin. 1 vol. in-12............ 2 fr.
CICÉRON. — **De officiis**, livre I, avec notes, par E. BOIRAC, professeur agrégé au lycée Condorcet. 1 vol. in-12............ 1 fr. 40
LUCRÈCE. — **De natura rerum**, livre V, avec notes, par G. LYON, maître de conférences à l'Ecole normale supérieure. 1 vol. in-12............ 1 fr. 50
SÉNÈQUE. — **Lettres à Lucilius** (les 10 premières), avec notes, par DAURIAC, ancien élève de l'Ecole normale supérieure, professeur à la Faculté des lettres de Montpellier. 1 vol. in-12. 1 fr. 25

AUTEURS GRECS
ARISTOTE. — **Morale à Nicomaque**, livre X, avec notes, par L. CARRAU, professeur à la Sorbonne. 1 vol. in-12............ 1 fr. 25
ÉPICTÈTE. — **Manuel**, avec notes, par MONTARGIS, ancien élève de l'Ecole normale supérieure, professeur de philosophie au lycée de Troyes. 1 vol. in-12............ 1 fr.
PLATON. — **La République**, livre VI, avec notes, par ESPINAS, ancien élève de l'Ecole normale supérieure, professeur à la Faculté des lettres de Bordeaux. 1 vol. in-12............ 2 fr.
XÉNOPHON. — **Mémorables**, livre I, avec notes, par PENJON, ancien élève de l'Ecole normale supérieure, professeur à la Faculté des lettres de Lille. 1 vol. in-12............ 1 fr. 25

ÉLÉMENTS DE PHILOSOPHIE SCIENTIFIQUE ET DE PHILOSOPHIE MORALE
Suivis de sujets de Dissertations
Mathématiques élémentaires et Première (Sciences)
Par P. F. THOMAS, professeur de Philosophie au lycée Hoche
1 vol. in-8. Broché 3 fr. 50 — Cartonné à l'anglaise, 4 fr. 50

BIBLIOTHÈQUE D'HISTOIRE CONTEMPORAINE

Volumes in-12 brochés à 3 fr. 50. — Volumes in-8 brochés de divers prix

Cartonnage anglais, 50 cent. par vol. in-12; 1 fr. par vol. in-8.
Demi-reliure, 1 fr. 50 par vol. in-12; 2 fr par vol. in-8.

EUROPE

SYBEL (H. de). * Histoire de l'Europe pendant la Révolution française, traduit de l'allemand par Mlle Dosquet. Ouvrage complet en 6 vol. in-8. 42 fr.
DEBIDOUR, inspecteur général de l'Instruction publique. * Histoire diplomatique de l'Europe, de 1815 à 1878. 2 vol. in-8. (Ouvrage couronné par l'Institut.) 18 fr.

FRANCE

AULARD, professeur à la Sorbonne. * Le Culte de la Raison et le Culte de l'Être suprême, étude historique (1793-1794). 1 vol. in-12. 3 fr. 50
— * Études et leçons sur la Révolution française. 1 vol. in-12. 3 fr. 50
BLANC (Louis). Histoire de Dix ans (1830-1840). 5 vol. in-8. 25 fr.
— 25 pl. en taille-douce. Illustrations pour l'*Histoire de Dix ans*. 6 fr.
CARNOT (H.), sénateur. * La Révolution française, résumé historique. 1 volume in-12. Nouvelle édit. 3 fr. 50
ÉLIAS REGNAULT. Histoire de Huit ans (1840-1848). 3 vol. in-8. 15 fr.
— 14 planches en taille-douce. Illustrations pour l'*Histoire de Huit ans*. 4 fr.
GAFFAREL (P.), doyen de la Faculté des lettres de Dijon. * Les Colonies françaises. 1 vol. in-8. 5e édit. 5 fr.
LAUGEL (A.). * La France politique et sociale. 1 vol. in-8. 5 fr.
ROCHAU (de). Histoire de la Restauration. 1 vol. in-12. 3 fr. 50
TAXILE DELORD. * Histoire du second Empire (1848-1870). 6 v. in-8. 42 fr.
WAHL, inspecteur général de l'Instruction aux colonies. L'Algérie. 1 vol. in-8. 2e édit. (Ouvrage couronné par l'Académie des sciences morales et politiques.) 5 fr.
LANESSAN (de). L'Expansion coloniale de la France. Étude économique, politique et géographique sur les établissements français d'outre-mer. 1 fort vol. in-8, avec cartes. 1886. 12 fr.
— L'Indo-Chine française. Étude économique, politique et administrative sur la *Cochinchine*, le *Cambodge*, l'*Annam* et le *Tonkin*. (Ouvrage couronné par la Société de géographie commerciale de Paris, médaille Dupleix.) 1 vol. in-8, avec 5 cartes en couleurs hors texte. 15 fr.
SILVESTRE (J.). L'Empire d'Annam et les Annamites, publié sous les auspices de l'administration des colonies. 1 vol. in-12, avec 1 carte de l'Annam. 3 fr. 50

ANGLETERRE

BAGEHOT (W.). * Lombard-street. Le Marché financier en Angleterre. 1 vol. in-12. 3 fr. 50
LAUGEL (Aug.). * Lord Palmerston et lord Russel. 1 vol. in-12. 3 fr. 50
SIR CORNEWAL LEWIS. * Histoire gouvernementale de l'Angleterre depuis 1770 jusqu'à 1830. Traduit de l'anglais. 1 vol. in-8. 7 fr.
REYNALD (H.), doyen de la Faculté des lettres d'Aix. * Histoire de l'Angleterre depuis la reine Anne jusqu'à nos jours. 1 volume in-12. 2e édit. 3 fr. 50
THACKERAY. * Les Quatre George. 1 vol. in-12. 3 fr. 50

ALLEMAGNE

SIMON (Ed.). * L'Allemagne et la Russie au XIXe siècle. 1 volume in-12. 3 fr. 50
VÉRON (Eug.). * Histoire de la Prusse, depuis la mort de Frédéric II jusqu'à la bataille de Sadowa. 1 vol. in-12. 6e édit., augmentée d'un chapitre nouveau contenant le résumé des événements jusqu'à nos jours, par P. Bondois, professeur agrégé d'histoire au lycée Buffon. 3 fr. 50
— * Histoire de l'Allemagne, depuis la bataille de Sadowa jusqu'à nos jours. 1 volume in-12. 3e édition, mise au courant des événements par P. Bondois. 3 fr. 50

BOURLOTON (Ed.). * L'Allemagne contemporaine. 1 vol. in-18. 3 fr. 50

AUTRICHE-HONGRIE

ASSELINE (L.). * Histoire de l'Autriche, depuis la mort de Marie-Thérèse jusqu'à nos jours. 1 vol. in-12. 3ᵉ édit. 3 fr. 50
SAYOUS (Ed.), professeur à la Faculté des lettres de Toulouse. Histoire des Hongrois et de leur littérature politique, de 1790 à 1815. 1 vol. in-18. 3 fr. 50

ITALIE

SORIN (Élie). Histoire de l'Italie, depuis 1815 jusqu'à la mort de Victor-Emmanuel. 1 vol. in-12. 1888. 3 fr. 50
GAFFAREL (P.), doyen de la Faculté des lettres de Dijon. Bonaparte et les Républiques italiennes (1796-1799). 1895. 1 vol. in-8°. 5 fr.

ESPAGNE

REYNALD (H.). * Histoire de l'Espagne, depuis la mort de Charles III jusqu'à nos jours. 1 vol. in-12. 3 fr. 50

RUSSIE

CRÉHANGE (M.), agrégé de l'Université. Histoire contemporaine de la Russie. 1 vol. in-12. 3 fr. 50

SUISSE

DAENDLIKER. * Histoire du peuple suisse. Trad. de l'allem. par Mᵐᵉ Jules FAVRE et précédé d'une Introduction de M. Jules FAVRE. 1 volume in-8. 5 fr.

GRÈCE & TURQUIE

BÉRARD. * La Turquie et l'Hellénisme contemporain, 1 v. in-12. 3 fr. 50

AMÉRIQUE

DEBERLE (Alf.). Histoire de l'Amérique du Sud, depuis sa conquête jusqu'à nos jours. 1 vol. in-12. 2ᵉ édit. 3 fr. 50
LAUGEL (Aug.). * Les États-Unis pendant la guerre 1861-1864. Souvenirs personnels. 1 vol. in-12, cartonné. 4 fr.

BARNI (Jules). * Histoire des idées morales et politiques en France au dix-huitième siècle. 2 vol. in-12. Chaque volume. 3 fr. 50
— * Les Moralistes français au dix-huitième siècle. 1 vol. in-12 faisant suite aux deux précédents. 3 fr. 50
BEAUSSIRE (Émile), de l'Institut. La Guerre étrangère et la Guerre civile. 1 vol. in-12. 3 fr. 50
DESPOIS (Eug.). * Le Vandalisme révolutionnaire. Fondations littéraires, scientifiques et artistiques de la Convention. 4ᵉ édition, précédée d'une notice sur l'auteur par M. Charles BIGOT. 1 vol. in-12. 3 fr. 50
CLAMAGERAN (J.), sénateur. * La France républicaine. 1 volume in-12. 3 fr. 50
GUÉROULT (Georges). * Le Centenaire de 1789, évolution politique, philosophique, artistique et scientifique de l'Europe depuis cent ans. 1 vol. in-12. 1889. 3 fr. 50
LAVELEYE (E. de), correspondant de l'Institut. Le Socialisme contemporain. 1 vol. in-12. 9ᵉ édit. augmentée. 3 fr. 50
MARCELLIN PELLET, ancien député. Variétés révolutionnaires. 3 vol. in-12, précédés d'une préface de A. RANC. Chaque vol. séparém. 3 fr. 50
SPULLER (E.), sénateur, ministre de l'Instruction publique. * Figures disparues, portraits contemporains, littéraires et politiques. 3 vol. in-12. Chacun séparément. 3 fr. 50
— Histoire parlementaire de la deuxième République. 1 volume in-12. 2ᵉ édit. 3 fr. 50
— * Éducation de la démocratie. 1 vol. in-12. 1892. 3 fr. 50
— L'Évolution politique et sociale de l'Église. 1 vol. in-12. 1893. 3 fr. 50
BOURDEAU (J.). * Le Socialisme allemand et le Nihilisme russe. 1 vol. in-12. 2ᵉ édit. 1894. 3 fr. 50
DEPASSE (Hector). Transformations sociales. 1891. 1 vol. in-12. 3 fr. 50
REINACH (J.), député. Pages républicaines. 1894. 1 vol. in-12. 3 fr. 50

BIBLIOTHÈQUE INTERNATIONALE D'HISTOIRE MILITAIRE

VOLUMES PETIT IN-8 DE 250 A 400 PAGES
AVEC CROQUIS DANS LE TEXTE

Chaque volume cartonné à l'anglaise............ 5 francs.

VOLUMES PUBLIÉS :

1. — Précis des campagnes de Gustave-Adolphe en Allemagne (1630-1632), précédé d'une Bibliographie générale de l'histoire militaire des temps modernes.
2. — Précis des campagnes de Turenne (1644-1675).
3. — Précis de la campagne de 1805 en Allemagne et en Italie.
4. — Précis de la campagne de 1815 dans les Pays-Bas.
5. — Précis de la campagne de 1859 en Italie.
6. — Précis de la guerre de 1866 en Allemagne et en Italie.
7. — Précis des campagnes de 1796 et 1797 en Italie et en Allemagne.

(Recommandé pour les candidats à l'École spéciale militaire de Saint-Cyr.)

BIBLIOTHÈQUE HISTORIQUE ET POLITIQUE

DESCHANEL (E.), sénateur, professeur au Collège de France. * **Le Peuple et la Bourgeoisie.** 1 vol. in-8, 2ᵉ édit. 5 fr.
DU CASSE. **Les Rois frères de Napoléon Iᵉʳ.** 1 vol. in-8. 10 fr.
LOUIS BLANC. **Discours politiques** (1848-1881). 1 vol. in-8. 7 fr. 50
PHILIPPSON. **La Contre-révolution religieuse au XVIᵉ siècle.** 1 vol. in-8. 10 fr.
HENRARD (P.). **Henri IV et la princesse de Condé.** 1 vol. in-8. 6 fr.
NOVICOW. **La Politique internationale.** 1 fort vol. in-8. 7 fr.
REINACH (Joseph), député. * **La France et l'Italie devant l'histoire** (1893). 1 vol. in-8. 5 fr.
LORIA (A.). **Les Bases économiques de la constitution sociale.** 1 vol. in-8. 1893. 7 fr. 50

PUBLICATIONS HISTORIQUES ILLUSTRÉES

HISTOIRE ILLUSTRÉE DU SECOND EMPIRE, par Taxile DELORD. 6 vol. in-8 colombier avec 500 gravures de FERAT, Fr. REGAMEY, etc.
Chaque vol. broché, 8 fr. — Cart. doré, tr. dorées. 11 fr. 50

HISTOIRE POPULAIRE DE LA FRANCE, depuis les origines jusqu'en 1815. — Nouvelle édition. — 4 vol. in-8 colombier avec 1323 gravures sur bois dans le texte. Chaque vol. broché, 7 fr. 50. — Cart. toile, tranches dorées. 11 fr.

HISTOIRE CONTEMPORAINE DE LA FRANCE, depuis 1815 jusqu'à la fin de la guerre du Mexique. — Nouvelle édition. — 4 vol. in-8 colombier avec 1033 gravures dans le texte. Chaque vol. broché, 7 fr. 50. — Cart. toile, tranches dorées. 11 fr.

De Saint-Louis à Tripoli
Par le Lac Tchad
Par le Commandant MONTEIL

1 beau volume in-8 colombier, précédé d'une préface de M. de Vogüé, de l'Académie française, illustrations de RIOU. 1895. 20 fr.

RECUEIL DES INSTRUCTIONS
DONNÉES
AUX AMBASSADEURS ET MINISTRES DE FRANCE
DEPUIS LES TRAITÉS DE WESTPHALIE JUSQU'A LA RÉVOLUTION FRANÇAISE
Publié sous les auspices de la Commission des archives diplomatiques
au Ministère des Affaires étrangères.

Beaux volumes in-8 raisin, imprimés sur papier de Hollande.

I. — AUTRICHE, avec Introduction et notes, par M. Albert SOREL, de l'Académie française.................................... 20 fr.
II. — SUEDE, avec Introduction et notes, par M. A. GEFFROY, membre de l'Institut... 20 fr.
III. — PORTUGAL, avec Introduction et notes, par le vicomte DE CAIX DE SAINT-AYMOUR................................... 20 fr.
IV et V. — POLOGNE, avec Introduction et notes, par M. LOUIS FARGES, 2 vol.. 30 fr.
VI. — ROME, avec Introduction et notes, par M. G. HANOTAUX. 20 fr.
VII. — BAVIÈRE, PALATINAT ET DEUX-PONTS, avec Introduction et notes, par M. André LEBON................................ 25 fr.
VIII et IX. — RUSSIE, avec Introduction et notes, par M. Alfred RAMBAUD, Professeur à la Sorbonne. 2 vol. Le 1ᵉʳ vol. 20 fr. Le second vol. 25 fr.
X. — NAPLES ET PARME, avec Introduction et notes par M. Joseph REINACH.. 20 fr.
XI. — ESPAGNE, avec introduction et notes par MM. MOREL-FATIO et LÉONARDON, 1 vol. in-8.......................... 20 fr.

INVENTAIRE ANALYTIQUE
DES
ARCHIVES DU MINISTÈRE DES AFFAIRES ÉTRANGÈRES
PUBLIÉ
Sous les auspices de la Commission des archives diplomatiques

I. — Correspondance politique de MM. de CASTILLON et de MARILLAC, ambassadeurs de France en Angleterre (1538-1540), par M. JEAN KAULEK, avec la collaboration de MM. Louis Farges et Germain Lefèvre-Pontalis. 1 beau vol. in-8 raisin sur papier fort.. 15 fr.
II. — Papiers de BARTHÉLEMY, ambassadeur de France en Suisse, de 1792 à 1797 (année 1792), par M. Jean KAULEK. 1 beau vol. in-8 raisin sur papier fort............................. 15 fr.
III. — Papiers de BARTHÉLEMY (janvier-août 1793), par M. Jean KAULEK. 1 beau vol. in-8 raisin sur papier fort............. 15 fr.
IV. — Correspondance politique de ODET DE SELVE, ambassadeur de France en Angleterre (1546-1549), par M. G. LEFÈVRE-PONTALIS. 1 beau vol. in-8 raisin sur papier fort................ 15 fr.
V. — Papiers de BARTHÉLEMY (septembre 1793 à mars 1794,) par M. Jean KAULEK. 1 beau vol. in-8 raisin sur papier fort....... 18 fr.
VI. — Papiers de BARTHÉLEMY (avril 1794 à février 1795), par M. Jean KAULEK. 1 beau vol. in-8 raisin sur papier fort ...... 20 fr.
VII. — Papiers de BARTHÉLEMY (mars 1795 à septembre 1796). *Négociations de la paix de Bâle*, par M. Jean KAULEK 1 beau volume in-8 raisin sur papier fort........................... 20 fr.

Correspondance des Deys d'Alger avec la Cour de France (1930-1833), recueillie par Eug. PLANTET, attaché au Ministère des Affaires étrangères. 2 vol. in-8 raisin avec 2 planches en taille-douce hors texte. 30 fr.
Correspondance des Beys de Tunis et des Consuls de France avec la Cour (1577-1830), recueillie par Eug. PLANTET, publiée sous les auspices du Ministère des Affaires étrangères. TOME I. 1 fort vol. in-8 raisin. 15 fr.
TOME II. 1 fort vol. in-8 raisin....................... 20 fr.

REVUE PHILOSOPHIQUE
DE LA FRANCE ET DE L'ÉTRANGER
Dirigée par Th. RIBOT
Professeur au Collège de France.
(20ᵉ année, 1895.)

La REVUE PHILOSOPHIQUE paraît tous les mois, par livraisons de 7 feuilles grand in-8, et forme ainsi à la fin de chaque année deux forts volumes d'environ 680 pages chacun.

CHAQUE NUMÉRO DE LA *REVUE* CONTIENT :

1° Plusieurs articles de fond; 2° des analyses et comptes rendus des nouveaux ouvrages philosophiques français et étrangers; 3° un compte rendu aussi complet que possible des *publications périodiques* de l'étranger pour tout ce qui concerne la philosophie; 4° des notes, documents, observations, pouvant servir de matériaux ou donner lieu à des vues nouvelles.

Prix d'abonnement :
Un an, pour Paris, 30 fr. — Pour les départements et l'étranger, 33 fr.
La livraison...................... 3 fr.

Les années écoulées se vendent séparément 30 francs, et par livraisons de 3 francs.

Table générale des matières contenues dans les 12 premières années (1876-1887), par M. BÉLUGOU. 1 vol. in-8................ 5 fr.

REVUE HISTORIQUE
Dirigée par G. MONOD
Maître de conférences à l'École normale, directeur à l'École des hautes études.
(20ᵉ année, 1895.)

La REVUE HISTORIQUE paraît tous les deux mois, par livraisons grand in-8 de 15 ou 16 feuilles, et forme à la fin de l'année trois beaux volumes de 500 pages chacun.

CHAQUE LIVRAISON CONTIENT :

I. Plusieurs *articles de fond*, comprenant chacun, s'il est possible, un travail complet. — II. Des *Mélanges et Variétés*, composés de documents inédits d'une étendue restreinte et de courtes notices sur des points d'histoire curieux ou mal connus. — III. Un *Bulletin historique* de la France et de l'étranger, fournissant des renseignements aussi complets que possible sur tout ce qui touche aux études historiques. — IV. Une *Analyse des publications périodiques* de la France et de l'étranger, au point de vue des études historiques. — V. Des *Comptes rendus critiques* des livres d'histoire nouveaux.

Prix d'abonnement :
Un an, pour Paris, 30 fr. — Pour les départements et l'étranger, 33 fr.
La livraison...................... 6 fr.

Les années écoulées se vendent séparément 30 francs, et par fascicules de 6 francs. Les fascicules de la 1ʳᵉ année se vendent 9 francs.

Tables générales des matières contenues dans les dix premières années de la Revue historique.

I. — Années 1876 à 1880, par M. CHARLES BÉMONT. 1 vol. in-8. 3 fr. »
   Pour les abonnés. 1 fr. 50
II. — Années 1881 à 1885, par M. RENÉ COUDERC. 1 vol. in-8. 3 fr. »
   Pour les abonnés. 1 fr. 50
III. — Années 1886 à 1890. 1 vol. in-8, 5 fr.; pour les abonnés. 2 fr. 50

ANNALES DE L'ÉCOLE LIBRE
DES
SCIENCES POLITIQUES
RECUEIL TRIMESTRIEL
Publié avec la collaboration des professeurs et des anciens élèves de l'Ecole
(Dixième année, 1895)

COMITÉ DE RÉDACTION :

M. Émile BOUTMY, de l'Institut, directeur de l'École; M. Léon SAY, de l'Académie française, ancien ministre des Finances; M. ALF. DE FOVILLE, chef du bureau de statistique au ministère des Finances, professeur au Conservatoire des arts et métiers; M. R. STOURM, ancien inspecteur des Finances et administrateur des Contributions indirectes; M. Alexandre RIBOT, député; M. Gabriel ALIX; M. L. RENAULT, professeur à la Faculté de droit; M. André LEBON, député; M. Albert SOREL, de l'Académie française; M. A. VANDAL, auditeur de 1re classe au Conseil d'État; A. RAMBAUD, professeur à la Sorbonne; Directeurs des groupes de travail, professeurs à l'École.

Secrétaire de la rédaction : M. Aug. ARNAUNÉ, docteur en droit.

Les sujets traités dans les *Annales* embrassent tout le champ couvert par le programme d'enseignement de l'Ecole : *Économie, politique, finances, statistique, histoire constitutionnelle, droit international, public et privé, droit administratif, législations civile et commerciale privées, histoire législative et parlementaire, histoire diplomatique, géographie économique, ethnographie, etc.*

MODE DE PUBLICATION ET CONDITIONS D'ABONNEMENT

Les Annales de l'École libre des sciences politiques paraissent tous les trois mois (15 janvier, 15 avril, 15 juillet et 15 octobre), par fascicules gr. in-8 de 186 pages chacun.

Un an (du 15 janvier) : Paris, **18 fr.**; départements et étranger, **19 fr.**
La livraison, **5 francs.**

Les trois premières années (1886-1887-1888) se vendent chacune 16 francs, la quatrième année (1889) et les suivantes se vendent chacune 18 francs.

Revue mensuelle de l'École d'Anthropologie de Paris
(5e année, 1895)
PUBLIÉE PAR LES PROFESSEURS :

MM. A. BORDIER (Géographie médicale), Mathias DUVAL (Anthropogénie et Embryologie), Georges HERVÉ (Anthropologie zoologique), J.-V. LABORDE (Anthropologie biologique), André LEFÈVRE (Ethnographie et Linguistique), Ch. LETOURNEAU (Sociologie), MANOUVRIER (Anthropologie physiologique), MAHOUDEAU (Anthropologie histologique), Adr. de MORTILLET (Ethnographie comparée), Gabr. de MORTILLET (Anthropologie préhistorique), HOVELACQUE, Directeur du comité d'administration de l'École.

Cette revue paraît tous les mois depuis le 15 janvier 1891, chaque numéro formant une brochure in-8 de 32 pages, et contenant une leçon d'un des professeurs de l'Ecole, avec figures intercalées dans le texte et des analyses et comptes rendus des faits, des livres et des revues périodiques qui doivent intéresser les personnes s'occupant d'anthropologie.

ABONNEMENT : France et Étranger, **10 fr.** — Le Numéro, **1 fr.**

ANNALES DES SCIENCES PSYCHIQUES
Dirigées par le Dr DARIEX
(5e année, 1895)

Les ANNALES DES SCIENCES PSYCHIQUES ont pour but de rapporter, avec force preuves à l'appui, toutes les observations sérieuses qui leur seront adressées, relatives aux faits soi-disant occultes : 1° de télépathie, de lucidité, de pressentiment; 2° de mouvements d'objets, d'apparitions objectives. En dehors de ces chapitres de faits sont publiées des théories se bornant à la discussion des bonnes conditions pour observer et expérimenter; des analyses, bibliographies, critiques, etc.

Les ANNALES DES SCIENCES PSYCHIQUES paraissent tous les deux mois par numéros de quatre feuilles in-8 carré (64 pages), depuis le 15 janvier 1891.

ABONNEMENT : Pour tous pays, **12 fr.** — Le Numéro, **2 fr. 50.**

BIBLIOTHÈQUE SCIENTIFIQUE
INTERNATIONALE
Publiée sous la direction de M. Émile ALGLAVE

La *Bibliothèque scientifique internationale* est une œuvre dirigée par les auteurs mêmes, en vue des intérêts de la science, pour la populariser sous toutes ses formes, et faire connaître immédiatement dans le monde entier les idées originales, les directions nouvelles, les découvertes importantes qui se font chaque jour dans tous les pays. Chaque savant expose les idées qu'il a introduites dans la science et condense pour ainsi dire ses doctrines les plus originales.

On peut ainsi, sans quitter la France, assister et participer au mouvement des esprits en Angleterre, en Allemagne, en Amérique, en Italie, tout aussi bien que les savants mêmes de chacun de ces pays.

La *Bibliothèque scientifique internationale* ne comprend pas seulement des ouvrages consacrés aux sciences physiques et naturelles; elle aborde aussi les sciences morales, comme la philosophie, l'histoire, la politique et l'économie sociale, la haute législation, etc.; mais les livres traitant des sujets de ce genre se rattachent encore aux sciences naturelles, en leur empruntant les méthodes d'observation et d'expérience qui les ont rendues si fécondes depuis deux siècles.

Cette collection paraît à la fois en français, en anglais, en allemand et en italien : à Paris, chez Félix Alcan; à Londres, chez C. Kegan, Paul et Cie; à New-York, chez Appleton; à Leipzig, chez Brockhaus; à Milan, chez Dumolard frères.

LISTE DES OUVRAGES PAR ORDRE D'APPARITION
81 VOLUMES IN-8, CARTONNÉS A L'ANGLAISE. CHAQUE VOLUME : 6 FRANCS.

1. J. TYNDALL. * **Les Glaciers et les Transformations de l'eau**, avec figures. 1 vol. in-8. 6e édition. 6 fr.
2. BAGEHOT. * **Lois scientifiques du développement des nations** dans leurs rapports avec les principes de la sélection naturelle et de l'hérédité. 1 vol. in-8. 5e édition. 6 fr.
3. MAREY. * **La Machine animale**, locomotion terrestre et aérienne, avec de nombreuses fig. 1 vol. in-8. 5e édit. augmentée. 6 fr.
4. BAIN. * **L'Esprit et le Corps**. 1 vol. in-8. 5e édition. 6 fr.
5. PETTIGREW. * **La Locomotion chez les animaux**, marche, natation. 1 vol. in-8, avec figures. 2e édit. 6 fr.
6. HERBERT SPENCER. * **La Science sociale**. 1 v. in-8, 11e édit. 6 fr.
7. SCHMIDT (O.). * **La Descendance de l'homme et le Darwinisme**. 1 vol. in-8, avec fig. 6e édition. 6 fr.
8. MAUDSLEY. * **Le Crime et la Folie**. 1 vol. in-8. 6e édit. 6 fr.
9. VAN BENEDEN. * **Les Commensaux et les Parasites dans le règne animal**. 1 vol. in-8, avec figures. 3e édit. 6 fr.
10. BALFOUR STEWART. **La Conservation de l'énergie**, suivi d'une Étude sur la *nature de la force*, par M. P. de Saint-Robert, avec figures. 1 vol. in-8. 5e édition. 6 fr.
11. DRAPER. **Les Conflits de la science et de la religion**. 1 vol. in-8. 8e édition. 6 fr.
12. L. DUMONT. * **Théorie scientifique de la sensibilité**. 1 vol. in-8. 4e édition. 6 fr.
13. SCHUTZENBERGER. **Les Fermentations**. 1 vol. in-8, avec fig. 5e édit. 6 fr.
14. WHITNEY. * **La Vie du langage**. 1 vol. in-8. 3e édit. 6 fr.

15. COOKE et BERKELEY. * Les Champignons. 1 vol. in-8, avec figures. 4ᵉ édition. 6 fr.
16. BERNSTEIN. * Les Sons. 1 vol. in-8, avec 91 fig. 5ᵉ édit. 6 fr.
17. BERTHELOT. * La Synthèse chimique. 1 vol. in-8. 6ᵉ édit. 6 fr.
18. VOGEL. * La Photographie et la Chimie de la lumière, avec 95 figures. 1 vol. in-8. 4ᵉ édition. *Épuisé.*
19. LUYS. * Le Cerveau et ses fonctions, avec figures. 1 vol. in-8. 7ᵉ édition. 6 fr.
20. STANLEY JEVONS. * La Monnaie et le Mécanisme de l'échange. 1 vol. in-8. 5ᵉ édition. 6 fr.
21. FUCHS. * Les Volcans et les Tremblements de terre. 1 vol. in-8, avec figures et une carte en couleur. 5ᵉ édition. 6 fr.
22. GÉNÉRAL BRIALMONT. * Les Camps retranchés et leur rôle dans la défense des États, avec fig. dans le texte et 2 planches hors texte. 4ᵉ édit. *Sous presse.*
23. DE QUATREFAGES. * L'Espèce humaine. 1 v. in-8. 11ᵉ édit. 6 fr.
24. BLASERNA et HELMHOLTZ. * Le Son et la Musique. 1 vol. in-8, avec figures. 5ᵉ édition. 6 fr.
25. ROSENTHAL. * Les Nerfs et les Muscles. 1 vol. in-8, avec 75 figures. 3ᵉ édition. *Épuisé.*
26. BRUCKE et HELMHOLTZ. * Principes scientifiques des beaux-arts. 1 vol. in-8, avec 39 figures. 4ᵉ édition. 6 fr.
27. WURTZ. * La Théorie atomique. 1 vol. in-8. 6ᵉ édition. 6 fr.
28-29. SECCHI (le père). * Les Étoiles. 2 vol. in-8, avec 63 figures dans le texte et 17 pl. en noir et en couleur hors texte. 2ᵉ édit. 12 fr.
30. JOLY. * L'Homme avant les métaux. 1 vol. in-8, avec figures. 4ᵉ édition. 6 fr.
31. A. BAIN. * La Science de l'éducation. 1 vol. in-8. 8ᵉ édit. 6 fr.
32-33. THURSTON (R.). * Histoire de la machine à vapeur, précédée d'une Introduction par M. Hirsch. 2 vol. in-8, avec 140 figures dans le texte et 16 planches hors texte. 3ᵉ édition. 12 fr.
34. HARTMANN (R.). * Les Peuples de l'Afrique. 1 vol. in-8, avec figures. 2ᵉ édition. 6 fr.
35. HERBERT SPENCER. * Les Bases de la morale évolutionniste. 1 vol. in-8. 4ᵉ édition. 6 fr.
36. HUXLEY. * L'Écrevisse, introduction à l'étude de la zoologie. 1 vol. in-8, avec figures. 6 fr.
37. DE ROBERTY. * De la Sociologie. 1 vol. in-8. 3ᵉ édition. 6 fr.
38. ROOD. Théorie scientifique des couleurs. 1 vol. in-8, avec figures et une planche en couleur hors texte. 6 fr.
39. DE SAPORTA et MARION. L'Évolution du règne végétal (les Cryptogames). 1 vol. in-8 avec figures. 6 fr.
40-41. CHARLTON BASTIAN. * Le Cerveau, organe de la pensée chez l'homme et chez les animaux. 2 vol. in-8, avec figures. 2ᵉ éd. 12 fr.
42. JAMES SULLY. Les Illusions des sens et de l'esprit. 1 vol. in-8, avec figures. 2ᵉ édit. 6 fr.
43. YOUNG. * Le Soleil. 1 vol. in-8, avec figures. 6 fr.
44. DE CANDOLLE. * L'Origine des plantes cultivées. 3ᵉ édition. 1 vol. in-8. 6 fr.
45-46. SIR JOHN LUBBOCK. * Fourmis, abeilles et guêpes. Études expérimentales sur l'organisation et les mœurs des sociétés d'insectes hyménoptères. 2 vol. in-8, avec 65 figures dans le texte et 13 planches hors texte, dont 5 coloriées. 12 fr.
47. PERRIER (Edm.). La Philosophie zoologique avant Darwin. 1 vol. in-8. 2ᵉ édition. 6 fr.
48. STALLO. * La Matière et la Physique moderne. 1 vol. in-8, 2ᵉ éd., précédé d'une Introduction par Ch. Friedel. 6 fr.

49. MANTEGAZZA. **La Physionomie et l'Expression des sentiments.** 1 vol. in-8. 2ᵉ édit., avec huit planches hors texte. 6 fr.
50. DE MEYER. **Les Organes de la parole et leur emploi pour la formation des sons du langage.** 1 vol. in-8, avec 51 figures, précédé d'une Introd. par M. O. Claveau. 6 fr.
51. DE LANESSAN.*Introduction à l'Étude de la botanique(le Sapin). 1 vol. in-8, 2ᵉ édit., avec 143 figures dans le texte. 6 fr.
52-53. DE SAPORTA et MARION. *L'Évolution du règne végétal (les Phanérogames). 2 vol. in-8, avec 136 figures. 12 fr.
54. TROUESSART. **Les Microbes, les Ferments et les Moisissures.** 1 vol. in-8, 2ᵉ édit., avec 107 figures dans le texte. 6 fr.
55. HARTMANN (R.).*Les Singes anthropoïdes, et leur organisation comparée à celle de l'homme. 1 vol. in-8, avec figures. 6 fr.
56. SCHMIDT (O.). **Les Mammifères dans leurs rapports avec leurs ancêtres géologiques.** 1 vol. in-8 avec 51 figures. 6 fr.
57. BINET et FÉRÉ. **Le Magnétisme animal.** 1 vol. in-8, 3ᵉ éd. 6 fr.
58-59. ROMANES.**L'Intelligence des animaux.** 2 v.in-8, 2ᵉ édit. 12 fr.
60. F. LAGRANGE. * **Physiologie des exercices du corps.** 1 vol. in-8, 6ᵉ édition. 6 fr.
61. DREYFUS.* Évolution des mondes et des sociétés. 1 vol. in-8, 3ᵉ édit. 6 fr.
62. DAUBRÉE. * **Les Régions invisibles du globe et des espaces célestes.** 1 vol. in-8 avec 85 fig. dans le texte. 2ᵉ éd. 6 fr.
63-64. SIR JOHN LUBBOCK. * **L'Homme préhistorique.** 2 vol. in-8, avec 228 figures dans le texte. 3ᵉ édit. 12 fr.
65. RICHET (Ch.). **La Chaleur animale.** 1 vol. in-8, avec figures. 6 fr.
66. FALSAN (A.). *La Période glaciaire principalement en France et en Suisse. 1 vol. in-8, avec 105 figures et 2 cartes. 6 fr.
67. BEAUNIS (H.). **Les Sensations internes.** 1 vol. in-8. 6 fr.
68. CARTAILHAC (E.). **La France préhistorique,** d'après les sépultures et les monuments. 1 vol. in-8, avec 162 figures. 2ᵉ éd. 6 fr.
69. BERTHELOT,*La Révolution chimique,Lavoisier. 1 vol. in-8. 6 fr.
70. SIR JOHN LUBBOCK. * **Les Sens et l'Instinct chez les animaux,** principalement chez les Insectes. 1 vol. in-8, avec 150 figures. 6 fr.
71. STARCKE. *La Famille primitive. 1 vol. in-8. 6 fr.
72. ARLOING. * **Les Virus.** 1 vol. in-8, avec figures. 6 fr.
73. TOPINARD. * **L'Homme dans la Nature.** 1 vol. in-8, avec fig. 6 fr.
74. BINET (Alf.).* **Les Altérations de la personnalité.** 1 vol. in-8 avec figures. 6 fr.
75. DE QUATREFAGES (A.).*Darwin et ses précurseurs français. 1 vol. in-8, 2ᵉ édition refondue. 6 fr.
76. LEFÈVRE (A.). * **Les Races et les langues.** 1 vol. in-8. 6 fr.
77-78. DE QUATREFAGES. * **Les Émules de Darwin.** 2 vol. in-8 avec préfaces de MM. E. Perrier et Hamy. 12 fr.
79. BRUNACHE (P.). **Le Centre de l'Afrique. Autour du Tchad.** 1894. 1 vol. in-8, avec figures. 6 fr.
80. ANGOT (A.). **Les Aurores polaires.** 1 vol. in-8, avec figures. 6 fr.
81. JACCARD. **Le pétrole, le bitume et l'asphalte** au point de vue géologique. 1 vol. in-8 avec figures. 6 fr.

OUVRAGES SOUS PRESSE :

MEUNIER (Stan.). **La Géologie comparée.** 1 vol. in-8, avec figures.
DUMESNIL. **L'hygiène de la maison.** 1 vol. in-8, avec figures.
ROCHÉ. **La Culture des mers.**
CORNIL ET VIDAL. **La microbiologie.** 1 vol. in-8, avec figures.
GUIGNET. **Poteries, verres et émaux.** 1 vol. in-8, avec figures.

LISTE PAR ORDRE DE MATIERES
DES 82 VOLUMES PUBLIÉS
DE LA BIBLIOTHÈQUE SCIENTIFIQUE INTERNATIONALE
Chaque volume in-8, cartonné à l'anglaise..... 6 francs.

SCIENCES SOCIALES

* Introduction à la science sociale, par HERBERT SPENCER. 1 vol. in-8. 10ᵉ édit. 6 fr.
* Les Bases de la morale évolutionniste, par HERBERT SPENCER. 1 vol. in-8. 4ᵉ édit. 6 fr.
Les Conflits de la science et de la religion, par DRAPER, professeur à l'Université de New-York. 1 vol. in-8. 8ᵉ édit. 6 fr.
Le Crime et la Folie, par H. MAUDSLEY, professeur de médecine légale à l'Université de Londres. 1 vol. in-8. 5ᵉ édit. 6 fr.
* La Monnaie et le Mécanisme de l'échange, par W. STANLEY JEVONS, professeur à l'Université de Londres. 1 vol. in-8. 5ᵉ édit. 6 fr.
* La Sociologie, par DE ROBERTY. 1 vol. in-8. 3ᵉ édit. 6 fr.
* La Science de l'éducation, par Alex. BAIN, professeur à l'Université d'Aberdeen (Écosse). 1 vol. in-8. 7ᵉ édit. 6 fr.
* Lois scientifiques du développement des nations dans leurs rapports avec les principes de l'hérédité et de la sélection naturelle, par W. BAGEHOT. 1 vol. in-8. 5ᵉ édit. 6 fr.
* La Vie du langage, par D. WHITNEY, professeur de philologie comparée à Yale-College de Boston (États-Unis). 1 vol. in-8. 3ᵉ édit. 6 fr.
* La Famille primitive, par J. STARCKE, professeur à l'Université de Copenhague. 1 vol. in-8. 6 fr.

PHYSIOLOGIE

Les Illusions des sens et de l'esprit, par James SULLY. 1 vol. in-8. 2ᵉ édit. 6 fr.
* La Locomotion chez les animaux (marche, natation et vol), suivie d'une étude sur l'*Histoire de la navigation aérienne*, par J.-B. PETTIGREW, professeur au Collège royal de chirurgie d'Édimbourg (Écosse). 1 vol. in-8, avec 140 figures dans le texte. 2ᵉ édit. 6 fr.
* La Machine animale, par E.-J. MAREY, membre de l'Institut, prof. au Collège de France. 1 vol. in-8, avec 117 figures. 4ᵉ édit. 6 fr.
* Les Sens, par BERNSTEIN, professeur de physiologie à l'Université de Halle (Prusse). 1 vol. in-8, avec 91 figures dans le texte. 4ᵉ édit. 6 fr.
Les Organes de la parole, par H. DE MEYER, professeur à l'Université de Zurich, traduit de l'allemand et précédé d'une introduction sur l'*Enseignement de la parole aux sourds-muets*, par O. CLAVEAU, inspecteur général des établissements de bienfaisance. 1 vol. in-8, avec 51 grav. 6 fr.
La Physionomie et l'Expression des sentiments, par P. MANTEGAZZA, professeur au Muséum d'histoire naturelle de Florence. 1 vol. in-8, avec figures et 8 planches hors texte. 6 fr.
* Physiologie des exercices du corps, par le docteur F. LAGRANGE. 1 vol. in-8. 6ᵉ édit. Ouvrage couronné par l'Institut. 6 fr.
La Chaleur animale, par CH. RICHET, professeur de physiologie à la Faculté de médecine de Paris. 1 vol. in-8, avec figures dans le texte.
Les Sensations internes, par H. BEAUNIS, directeur du laboratoire de psychologie physiologique à la Sorbonne. 1 vol. in-8. 6 fr.
* Les Virus, par M. ARLOING, professeur à la Faculté de médecine de Lyon, directeur de l'école vétérinaire. 1 vol. in-8, avec fig. 6 fr.

PHILOSOPHIE SCIENTIFIQUE

* Le Cerveau et ses fonctions, par J. LUYS, membre de l'Académie de médecine, médecin de la Charité. 1 vol. in-8, avec fig. 7ᵉ édit. 6 fr.
* Le Cerveau et la Pensée chez l'homme et les animaux, par CHARLTON BASTIAN, professeur à l'Université de Londres. 2 vol. in-8 avec 184 fig. dans le texte. 2ᵉ édit. 12 fr.
* Le Crime et la Folie, par H. MAUDSLEY, professeur à l'Université de Londres. 1 vol. in-8. 6ᵉ édit. 6 fr.
* L'Esprit et le Corps, considérés au point de vue de leurs relations, suivi d'études sur les *Erreurs généralement répandues au sujet de l'esprit*, par Alex. BAIN, prof. à l'Université d'Aberdeen (Écosse). 1 v. in-8. 4ᵉ éd. 6 fr.

Théorie scientifique de la sensibilité : *le Plaisir et la Peine*, par Léon DUMONT. 1 vol. in-8. 3° édit. 6 fr.
La Matière et la Physique moderne, par STALLO, précédé d'une préface par M. Ch. FRIEDEL, de l'Institut. 1 vol. in-8. 2° édit. 6 fr.
Le Magnétisme animal, par Alf. BINET et Ch. FÉRÉ. 1 vol. in-8, avec figures dans le texte. 3° édit. 6 fr.
L'Intelligence des animaux, par ROMANES. 2 v. in-8. 2° édit. précédée d'une préface de M. E. PERRIER, prof. au Muséum d'histoire naturelle. 12 fr.
* L'Évolution des mondes et des sociétés, par C. DREYFUS. 1 vol. in-8. 3° édit. 6 fr.
* Les Altérations de la personnalité, par Alf. BINET, directeur adjoint du laboratoire de psychologie à la Sorbonne (Hautes études). 1 vol. in-8, avec gravures. 6 fr.

ANTHROPOLOGIE

* L'Espèce humaine, par A. DE QUATREFAGES, de l'Institut, professeur au Muséum d'histoire naturelle de Paris. 1 vol. in-8. 10° édit. 6 fr.
Ch. Darwin et ses précurseurs français, par A. DE QUATREFAGES. 1 vol. in-8. 2° édition. 6 fr.
Les Émules de Darwin, par A. DE QUATREFAGES, avec une préface de M. EDM. PERRIER, de l'Institut, et une notice sur la vie et les travaux de l'auteur par E.-T. HAMY, de l'Institut. 2 vol. in-8. 12 fr.
* L'Homme avant les métaux, par N. JOLY, correspondant de l'Institut. 1 vol. in-8, avec 150 gravures. 4° édit. 6 fr.
* Les Peuples de l'Afrique, par R. HARTMANN, professeur à l'Université de Berlin. 1 vol. in-8, avec 93 figures dans le texte. 2° édit. 6 fr.
Les Singes anthropoïdes et leur organisation comparée à celle de l'homme, par R. HARTMANN, professeur à l'Université de Berlin. 1 vol. in-8, avec 63 figures gravées sur bois.
* L'Homme préhistorique, par SIR JOHN LUBBOCK, membre de la Société royale de Londres. 2 vol. in-8, avec 228 gravures dans le texte. 3° édit. 12 fr.
La France préhistorique, par E. CARTAILHAC. 1 vol. in-8, avec 150 gravures dans le texte. 2° édit. 6 fr.
* L'Homme dans la Nature, par TOPINARD, ancien secrétaire général de la Société d'Anthropologie de Paris. 1 vol. in-8, avec 101 gravures. 6 fr.
* Les Races et les Langues, par André LEFEVRE, professeur à l'École d'Anthropologie de Paris. 1 vol. in-8. 6 fr.
Le centre de l'Afrique. Autour du Tchad, par P. BRUNACHE, administrateur à Aïn-Fezza. 1 vol. in-8 avec gravures. 6 fr.

ZOOLOGIE

La Descendance de l'homme et le Darwinisme, par O. SCHMIDT, professeur à l'Université de Strasbourg. 1 vol. in-8, avec figures. 6° édit. 6 fr.
Les Mammifères dans leurs rapports avec leurs ancêtres géologiques, par O. SCHMIDT. 1 vol. in-8, avec 51 figures dans le texte. 6 fr.
* Fourmis, Abeilles et Guêpes, par sir JOHN LUBBOCK, membre de la Société royale de Londres. 2 vol. in-8, avec figures dans le texte, et 13 planches hors texte dont 5 coloriées. 12 fr.
* Les Sens et l'instinct chez les animaux, et principalement chez les insectes, par SIR JOHN LUBBOCK. 1 vol. in-8 avec grav. 6 fr.
* L'Écrevisse, introduction à l'étude de la zoologie, par Th.-H. HUXLEY, membre de la Société royale de Londres et de l'Institut de France, professeur d'histoire naturelle à l'École royale des mines de Londres. 1 vol. in-8, avec 82 figures dans le texte.
* Les Commensaux et les Parasites dans le règne animal, par P.-J. VAN BENEDEN, professeur à l'Université de Louvain (Belgique). 1 vol. in-8, avec 82 figures dans le texte. 3° édit. 6 fr.
La Philosophie zoologique avant Darwin, par EDMOND PERRIER, de l'Institut, professeur au Muséum d'histoire naturelle de Paris. 1 vol. in-8. 2° édit.
Darwin et ses précurseurs français, par A. de QUATREFAGES, de l'Institut. 1 vol. in-8. 2° édit. 6 fr.

BOTANIQUE — GÉOLOGIE

* Les Champignons, par COOKE et BERKELEY. 1 v. in-8, avec 110 fig. 4° édit. 6 fr.
* L'Évolution du règne végétal, par G. DE SAPORTA, correspondant de l'Institut, et MARION, correspondant de l'Institut, professeur à la Faculté des sciences de Marseille :
* I. *Les Cryptogames*. 1 vol. in-8, avec 85 figures dans le texte. 6 fr.

* II. *Les Phanerogames.* 2 vol. in-8, avec 136 fig. dans le texte. 12 fr.
* **Les Volcans et les Tremblements de terre**, par Fuchs, professeur à l'Université de Heidelberg. 1 vol. in-8, avec 36 figures et une carte en couleur. 5ᵉ édition. 6 fr.
* **La Période glaciaire**, principalement en France et en Suisse, par A. Falsan, 1 vol. in-8, avec 105 gravures et 2 cartes hors texte. 6 fr.
* **Les Régions invisibles du globe et des espaces célestes**, par A. Daubrée, de l'Institut, professeur au Muséum d'histoire naturelle. 1 vol. in-8, 2ᵉ édit., avec 89 gravures dans le texte. 6 fr.
Le Pétrole, l'Asphalte et le Bitume, par M. Jaccard, professeur à l'Académie de Neuchâtel (Suisse). 1 vol. in-8 avec figures. 6 fr.
* **L'Origine des plantes cultivées**, par A. de Candolle, correspondant de l'Institut. 1 vol. in-8. 3ᵉ édit. 6 fr.
* **Introduction à l'étude de la botanique** (*le Sapin*), par J. de Lanessan, professeur agrégé à la Faculté de médecine de Paris. 1 vol. in-8. 2ᵉ édit., avec figures dans le texte. 6 fr.
* **Microbes, Ferments et Moisissures**, par le docteur L. Trouessart. 1 vol. in-8, avec 108 figures dans le texte. 2ᵉ éd. 6 fr.

CHIMIE

Les Fermentations, par P. Schutzenberger, membre de l'Académie de médecine, prof. de chimie au Collège de France. 1 v. in-8, avec fig. 5ᵉ édit. 6 fr.
* **La Synthèse chimique**, par M. Berthelot, secrétaire perpétuel de l'Académie des sciences, professeur de chimie organique au Collège de France. 1 vol. in-8. 6ᵉ édit. 6 fr.
* **La Théorie atomique**, par Ad. Wurtz, membre de l'Institut, professeur à la Faculté des sciences et à la Faculté de médecine de Paris. 1 vol. in-8. 6ᵉ édit., précédée d'une introduction sur *la Vie et les Travaux* de l'auteur, par M. Ch. Friedel, de l'Institut. 6 fr.
* **La Révolution chimique** (*Lavoisier*), par M. Berthelot. 1 vol. in-8. 6 fr.

ASTRONOMIE — MÉCANIQUE

* **Histoire de la Machine à vapeur, de la Locomotive et des Bateaux à vapeur**, par R. Thurston, professeur de mécanique à l'Institut technique de Hoboken, près de New-York, revue, annotée et augmentée d'une Introduction par M. Hirsch, professeur de machines à vapeur à l'École des ponts et chaussées de Paris. 2 vol. in-8, avec 160 figures dans le texte et 16 planches tirées à part. 3ᵉ édit. 12 fr.
* **Les Étoiles**, notions d'astronomie sidérale, par le P. A. Secchi, directeur de l'Observatoire du Collège Romain. 2 vol. in-8, avec 68 figures dans le texte et 16 planches en noir et en couleurs. 2ᵉ édit. 12 fr.
* **Le Soleil**, par C.-A. Young, professeur d'astronomie au Collège de New-Jersey. 1 vol. in-8, avec 87 figures. 6 fr.
Les Aurores polaires, par A. Angot, membre du Bureau central météorologique de France. 1 vol. in-8 avec figures. 6 fr.

PHYSIQUE

La Conservation de l'énergie, par Balfour Stewart, professeur de physique au collège Owens de Manchester (Angleterre). 1 vol. in-8 avec figures. 4ᵉ édit. 6 fr.
* **Les Glaciers et les Transformations de l'eau**, par J. Tyndall, suivi d'une étude sur le même sujet, par Helmholtz, professeur à l'Université de Berlin. 1 vol. in-8, avec figures dans le texte et 8 planches tirées à part. 5ᵉ édit. 6 fr.
* **La Matière et la Physique moderne**, par Stallo, précédé d'une préface par Ch. Friedel, membre de l'Institut. 1 vol. in-8. 2ᵉ édit. 6 fr.

THÉORIE DES BEAUX-ARTS

* **Le Son et la Musique**, par P. Blaserna, prof. à l'Université de Rome, suivi des *Causes physiologiques de l'harmonie musicale*, par H. Helmholtz, prof. à l'Université de Berlin. 1 vol. in-8, avec 41 fig. 4ᵉ édit. 6 fr.
* **Principes scientifiques des Beaux-Arts**, par E. Brucke, professeur à l'Université de Vienne, suivi de *l'Optique et les Arts*, par Helmholtz, prof. à l'Université de Berlin. 1 vol. in-8, avec fig. 4ᵉ édit. 6 fr.
* **Théorie scientifique des couleurs et leurs applications aux arts et à l'industrie**, par O. N. Rood, professeur à Colombia-College de New-York. 1 vol. in-8, avec 130 figures et une planche en couleurs. 6 fr.

PUBLICATIONS
HISTORIQUES, PHILOSOPHIQUES ET SCIENTIFIQUES
qui ne se trouvent pas dans les collections précédentes

Actes du 1er Congrès International d'anthropologie criminelle de Rome. Biologie et sociologie. 1887. 1 vol. gr. in-8. 15 fr.

AGUILERA. **L'Idée de droit en Allemagne** depuis Kant jusqu'à nos jours. 1 vol. in-8. 1892. 5 fr.

ALAUX. **Esquisse d'une philosophie de l'être.** In-8. 1 fr.
— **Les Problèmes religieux au XIXe siècle.** 1 vol. in-8. 7 fr. 50
— **Philosophie morale et politique,** in-8. 1893. 7 fr. 50 (Voy. p. 2.)

ALGLAVE. **Des Juridictions civiles chez les Romains.** 1 vol. in-8. 2 fr. 50

ALTMEYER (J.-J.). **Les Précurseurs de la réforme aux Pays-Bas.** 2 forts volumes in-8. 12 fr.

ARNAUNÉ (A.). **La monnaie, le crédit et le change.** 1894. 1 vol. in-8. 7 fr.

ARRÉAT. **Une Éducation Intellectuelle.** 1 vol. in-18. 2 fr. 50
— **Journal d'un philosophe.** 1 vol. in-18. 3 fr. 50 (Voy. p. 2 et 4.)

Autonomie et fédération. 1 vol. in-18. 1 fr.

AZAM. **Entre la raison et la folie. Les Toqués.** Gr. in-8. 1891. 1 fr.
— **Hypnotisme et double conscience,** avec préfaces et lettres de MM. PAUL BERT, CHARCOT et RIBOT. 1 vol. in-8. 1893. 9 fr.

BAETS (Abbé M. de). **Les Bases de la morale et du droit.** In-8. 6 fr.

BALFOUR STEWART et TAIT. **L'Univers Invisible.** 1 vol. in-8. 7 fr.

BARBÉ (E.). **Le nabab René Madec.** Histoire diplomatique des projets de la France sur le Bengale et le Pendjab (1772-1808). 1894. 1 vol. in-8. 5 fr.

BARNI. **Les Martyrs de la libre pensée.** 1 vol. in-18. 2e édit. 3 fr. 50 (Voy. p. 4; KANT, p. 8; p. 13 et 31.)

BARTHÉLEMY SAINT-HILAIRE. (Voy. pages 2, 4 et 7, ARISTOTE.)

BAUTAIN (Abbé). **La Philosophie morale.** 2 vol. in-8. 12 fr.

BEAUNIS (H.). **Impressions de campagne (1870-1871).** In-18. 3 fr. 50

BÉNARD (Ch.). **Philosophie dans l'éducation classique.** In-8. 6 fr. (Voy. p. 7, ARISTOTE; p. 8, SCHELLING et HEGEL.)

BERTAULD. **De la Méthode.** Méthode spinosiste et méthode hégélienne. 2e édition. 1891. 1 vol in-18. 3 fr. 50
— **Méthode spiritualiste.** Etude critique des preuves de l'existence de Dieu. 2e édition. 2 vol. in-18. 7 fr.
— **Esprit et liberté.** 1 vol. in-18. 1892. 3 fr. 50

BLANQUI. **Critique sociale.** 2 vol. in-18. 7 fr.

BOILLEY (P.). **La Législation internationale du travail.** In-12. 3 fr.

BONJEAN (A.). **L'Hypnotisme,** ses rapports avec le droit, la thérapeutique, la suggestion mentale. 1 vol. in-18. 1890. 3 fr.

BOUCHARDAT. **Le Travail,** son influence sur la santé. In-18. 2 fr. 50

BOUCHER (A.). **Darwinisme et socialisme.** 1890. In-8. 1 fr. 25

BOURBON DEL MONTE. **L'Homme et les animaux.** 1 vol. in-8. 5 fr.

BOURDEAU (Louis). **Théorie des sciences.** 2 vol. in-8. 20 fr.
— **Les Forces de l'industrie.** 1 vol. in-8. 5 fr.
— **La Conquête du monde animal.** In-8. 5 fr.
— **La Conquête du monde végétal.** 1893. In-8. 5 fr.
— **L'Histoire et les historiens.** 1 vol. in-8. 7 fr. 50
— **Histoire de l'alimentation.** 1894. 1 vol. in-8. 5 fr. (Voy. p. 4.)

BOURDET (Eug.). **Principes d'éducation positive.** In-18. 3 fr. 50
— **Vocabulaire de la philosophie positive.** 1 vol. in-18. 3 fr. 50

BOURLOTON (Edg.) et ROBERT (Edmond). **La Commune et ses idées à travers l'histoire.** 1 vol. in-18. 3 fr. 50 (Voy. p. 13.)
BUCHNER. **Essai biographique sur Léon Dumont.** In-18. 2 fr.
Bulletins de la Société de psychologie physiologique. 1re année. 1885. 1 broch. in-8, 1 fr. 50. — 2e année, 1886, 1 broch. in-8, 3 fr. — 3e année, 1887, 1 fr. 50. — 4e année, 1888, 1 fr. 50; — 5e année, 1889, 1 fr. 50; — 6e année, 1890. 1 fr. 50
CARDON (G.). **Les Fondateurs de l'Université de Douai.** In-8. 10 fr.
CELLARIER (F.). **Études sur la raison.** 1 vol. in-12. 3 fr.
— **Rapports du relatif et de l'absolu.** 1 vol. in-18. 4 fr.
CLAMAGERAN. *L'Algérie. 3e édit. 1 vol. in-18. 3 fr. 50
— **La Réaction économique et la démocratie.** 1 v. in-8. 1891, 1 fr. 25 (Voy. p. 13.)
CLAVEL (Dr). **La Morale positive.** 1 vol. in-8. 3 fr.
— **Critique et conséquences des principes de 1789.** In-18. 3 fr.
— **Les Principes au XIXe siècle.** In-18. 1 fr.
COMBARIEU (J.). **Les rapports de la musique et de la poésie considérés au point de vue de l'expression.** 1893. 1 vol. in-8. 7 fr. 50
CONTA. **Théorie du fatalisme.** 1 vol. in-18. 4 fr.
— **Introduction à la métaphysique.** 1 vol. in-18. 3 fr.
COQUEREL fils (Athanase). **Libres études.** 1 vol. in-8. 5 fr.
CORTAMBERT (Louis). **La Religion du progrès.** In-18. 3 fr. 50
COSTE (Ad.). **Hygiène sociale contre le paupérisme.** In-8. 6 fr.
— **Les Questions sociales contemporaines** (avec la collaboration de MM. A. Burdeau et Arréat). 1 fort vol. in-8. 10 fr.
— **Nouvel exposé d'économie politique et de physiologie sociale.** In-18. 3 fr. 50 (Voy. p. 2 et 32.)
DAURIAC. **Sens commun et raison pratique.** 1 br. in-8. 1 fr. 50
— **Croyance et réalité.** 1 vol. in-18. 1889. 3 fr. 50
— **Le Réalisme de Reid.** In-8. 1 fr.
— **Introduction à la psychologie du musicien.** 1891. 1 br. in-8. 1 fr.
DAVY. **Les Conventionnels de l'Eure.** 2 forts vol. in-8. 18 fr.
DELBŒUF. **Examen critique de la loi psychophysique.** In-18. 3 fr. 50
— **Le Sommeil et les rêves.** 1 vol. in-18. 3 fr. 50
— **De l'Étendue de l'action curative de l'hypnotisme. L'hypnotisme appliqué aux altérations de l'organe visuel.** In-8. 1 fr. 50
— **Le Magnétisme animal, visite à l'École de Nancy.** In-8. 2 fr. 50
— **Magnétiseurs et médecins.** 1 vol. in-8. 1890. 2 fr.
— **Les Fêtes de Montpellier.** In-8. 1891. 2 fr.
— **Megamicros.** 1 br. in-8. 1893. 1 fr. 50 (Voy. p. 2.)
DELMAS. **Libres pensées** (littérature et morale). 1 vol. in-8. 2 fr. 50
DENEUS (Cl.). **De la réserve héréditaire des enfants** (art. 913 du Code civil). Étude historique, philosophique et économique. 1893. 1 vol. in-8. 5 fr.
DESCHAMPS. **La Philosophie de l'écriture.** 1 vol. in-8. 1892. 3 fr.
DESDOUITS. **La philosophie de l'inconscient.** 1893. 1 vol. in-18. 3 fr.
DIDE. *Jules Barni, sa vie, son œuvre. 1 v. in-18, 1891. 2 fr. 50
DOLLFUS (Ch.). **Lettres philosophiques.** In-18. 3 fr.
— **Considérations sur l'histoire.** In-8. 7 fr. 50
— **L'Ame dans les phénomènes de conscience.** 1 vol. in-18. 3 fr. 50
DUBOST (Antonin). **Des conditions de gouvernement en France.** 1 vol. in-8. 7 fr. 50
DUBUC (P.). *Essai sur la méthode en métaphysique. 1 vol. in-8. 5 fr.
DUFAY. **Études sur la destinée.** 1 vol. in-18. 3 fr.
DUNAN. **Sur les formes à priori de la sensibilité.** 1 vol. in-8. 5 fr.

DUNAN. **Les Arguments de Zénon d'Élée contre le mouvement.** 1 br. in-8. — 1 fr. 50

DURAND-DÉSORMEAUX. **Réflexions et Pensées.** In-8. — 2 fr. 50
— **Études philosophiques,** l'action, la connaissance. 2 vol. in-8. — 15 fr.

DU TASTA. **Le Capitaine Vallé.** 1 vol. in-18. — 3 fr. 50

DUVAL-JOUVE. **Traité de logique.** 1 vol. in-8. — 6 fr.

DUVERGIER DE HAURANNE (Mme E.). **Histoire populaire de la Révolution française.** 1 vol. in-18. 3e édit. — 3 fr. 50
Éléments de science sociale. 1 vol. in-18. 4e édit. — 3 fr. 50

ESCANDE. **Hoche en Irlande (1795-1798).** 1 vol. in-18. — 3 fr. 50

FABRE (Joseph). **Histoire de la philosophie.** Première partie : Antiquité et Moyen âge. 1 vol. in-12. — 3 fr. 50

FAU. **Anatomie des formes du corps humain,** à l'usage des peintres et des sculpteurs. 1 atlas de 25 planches avec texte. 2e édition. Prix, figures noires, 15 fr. ; fig. coloriées. — 30 fr.

FAUCONNIER. **Protection et libre-échange.** In-8. 2 fr. — **La Morale et la religion dans l'enseignement.** 75 c. — **L'Or et l'argent.** In-8. — 2 fr. 50

FEDERICI. **Les Lois du progrès.** 2 vol. in-8. Chacun. — 6 fr.

FERRIÈRE (Em.). **Les Apôtres,** essai d'histoire religieuse. 1 vol. in-12. 4 fr. 50
— **L'Âme est la fonction du cerveau.** 2 volumes in-18. — 7 fr.
— **Le Paganisme des Hébreux jusqu'à la captivité de Babylone.** 1 vol. in-18. — 3 fr 50.
— **La Matière et l'énergie.** 1 vol. in-18. — 4 fr. 50
— **L'Âme et la vie.** 1 vol. in-18. — 4 fr. 50
— **Les Erreurs scientifiques de la Bible.** 1 vol. in-18. 1891. 3 fr 50
— **Les Mythes de la Bible.** 1 vol. in-18. 1893. 3 fr. 50 (Voy. p. 32.)

FERRON (de). **Institutions municipales et provinciales** dans les différents États de l'Europe. Comparaison. Réformes. 1 vol. in-8. — 8 fr.
— **Théorie du progrès.** 2 vol. in-18. — 7 fr.
— **De la Division du pouvoir législ. en deux Chambres.** In-8. 8 fr.

FLOURNOY. **Des phénomènes de synopsie.** In-8. 1893. — 6 fr.

FOX (W.-J.). **Des Idées religieuses.** In-8. — 3 fr.

GAYTE (Claude). **Essai sur la croyance.** 1 vol. in-8. — 3 fr.

GOBLET D'ALVIELLA. **L'Idée de Dieu,** d'après l'anthr. et l'histoire. In-8. 6 f.

GOURD. **Le Phénomène.** 1 vol. in-8. — 7 fr. 50

GRASSERIE (R. de la). **De la classification objective et subjective des arts, de la littérature et des sciences.** 1 vol. in-8. — 5 fr.
— **Des moyens pratiques pour parvenir à la suppression de la paix armée et de la guerre.** 1 vol. in-8. 1894. — 2 fr.

GREEF (Guillaume de). **Introduction à la Sociologie.** 2 vol. in-8. Chacun. — 6 fr. (Voy. p. 2.)

GRESLAND. **Le Génie de l'homme,** libre philosophie. Gr. in-8. — 7 fr.

GRIMAUX (Ed.). ***Lavoisier (1743-1794),** d'après sa correspondance et divers documents inédits. 1 vol. gr. in-8 avec gravures. 1888. — 15 fr.

GRIVEAU (M.). **Les Éléments du beau.** Préface de M. SULLY-PRUDHOMME. In-18, avec 60 fig. 1893. — 4 fr. 50

GUILLAUME (de Moissey). **Traité des sensations.** 2 vol. in-8. 12 fr.

GUILLY. **La Nature et la Morale.** 1 vol. in-18. 2e édit. — 2 fr. 50

GUYAU. **Vers d'un philosophe.** In-18. 3 fr. 50 (Voy. p. 2, 5, 7 et 10.)

HAYEM (Armand). **L'Être social.** 1 vol. in-18. 2e édit. — 2 fr. 50

HENRY (Ch.). **Lois générales des réactions psycho-motrices.** In-8. 2 fr.
— **Cercle chromatique,** avec introduction sur la *théorie générale de la dynamogénie,* grand in-folio cartonné. — 40 fr.

HENRY (Ch.). **Rapporteur esthétique** *avec notice sur ses applications à l'art industriel, à l'histoire de l'art, à la méthode graphique.* — 20 fr.

HERZEN. **Récits et Nouvelles.** In-18. 3 fr. 50 — **De l'autre rive.** In-18. 3 fr. 50. — **Lettres de France et d'Italie.** In-18. 3 fr. 50
HIRTH (G.). **La Vue plastique, fonction de l'écorce cérébrale.** In-8. Trad. de l'allem. par L. Arréat, avec grav. et 31 pl. 8 fr. (Voy. p. 5.)
— **Les localisations cérébrales en psychologie. Pourquoi sommes-nous distraits?** 1 vol. in-8. 1895. 2 fr.
HUXLEY.* **La Physiographie,** introduction à l'étude de la nature, traduit et adapté par M. G. Lamy. 1 vol. in-8. 2ᵉ éd., avec fig. 8 fr. (Voy. p. 5 et 32.)
ISSAURAT. **Moments perdus de Pierre-Jean.** 1 vol. in-18. 3 fr.
— **Les Alarmes d'un père de famille.** In-8. 1 fr.
JANET (Paul). **Le Médiateur plastique de Cudworth.** 1 vol. in-8. 1 fr. (Voy. p. 3, 5, 7, 8, 9 et 11.)
JEANMAIRE. **La Personnalité dans la psychologie moderne.** In-8. 5 fr.
JOIRE. **La Population, richesse nationale; le Travail, richesse du peuple.** 1 vol. in-8. 5 fr.
JOYAU. **De l'Invention dans les arts et dans les sciences.** 1 v. in-8. 5 fr.
— **Essai sur la liberté morale.** 1 vol. in-18. 3 fr. 50
— **La Théorie de la grâce et la liberté morale de l'homme.** 1 vol. in-8. 2 fr. 50
JOZON (Paul). **De l'Écriture phonétique.** In-18. 3 fr. 50
KINGSFORD (A.) et MAITLAND (E.). **La Voie parfaite ou le Christ ésotérique,** précédé d'une préface d'Edouard Schuré. 1 vol. in-8. 1892. 6 fr.
KLEFFLER (H.). **Science et conscience ou théorie de la force progressive.** 1894. 2 vol. in-8. Chacun. 4 fr.
KOVALEVSKY. **L'Ivrognerie,** ses causes, son traitement. 1 v. in-18. 1 fr. 50
LABORDE. **Les Hommes et les Actes de l'Insurrection de Paris** devant la psychologie morbide. 1 vol. in-18. 2 fr. 50
LACGROND. **L'Univers, la force et la vie.** 1 vol. in-8. 2 fr. 50
LA LANDELLE (de). **Alphabet phonétique.** In-18. 2 fr. 50
LANGLOIS. **L'Homme et la Révolution.** 2 vol. in-18. 7 fr.
LAUSSEDAT. **La Suisse.** Études méd. et sociales. In-18. 3 fr. 50
LAVELEYE (Em. de). **De l'avenir des peuples catholiques.** In-8. 25 c.
— **Lettres sur l'Italie (1878-1879).** In-18. 3 fr. 50
— **L'Afrique centrale.** 1 vol. in-12. 3 fr.
— **La Péninsule des Balkans.** 2ᵉ édit. 2 vol. in-12. 1888. 10 fr.
— **La Monnaie et le bimétallisme international.** 1 vol. in-18. 2ᵉ édition. 1891. 3 fr. 50
— **Essais et Études.** Première série (1861-1875). 1 vol. in-8. 1894. 7 fr. 50 (Voy. p. 5 et 13.)
LEDRU-ROLLIN. **Discours politiques et écrits divers.** 2 vol. in-8. 12 fr.
LEGOYT. **Le Suicide.** 1 vol. in-8. 8 fr.
LETAINTURIER (J.). **Le socialisme devant le bon sens.** 1894. 1 vol. in-18. 1 fr. 50
LOURDEAU. **Le Sénat et la Magistrature.** 1 vol. in-18. 3 fr. 50
MAGY. **De la Science et de la nature.** 1 vol. in-8. 6 fr.
MANACÉINE (Marie de). **L'anarchie passive et le comte Léon Tolstoï.** 1 vol. in-18.
MAINDRON (Ernest).* **L'Académie des sciences** (Histoire de l'Académie; fondation de l'Institut national; Bonaparte, membre de l'Institut). 1 beau vol. in-8 cavalier, avec 53 gravures dans le texte, portraits, plans, etc. 8 planches hors texte et 2 autographes. 12 fr.
MALON (Benoît). **Le Socialisme intégral.** Première partie : *Histoire des théories et tendances générales.* 1 vol. grand in-8, avec portrait de l'auteur. 2ᵉ éd. 1892. 6 fr. — Deuxième partie : *Des réformes possibles et des moyens pratiques.* 1 vol. grand in-8. 1892. 6 fr.
— **Précis théorique, historique et pratique de socialisme** (lundis socialistes). 1 vol. in-12. 1892. 3 fr. 50
Manuel d'hygiène athlétique (publ. de la Soc. des Sports athl.). 1895. 1 vol. in-32. 0 fr. 50
MARAIS. **Garibaldi et l'armée des Vosges.** In-18. 1 fr. 50

MARSAUCHE (L.). **La Confédération helvétique d'après la constitution**, préface de M. Frédéric Passy. 1 vol. in-18. 1891. 3 fr. 50
MASSERON (I.). **Danger et nécessité du socialisme**. In-18. 3 fr. 50
MATHIEU (H.). **Un peu de philosophie naturaliste**. In-18. 2 fr. 50
MENIÈRE. **Cicéron médecin**. 1 vol. in-18. 4 fr. 50
— **Les Consultations de Mme de Sévigné**. 1 vol. in-8. 3 fr.
MICHAUT (N.). **De l'Imagination**. 1 vol. in-8. 5 fr.
MILSAND. **Les Études classiques**. 1 vol. in-18. 3 fr. 50
— **Le Code et la Liberté**. In-8. 2 fr. (Voy. p. 3.)
MORIN (Miron). **Essais de critique religieuse**. 1 fort vol. in-8. 5 fr.
MORIN (Frédéric). **Politique et philosophie**. 1 v. in-18. 3 fr. 50 (V. p. 32.)
NAUDIER (Fernand). **Le socialisme et la révolution sociale**. 1894. 1 vol. in-18. 3 fr. 50
NETTER (A.) **La Parole intérieure et l'âme**. 1 vol. in-18. 2 fr. 50
NIVELET. **Loisirs de la vieillesse**. 1 vol. in-12. 3 fr.
— — **Gall et sa doctrine**. 1 vol. in-8. 1890. 5 fr.
— — **Miscellanées littéraires et scientifiques**. 1 vol. in-18. 1893. 2 fr.
NIZET. **L'Hypnotisme**, étude critique. 1 vol. in-12. 1892. 2 fr. 50
NOEL (E.). **Mémoires d'un imbécile**, préface de Littré. In-18. 3e éd. 3 fr. 50
NOTOVITCH. **La Liberté de la volonté**. In-18. 3 fr. 50
NOVICOW. * **La Politique internationale**. 1 vol. in-8. 7 fr. (Voy. p. 5.)
NYS (Ernest). **Les Théories politiques et le droit international**. 1 vol. in-8. 1891. 4 fr.
OLECHNOWICZ. **Histoire de la civilisation de l'humanité**, d'après la méthode brahmanique. 1 vol. in-12. 3 fr. 50
PARIS (le colonel). **Le Feu à Paris et en Amérique**. 1 v. in-18. 3 fr. 50
PARIS (comte de). **Les Associations ouvrières en Angleterre** (Trades-unions). 1 vol. in 18. 7e édit. 1 fr. — Édition sur papier fort. 2 fr. 50
PAULHAN (Fr.). **Le Nouveau mysticisme**. 1 vol in-18. 1891. 2 fr. 50 (Voy. p. 3, 5 et 32.)
PELLETAN (Eugène). **La Naissance d'une ville** (Royan). In-18. 1 fr. 40
— ***Jarousseau, le pasteur du désert**. 1 vol. in-18. 2 fr.
— ***Un Roi philosophe : Frédéric le Grand**. In-18. 3 fr. 50
— **Droits de l'homme**. 1 vol. in-12 3 fr. 50
— **Profession de foi du XIXe siècle** in-12. 3 fr. 50
PELLIS (F.). **La Philosophie de la mécanique**. 1 vol. in-8. 1888. 2 fr. 50
PÉNY (le major). **La France par rapport à l'Allemagne**. Étude de géographie militaire. 1 vol. in-8. 2e édit. 6 fr.
PÉRÈS (Jean). **Du Libre arbitre**. Grand in-8. 1891. 1 fr.
PEREZ (Bernard). **Thiery Tiedmann. — Mes deux chats**. In-12. 2 fr.
— **Jacotot et sa Méthode d'émancipation intellect**. In-18. 3 fr.
— **Dictionnaire abrégé de philosophie**, à l'usage des classes. 1893. 1 vol. in-12. 1 fr. 50
PERGAMENI (H.). **Histoire de la littérature française**. In-8. 9 fr.
PETROZ (P.). **L'Art et la Critique en France depuis 1822**. In-18. 3 fr. 50
— **Un Critique d'art au XIXe siècle**. In-18. 1 fr. 50
— **Esquisse d'une histoire de la peinture au Musée du Louvre**. 1 vol. in-8. 1890. 5 fr.
PHILBERT (Louis). **Le Rire**. In-8. (Cour. par l'Académie française.) 7 fr. 50
PIAT (Abbé C.). **L'Intellect actif ou Du rôle de l'activité mentale dans la formation des idées**. 1 vol. in-8. 4 fr.
PICARD (Ch.). **Sémites et Aryens** (1893). In-18. 1 fr. 50
PICAVET (F.). **L'Histoire de la philosophie, ce qu'elle a été, ce qu'elle peut être**. In-8. 2 fr.
— **La Mettrie et la critique allemande**. 1889. In-8. 1 fr. (Voy. p. 6, 8 et 11.)
POEY. **Le Positivisme**. 1 fort vol. in-12. 4 fr. 50
— **M. Littré et Auguste Comte**. 1 vol. in-18. 3 fr. 50

PORT (Célestin), de l'Institut. **La Légende de Cathelineau**, avec nombreux documents inédits ou inconnus. 1 fort vol. in-8. 1893.   5 fr.
POULLET. **La Campagne de l'Est** (1870-1871). In-8, avec cartes.   7 fr.
Pour et contre l'enseignement philosophique, par MM. VANDEREM (Fernand), RIBOT (Th.), BOUTROUX (E.), MARION (H.), JANET (P.) et FOUILLÉE (A.) de l'Institut ; MONOD (G.), LYON (Georges), MARILLIER (L.), CLAMADIEU (abbé), BOURDEAU (J.), LACAZE (G.), TAINE (H.), de l'Académie française. 1894. 1 vol. in-18.   2 fr.
PUJO (Maurice). **Le règne de la grâce. L'Idéalisme intégral.** 1894. 1 vol. in-18.   3 fr. 50
QUINET (Edgar). **Œuvres complètes.** 30 volumes in-18. Chaque volume, 3 fr. 50. Chaque ouvrage se vend séparément :
 *1. Génie des religions. 6ᵉ édition.
 *2. Les Jésuites. — L'Ultramontanisme. 11ᵉ édition.
 *3. Le Christianisme et la Révolution française. 6ᵉ édition.
 *4-5. Les Révolutions d'Italie. 5ᵉ édition. 2 vol.
 *6. Marnix de Sainte-Aldegonde. — Philosophie de l'Histoire de France. 4ᵉ édition.
 *7. Les Roumains. — Allemagne et Italie. 3ᵉ édition.
 8. Premiers travaux : Introduction à la Philosophie de l'histoire. — Essai sur Herder. — Examen de la Vie de Jésus. — Origine des dieux. — L'Église de Brou. 3ᵉ édition.
 9. La Grèce moderne. — Histoire de la poésie. 3ᵉ édition.
 *10. Mes Vacances en Espagne. 5ᵉ édition.
 11. Ahasverus. — Tablettes du Juif errant. 5ᵉ édition.
 12. Prométhée. — Les Esclaves. 4ᵉ édition.
 13. Napoléon (poème). (Épuisé.)
 14. L'Enseignement du peuple. — Œuvres politiques avant l'exil. 8ᵉ édition.
 *15. Histoire de mes idées (Autobiographie). 4ᵉ édition.
 *16-17. Merlin l'Enchanteur. 2ᵉ édition. 2 vol.
 *18-19-20. La Révolution. 10ᵉ édition. 3 vol.
 *21. Campagne de 1815. 7ᵉ édition.
 22-23. La Création. 3ᵉ édition. 2 vol.
 24. Le Livre de l'exilé. — La Révolution religieuse au XIXᵉ siècle. — Œuvres politiques pendant l'exil. 2ᵉ édition.
 25. Le Siège de Paris. — Œuvres politiques après l'exil. 2ᵉ édition.
 26. La République. Conditions de régénération de la France. 2ᵉ édit.
 *27. L'Esprit nouveau. 5ᵉ édition.
 28. Le Génie grec. 1ʳᵉ édition.
 *29-30. Correspondance. Lettres à sa mère. 1ʳᵉ édition. 2 vol.
RÉGAMEY (Guillaume). **Anatomie des formes du cheval**, 6 pl. en chromolithographie, publiées par FÉLIX RÉGAMEY, avec texte par le Dʳ KUHFF. 2 fr. 50
RENOUVIER (Ch.). * **Les Principes de la nature.** 2ᵉ édition, revue, corrigée et augmentée des *Essais de critique générale* (3ᵉ essai). 2 vol. in-12. 8 fr.
RIBERT (Léonce). * **Esprit de la Constitution** du 25 février 1875. 1 vol. in-18.   3 fr. 50
RIBOT (Paul). **Spiritualisme et Matérialisme.** 2ᵉ éd. 1 vol. in-8.   6 fr.
ROSNY (Ch. de). **La Méthode consciencielle.** 1 vol. in-8.   4 fr.
SALMON (Ph.). **Age de la pierre.** Division industr. de la période paléolith. quatern. et de la période néolith. In-8 avec 36 pl. 1892.   3 fr.
SANDERVAL (O. de). **De l'Absolu. La loi de vie.** 1 vol. in-8. 2ᵉ éd.   5 fr.
— **Kahel. Le Soudan français.** In-8 avec gravures et cartes.   8 fr.
SECRÉTAN (Ch.). **Études sociales.** 1889. 1 vol. in-18.   3 fr. 50
— **Les Droits de l'humanité.** 1 vol. in-18. 1891.   3 fr. 50
— **La Croyance et la civilisation.** 1 vol. in-18. 2ᵉ édit. 1891.   3 fr. 50
— **Mon Utopie.** 1 vol. in-18.   3 fr. 50
— **Le Principe de la morale.** 1 vol. in-8. 2ᵉ éd.   7 fr. 50
SERGUEYEFF. **Physiologie de la veille et du sommeil.** 2 volumes grand in-8. 1890.   20 fr.

SIÈREBOIS. **Psychologie réaliste.** 1876. 1 vol. in-18. 2 fr. 50
SILVA WHITE (Arthur). **Le développement de l'Afrique.** 1894. 1 fort vol. in-8 avec 15 cartes en couleurs hors texte, traduit de l'anglais par E. VERRIER et Mlle LINDSAY. 10 fr.
SOREL (Albert) **Le Traité de Paris du 20 novembre 1815.** In-8. 4 fr. 50
SOUFFRET (F.). **De la Disparité physique et mentale des races humaines** et de ses principes. 1 vol. gr. in-8. 5 fr.
SPIR (A.). **Esquisses de philosophie critique.** 1 vol. in-18. 2 fr. 50
STRADA (J.). **La loi de l'histoire.** 1 vol. in-8. 1894. 5 fr.
STRAUS. **Les Origines de la forme républicaine du gouvernement dans les États-Unis d'Amérique.** 1 vol. in-18. 4 fr. 50
STUART MILL (J.). **La République de 1848 et ses détracteurs.** Préface de M. SADI CARNOT. In-18. 2e éd. 1 fr. (Voy. p. 3 et 6.)
TARDE. **Les Lois de l'Imitation.** Étude sociologique. 1 vol. in-8. 1890. 6 fr. (Voy. p. 3 et 6.)
TÉNOT (Eugène). **Paris et ses fortifications** (1870-1880). 1 vol. in-8. 5 fr.
— **Les Frontières de la France** (1870-82-92). In-8. 2e éd. 9 fr.
TERQUEM (A.). **Science romaine à l'époque d'Auguste.** in-8. 3 fr.
THOMAS (G.). **Michel-Ange poète et l'expression de l'amour platonique dans la poésie italienne du Moyen âge et de la Renaissance.** 1 vol. in-8. 1891. 3 fr.
THULIÉ. **La Folie et la Loi.** 2e édit. 1 vol. in-8. 3 fr. 50
— **La Manie raisonnante du docteur Campagne.** In-8. 2 fr.
TIBERGHIEN. **Les Commandements de l'humanité.** 1 vol. in-18. 3 fr.
— **Enseignement et philosophie.** 1 vol. in-18. 4 fr.
— **Introduction à la philosophie.** 1 vol. in-18. 6 fr.
— **La Science de l'âme.** 1 vol. in-12. 3e édit. 6 fr.
— **Éléments de morale universelle.** In-12. 2 fr.
TISSANDIER. **Études de théodicée.** 1 vol. in-8. 4 fr.
TISSOT. **Principes de morale.** 1 vol. in-8. 6 fr. (Voy. KANT, p. 7.)
TRATCHEVSKY (E.). **France et Allemagne.** 1 vol. in-8. 3 fr.
VACHEROT. **La Science et la Métaphysique.** 3 vol. in-18. 10 fr. 50
— Voy. p. 4 et 6.
VALLIER. **De l'Intention morale.** 1 vol. in-8. 3 fr. 50
VAN ENDE (U.). **Histoire naturelle de la croyance.** In-8. 5 fr.
VIGOUREUX (Ch.). **L'Avenir de l'Europe** au double point de vue de la politique de sentiment et de la politique d'intérêt. 1892. 1 vol. in-18. 3 fr. 50
VILLIAUMÉ. **La Politique moderne.** 1 vol. in-8. 6 fr.
VOITURON. **Le Libéralisme et les Idées religieuses.** In-12. 4 fr.
WEIL (Denis). **Le Droit d'association et le Droit de réunion** devant les chambres et les tribunaux. 1893. 1 vol. in-12. 3 fr. 50
— **Les Élections législatives.** Histoire de la législation et des mœurs. 1 vol. in-18. 1895. 3 fr. 50
WUARIN (L.). **Le Contribuable.** 1 vol. in-16. 3 fr. 50
WULF (M. de). **Histoire de la philosophie scolastique dans les Pays-Bas et la principauté de Liége jusqu'à la Révolution française.** 1895. In-8. 5 fr.
YUNG (Eugène). **Henri IV écrivain.** 1 vol. in-8. 5 fr.
ZIESING (Th.). **Érasme ou Salignac.** Étude sur la lettre de François Rabelais. 1 vol. gr. in-8. 4 fr.
ZOLLA (D.). **Les questions agricoles d'hier et d'aujourd'hui.** 1894. In-18. 3 fr. 50

BIBLIOTHÈQUE UTILE

113 VOLUMES PARUS.
Le volume de 192 pages, broché, 60 centimes.
Cartonné à l'anglaise ou en cartonnage toile dorée, 1 fr.

La plupart des titres de cette collection ont été adoptés par le *Ministère de l'Instruction publique* pour les Bibliothèques des Lycées et Collèges de garçons et jeunes filles, celles des Écoles normales, les Bibliothèques populaires et scolaires. Ils embrassent l'histoire, le droit, les sciences, l'économie politique, la philosophie, les arts, etc. Aussi cette collection, par son esprit vulgarisateur, son format commode et son prix modeste, justifie-t-elle son titre et rend-elle de grands services aux élèves des divers établissements et à l'instruction populaire.

Les titres adoptés par la Commission consultative de *Bibliothèques des Lycées* sont marqués d'un astérisque.

HISTOIRE DE FRANCE

*Les Mérovingiens, par BUCHEZ.
*Les Carlovingiens, par BUCHEZ.
Les Luttes religieuses des premiers siècles, par J. BASTIDE. 4ᵉ édit.
Les Guerres de la Réforme, par J. BASTIDE. 4ᵉ édit.
La France au moyen âge, par F. MORIN.
Jeanne d'Arc, par Fréd. LOCK.
Décadence de la monarchie française, par Eug. PELLETAN. 4ᵉ édit.
*La Révolution française, par H. CARNOT (2 volumes).
La Défense nationale en 1792, par P. GAFFAREL.
Napoléon Iᵉʳ, par Jules BARNI.

*Histoire de la Restauration, par Fréd. LOCK. 3ᵉ édit.
*Histoire de Louis-Philippe, par Edgar ZEVORT. 2ᵉ édit.
Mœurs et Institutions de la France, par P. BONDOIS. 2 volumes.
Léon Gambetta, par J. REINACH.
*Histoire de l'armée française, par L. BÈRE.
*Histoire de la marine française, par Alfr. DONEAUD. 2ᵉ édit.
Histoire de la conquête de l'Algérie, par QUESNEL.
*Les Origines de la guerre de 1870, par Ch. DE LARIVIÈRE.

PAYS ÉTRANGERS

L'Espagne et le Portugal, par E. RAYMOND. 2ᵉ édition.
Histoire de l'Empire ottoman, par L. COLLAS. 2ᵉ édition.
*Les Révolutions d'Angleterre, par Eug. DESPOIS. 3ᵉ édition.
Histoire de la maison d'Autriche, par Ch. ROLLAND. 2ᵉ édition.

L'Europe contemporaine (1789-1879), par P. BONDOIS.
*Histoire contemporaine de la Prusse, par Alfr. DONEAUD.
Histoire contemporaine de l'Italie, par Félix HENNEGUY.
Histoire contemporaine de l'Angleterre, par A. REGNARD.

HISTOIRE ANCIENNE

*La Grèce ancienne, par L. COMBES. 2ᵉ édition.
L'Asie occidentale et l'Égypte, par A. OTT. 2ᵉ édition.
L'Inde et la Chine, par A. OTT.

Histoire romaine, par CREIGHTON.
L'Antiquité romaine, par WILKINS (avec gravures).
L'Antiquité grecque, par MAHAFFY (avec gravures).

GÉOGRAPHIE

*Torrents, fleuves et canaux de la France, par H. BLERZY.
Les Colonies anglaises, par H. BLERZY.
Les Îles du Pacifique, par le capitaine de vaisseau JOUAN (avec 1 carte).
*Les Peuples de l'Afrique et de l'Amérique, par GIRARD DE RIALLE.
Les Peuples de l'Asie et de l'Europe, par GIRARD DE RIALLE.
L'Indo-Chine française, par FAQUE.

*Géographie physique, par GEIKIE.
Continents et Océans, par GROVE (avec figures).
*Les Frontières de la France, par P. GAFFAREL.
L'Afrique française, par A. JOYEUX, avec une préface de M. DE LANESSAN.
— Madagascar, par A. MILHAUD.
— Les grands ports de commerce, par D. BELLET.

COSMOGRAPHIE

Les Entretiens de Fontenelle sur la pluralité des mondes, mis au courant de la science, par BOILLOT.
*Le Soleil et les Étoiles, par le P. SECCHI, BRIOT, WOLF et DELAUNAY. 2ᵉ édition (avec figures).

Les Phénomènes célestes, par ZURCHER et MARGOLLÉ.
A travers le ciel, par AMIGUES.
Origines et Fin des mondes, par Ch. RICHARD. 3ᵉ édition.
*Notions d'astronomie, par L. CATALAN. 4ᵉ édition (avec figures).

SCIENCES APPLIQUÉES

Le Génie de la science et de l'industrie, par B. Gastineau.

*Causeries sur la mécanique, par Brothier. 2ᵉ édit.

Médecine populaire, par Turck.

La Médecine des accidents, par Broquère.

Les Maladies épidémiques (Hygiène et Prévention), par L. Monin.

Hygiène générale, par L. Cruveilhier. 6ᵉ édit.

Petit Dictionnaire des falsifications, par Dufour.

Les Mines de la France et de ses colonies, par P. Maigne.

Les Matières premières et leur emploi, par H. Genevoix.

Les Procédés industriels, du même.

*La Photographie, par H. Gossin.

La Machine à vapeur, du même (avec figures).

La Navigation aérienne, par G. Dallet (avec figures).

L'Agriculture française, par A. Larbalétrier (avec figures).

*Les Chemins de fer, par G. Mayer (avec figures).

Les grands ports maritimes de commerce, par D. Bellet (avec figures).

La Culture des plantes d'appartements, par A. Larbalétrier (avec figures).

SCIENCES PHYSIQUES ET NATURELLES

Télescope et Microscope, par Zurcher et Margollé.

*Les Phénomènes de l'atmosphère, par Zurcher. 4ᵉ édit.

*Histoire de l'air, par Albert-Lévy.

Histoire de la terre, par Brothier.

Principaux faits de la chimie, par Samson. 5ᵉ édit.

*Les Phénomènes de la mer, par E. Margollé. 5ᵉ édit.

*L'Homme préhistorique, par Zaborowski. 2ᵉ édit.

Les mondes disparus, du même.

Les Grands Singes, du même.

Histoire de l'eau, par Bouant.

Introduction à l'étude des sciences physiques, par Morand. 5ᵉ édit.

Le Darwinisme, par E. Ferrière.

*Géologie, par Geikie (avec figures).

Les Migrations des animaux et le Pigeon voyageur, par Zaborowski.

Premières Notions sur les sciences, par Th. Huxley.

La Chasse et la Pêche des animaux marins, par Jouan.

Zoologie générale, par H. Beauregard (avec figures).

Botanique générale, par E. Gérardin (avec figures).

La vie dans les mers, par H. Coupin (avec gravures).

La vie dans les mers, par H. Coupin.

PHILOSOPHIE

La Vie éternelle, par Enfantin. 2ᵉ éd.

Voltaire et Rousseau, par E. Noël. 3ᵉ éd.

Histoire populaire de la philosophie, par L. Brothier. 3ᵉ édit.

*La Philosophie zoologique, par Victor Meunier. 2ᵉ édit.

*L'Origine du langage, par Zaborowski.

*Physiologie de l'esprit, par Paulhan (avec figures).

L'Homme est-il libre? par Renard.

La Philosophie positive, par le docteur Robinet. 2ᵉ édit.

ENSEIGNEMENT. — ÉCONOMIE DOMESTIQUE

De l'Éducation, par H. Spencer.

La Statistique humaine de la France, par Jacques Bertillon.

Le Journal, par Hatin.

De l'Enseignement professionnel, par Corbon. 3ᵉ édit.

Les Délassements du travail, par Maurice Cristal. 2ᵉ édit.

Le Budget du foyer, par H. Leneveux.

Paris municipal, par H. Leneveux.

Histoire du travail manuel en France, par H. Leneveux.

L'Art et les Artistes en France, par Laurent Pichat, sénateur. 4ᵉ édit.

Premiers principes des beaux-arts, par J. Collier (avec gravures).

*Économie politique, par Stanley Jevons. 3ᵉ édit.

Le Patriotisme à l'école, par Jourdy, lieutenant-colonel d'artillerie.

Histoire du libre-échange en Angleterre, par Mongredien.

Économie rurale et agricole, par Petit.

*La Richesse et le Bonheur, par Ad. Coste.

Alcoolisme ou épargne, le dilemme social, par Ad. Coste.

Les plantes d'appartement, de fenêtres et de balcons, soins à leur donner, par A. Larbalétrier.

DROIT

*La Loi civile en France, par Morin. 3ᵉ édit.

La Justice criminelle en France, par G. Jourdan. 3ᵉ édit.

Documents manquants (pages, cahiers...)
NF Z 43-120-13

www.ingramcontent.com/pod-product-compliance
Lightning Source LLC
Chambersburg PA
CBHW050607230426
43670CB00009B/1296